中国质量协会
CHINA ASSOCIATION FOR QUALITY

满意中国
SATISFIED CHINA

用户视角下的质量与品牌
（2018）

中国质量协会 编著

中国社会出版社
国家一级出版社 · 全国百佳图书出版单位

前言 / Preface

党的十九大报告提出，建设现代经济体系，必须“把提高供给体系质量作为主攻方向，显著增强我国经济质量优势”。而在新消费时代下，消费者对高效率、高性价比和高质量服务的追求正在成为高质量发展的重要牵引力，与此同时，品牌、口碑、信用、体验已经成为新供给中重要的创新驱动因素。

2018 年是满意中国系列研究的第二年，其研究核心——质量消费体验，是一个能够将高质量发展、新消费和顾客体验整合起来的测评体系。它以顾客在消费产品和服务过程中的体验质量为主要研究对象，目前共形成两大量化指数——评估整个顾客旅程中体验质量的质量消费体验指数（QCEI, Quality Consumption Experience Index）和评估产品服务感知质量的中国国家顾客满意度指数（CNCSI, China National Customer Satisfaction Index）。质量消费体验测评体系既能在新消费时代与时俱进，也能延续经典质量领域的顾客满意理论研究，形成经典与创新的碰撞与融合。

研究表明，我国消费者对当前市场供给的质量感知尚可，但当前市场供给的适应性和灵活性仍不足以满足消费者多样化的需求。因此，新消费需要新供给来引领。随着互联网、人工智能、大数据与实体经济的深度融合，消费渠道、消费模式和消费理念都在不断变革和升级，科技进步在改善消费体验方面虽然能起到至关重要的作用，但消费者更加需要的是个性化的服务、值得信赖的客户关系以及能够产生共鸣的品牌宣传。

本年度的满意中国系列研究共对 47000 多名消费者进行调查，获取他们对 130 多个行业中的 2000 多个品牌的评价，前后共历时 7 个月。我们希望用科学、深度、系统的研究为供给侧结构性改革出谋划策，进而更好地发挥消费的基础性作用，使质量消费体验成为新消费时代下高质量发展的重要变革力量。

目录 / Contents

研究篇

2018 项目摘要 / 2

质量消费体验指数（QCEI）/ 3

中国国家顾客满意度指数（CNCSI）/ 3

调查概况 / 4

测量统计 / 4

抽样执行 / 5

行业体系 / 5

2018 满意中国研究报告 / 7

高速增长向高质量发展初见成效，质量消费体验需持续关注 / 8

顾客质量消费体验地区性差异显著，转型升级之路依然漫长 / 8

质量消费体验 70 后最佳，未来发展趋势是俘获“下一代”90 后 / 9

三大领域满意度稳中向好，耐用消费品质量消费体验引领步伐 / 9

顾客需求主导行业发展，质量消费体验显示行业差异 / 10

多数品牌的质量消费体验落后于顾客期望 / 11

品牌感知质量满意度逐渐趋同，质量消费体验将是未来的竞争优势 / 12

品牌整体表现“机会良好型”，品牌宣传需充分结合顾客质量消费体验 / 13

制造业顶级品牌日趋成熟，服务业相对缺少引领者 / 14

行业洞察 / 16

01 食品饮料行业：唯有安全护航，方可品质扬帆 / 17

02 生活百货行业：品牌众多，关键在于口碑传播 / 19

03 服装配饰行业：加强研发设计和渠道建设，塑造自主品牌 / 21

04 医药护理行业：产品品牌进一步打造，提升消费信心 / 23

05 家居建材行业：提升科技含量，注重节能环保和用户体验，加强品牌建设 / 25

06 家电数码行业：以消费需求为导向，注重品质生活提升 / 27

07 文体保健行业：开发专业性新产品，缩小与外资产品差距 / 29

08 出行工具行业：提升产品性能，把握行业发展动态 / 31

09 批发零售行业：把握消费者偏好，精准聚焦需求 / 33

目录 / Contents

10 生活服务行业：优化服务质量，改善消费体验，过程带动服务升级 / 35
11 网络服务行业：行业规范性发展，提高用户体验 / 37
12 餐饮住宿行业：随着消费升级，打造带有“优雅、舒适、便捷、健康”标签的品牌方向 / 39
13 金融服务行业：品牌个性化发展，提供优质服务，抢滩用户市场 / 41

QCEI 前三品牌榜 / 43

QCEI 榜首品牌国内多于国外，个别行业国外品牌优势明显 / 44
生活百货行业 / 44
食品饮料行业 / 44
医药护理行业 / 45
文体保健行业 / 46
服装配饰行业 / 46
家居建材行业 / 46
出行工具行业 / 47
家电数码行业 / 47
生活服务行业 / 48
金融服务行业 / 48
批发零售行业 / 48
餐饮住宿行业 / 49
网络服务行业 / 49

观点和挑战 / 50

高质量发展下的顾客消费体验（王鑫　武志圣）/ 51
质量消费体验的发展之路（李晓雨　王玥）/ 52

2018 满意中国榜 / 54

食品饮料 / 56
生活百货 / 69
服装配饰 / 76
医药护理 / 82

目录 / Contents

家居建材 / 86

家电数码 / 91

文体保健 / 100

出行工具 / 103

批发零售 / 106

生活服务 / 110

餐饮住宿 / 113

网络服务 / 116

金融服务 / 120

实践篇

概述 / 124

实施全国用户满意工程 / 125

市场质量信用体系建设 / 125

2018 年“质量诚信，用户满意”公示 / 127

用户满意标杆企业（市场质量信用等级：AAA）/ 129

用户满意标杆服务（市场质量信用等级：AAA）/ 129

用户满意企业（市场质量信用等级：AA） / 129

用户满意产品（市场质量信用等级：AA）/ 131

用户满意工程（市场质量信用等级：AA）/ 133

用户满意服务（市场质量信用等级：AA）/ 135

最佳实践 / 137

用户满意企业案例 /138

您的每一件小事，都是格力的大事

——珠海格力电器股份有限公司 / 138

以顾客满意为中心 创树“畅安、和谐、智慧”高速品牌

——山东高速股份有限公司 / 142

目录 / Contents

先行先试，智能服务提升效能

——中国移动通信集团广东有限公司汕头分公司 / 146

新时代 · 心服务

——国网江苏省电力有限公司 / 150

始于真诚　止于满意——三级管理模式下的用户满意观

——甘肃第七建设集团股份有限公司 / 152

全心全意为用户服务，为客户创造价值

——广西柳工机械股份有限公司 / 156

以客户需求为导向　创新与服务并举

——码捷（苏州）科技有限公司 / 162

矢志奋斗，做儿童想象力的保卫者

——大连出版社 / 166

精于定制，匠心如一——多重角度下客户至诚服务

——海澜之家股份有限公司 / 169

关心孩子、服务家庭——好孩子的服务经营之道

——好孩子集团有限公司 / 173

用户满意服务明星班组事迹 / 177

服务连接城际，温馨相伴起航

——交运集团青岛温馨巴士有限公司 617 路服务班组 / 177

山区里的阳光服务

——国网浙江丽水市莲都区供电有限公司大港头供电所 / 180

共同成长　甘心为您

——华夏银行股份有限公司深圳前海分行 / 183

敢于创新　追求卓越

——中国移动通信集团安徽有限公司安庆分公司菱湖北路营业厅 / 186

树立威海供电新形象

——山东电力集团公司威海供电公司营销部大客户经理班 / 188

为平凡的工作注入情感与感动

——山东航空股份有限公司客户服务中心鲁音客服队 / 191

目录 / Contents

服务“新”连“心”，让旅客体验更美好

——中国铁路上海局集团有限公司上海站上南客运车间“心尚”服务工班 / 193

微笑是我们的声音，满意是我们的信念

——中国移动通信集团江苏有限公司徐州分公司投诉处理监控中心 / 195

机器在您手中　服务刻我心中

——广西玉柴机器股份有限公司呼叫中心 / 199

心系客户　真诚服务

——国网湖南省电力有限公司长沙供电分公司客户服务中心市场及大客户服务室 / 202

用户满意服务明星事迹 / 208

用真情服务让乘客满意，用大爱精神让城市升温

——上海地铁第四运营有限公司车站　徐紫茜 / 208

你用电　我用心

——国网山东省电力公司滨州市滨城区供电公司营销部　张涛 / 211

丹心用尽为服务　丽质生成方是金

——中国电信股份有限公司淮北分公司　李金丽 / 214

扎根乡土　诚信行医

——湖北省荆州克权医院　李克权 / 217

传承工匠精神　优质服务蓝天

——上海航空有限公司　陈秋玲 / 220

做新时代的“服务先锋”

——国网湖南省电力有限公司郴州供电分公司鲁塘供电所　马良才 / 222

承载移动人风华蔚蓝梦

——中国移动通信集团江苏有限公司盐城分公司　王俊 / 225

优质服务展形象　爱岗敬业展风采

——江苏宁沪高速公路股份有限公司苏州管理处　张敏 / 228

始于需求　终于满意

——甘肃中石油昆仑燃气有限公司兰州高新分公司　张国柱 / 231

头雁领飞，为优质服务代言

——国网吉林省电力有限公司蛟河检修分公司　张姝柳 / 233

研究篇

满意中国

SATISFIED CHINA

用户视角下的质量与品牌

2018

2018 项目摘要

- 质量消费体验指数（QCEI）/ 3
- 中国国家顾客满意度指数（CNCSI）/ 3
- 调查概况 / 4
- 测量统计 / 4
- 抽样执行 / 5
- 行业体系 / 5

质量消费体验指数（QCEI）

顾客体验（Customer Experience）正在不断扩展其内涵与外延，质量消费体验便是顾客体验与质量的一次完美结合。由认知、渗透、满意、美誉、忠诚、推荐六个重要维度构成的质量消费体验，通过连接顾客旅程中的关键节点，实现在多维空间中研究质量消费体验，从而打破传统单一维度研究模式的局限，使理论与实践都能够形成有效的外部延伸。质量消费体验指数（QCEI，Quality Consumption Experience Index）评估顾客旅程中的关键节点和重要维度，利用相关算法实现顾客体验在质量领域的量化，既是顾客体验时代背景下倾听顾客心声的重要手段，也是推动功能性消费向体验式消费转变的重要动力。

中国国家顾客满意度指数（CNCSI）

顾客满意（Customer Satisfaction）理论是质量管理乃至整个营销学领域的经典理论，自诞生之日起，便成为顾客洞察中必不可少的关键环节。以此理论衍生的顾客满意度指数、顾客满意度测量模型等，其应用已经覆盖全球各主要经济体，成为与国民经济景气和行业健康高度相关的先导指数和晴雨表。中国国家顾客满意度指数（CNCSI，China National Customer Satisfaction Index）在国内市场中的实践有近 30 年历史，通过与汽车、家电、食品、服务（商业、公共、政务）等行业的深入结合，已经成为这些行业必不可少的重要经济指标。顾客满意是质量消费体验中承上启下的关键节点，CNCSI 则是顾客满意的重要量化指标和质量的最终衡量尺度，能够体现整个社会对国家质量的满意程度，并促进国民经济从数量型增长向质量型增长转变。

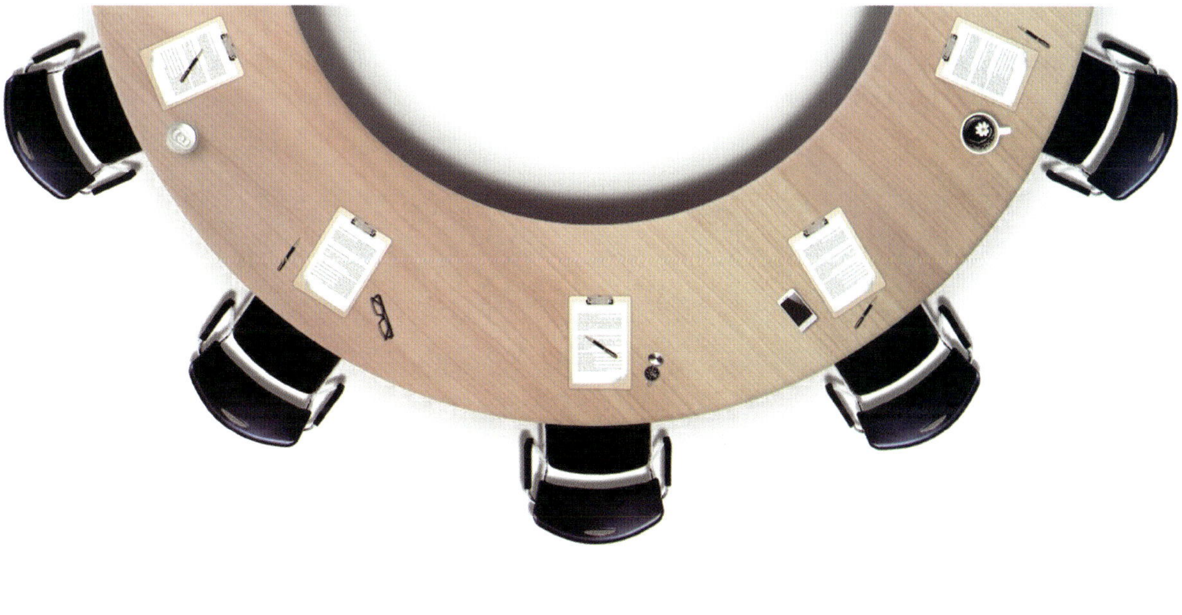

调查概况

2018 年满意中国项目调查阶段共历时 7 个月，以拦截面访和网络调研的方式获取普通消费者的顾客之声（VOC），全国共有 47528 名消费者参与调查，最终获得有效数据信息点 430517 个。

- 调研时间：2018年3—9月
- 调研对象：普通消费者
- 参与人数：47528
- 有效数据信息点：430517
- 执行方式：拦截面访、网络调研

测量统计

认知度 Awareness

指某品牌在目标顾客中的认知比例。它表明一个品牌在顾客头脑中的印象程度。在市场竞争中，企业所做的第一件事就是让品牌名称、品牌内涵占据顾客的头脑。

推荐度 Recommendation

是指顾客对其所忠诚的产品和服务，愿意向他人介绍和推荐的程度，主动介绍使用该产品和服务的经验，并与亲友共同分享消费该产品或服务的体验，推荐购买该产品和服务的渠道等。

渗透率 Penetration

即在同类产品中顾客购买或使用本产品和服务的比例。渗透是指顾客从认知转化为实际购买的过程，包括品牌形象、价格、功能、性能是否与预期相符以及周边人的认可程度等。

忠诚度 Loyalty

是指顾客对产品和服务的情感或依恋程度，同时也是顾客的一种消费行为，该行为的频繁程度直接体现顾客忠诚度的高低。

满意度 Satisfaction

是顾客在一次购买使用产品和服务后，其实际感受与使用前预期的比较差异程度，是顾客在综合考虑感知质量、性价比等因素后产生的一次性的主观感受。

美誉度 Reputation

是指产品和服务获得顾客赞许、信任、忠诚的程度。满意度和美誉度相互联系又相互区别，前者是量，后者是质。满意度是美誉度的前提，美誉度是满意度的积累和升华。

质量消费体验共包含六个维度：认知度、渗透率、满意度、美誉度、忠诚度和推荐度。六个维度构成循环式的多维研究体系。在利用该体系对质量消费体验和顾客满意进行量化时，将严格遵循顾客旅程的关键节点的逻辑顺序，用数学公式再现顾客旅程，进而汇总得到 QCEI 和 CNCSI。

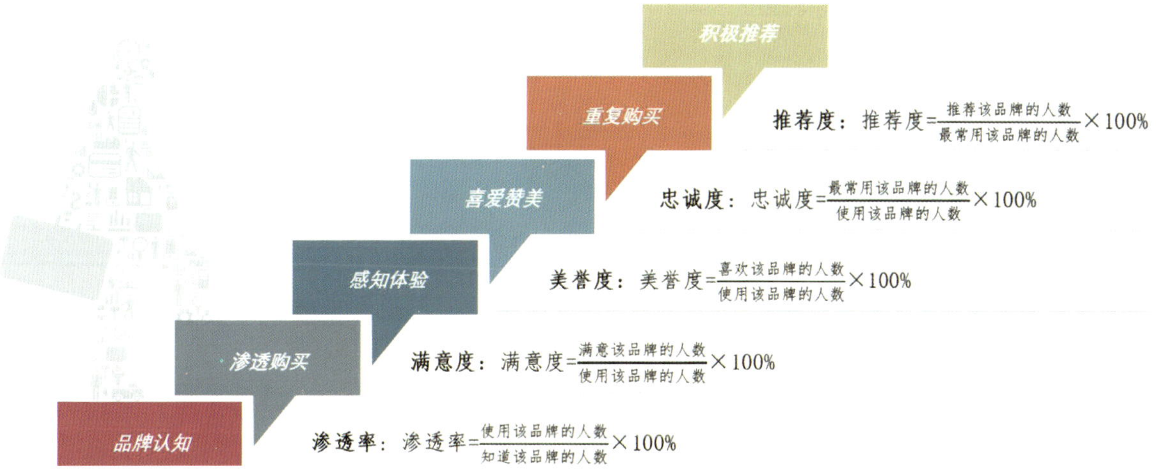

抽样执行

抽样方案兼顾总样本量、覆盖面以及颗粒度，在实际设计抽样时，则是按照颗粒度—覆盖面—总样本量的方式层层汇总。颗粒度方面需要确保细分维度，如地区、人群等研究单元均有足够样本量做支撑；覆盖面则需确保全国各地区、各类型消费者都能够涉及；由此层层汇总得到所需的总样本量。

行业体系

行业体系确定时需要遵循完整性、层次性、可比性和连续性四大基本原则。行业涵盖快速消费品、耐用消费品和服务业三大领域，共 13 个行业，133 个子行业。

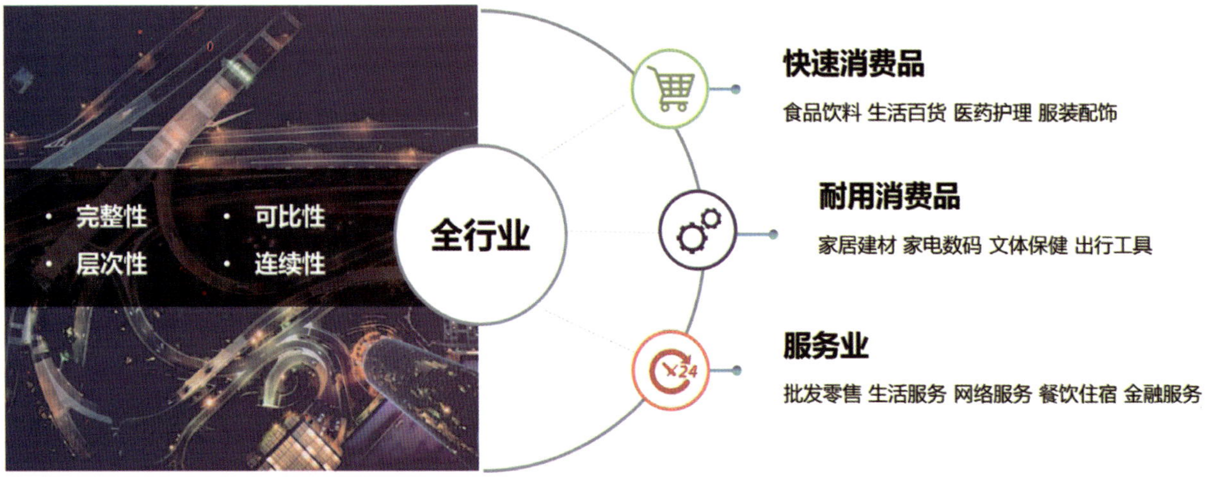

领域	行业	子行业					
快速消费品	食品饮料	白酒	茶饮料	饼干 / 威化	酸奶	方便面	冰品（雪糕、冰激凌）
		功能饮料	果汁	红酒 / 葡萄酒	酱油	口香糖	凉茶饮料
		米面	母婴牛奶粉	膨化食品	啤酒	瓶装水	巧克力
		乳酸菌饮料	食醋	熟食肉制品	速冻食品	速溶咖啡	干果 / 坚果 / 零食
		碳酸饮料	糖果				
	生活百货	保温杯 / 壶	沐浴露 / 香皂	毛巾 / 浴巾	彩妆 / 美妆	洗衣液 / 粉	剃须刀 / 剃须膏
		男士护肤品	女士护肤品	洗发 / 护发品	洗洁精	洗手液	卫生巾 / 卫生护垫
		香水 / 精油	纸巾 / 卷纸				
	服装配饰	快时尚服装	男士正装	男鞋	内衣	女鞋	旅行箱包 / 电脑包
		品牌女包	手表	太阳眼镜	运动鞋	运动装	童装 / 婴幼儿服装
	医药护理	肠胃用药	维生素补品	补钙型保健品	创可贴	口罩	眼科用药 / 滴眼液
		感冒用药	隐形眼镜 / 护理液				
耐用消费品	家居建材	床品套件	烹饪锅具	瓷砖	油漆涂料	智能马桶盖	防盗 / 安全门窗
		刀具	灯饰照明	地板	坐便 / 蹲便器		
	家电数码	笔记本电脑	冰箱	电热水器	电磁炉	智能手机	空气净化器 / 加湿器
		电饭煲	电风扇	电视机	空调	平板电脑	智能手环 / 手表
		扫地机器人	数码相机	微波炉	洗衣机	油烟机	豆浆机 / 榨汁机
	文体保健	钢笔	美术用品	篮球 / 足球	羽毛球拍	血压计	水性笔 / 签字笔
	出行工具	安全座椅	电动车	轮胎	摩托车	婴儿推车	行车记录仪
		自行车					
服务业	批发零售	大型超市	甜品店	母婴连锁	连锁药店	连锁便利店	家居建材连锁
		珠宝首饰					
	生活服务	专车服务	电影院	航空服务	快递服务	汽车租赁	餐饮外卖服务
	餐饮住宿	高端连锁酒店	中式快餐	咖啡厅	西餐连锁	西式快餐	中式正餐连锁
		快捷连锁酒店					
	网络服务	旅游网站	母婴网站	视频网站	团购网站	网购平台	在线租房
		招聘网站					
	金融服务	车险	第三方支付	信用卡	人寿险	借记卡 / 储蓄卡	

满意中国

SATISFIED CHINA

用户视角下的质量与品牌

2018

2018 满意中国研究报告

高速增长向高质量发展初见成效，质量消费体验需持续关注

2018 年中国质量消费体验研究结果显示：中国国家顾客满意度指数 CNCSI 为 82.2 分（百分制），高于去年同期水平，消费者对产品服务质量的感知在提升，市场供给在满足人民多样化需求方面已取得阶段性成果。质量消费体验指数 QCEI 为 47.4 分（百分制），在满足消费者体验方面尚存在提升空间，这需要市场各相关方，包括产品与服务的提供者、市场的监管者、信息的传播者等来共同努力，实现市场高质量发展的目标。

顾客质量消费体验地区性差异显著，转型升级之路依然漫长

总体来说，不同区域的顾客满意度指数（CNCSI）与质量消费体验指数（QCEI）基本呈现正相关关系。南北方消费者具有不同的消费选择和习惯，南部地区呈现出高质量发展的趋势，顾客质量消费体验好，北部地区（尤其西北和东北）顾客的质量消费体验应被关注和重视。

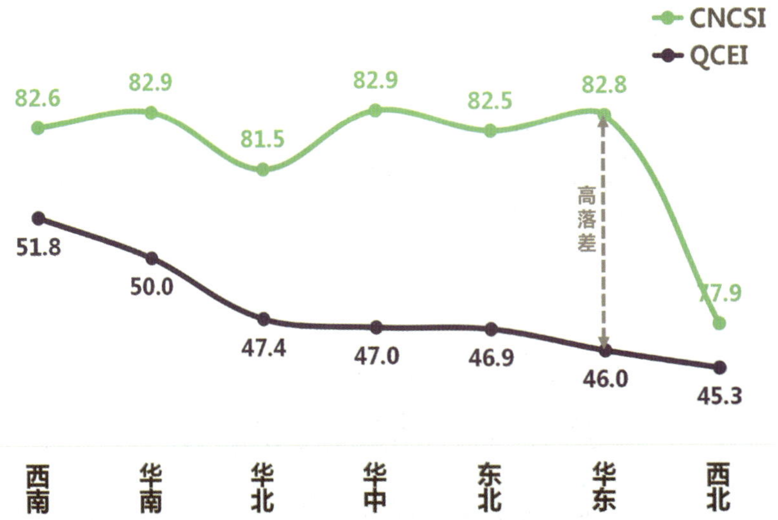

同时可以发现，华中、华南、华东地区的 CNCSI 得分较为接近且均高于整体水平，但其中华东地区的 QCEI 得分却相对最低，事实上，经济发展水平相对较高地区的顾客需求具有更加多样化、差异化、个性化的特点，其消费需求更加难以满足。可见，当前的产品及服务质量还无法完全满足具有成熟消费理念的顾客群体，因此，识别、厘清、聚焦顾客的关键需求将是市场转型和消费升级的必经之路。

质量消费体验 70 后最佳，未来发展趋势是俘获“下一代”90 后

“70 后”从我国改革开放的年代成长起来，是国家建设的主力军和社会的中坚力量，他们眼中的高质量更多立足于产品和服务本身，并对质量消费体验给出了最佳的回应——CNCSI 和 QCEI 均显著高于其他年龄段顾客。90 后是成长物质条件优渥的一代，这部分新生力量似乎更加“独具一格”，有着更强的个人意识和精神追求，他们眼中的高质量则更多立足于自身的感受，故而对质量消费体验的要求更高，而研究结果也印证了这个结论。数据表明，当前的市场环境和产品服务质量已充分迎合 70 后的需求，但随着时间的推移，消费市场将不断升级，90 后也将逐渐成为主要的消费群体。因此，我们要为后时代的到来提前做好准备，未雨绸缪。

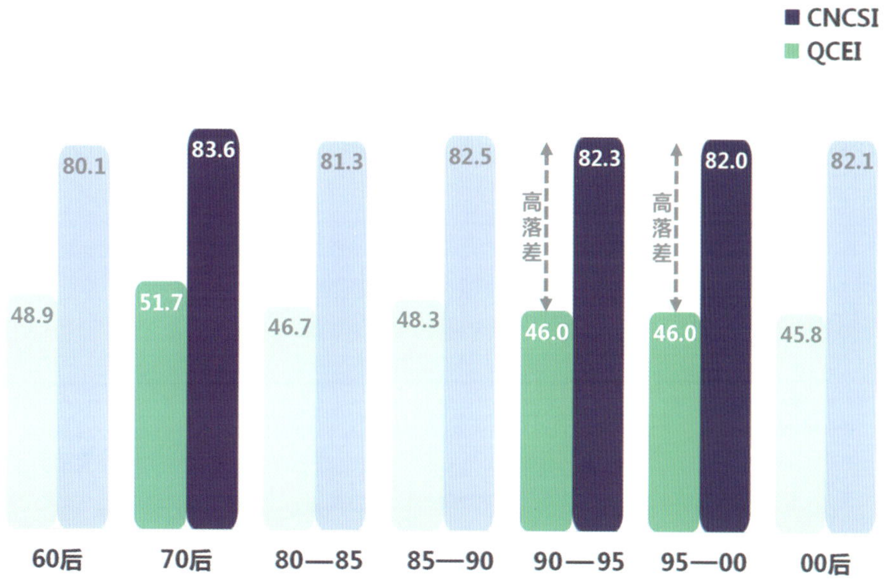

三大领域满意度稳中向好，耐用消费品质量消费体验引领步伐

随着市场质量监管体系的健全与完善以及越来越多的企业质量管理体系不断趋于成熟，三大领域的质量满意度 CNCSI 始终保持在 “满意”级别，且与去年相比，均出现不同程度的增长，呈现稳中向

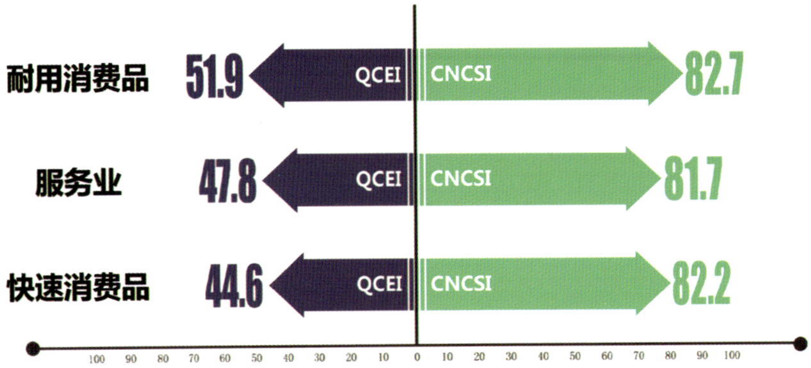

好的趋势，同时不同领域之间 CNCSI 的差距并不明显，未展现某一领域占有绝对优势地位。

在三大领域满意趋同的态势下，不同领域的质量消费体验 QCEI 呈现出较为显著的差异，相对于快速消费品与服务业，耐用消费品在质量消费体验中表现抢眼，QCEI 指数超过 50 分。耐用消费品领域对产品与服务的定位更加精准，对目标群体的选择更加聚焦，能够提供个性化、针对性的产品与服务，进而引领我国消费需求不断变化的步伐。

同时，随着国家对服务业发展的高度重视，消费者对服务的要求和期望不断提升，越来越多的企业将服务作为企业的核心竞争力之一，随着新技术的不断涌现，工具方法的持续升级，未来的服务业需要不断满足甚至激发顾客需求，为顾客带来更加完善和惊喜的消费体验。本次研究中，服务业 QCEI 达到 47.7 分，略高于总体水平，也恰好印证了当前的市场现状。

相对于耐用消费品，快速消费品具有消费周期短、注重便利性、感性多变的特征，消费者在该领域的购买习惯具有快速冲动、品牌替换性强的特点。本次研究显示，快速消费品在满足顾客需求的过程中面临更多挑战，质量消费体验的提升之路也更加艰难。

顾客需求主导行业发展，质量消费体验显示行业差异

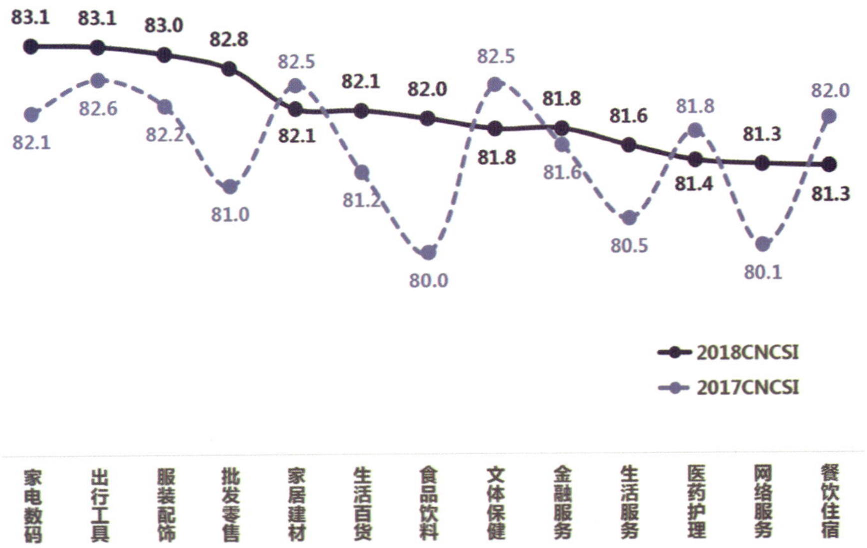

顾客对不同行业的满意程度差异较小，行业间 CNCSI 分差保持在 2 分以内。餐饮住宿与网络服务是 CNCSI 相对较低的两个行业，其中餐饮住宿同比下降，消费者对饮食安全健康的要求愈加严格，对个性化、人性化的服务需求不断提升，但现阶段的产品服务与消费者的期望还存在一定差距，仍有较大的改进空间。

更为重要的是，不同行业的顾客需求千差万别，不同行业满足顾客需求的能力亦参差不齐。与不同行业 CNCSI 的趋同化相比，具有多维结构与丰富内涵的 QCEI 对行业间差异的识别更为灵敏，数据显示，QCEI 最高的出行工具与最低的食品饮料有着 10 分以上的差距，因此，QCEI 更能体现不同行业的特点。各行业质量消费体验研究表明：出行工具行业内各品牌的 QCEI 差异较小，得分相对较高，行业发展已进入高成熟度阶段，同时，消费者也在用重复购买与口碑传播的方式表达对该行业的广泛认可。而食品饮料的 QCEI 则在十三行业中排名末位，顾客质量消费体验差异大（该行业内 QCEI 最大值约为最小值的 4.5 倍），质量消费体验研究显示该行业的美誉度与推荐度均较低，在当前消费者对安全性和营养性需求日益增长的大环境下，食品饮料行业需要进一步巩固消费者对产品及服务的信任感，形成让消费者可以放心购买、重复购买、推荐他人购买的良性循环。

多数品牌的质量消费体验落后于顾客期望

对本年度所有品牌的质量消费体验指数进行分级，我们得到五个级别：得分高于 60 分的为“QCEI-S 品牌”，得分在 50—60 分的为“QCEI-A 品牌”，以此类推。在 2018 年测评的 2000 多个品牌中，QCEI-S 品牌仅占 6.6%，同时还有 3.6% 的品牌 QCEI 得分低于 30 分，成为本年度的 QCEI-D 品牌，两个级别的分差超过 30 分。可见，质量消费体验领先的企业通过不断领先顾客的期望、不断提升产品服务的质量标准已经逐渐确立起领先优势，而质量消费体验有所欠缺的企业则需要加快自己追赶的步伐，以免被市场所淘汰。另外，本年度全行业的QCEI指数为47.4分，若以中值50分作为分界线，那么两侧的品牌数比例则是接近4∶6，多数品牌在质量消费体验方面的表现仍然落后于顾客的期望。在消费升级的时代背景和体验当道的市场环境下，我们必须要意识到“逆水行舟，不进则退”的道理。

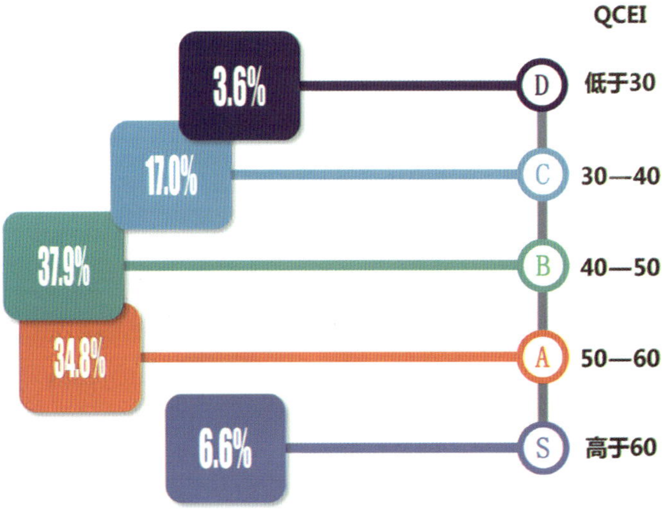

注：动态品牌分级是分析品牌质量消费体验表现的方法，分级的依据是以各品牌QCEI得分的分布情况确定不同级别的分数段，以便将顾客眼中质量消费体验较为接近的品牌作为整体进行研究，从而发现品牌间的共性和个性。需要明确的是，动态品牌分级随年度而变，因此其主要目的是以同年度内的对比为主。类似的，也可对CNCSI指数进行分级。

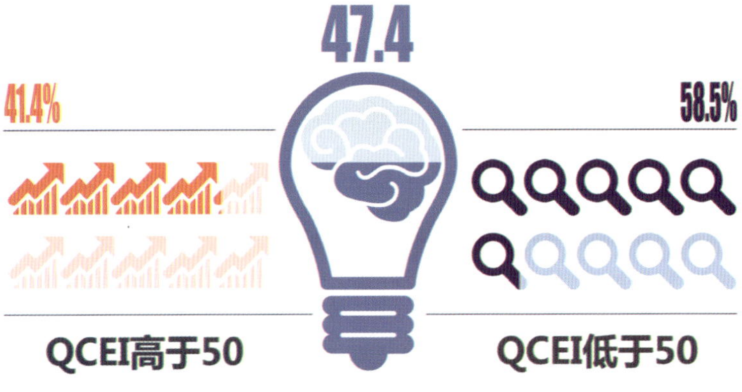

品牌感知质量满意度逐渐趋同，质量消费体验将是未来的竞争优势

2018年质量消费体验中CNCSI指数的分级情况如下图所示。可以看到，本年度中超过六成的品牌都是CNCSI-B品牌，顾客对市场中绝大部分品牌的感知质量十分接近，且顾客感知良好（总体CNCSI为82.2分）。与QCEI不同的是，能达到CNCSI-S级别的品牌可以说是凤毛麟角，而达到CNCSI-A

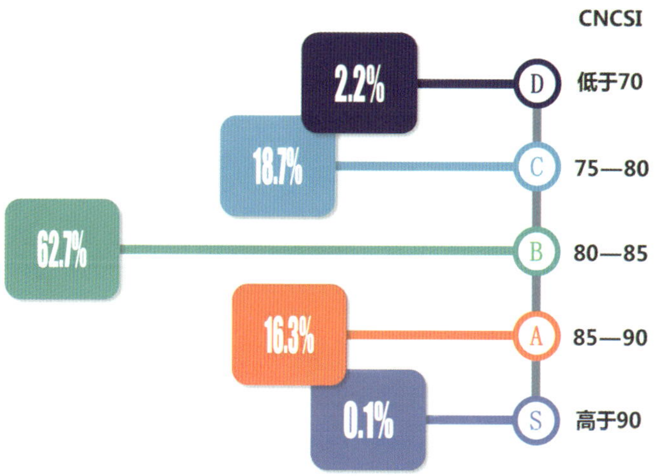

的品牌也只有16.3%。因此，品牌要想在满足顾客感知质量上脱颖而出，并非易事。或者说，当前市场上的品牌，在顾客感知质量上的差异越来越小，品牌想要找到差异化竞争的优势必须从顾客需求出发，为顾客带来更好的质量消费体验，从而建立自己的竞争优势。

品牌整体表现“机会良好型”，品牌宣传需充分结合顾客质量消费体验

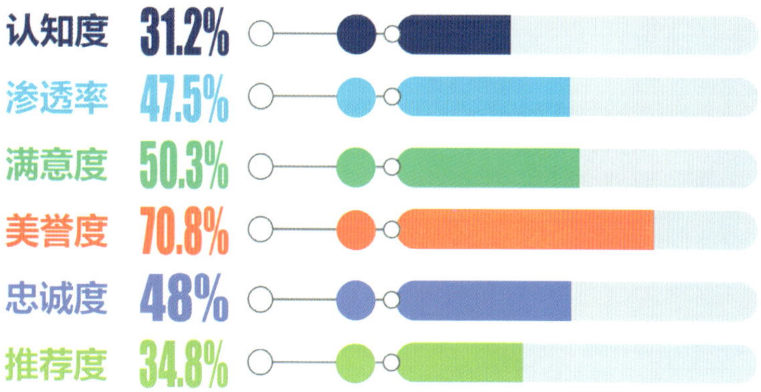

将所有品牌看成一个整体用质量消费体验模型来分析。从整个顾客旅程来看，顾客选用过47.5%的已知品牌（渗透率47.5%），对所选品牌持满意态度的顾客约占五成（满意度50.3%），同时顾客对大部分使用过的品牌还是很喜欢的（美誉度70.8%），并会经常使用其中接近半数的品牌（忠诚度48%），上述节点的顾客体验整体较为接近且表现尚可；顾客旅程一头一尾（质量消费体验模型两端的维度）的表现则略有差异，31.2%的品牌认知度表明大部分品牌只能覆盖其所在行业中约三成的顾客，但34.8%的顾客推荐度（实际算法与NPS相同）水平却已经十分接近优秀的水准（35%）了。总的来说，顾客对本年度调研品牌的顾客旅程呈现出先抑后扬的态势，顾客对感知质量和消费体验比较认可。但是，如何让顾客了解品牌的这些优势，却是大部分品牌（尤其是国内品牌）未来的努力方向。

分级后的品牌消费体验模型表现则更加印证了这个结论。可以看到无论是QCEI还是CNCSI，S级

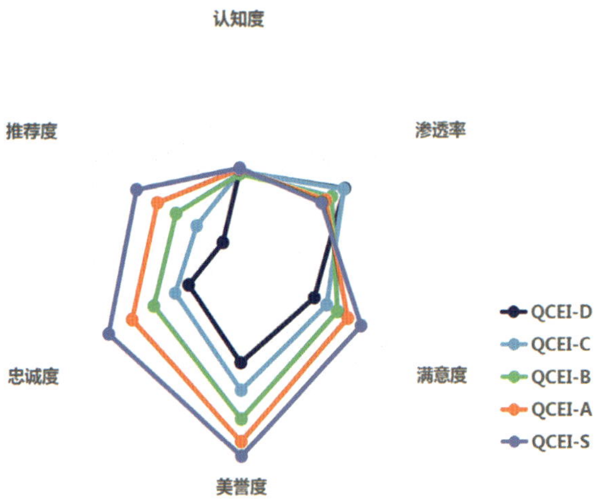

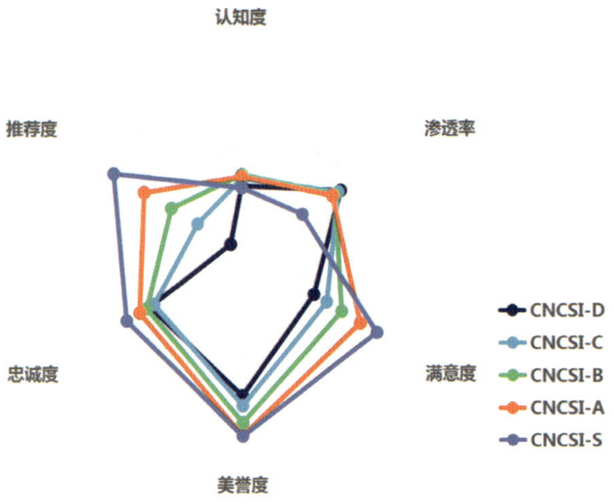

和 A 级品牌的满意度、美誉度、忠诚度和推荐度都大幅领先，但在认知度和渗透率的表现上却优势全无，由此可见，即便品牌质量消费体验的整体表现足够出色，仍然不能掩盖其在品牌宣传与推广上的欠缺。事实上，品牌推广并不只是刷存在感那么简单，这里也需要充分结合顾客质量消费体验的发展趋势和市场的最新动态，通过与顾客建立心灵上沟通的方式进行宣传。

制造业顶级品牌日趋成熟，服务业相对缺少引领者

QCEI-S 品牌都是业内翘楚，但其行业分布却并不均匀。超过半数的 QCEI-S 品牌来自家电数码、出行工具和家居建材三个行业，同时我们注意到，这三个行业均属于耐用消费品范畴；网络服务、金融服务、餐饮住宿等服务型行业的 QCEI-S 品牌却少之又少，在当前我国大力发展服务业的背景下，我们也迫切需要打造服务业的质量消费体验顶级品牌。

由于 CNCSI-S 品牌只有三个，这里我们对 CNCSI-A 品牌的行业分布情况进行分析。与 QCEI-S 品

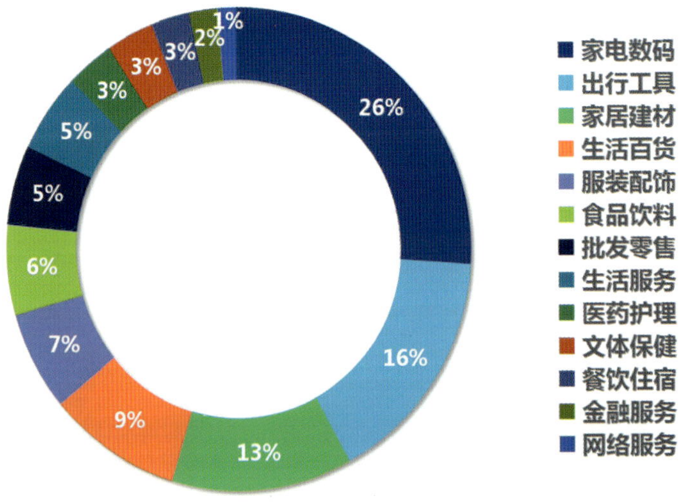

QCEI-S 品牌行业分布

牌的行业分布类似，家电数码也是 CNCSI-A 品牌最多的行业。同时，生活百货、食品饮料和服装配饰三个快速消费品行业贡献了半数的 CNCSI-A 品牌，在质量不断提升、市场日渐规范的发展趋势下，快速消费品行业中已经涌现出一批受到广泛认可的高质量品牌；金融服务、餐饮住宿、网络服务三个服务型行业的 CNCSI-A 品牌依旧很少，相比制造业，顾客接触点众多的服务业在提升质量的道路上更加任重而道远。

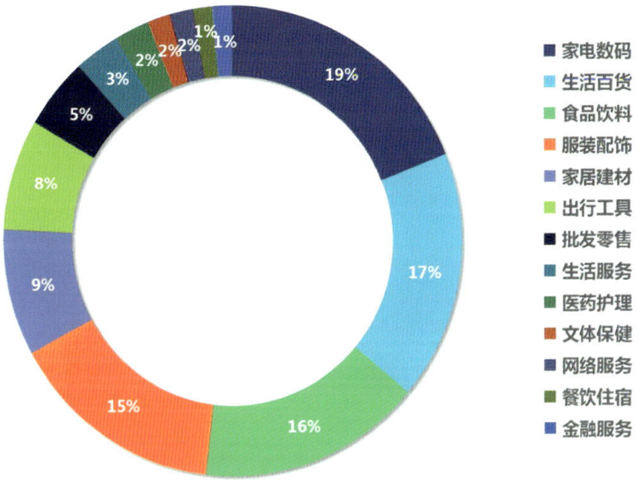

CNCSI-A 品牌行业分布

满意中國

SATISFIED CHINA

用户视角下的质量与品牌

2018

行业洞察

- 01 食品饮料行业 / 17
- 02 生活百货行业 / 19
- 03 服装配饰行业 / 21
- 04 医药护理行业 / 23
- 05 家居建材行业 / 25
- 06 家电数码行业 / 27
- 07 文体保健行业 / 29
- 08 出行工具行业 / 31
- 09 批发零售行业 / 33
- 10 生活服务行业 / 35
- 11 网络服务行业 / 37
- 12 餐饮住宿行业 / 39
- 13 金融服务行业 / 41

01

食品饮料行业：唯有安全护航，方可品质扬帆

在消费升级的时代，消费者对于食品饮料的选择上在发生着改变，基本的口感属性已经不能满足大众的需求，在追求高品质生活的同时，消费者在食品饮料的健康性和功能性上投入了更多的关注度，这反映在对成分表、原材料等方面的求知欲。除此之外，消费者也开始寻求分享产品带来的满足感，尤其表现在个人社交平台的分享，抓住了这一点，品牌开始以不一样的方式鼓励购买它们产品的消费者与身边的人进行分享，消费者不仅是简单地分享产品本身，更多的是在表达一种对生活方式和生活品质的追求和态度。

无论营销模式如何创新，“民以食为天”仍是食品饮料行业肩负的重任，对消费者而言，它的安全性是亘古不变的选择初衷。任何一次食品安全问题引起的震荡都不亚于火山海啸，摧毁只在一瞬间。这也是我们将食品饮料行业摆在研究首位的主要原因。

2018 年食品饮料行业总体表现

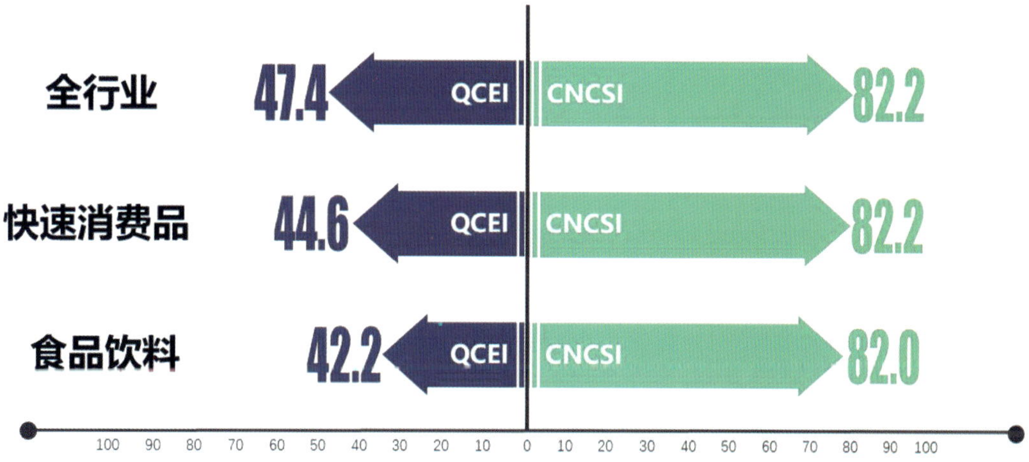

食品饮料行业顾客满意度指数 CNCSI 为 82.0 分，略低于总体水平和快消品行业平均水平的 82.2 分，消费者对于食品饮料行业处于中等的满意度，其中母婴牛奶粉满意度最高，为 84.0 分。但值得一提的是，该子行业中满意度较高的品牌均为国外品牌，食品安全问题的阴影仍未散去。乳酸菌饮料、功能饮料

满意度高于其他同类产品，表明消费者更注重饮料类产品的功能性和健康度。米面 CNCSI 为 79.5 分，低于其他子行业。

食品饮料行业质量消费体验指数 QCEI 为 42.2 分，低于总体的 47.4 分，其中母婴牛奶粉的质量消费体验指数最高，为 49.4 分。与该行业顾客满意度指数具有相同特征的是，饮料产品中乳酸菌饮料和功能饮料质量消费体验指数较高，瓶装水质量消费体验指数最低，为 35.0 分。

从不同企业类型来看，消费者对于国内企业的食品饮料产品满意度稍高于国外企业，国内企业 CNCSI 为 82.1 分。尤其在传统食品，譬如白酒、酱油、食醋等子行业中，国内品牌优势明显，特别在碳酸饮料、糖果等子行业，国产老字号品牌焕发新活力和强劲的竞争力，质量消费体验指数在同类产品中处于领先地位。

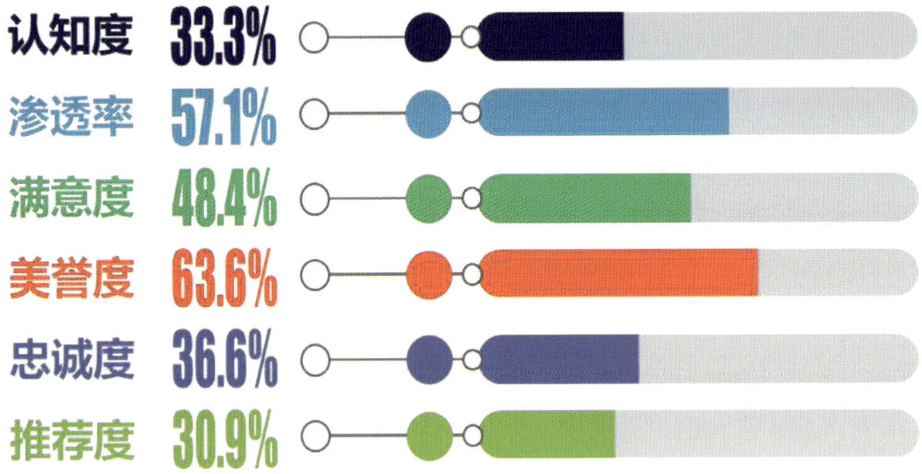

食品饮料行业质量消费体验模型

食品饮料行业渗透率在全部行业中最高，表明产品在销售渠道上覆盖较广，营销举措有效，但满意度、美誉度、忠诚度、推荐度均低于平均水平。正所谓“众口难调”，各食品饮料品牌应在方便消费者购买外，注重产品本身，在同质化较高的食品饮料行业中寻找突破口，聚焦消费者体验，提升品牌好感度。

食品饮料行业高质量消费体验子行业

母婴牛奶粉、速溶咖啡

02

生活百货行业：品牌众多，关键在于口碑传播

生活百货行业与消费者日常生活息息相关，该行业产品具有“产品单价低、消费面广、消费频度高”的特点。我国人口众多，伴随着巨大的市场容量，外资品牌不断进入中国市场，大半质量消费体验第一品牌被其占据。国内企业面临严峻的挑战，各地的小品牌制造商以低价位商品纷纷推出，造成国内品牌整体竞争实力较弱的情况。伴随着我国人口结构的调整、消费习惯的转变与消费能力的提升，消费理念与行为也在发生变化，从最初的随机消费发展为以品牌为导向的高品质与个性化的理性消费，尤其是“千禧一代”作为消费群体的中坚力量更是追求不愿“将就”要“讲究”。这类消费群体受益于经济增长的红利，物资较为丰富，因而他们更具备消费升级的主观需求，更加注重品质与服务，追求个性化、新鲜多样化的体验式消费，如何将契合群体需求的差异化体验植入其中，对品牌的塑造与口碑的传播至关重要。

2018 年生活百货行业总体表现

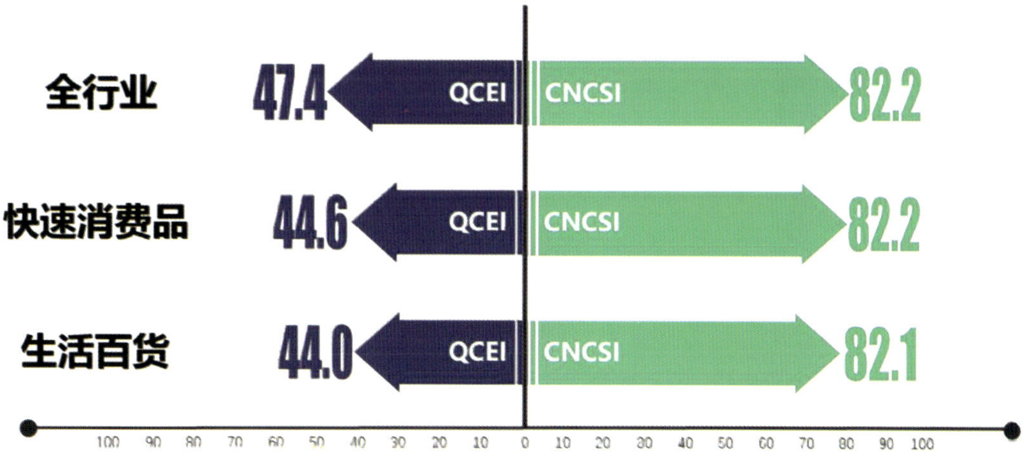

调研结果显示，生活百货行业满意度指数 CNCSI 为 82.2 分，与总体满意度指数持平，国内消费者对于该行业表现出中等水平的满意度，与去年相比有一定幅度的提升。从子行业来看，香水 / 精油 CNCSI 最高，为 84.9 分，且在本次调研的 133 个子行业中顾客满意度指数位列第一。消费者对保温杯 / 壶与纸巾 / 卷纸的感知不佳，CNCSI 排在生活百货行业末位，仍存在一定改进空间，

未达到“满意”级别。

生活百货行业质量消费体验指数 QCEI 为 44.0 分，低于总体的 47.4 分，与快消类总体相比也存在差距，表明消费者对生活百货的质量体验不佳，虽然可选品牌众多，但未抓住消费者的关键需求。从子行业来看，香水 / 精油的质量消费体验指数排在生活百货 14 个子行业中的首位，无论是心理与体验上均达到了消费者的需求，其中 QCEI 超过 52 分，表明消费者在得到良好质量体验的同时也主动担当起口碑传播者的角色。女士护肤品 QCEI 最低，为 37.0 分，质量消费体验在整个调研中排在尾部，较差的消费体验与过量的广告宣传及其夸大其词的效果形成鲜明对比，导致消费者感知远低于心理预期，从而引起信任感的大幅下降。

生活百货行业质量消费体验模型

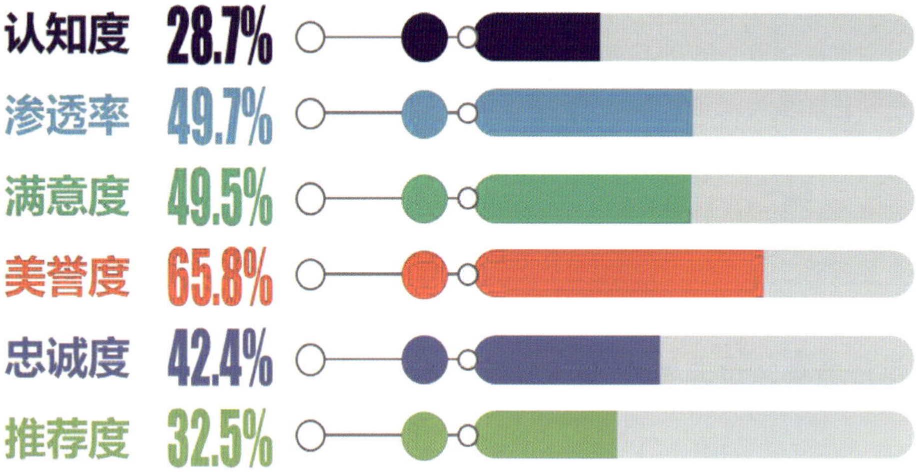

从总体上看，生活百货行业属于“低认知维护不足”型。该类产品在消费者生活中使用频率较高，品牌纷纭，可替代性强，品牌认知不足。渗透率较高，为 49.7%，使用的品牌多为认知熟悉的品牌，但其他各维度均低于总体平均水平，其中忠诚度差距最大，差值达到 5.6%，生活百货产品种类繁多，消费者品牌转换壁垒低，品牌忠诚度不足，各企业应加大品牌宣传力度，加深其在消费者中的品牌形象。

生活百货行业高质量消费体验子行业

香水 / 精油、洗手液

03

服装配饰行业：加强研发设计和渠道建设，塑造自主品牌

中国是全世界最大的服装配饰消费国和生产国，近些年中国的服装配饰业有着较大的发展，大大推动了中国国民经济的发展，国内企业在产品质量和设计方面均有所提升，但国内企业产品还主要集中在中低端，同质化竞争严重，产品多以量取胜，市场份额很大但是赢利较低，而处于金字塔顶端的多是国际顶级品牌，价格和利润都很高。在品牌知名度较高的企业中，超过五成是外资企业，约三成是自主品牌企业，外资企业占据主导地位。而随着消费者对高品质、个性化、功能性等产品的需求，国内企业需在产品设计上不断加大投入力度，重视自主创新能力，提升国内自主品牌价值，渠道建设上逐步优化渠道模式，对渠道进行转型、升级、扩张，同时加强新材料、新技术的应用，只有在产品设计、渠道、品牌建设等方面寻求突破，才能适应新的市场需求。

2018 年服装配饰行业总体表现

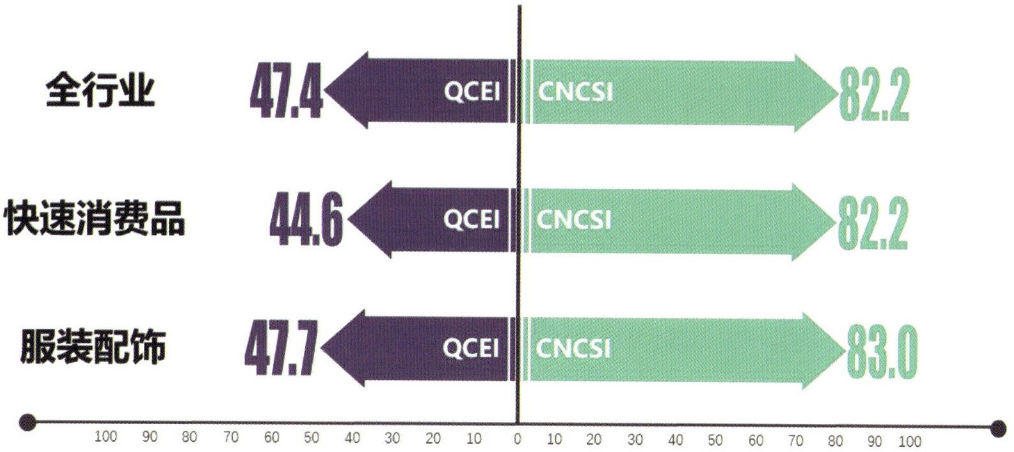

从总体上看，服装配饰行业顾客满意度指数 CNCSI 为 83.0 分，略高于总体水平 82.2 分，在快速消费品中表现优异，排在快速消费品四大行业首位，表明消费者对该行业的需求得到了较好的满足。服装配饰行业质量消费体验指数 QCEI 为 47.7 分，略高于总体的 47.4 分，显著高于快速消费品总体水平 44.6 分，表明服装配饰行业的顾客体验较好。其中，太阳眼镜 QCEI 最高，为 54.1 分；其次是品牌女包和旅行箱包 / 电脑包，为 53.1 分和 53.0 分，这几个子行业均以国外品牌为主；快时尚服装和女鞋

QCEI 均为 39.9 分，在 13 个子行业中得分最低。快时尚服装品牌以普通简单的材料、平民的价格、快速更新的款式、年轻时尚的设计、扩张性的门面铺设、快速的存货周转率等迅速占领中国市场，但由于质量问题曝光，屡登质检黑名单，其产品质量受到消费者的质疑。女鞋作为一种与身体匹配度要求较高的产品，消费者的要求相应较高，加之目前网络消费的增加，消费者在没有试穿的情况下购买，这种匹配度无法保证，导致了女鞋的消费体验不高。

服装配饰行业质量消费体验模型

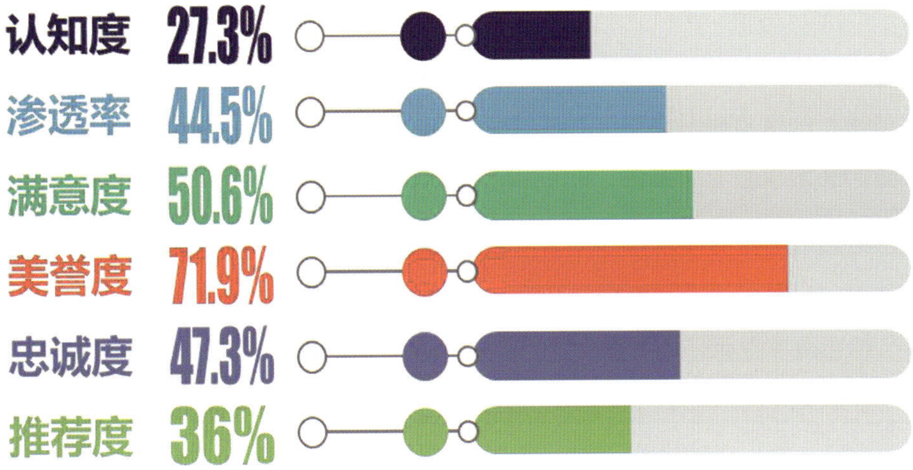

整体来看，我国服装配饰行业整体呈现“低认知型”的态势。美誉度为 71.9%，表现最佳；满意度高于 50%，说明消费者对目前使用的品牌比较满意；忠诚度 47.3%，水平较高，说明消费者选择了品牌后不易更换；同时推荐度高于 35%，在快速消费品四个行业中表现居首，表明服装配饰行业在消费群体中已引起一定程度的口碑效应。但行业认知度与渗透率处于偏低的水平，表明服装配饰行业的品牌集中度不高，企业在品牌宣传和渠道建设方面仍存在不足。

服装配饰行业高质量消费体验子行业

太阳眼镜、品牌女包、旅行箱包 / 电脑包

04

医药护理行业：产品品牌进一步打造，提升消费信心

医药护理行业是我国国民经济的重要组成部分，对于保护和增进身体健康、提高生活质量具有十分重要的作用。随着人们生活水平的提高，对医疗保健类产品的需求也在不断增长。质量是医药护理产品的核心，质量不过关的产品不但不能保障消费者的健康，甚至会危及患者的生命。中国医药行业的国际化是本土企业适应国际规范和市场规则的过程，中国医药企业需不断适应并采用国际通行的行业认证标准，认真分析中国消费者的医药消费需求特征，在激烈的市场竞争下树立自己的民族品牌。

2018 年医药护理行业总体表现

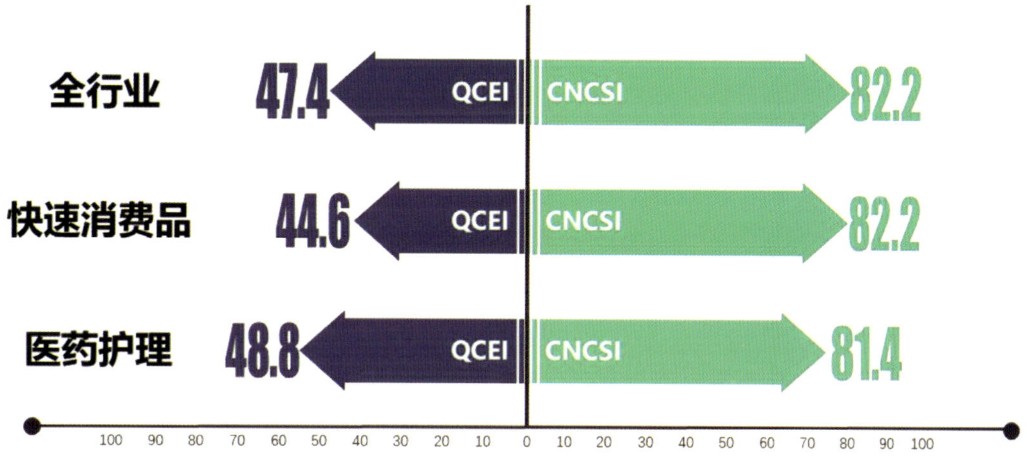

从总体上看，医药护理行业顾客满意度指数 CNCSI 为 81.4 分，低于总体的 82.2 分，中国消费者对于医药护理行业的满意度处于中等偏下。从医药护理子行业来看，创可贴 CNCSI 最高，为 83.7 分，创可贴产品不仅在功能上日渐丰富，如防水、透气等，在设计上也注重美观化，满足了不同人群的不同需求。从企业类型来看，国内企业在医药护理产品上满足消费者需求上表现好于国外品牌。医药护理行业质量消费体验指数 QCEI 为 48.8 分，高于总体的 47.4 分。其中创可贴 QCEI 最高，为 54.7 分，高于中值 50 分，知名创可贴品牌“云南白药”QCEI 在医药护理行业最高，为 67.1 分。相比之下，感冒用药、肠胃用药的 QCEI 较低，感冒和肠胃病是最常见的疾病，但感冒药的品牌认知率却不足 30%。当前市场上感冒药、胃药种类繁多，多数都能在药店买到，很多人也会自行服药，

在产品差异性方面体现不够充足，顾客消费体验有待提升。

医药护理行业质量消费体验模型

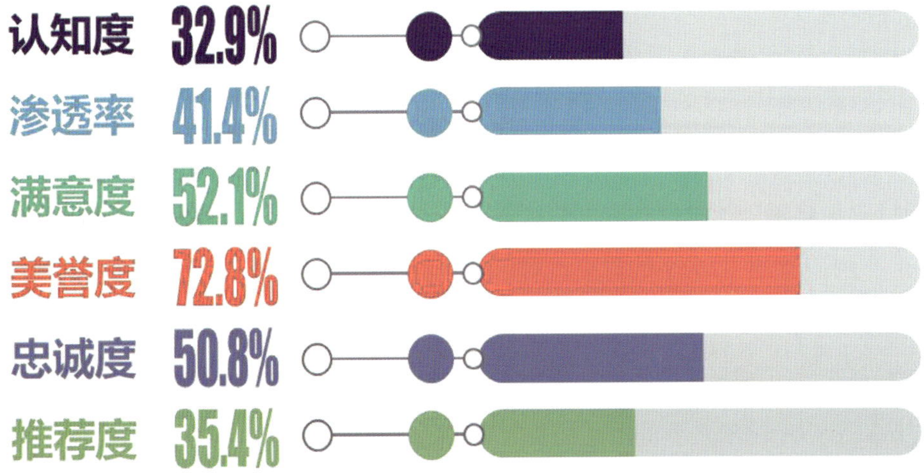

整体来看，我国医药护理行业整体呈现“机会良好型”的态势。医药护理行业满意度、美誉度、忠诚度较高，但渗透率明显低于总体水平的 47.5%。该行业大部分产品用于“患者”治疗，所以消费者使用场景相对较少，其中维生素类和补钙型类的保健产品渗透率分别是 40.3% 和 38.9%，表现出较低的情况。此类产品应拓宽销售渠道，使消费者更容易购买。

医药护理行业高质量消费体验子行业

创可贴、维生素补品

05

家居建材行业：提升科技含量，注重节能环保和用户体验，加强品牌建设

经过20多年的发展，我国家居建材行业逐渐成为一个成熟的行业，目前市场中，高端产品市场容量较小，基本被国际知名品牌占据；中高端市场被少数国内著名品牌占据，且已经形成了一定的市场规模；中端市场聚集大量的国产品牌，厂家众多；低端市场多以一些杂牌为主，对于质量要求低，中低端产品占据了国内较大的市场份额，竞争激烈。

随着人们生活水平、审美意识的不断提高，对技术含量高、高附加值的产品需求日益增加，而我国产品与发达国家相比仍然存在较大差距，设计环节薄弱是严重制约我国产品开发和创新的主要原因，国内企业在产品细分和设计上有所欠缺，总体上难以与外资品牌相抗衡。未来家居建材行业的发展趋势主要是：科技含量增多，家居建材产品逐渐向智能化、科技化发展；节能环保成为发展主流，环保问题已经成为家居建材行业企业的生命底线；设计更加人性化；个性化需求越来越多，传统的品牌传播模式、品牌定位都很难适应新时期的需要，逐渐催生新的细分市场，定制类家居将迅猛发展。国内企业需抓住目前发展机遇，提升用户体验，加强品牌建设，提高产品国际市场竞争力。

2018年家居建材行业总体表现

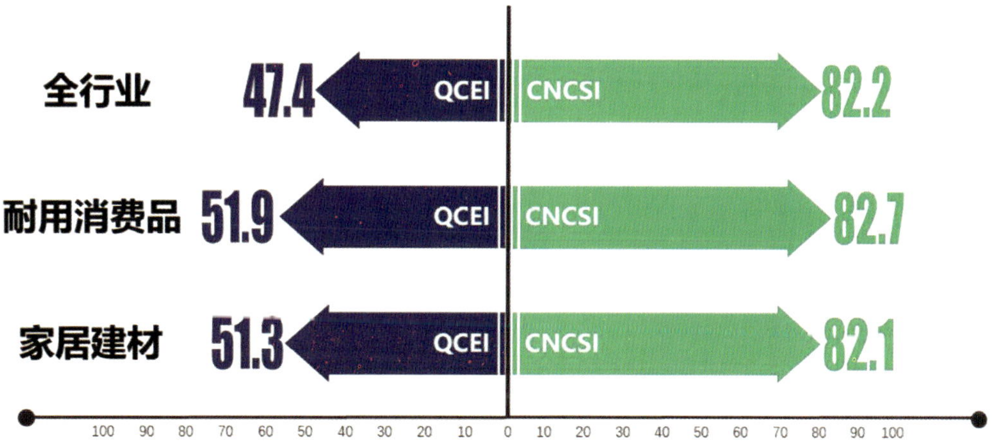

从总体上看，家居建材行业顾客满意度指数CNCSI为82.1分，略低于总体水平82.2分，在耐用消费品中高于文体保健，消费者对该行业的需求得到了较好的满足，而低于家电数码和出行工具，

这两个行业的品牌集中度较高。家居建材行业质量消费体验指数 QCEI 为 51.3 分，显著高于总体的 47.4 分，略低于耐用消费品行业的 51.9 分，表明家居建材行业的顾客体验较好，其中床垫 QCEI 最高，为 55.4 分；其次是油漆涂料和地板，为 54.3 分和 53.0 分，这三个子行业以国内品牌为主；防盗 / 安全门窗 QCEI 为 44.7 分，在家居建材子行业中是唯一得分低于 45 分的，表明防盗 / 安全门窗各品牌的产品还不能较好地满足广大消费者的安全需求，技术缺乏创新导致企业在产品质量上还有所不足，造成消费者信赖感较低。

家居建材行业质量消费体验模型

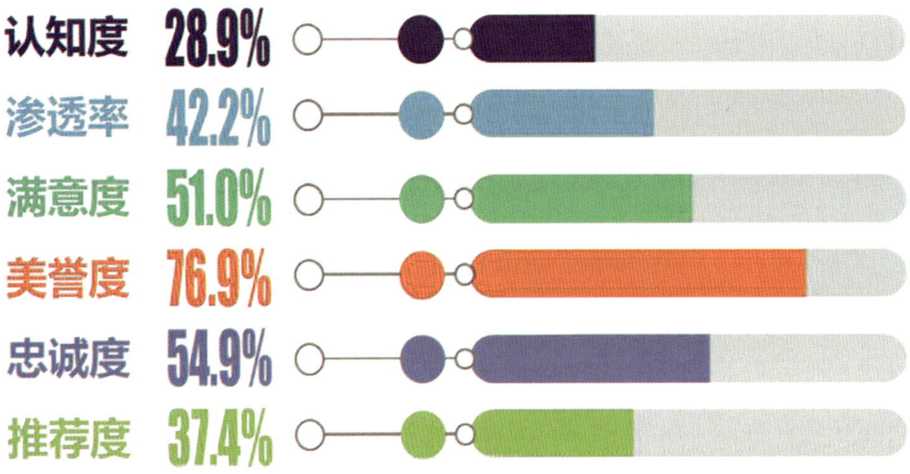

整体来看，我国家居建材行业整体呈现“低认知型”的态势。美誉度为 76.9%，表现最佳，满意度和忠诚度均高于 50%，忠诚度高于满意度，说明消费者对目前使用的品牌比较满意，选择了品牌后不易更换，推荐度高于 35%，在耐用消费品四个行业中排名第三，可见家居建材业在消费群体中已引起了一定程度的口碑效应。但行业认知度与渗透率处于偏低的水平，表明家居建材行业的品牌集中度不高，企业在品牌宣传和渠道多样化方面仍存在不足。

家居建材高质量消费体验子行业

床垫、油漆涂料、地板

06

家电数码行业：以消费需求为导向，注重品质生活提升

随着国内的消费升级，人们对于家电产品的消费需求，已经从简单的功能诉求变得更加多元化。消费者期待的不仅是一套安全省心的家电解决方案，更希望借此拥有理想的品质生活和家庭氛围，单纯的功能性满足已经无法打动消费者。我国家电产品消费已经从功能性需求到对健康、环保需求，直至对生活品质和美学的情感性需求。家电产品从满足刚性需求，到现在消费者对提高生活品质类电器的购买需求增高，这一点尤其反映在对饮食质量关注的厨房电器上，除了基本的功能外，消费者更注重产品的使用便捷和功能完善。

随着中国中产阶级快速崛起，消费购买力和对品质生活的追求不断提升，数码类消费电子产品趋优消费趋势也日益明显，行业步入消费升级通道，加速推动着产品的升级革新。华为、小米等中国品牌知名度在不断提升，已经逐渐改变国外品牌主导国内市场的形式。此外，在快速忙碌的生活节奏下，商家完善到位的服务成为不可或缺的营销元素。

2018 年家电数码行业总体表现

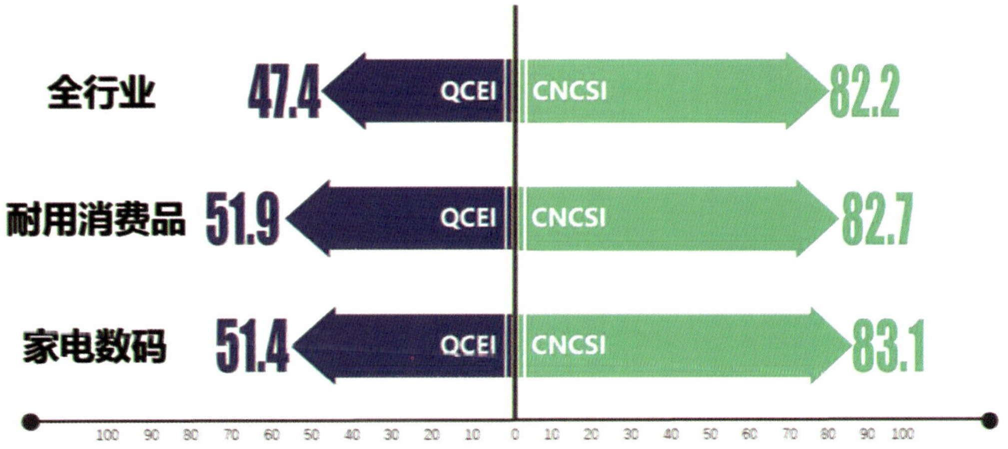

总体上看，家电数码行业顾客满意度指数 CNCSI 为 83.1 分，在 13 个行业中排名第一，表明消费者对于该行业产品的感知质量认可度很高。从子行业来看，传统家电满意度较高，其中电饭煲、豆浆机 / 榨汁机、冰箱三个子行业分列前三位，CNCSI 别为 84.9 分、84.8 分和 84.5 分；智能手机满意度得

分最低。家电数码行业质量消费体验指数 QCEI 为 51.4 分，显著高于总体的 47.4 分，略低于耐用消费品行业的 51.9 分。从子行业来看，电热水器、豆浆机 / 榨汁机、冰箱的 QCEI 得分比较高，智能手机的 QCEI 显著低于其他子行业。综合来看，豆浆机 / 榨汁机和冰箱有着很高的 CNCSI 和 QCEI，两者或多或少都与饮食健康有关系，可见相关品牌对于当前市场消费需求的理解和满足都做足了功课，市场反响较好；对于手机行业，以当前的普及程度和产品更迭频率，使得手机更像是耐用消费品中“耐用”特性最不明显的行业，因此其 CNCSI 和 QCEI 更带有一些快速消费品的感觉，这也在告诉各大手机品牌，持续关注顾客需求和顾客体验才是当前竞争中的王道。

家电数码行业质量消费体验模型

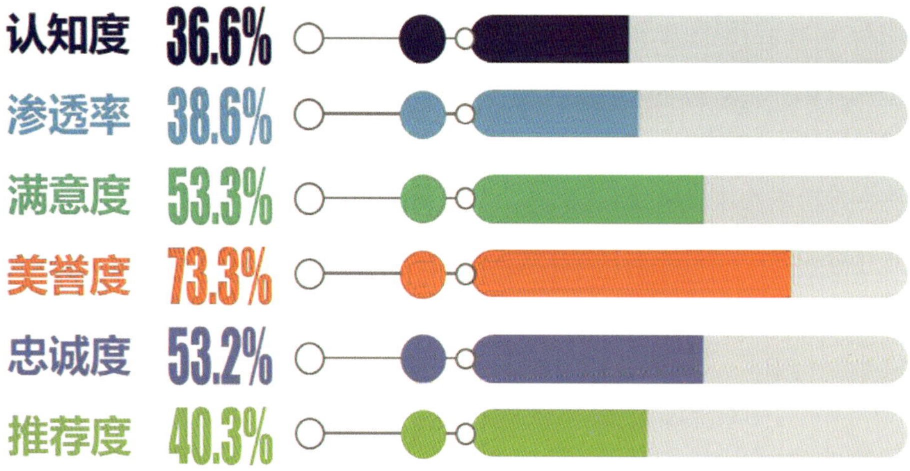

整体来看，我国家电数码行业整体处于消费升级态势。美誉度为 73.3%，高于总体的 70.8%，低于耐用消费品行业的 76.1%，满意度和忠诚度均高于 50%，说明消费者对目前使用的品牌比较满意。推荐度高于 40%，在所有行业中位列第二，表明家电数码行业在消费群体中口碑效应较强。行业认知度 36.6%，得分全行业最高，表明消费者对家电品牌的了解程度较高；但是渗透率处于所有行业末位，表明家电数码行业市场竞争激烈，市场份额划分基本固定。

家电数码高质量消费体验子行业

电热水器、豆浆机 / 榨汁机、冰箱

07

文体保健行业：开发专业性新产品，缩小与外资产品差距

在全民健身的热潮下，消费者用于体育用品的支出比例已明显增加。在国外企业不断进行产品升级的同时，消费者对功能性的要求越来越高，我国的体育用品科技含量相对较低，在专业运动领域的开发上略有不足。以民族企业长足发展的角度来说，除提升品牌知名度外，需要增加产品竞争力。同样的问题也发生在文具制造行业，国内企业在原材料开发和制备技术等方面同发达国家还有一定的差距，国内品牌大多属于普及型产品，产品价位较低，高档产品市场大部分为国外文具企业所占据。

2018 年文体保健行业总体表现

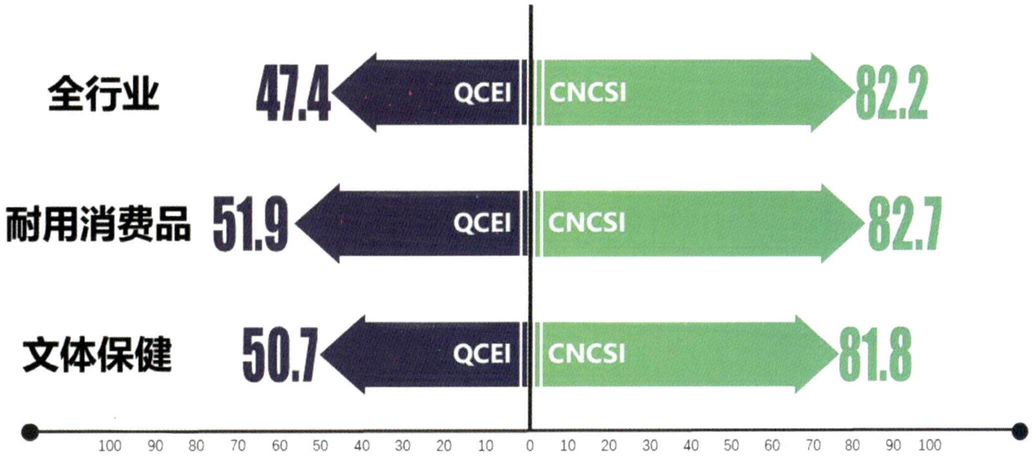

从总体上看，文体保健行业顾客满意度指数 CNCSI 为 81.8 分，略低于总体的 82.2 分；各子行业 CNCSI 之间没有明显的差距，顾客满意度指数最高的子行业钢笔 CNCSI 为 83.0 分，排名垫底的羽毛球拍顾客满意度指数为 80.7 分。文体保健行业质量消费体验指数 QCEI 为 50.7 分，高于中值的 50 分，虽然该行业的产品在人们的生活工作中比较常见，但消费者依然乐于将优质产品进行推荐；从子行业来看，血压计 QCEI 最高，为 55.1 分，表明人们对于自身健康的关注度在不断提升，同时趋向于将使用体验优良的产品与他人分享；水性笔 / 签字笔功能用途相对单一，其 QCEI 为 46.0 分，消费者趋于优先选择性价比高的产品。

文体保健行业质量消费体验模型

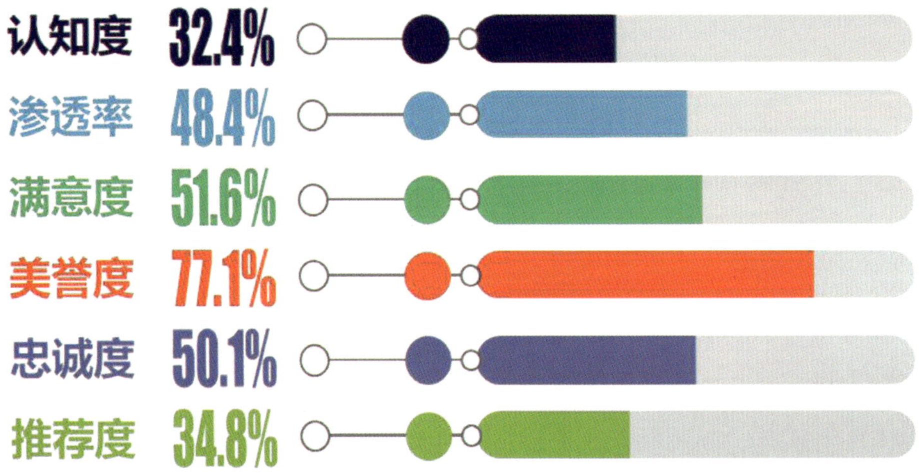

整体上，行业品牌漏斗呈现“机会良好型”，各维度均不低于总体平均水平，其中美誉度表现最佳，近八成的消费者对使用过的品牌表现出喜爱；忠诚度比总体平均水平高 7.1 个百分点，相比之下，满意度和推荐度优势并不明显，表明消费者对产品的使用偏向于习惯化；文体保健行业同类产品普遍功能差异化较小，在激烈的市场环境下，为消费者提供物美价廉的产品是企业立足和发展的根本之道。

文体保健高质量消费体验子行业

血压计、钢笔

08

出行工具行业：提升产品性能，把握行业发展动态

随着城市生活节奏加快以及城市交通环境的日益恶化，交通工具的选择向着节能、环保的方向转变，共享单车以易获取、低租金的优势急速扩张市场，对传统自行车行业造成了较大的影响，以出行为目的的消费者对产品的购买意愿大幅降低。其他类出行工具和配件产品消费者在以安全性为前提下，对于功能性的要求也在提升。自主企业通过准确地挖掘市场需求和产品性能的提升，在品牌竞争力上已具有一定优势，获得了广大消费者的认可。

2018 年出行工具行业总体表现

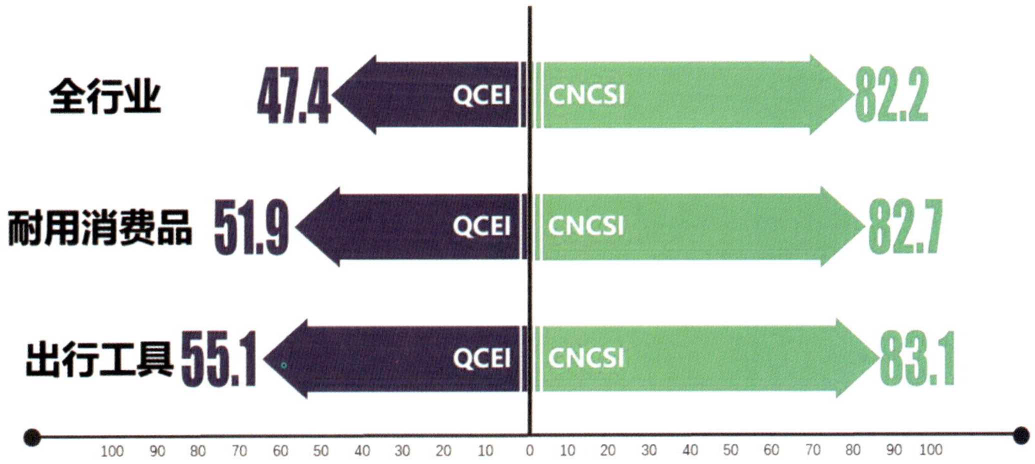

从总体上看，出行工具行业顾客满意度指数 CNCSI 为 83.1 分，在 13 个行业中与家电数码行业并列首位，表明消费者对该行业的需求得到了很好的满足，其中消费者对轮胎满意度最高，CNCSI 为 84.5 分，婴儿推车和自行车低于总体的 82.2 分，年轻父母对婴幼儿用品的质量要求不断提升，婴儿推车产品不能较好地满足消费者的需求；除此之外，随着共享单车在各城市的涌现，自行车行业受到较大的冲击，顾客满意度指数在出行工具行业中最低，为 80.0 分。出行工具行业质量消费体验指数 QCEI 为 55.1 分，在全部 13 个行业中排名第一，表明出行工具行业的质量消费体验优异，其中安全座椅 QCEI 最高，为 58.3 分，高于全部子行业，作为针对婴幼儿的出行工具类产品，其安全性受到广大消费者的认可；自行车 QCEI 在出行工具行业最低，为 53.3 分，共享的服务模式与传统自行车行业模式

相比，更加经济、方便、快捷，使得消费者逐渐不愿独自承担成本购买自行车产品。

出行工具行业质量消费体验模型

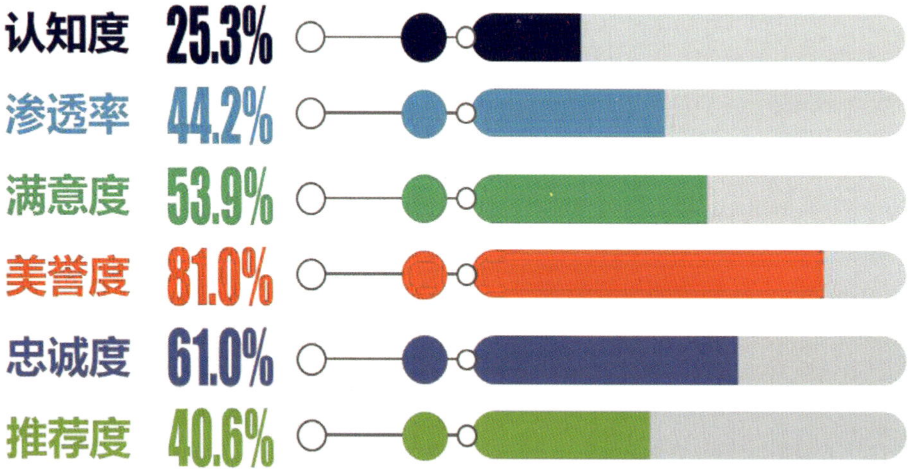

从总体来看，出行工具行业漏斗属于“低认知忠诚”型，美誉度在各行业中表现最优，超过八成的消费者表示喜爱使用过的产品，满意度、忠诚度、推荐度均处于较好的水平，现阶段产品的基本功能和质量水平已比较好地满足了广大消费者的需求，但认知度与其他行业相比劣势明显，表明出行工具类企业在宣传方面不到位，未来应加强品牌传播方式与力度，提升行业整体的品牌认知度。

出行工具高质量消费体验子行业

安全座椅、轮胎

09

批发零售行业：把握消费者偏好，精准聚焦需求

中国连锁零售行业经历几十年的高速发展，已经进入平稳增长期，国内全国性连锁零售企业与国际零售巨头的激烈竞争中已可占有相当份额的市场，在这块蛋糕不断分割的过程中，以超市为代表的批发零售行业正在发展高性价比的自有品牌以增加企业的生存空间。随着人们消费意识的不断增强，对企业的要求也不仅仅聚焦于企业所供商品，同时也愈加重视企业的服务质量。在以线下经营方式为主的批发零售行业，企业需提升满足消费者需求的商品和服务水平，加速以品牌为主导的经营模式转变和基础设施布局，根据行业特点和企业特点发挥优势。

2018 年批发零售行业总体表现

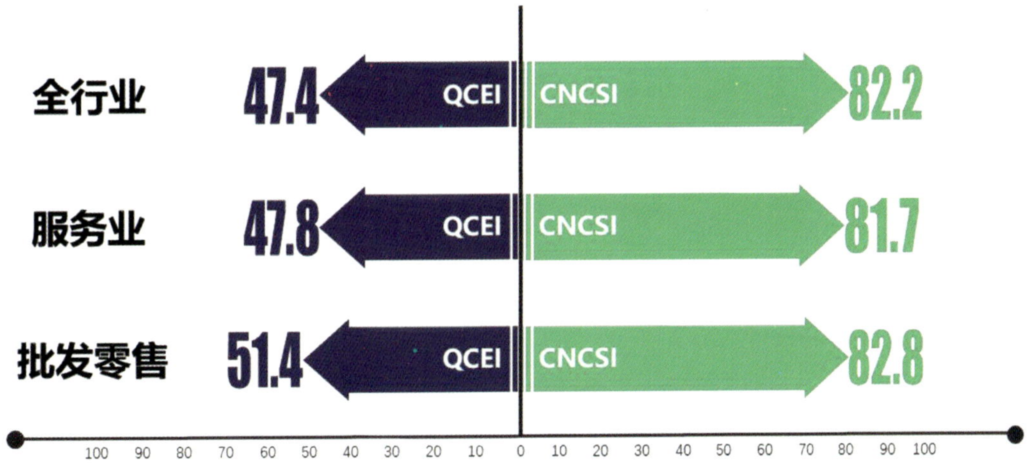

从总体上看，批发零售行业顾客满意度指数 CNCSI 为 82.8 分，略高于总体水平 82.2 分，在服务业中表现优异，排在服务业中五大行业首位，表明消费者对该行业的需求得到了较好的满足。批发零售行业质量消费体验指数 QCEI 为 51.4 分，显著高于总体的 47.4 分，表明批发零售行业的顾客体验较好，其中家居建材连锁 QCEI 最高，为 57.0 分；大型超市是唯一低于中值 50 分的子行业，当前电商涉及的品类和产品越来越丰富，新零售行业以顾客体验为出发点提供一体化服务，这些都使传统意义上大型超市的产品和服务相形见绌，故而质量消费体验不高。

批发零售行业质量消费体验模型

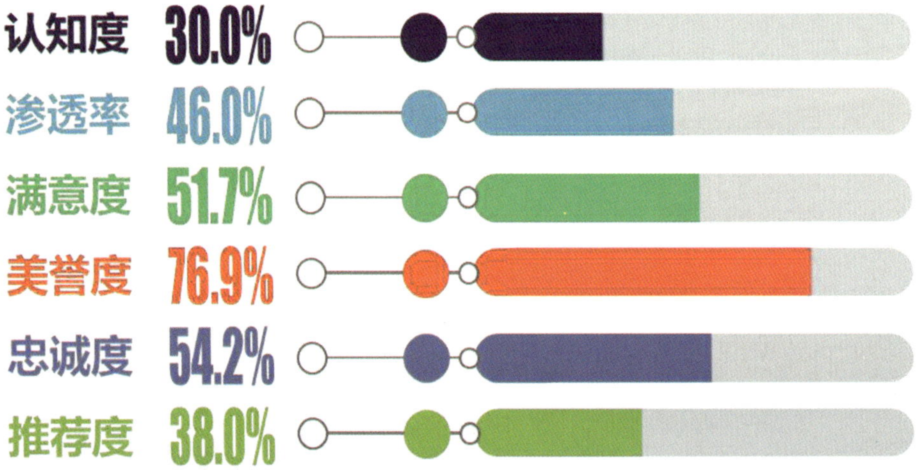

整体来看，我国批发零售行业整体呈现“机会良好型”的态势。美誉度为 76.9%，表现最佳，满意度和忠诚度均高于 50%，说明消费者对目前使用的品牌比较满意，其所选择的品牌的转换壁垒较高，不易出现品牌替换。同时推荐度高于 35%，在服务业中表现优异，表明批发零售行业在消费群体中已得到很好的口口相传，引起一定程度的口碑效应。但行业认知度与渗透率处于偏低的水平，表明各企业在品牌宣传和门店布局方面仍存在不足。

批发零售高质量消费体验子行业

家具建材连锁、珠宝首饰

10

生活服务行业：优化服务质量，改善消费体验，过程带动服务升级

餐饮、电影、快递等居民生活服务业是保障和改善民生的重要行业，随着线上交易和线下服务的融合更加紧密，以“90后”为代表的消费群体个性化需求爆发式增长；随着社会老龄化加快，以专业化为特征的养老等服务需求呈现旺盛态势。消费者对于生活服务行业注重内在体验、便捷程度、服务水平，质优价廉的服务成为主流。同时，消费者对人身、财产、健康方面的安全要求越来越高，在社交网络发达的时代下安全问题和隐患会被迅速传播和放大，影响着行业的整体声誉和形象。在信息不对称的条件下，政府应加强监管体系建设，解决消费者对服务质量的消费需求和部分企业不健全的运营、管理方式之间的矛盾，给生活服务行业带来良性、积极的竞争环境。

2018 年生活服务行业总体表现

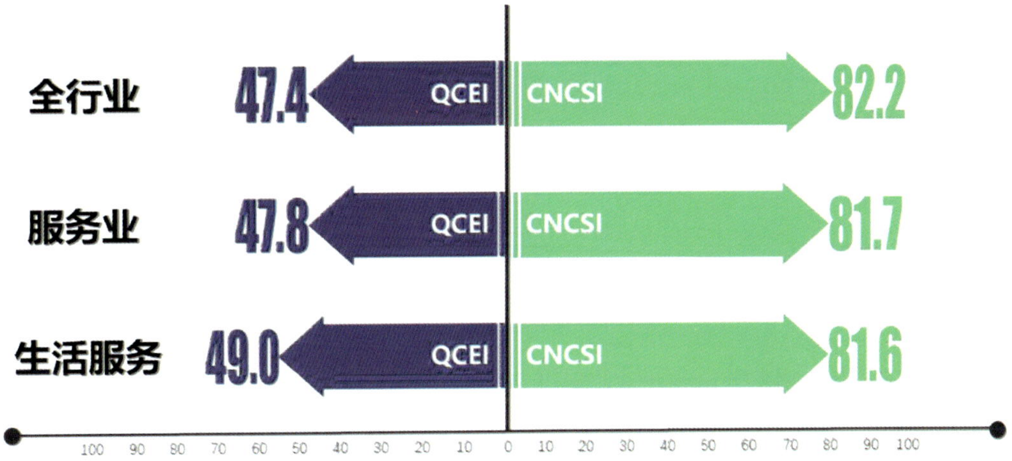

调研结果显示，生活服务行业顾客满意度指数 CNCSI 为 81.6 分，低于总体的 82.2 分，其中专车服务 CNCSI 最高，为 83.3 分，电影院满意度也表现较好；餐饮外卖服务顾客满意度指数最低，外卖平台为消费者提供便利和更多选择的同时在监管方面有所欠缺，平台入驻商家无证经营、送餐员管理混乱的负面新闻频频爆出，影响了消费者对餐饮外卖服务的满意度。生活服务行业总体质量消费体验指数 QCEI 为 48.6 分，低于中值的 50 分；从子行业来看，依旧是专车服务的 QCEI 较高，为 56.2 分，本次调研只针对各网约车平台的高端产品，其服务质量还是颇受消费者认可的；快递服务 QCEI 仅为

33.3 分，在全部子行业中最低，品牌中只有顺丰的 QCEI 高于中值 50 分，物品在快递过程中损坏、丢失和送达速度较慢是消费者的普遍痛点。

生活服务行业质量消费体验模型

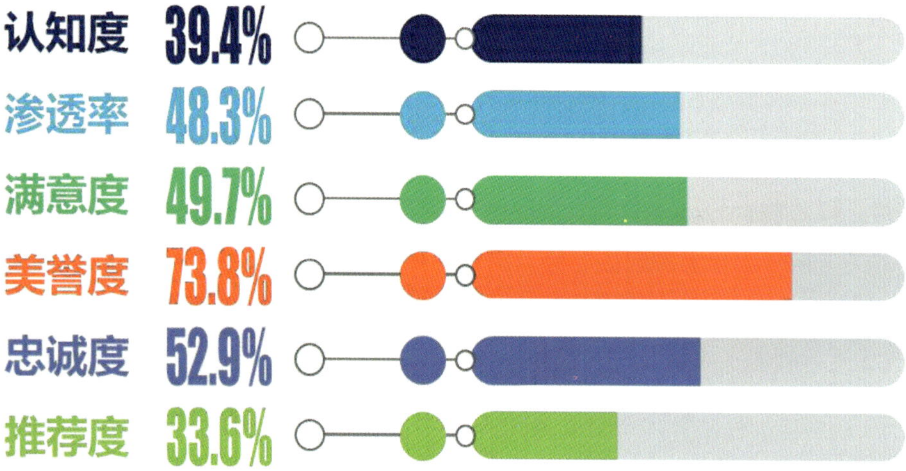

从调研结果来看，生活服务行业认知度在全部行业中最高，为 39.4%，但满意度、推荐度相对较低，低于总体水平，表明该行业前期营销推广工作较充分，但在产品、服务上有所欠缺，各企业需改进自身不足，提升客户体验。

生活服务高质量消费体验子行业

专车服务、汽车租赁

11

网络服务行业：行业规范性发展，提高用户体验

2017 年 1 月，中办、国办联合印发了《关于促进移动互联网健康有序发展的意见》，充分肯定了移动互联网对我国经济、民生和安全的重要作用，要求充分发挥我国移动互联网的优势。在有关政策的扶持下，互联网行业得到了飞速的发展。针对不同特征消费者，互联网企业在行业细分上也不断深化，以在激烈的市场竞争中寻求一席之地。在“适度政策”的影响下，行业整体也逐渐暴露出一些弊端，个别企业在利益的主导下忽视了客户体验。2018 年以来，国家主管部门越来越重视互联网的“社会影响”和意识形态作用，互联网公司普遍开始加强自我审核、自我控制。

2018 年网络服务行业总体表现

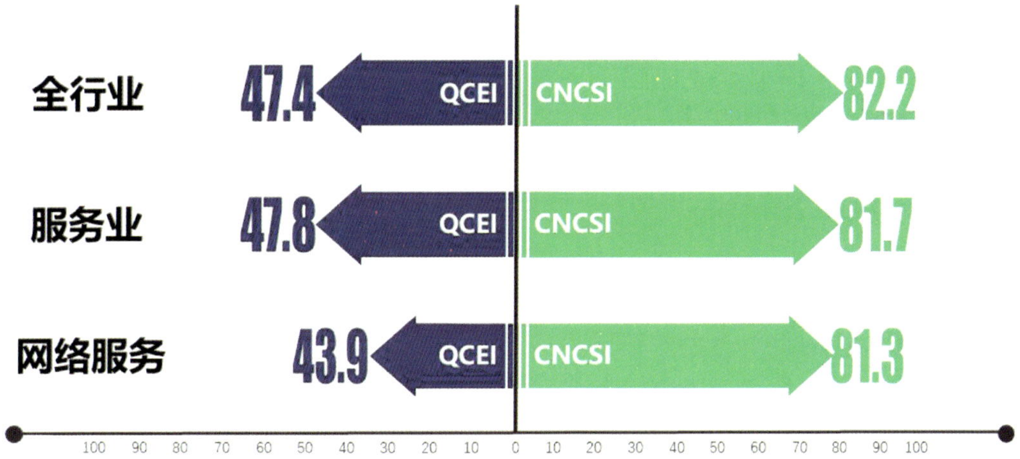

从总体来看，网络服务行业顾客满意度指数 CNCSI 为 81.3 分，低于总体的 82.2 分；从子行业来看，母婴网站的 CNCSI 最高，为 83.0 分，母婴网站瞄准“妈妈”顾客群体，在短时间内得到了快速的发展并以针对性的产品得到了消费者的认可，视频网站 CNCSI 最低，为 79.1 分，原因是大部分视频网站存在强制性广告较多的现象，且消费者充值成为会员之后依然存在不能完全免除广告的情况。调研结果显示，网络服务行业质量消费体验指数 QCEI 为 43.9 分，与总体的 47.4 分差距明显，表明消费者对网络服务的顾客体验不佳；各子行业 QCEI 差异较明显，母婴网站以 QCEI 指数 53.7 分遥遥领先，网购平台、视频网站的 QCEI 低于 40 分，其中视频网站最低，QCEI 仅为 36.5 分。

网络服务行业质量消费体验模型

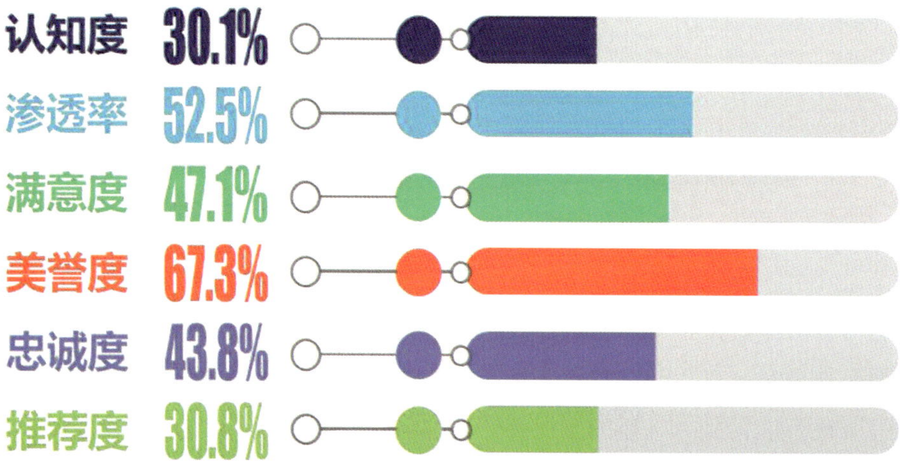

根据调研结果，网络服务行业品牌漏斗呈“高渗透维护不足”型，渗透率较高，超过了50%，但满意度、美誉度、忠诚度、推荐度均明显低于总体平均水平。在新业态、新模式的互联网企业不断涌现的时代下，人们的社交、购物、娱乐等需求通过网络平台得到了满足，但随之而来的弊端也逐渐暴露，部分企业在利益驱动下逐渐忽视了客户体验，对于网络服务行业还需加强监督力度，提升行业整体规范化。

网络服务高质量消费体验子行业

母婴网站

12

餐饮住宿行业：随着消费升级，打造带有“优雅、舒适、便捷、健康”标签的品牌方向

随着经济的不断发展，餐饮住宿企业数量不断增加，营业额持续增长，不仅吸纳了大量的劳动力就业，也成为繁荣经济、拉动消费需求的重要力量。以油炸食品为主的洋快餐已逐渐不符合消费者的饮食习惯，无法满足以健康理念为主的消费需求。同时，消费者为了生活品质的溢价接受能力大幅提升，相比注重性价比的低端品牌，消费者愿意付出更高的价格享受高端品牌带来的享受感。

2018 年餐饮住宿行业总体表现

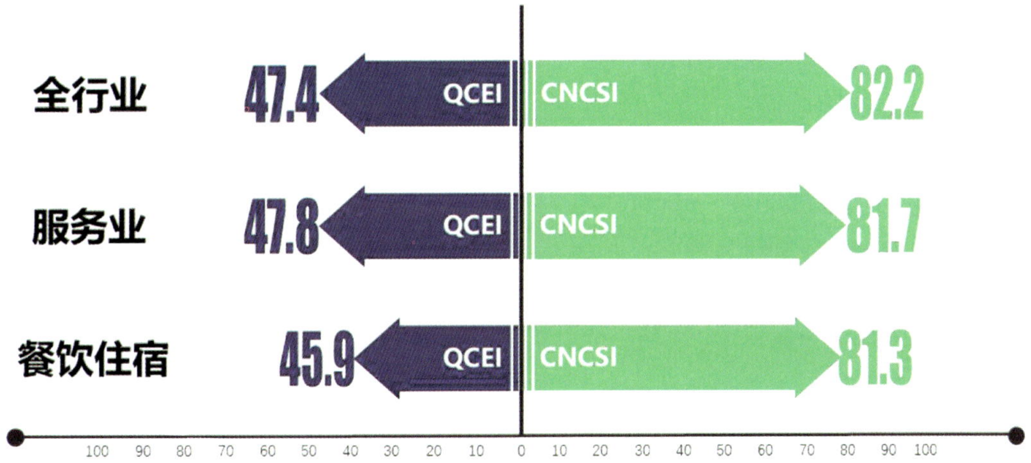

从总体上看，餐饮住宿行业顾客满意度指数 CNCSI 为 81.3 分，在所有行业中 CNCSI 最低，表明消费者对餐饮住宿行业满意度较低。从子行业来看，高端连锁酒店顾客满意度指数最高，为 83.8 分，高端连锁酒店价格普遍高于快捷连锁酒店，但可以看出消费者相比价格来说更关注品质。西式快餐行业 CNCSI 最低，为 79.8 分，该行业提供的大部分属于高脂肪食品，不符合消费者现在的健康饮食习惯。餐饮住宿行业质量消费体验指数 QCEI 为 45.9 分，低于总体的 47.4 分，从子行业来看，西式快餐 QCEI 最低，餐饮类各子行业中，西餐连锁和咖啡厅顾客推荐度指数在中值 50 分以上，可以看出，除饮食本身外，消费者对就餐环境有了更高的需求。关乎消费者日常生活的服务业中，餐饮住宿行业与日常生活水平结合得最为紧密，消费者对溢价接受的能力在提升，也更加注重高品质的生活，餐饮住宿行业在提升质量消费体验方面更应侧重关注品牌的打造，服务品质的升级和消费习惯的改变。

餐饮住宿行业质量消费体验模型

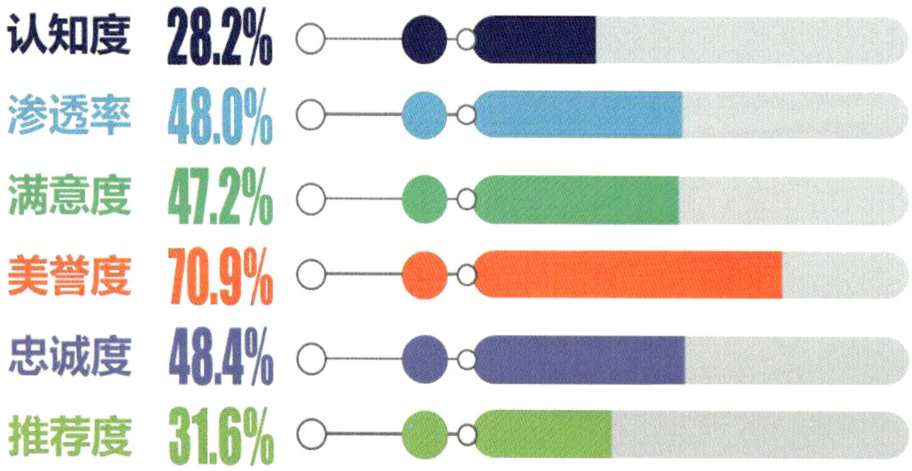

从总体上看，餐饮住宿行业美誉度表现较好，超过七成的顾客表示喜爱使用过的品牌，但餐饮住宿子行业中的快餐和快捷连锁酒店子行业顾客满意度、推荐度偏低。从消费习惯和生活理念的角度，快餐行业不仅应为消费者提供快捷的餐饮服务，还应根据消费者的需求推出低脂肪的绿色健康类食品。快捷酒店在硬件水平方面较难与高端连锁酒店竞争，应该关注消费体验的核心质量点，提升整洁度和服务感，打造具有特色的差异化品牌服务。

餐饮住宿高质量消费体验子行业

西餐连锁、高端连锁酒店

13

金融服务行业：品牌个性化发展，提供优质服务，抢滩用户市场

随着社会经济的发展，以平台为依托的移动支付方式逐渐深入千家万户，进一步促进了金融服务行业的发展。传统金融行业也在服务、产品上不断进行差异化的创新，以满足不同受众群体多变的消费需求，其中银行业占据着绝对主导的地位。由于经济高速发展形成的货币化进程加快，人们对于金融的需求也越来越多，推动着银行业的快速发展。同时，消费者个人资产规模的不断积累，对于人身和财产安全越来越重视，各保险企业也在通过产品升级、产品细分和服务增值为广大群众的安全性提供着保障。

2018 年金融服务行业总体表现

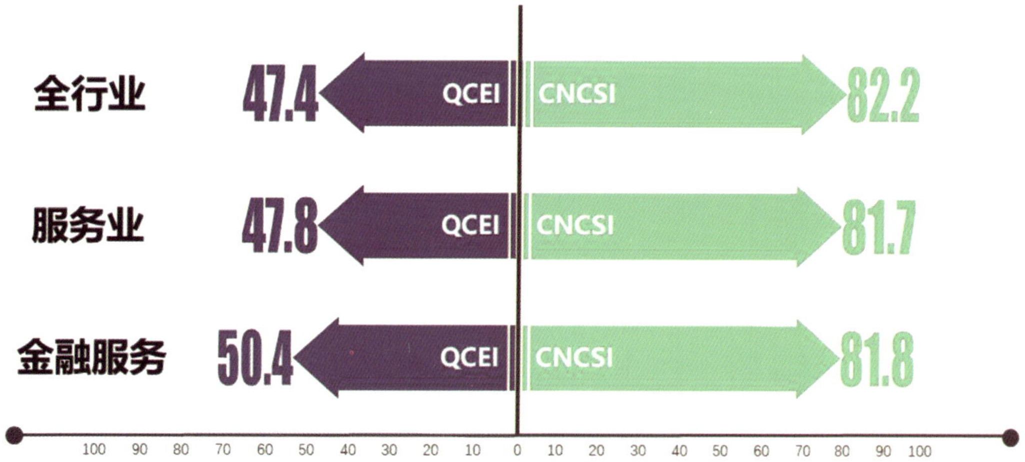

从总体来看，金融服务行业顾客满意度指数 CNCSI 为 81.8 分，低于总体的 82.2 分，表明消费者对金融服务行业处于中等偏下的满意程度。从子行业来看，保险类产品 CNCSI 较高，人寿险和车险顾客满意度指数 CNCSI 分居第一、二位，借记卡 / 储蓄卡 CNCSI 最低，为 80.8 分，银行卡业务的发展并没有能够跟上消费者日益增长的服务需求和消费体验升级的要求，银行卡业务在给顾客带来服务价值上的体验欠佳。金融服务行业质量消费体验指数 QCEI 为 50.4 分，高于中值的 50 分。从子行业来看，保险类产品顾客推荐度指数较高，人寿险和车险 QCEI 均在 54 分以上，表明消费者更注重人身和财产的安全保障并得到了良好的消费体验。

金融服务行业质量消费体验模型

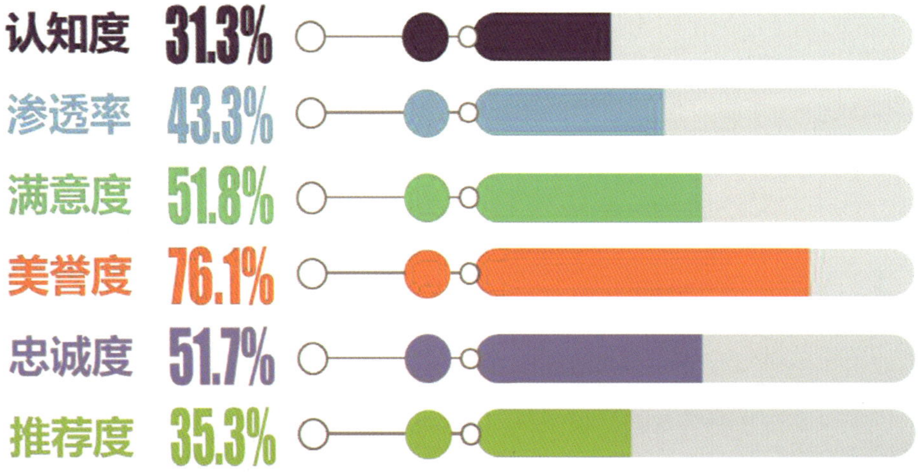

总体来看，金融服务行业美誉度表现尚可，近八成的消费者表示喜欢使用过的产品，满意度、忠诚度在 50% 以上，达到较好的水平，但金融服务业渗透率明显低于总体平均水平的 47.5%，该行业竞争激烈，品牌成熟度较高，各品牌在客户转化方面有所欠缺。该行业应加强市场拓展、增强消费者购买意愿，提升品牌在市场中的占有率。

金融服务高质量消费体验子行业

人寿险、车险

满意中国

SATISFIED CHINA

用户视角下的质量与品牌

2018

QCEI 前三品牌榜

QCEI 榜首品牌国内多于国外，个别行业国外品牌优势明显

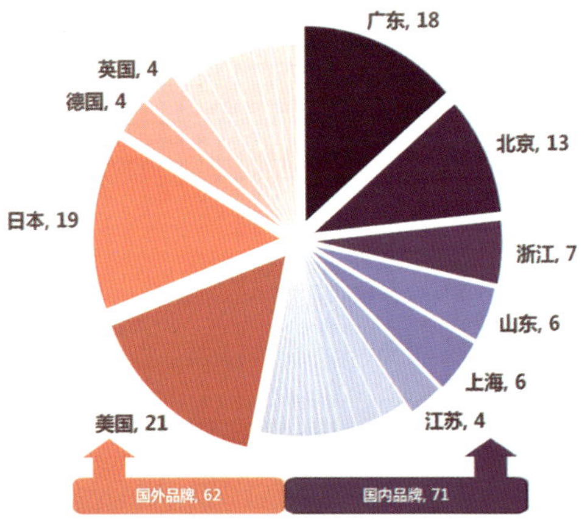

本年度满意中国共涉及 133 个子行业，各子行业中，质量消费体验指数 QCEI 最高的品牌代表当前行业内质量消费体验的最高水平。在这 133 个品牌中，国内品牌（包括港澳台地区）占据 71 个，国外品牌占据 62 个；国内品牌中，广东省、北京市、浙江省、山东省、上海市、江苏省贡献较多，国外品牌则基本是美国、日本、欧洲三分天下；国内品牌多集中于食品饮料、家居建材和家电数码三个行业，国外品牌则多集中于食品饮料、家电数码和服装首饰。值得注意的是，在文体保健和服装配饰两个行业中，国外品牌优势明显，文体保健六个子行业的 QCEI 榜首品牌均为国外品牌，而国内品牌则统治了生活服务和金融服务两个行业。

生活百货行业

子行业名称	2018QCEI 第一名	2018QCEI 第二名	2018QCEI 第三名
保温杯 / 壶	富光	膳魔师	特百惠
彩妆 / 美妆	BOBBIbrown 芭比波朗	HR 赫莲娜	Givenchy 纪梵希
毛巾 / 浴巾	洁丽雅	南极人	金号
沐浴露 / 香皂	Safeguard 舒肤佳	威露士	强生美肌
男士护肤品	欧莱雅男士	DOCTORLI 李医生	OLAY 玉兰油
女士护肤品	SK II	Esteelauder 雅诗兰黛	Sulwhasoo 雪花秀
剃须刀 / 剃须膏	BRAUN 博朗	飞科	PHILIPS 飞利浦
卫生巾 / 卫生护垫	花王 / 乐而雅	七度空间	SOFY 苏菲
洗发 / 护发品	滋源 Seeyoung	资生堂	Schwarzkopf 施华蔻
洗洁精	蓝月亮	妈妈壹选	安利
洗手液	Safeguard 舒肤佳	蓝月亮	Dettol 滴露
洗衣粉 / 液	蓝月亮	卫新	洁霸
香水 / 精油	Burberry 博柏利	Versace 范思哲	JoMalone 祖玛珑
纸巾 / 卷纸	顺清柔	泉林本色	Kleenex 舒洁

食品饮料行业

子行业名称	2018QCEI 第一名	2018QCEI 第二名	2018QCEI 第三名
白酒	茅台	沱牌	五粮液
冰品（雪糕、冰激凌）	DQ 冰雪皇后	八喜	哈根达斯

（续表）

子行业名称	2018QCEI 第一名	2018QCEI 第二名	2018QCEI 第三名
饼干 / 威化	趣多多	太平	康师傅
茶饮料	三得利	农夫山泉	维他
方便面	康师傅	南街村	出前一丁
干果 / 坚果 / 零食	三只松鼠	正林	来伊份
功能饮料	宝矿力水特	佳得乐	红牛
果汁	味全每日 C	都乐	汇源
红酒 / 葡萄酒	张裕	楼兰	王朝
酱油	海天	味事达	鲁花
口香糖	益达	炫迈	绿箭
凉茶饮料	王老吉	加多宝	和其正
米面	金龙鱼	中粮	华润五丰
母婴牛奶粉	诺优能	牛栏	启赋
膨化食品	乐事	亲亲	恰恰
啤酒	青岛	嘉士伯	百威
瓶装水	农夫山泉	依云	怡宝
巧克力	健达缤纷乐	德芙	歌帝梵
乳酸菌饮料	养乐多	蒙牛优益 C	伊利优酸乳
食醋	紫林	海天	老恒和
熟食肉制品	荷美尔	波尼亚	天福号
速冻食品	湾仔码头	三全	科迪
速溶咖啡	雀巢咖啡	春光	猫头鹰
酸奶	伊利安慕希	蒙牛纯甄	新希望轻爱
碳酸饮料	北冰洋	可口可乐	百事可乐
糖果	大白兔	不二家	阿尔卑斯

医药护理行业

子行业名称	2018QCEI 第一名	2018QCEI 第二名	2018QCEI 第三名
补钙型保健品	三精	汤臣倍健	NUTRILITE 纽崔莱
肠胃用药	同仁堂	斯达舒	胃必治
创可贴	云南白药	3M 耐适康	海氏海诺
感冒用药	泰诺	香雪抗病毒口服液	999 牌
口罩	泰恩康	3M	滴露（Dettol）
维生素补品	果维康	汤臣倍健	养生堂
眼科用药 / 滴眼液	参天 Santen	珍视明	天天明
隐形眼镜 / 护理液	强生安视优	傲滴	schon 淞润

文体保健行业

子行业名称	2018QCEI 第一名	2018QCEI 第二名	2018QCEI 第三名
钢笔	Pilot 百乐	永生钢笔	LAMY 凌美
篮球 / 足球	Spalding 斯伯丁	Nike 耐克	Adidas 阿迪达斯
美术用品	SAKURA 樱花	晨光文具	马可
水性笔 / 签字笔	Pilot 百乐	晨光文具	Schneider 施耐德
血压计	OMRON 欧姆龙	鱼跃	海尔智能医疗
羽毛球拍	KAWASAKI 川崎	李宁	YONEX 尤尼克斯

服装配饰行业

子行业名称	2018QCEI 第一名	2018QCEI 第二名	2018QCEI 第三名
快时尚服装	UNIQLO 优衣库	Zara 飒拉	MUJI 无印良品
旅行箱包 / 电脑包	American Tourister 美旅	ACE 爱思	七匹狼
男士正装	海澜之家	九牧王	LILANZ 利郎
男鞋	ecco 爱步	BeLLE 百丽	Goldlion 金利来
内衣	Wacoal 华歌尔	维多利亚的秘密	AB 内衣
女鞋	ecco 爱步	STACCATO 思加图	骆驼
品牌女包	CHANEL 香奈儿	MiuMiu 缪缪	BALENCIAGA 巴黎世家
手表	西铁城	Longines 浪琴	TISSOT 天梭
太阳眼镜	BVLGARI 宝格丽	宝姿眼镜	RayBan 雷朋
童装 / 婴幼儿服装	派克兰帝 Paclantic	GAP 盖璞	安奈儿 Annil
运动鞋	Nike 耐克	Adidas 阿迪达斯	Mizuno 美津浓
运动装	Nike 耐克	Adidas 阿迪达斯	KAPPA 卡帕

家居建材行业

子行业名称	2018QCEI 第一名	2018QCEI 第二名	2018QCEI 第三名
床品套件	恒源祥家纺	紫罗兰	罗莱家纺
瓷砖	冠珠	诺贝尔瓷砖	马可波罗
刀具	邓家刀	王麻子	十八子作
灯饰照明	欧普照明 OPPLE	松下	雷士照明
地板	扬子地板	安心地板	大自然
防盗 / 安全门窗	盼盼	王力	美心
烹饪锅具	Zwilling 双立人	康宁餐具	苏泊尔
油漆涂料	紫荆花	杜邦	华润
智能马桶盖	海尔卫玺	箭牌卫浴	TOTO
坐便 / 蹲便器	箭牌卫浴	美标	TOTO

出行工具行业

子行业名称	2018QCEI 第一名	2018QCEI 第二名	2018QCEI 第三名
安全座椅	赛百斯	CONCORD	好孩子 gb
电动车	雅迪	新日	小鸟电动车
行车记录仪	凯立德	纽曼	飞歌
轮胎	BRIDGESTONE 普利司通	continental 马牌	PIRELLI 倍耐力
摩托车	哈雷戴维森	新大洲本田 HONDA	SUZUKI 铃木
婴儿推车	好孩子 gb	黄金宝贝	巴布力
自行车	GIANT 捷安特	凤凰	永久

家电数码行业

子行业名称	2018QCEI 第一名	2018QCEI 第二名	2018QCEI 第三名
笔记本电脑	Microsoft 微软	小米	AlienWare 外星人
冰箱	博世	SIEMENS 西门子	Electrolux 伊莱克斯
电磁炉	美的	苏泊尔	九阳
电饭煲	奔腾厨电 POVOS	美的 Midea	Panasonic 松下
电风扇	Dyson 戴森	CHIGO 志高	钻石牌
电热水器	阿里斯顿	A.O. 史密斯	海尔
电视机	小米	Toshiba 东芝	海信
豆浆机 / 榨汁机	PHILIPS 飞利浦	九阳	苏泊尔
空气净化器 / 加湿器	小米	LG 电子	Honeywell 霍尼韦尔
空调	DAIKIN 大金	格力	美的
平板电脑	小米	Microsoft 微软	酷比魔方
扫地机器人	飞利浦 PHILIPS	科沃斯 ECOVACS	iRobot
数码相机	Nikon 尼康	索尼	PENTAX 宾得
微波炉	海尔	美的	格兰仕
洗衣机	小鸭	荣事达	松下
油烟机	老板	美的	方太
智能手环 / 手表	iWatch 苹果手表	小米	华为
智能手机	一加	华为	iPhone 苹果

生活服务行业

子行业名称	2018QCEI 第一名	2018QCEI 第二名	2018QCEI 第三名
餐饮外卖服务	美团外卖	饿了么	百度外卖
电影院	万达	金逸影视	中影星美
航空服务	中国国航	厦门航空	海南航空
快递服务	顺丰速运	京东物流	宅急送
汽车租赁	易租车	一嗨租车	首汽租车
专车服务	曹操专车	神州专车	首汽约车

金融服务行业

子行业名称	2018QCEI 第一名	2018QCEI 第二名	2018QCEI 第三名
车险	新华保险	安邦保险	中国太平
第三方支付	支付宝	微信支付	网易支付
借记卡 / 储蓄卡	中信银行	浦发银行	兴业银行
人寿险	中国人寿	中华保险	新华人寿
信用卡	招商银行信用卡	兴业银行信用卡	浦发银行信用卡

批发零售行业

子行业名称	2018QCEI 第一名	2018QCEI 第二名	2018QCEI 第三名
大型超市	永旺超市	AUCHAN 欧尚	华联超市
家具建材连锁	百安居 B&Q	红星美凯龙	IKEA 宜家
连锁便利店	FamilyMart 全家	苏果	7 ELEVEN
连锁药店	海王星辰	张仲景大药房	同仁堂
母婴连锁	Lesenphants 丽婴房	乐友	丽家宝贝
甜品店	哈根达斯	克莉丝汀	好利来
珠宝首饰	老凤祥	金伯利	I DO

餐饮住宿行业

子行业名称	2018QCEI 第一名	2018QCEI 第二名	2018QCEI 第三名
高端连锁酒店	香格里拉	维景酒店	喜来登
咖啡厅	星巴克	塞纳左岸咖啡	COSTA
快捷连锁酒店	智选假日	维也纳酒店	全季酒店
西餐连锁	百世达	王品台塑牛排	Tasty 西堤牛排
西式快餐	肯德基	达美乐	麦当劳
中式快餐	吉祥馄饨	东方饺子王	东方既白
中式正餐连锁	南京大牌档	全聚德	知味观

网络服务行业

子行业名称	2018QCEI 第一名	2018QCEI 第二名	2018QCEI 第三名
旅游网站	Tripadvisor 猫途鹰	蚂蜂窝	携程
母婴网站	太平洋亲子网	中国育婴网	宝宝树
视频网站	腾讯视频	爱奇艺	优酷
团购网站	美团	拉手网	京东团购
网购平台	淘宝网	天猫商城	京东商城
在线租房	蚂蚁短租	Airbnb 爱彼迎	小猪短租
招聘网站	拉勾网	大街	猎聘

满意中国

SATISFIED CHINA

用户视角下的质量与品牌

2018

观点和挑战

● 高质量发展下的顾客消费体验 / 51

王　鑫　武志圣

● 质量消费体验的发展之路 / 52

李晓雨　王　玥

高质量发展下的顾客消费体验

王　鑫　武志圣

当前，随着工业化、城市化进程的不断推进，质量的重要性日益凸显。党的十九大报告指出，我国经济已由高速增长阶段转向高质量发展阶段，加快实现我国经济从高速增长向高质量发展的阶段转换，建设与高质量发展阶段相适应的现代化经济体系，是我国经济建设的重大任务和当务之急。

习近平同志曾指出："质量体现着人类的劳动创造和智慧结晶，体现着人们对美好生活的向往。"质量是"一组固有特性满足要求的程度"，人民对美好生活的需要很大程度上就是对质量的需要。随着经济高速发展，我国居民收入快速增加，中等收入群体持续扩大，消费结构不断升级，需求呈现出个性化、多样化、高端化、体验式等消费特点，消费者对产品和服务的体验提出了更高要求。在现代市场经济条件下，需求起着决定性作用，产品和服务质量不断升级才可以更好地满足消费者需求。

在现阶段的供给市场中，很多企业的质量评价体系主要是为了监测质量是否符合标准，主要依靠对过程和结果进行检查，改进有缺陷或低质量的环节与要素，使其符合设计的标准。但是，消费品标准和质量还是难以满足人民群众日益增长的消费需求，呈现出较为明显的供需错位，消费品供给结构不合理，品牌竞争力不强，消费环境有待改善，国内消费信心不足，从而制约了国内消费增长，甚至造成消费外流。质量消费体验正是研究用户需求，改进产品、服务质量的重要方法。围绕消费需求旺盛、与消费者日常生活息息相关的一般消费品领域，开展质量消费体验研究，充分发挥消费者驱动作用，深入群众中去，摸清楚产品、服务的质量，了解民意，把握民意，聚焦其对于产品、服务的体验过程与结果的期望及感知，找到质量缺陷并加以改进，真正以民意来指导质量提升。同时发挥市场在资源配置中的决定性作用，以市场需求为导向，突出市场主体地位，完善质量信号传导反馈机制，在尽可能短的时间反应、适应、跟上需求结构的变化，在动态中不断满足人民日益增长的、不断变化的、丰富多样的需求，促进供需对接和结构优化。

国际上，美国、欧洲、日本、韩国等均已建立了较为完善的质量评价体系和质量满意度的发布制度。美国于 1994 年建立了国家的质量满意度指数 ACSI 并将其作为重要的经济指数，由设立在美国密歇根大学商学院的国家质量研究中心与美国质量学会联合进行持续监测，每季度发布一次，并先后在中国台湾、新西兰、韩国等地方选择一定数量的行业进行质量评价调研，计算该地区的质量满意度。欧盟从 1999 年开始有 11 个成员国分别在本国展开调查，计算该国的质量满意度指数。据统计，迄今为止全球已有 20 多个国家设立了全国性的质量满意度指数（有的也称之为顾客满意度指数 CSI）。同时日本科技联、韩国能率协会等质量领域的权威组织都在长期从事该领域的工作。哈佛大学迈克尔·波特教授的《国家竞争优势》中深刻揭示了美国、德国、瑞士、日本等十几个国家质量卓越的奥秘：苛刻的消费者创造了卓越的“德国制造”和“日本制造”，发达国家的高质量很大程度上来自高水平的用户。正因如此，测量民众的质量消费体验并向社会发布，已成为倒逼质量提升的重要方式之一。

中国质量消费体验研究是中国质量协会推出的创新性质量评价体系，用以全面衡量消费者对符合性质量和满意性质量的真实感受。中国质量消费体验研究每年公布相关行业的质量消费体验调查结果，全面呈现用户视角下的产品与服务质量现状，深入剖析主流消费品和服务业的重点领域的用户需求，科学构建以用户感知为基础的质量监督管理模式。中国质量消费体验研究能帮助政府实施更为有效的质量政策，帮助企业辨析消费者多样化的需求，帮助消费者识别产品、服务的真实质量状况，引领消费体验升级，优化质量发展环境，促进社会全面质量提升，推动经济高质量发展。

质量消费体验的发展之路

李晓雨　王 玥

变革中诞生

时至今日，一味强调消费市场的变革、质量视野的转化、顾客需求的转变等论调，更像是在隔岸观火，我们的燃眉之急是提出一个能够积极应对这些变化并产生具有商业价值的研究模式和解决方案。

2017 年 11 月，质量消费体验应运而生。我们通过反复论证和推敲形成研究体系并在 195 个行业、6000 多个品牌、70000 多名消费者中开展充分的实践，一系列的研究成果和广泛的社会关注都在预示，质量消费体验在适应变幻莫测的市场环境过程中已经平稳落地并具有一个令人期待的未来。

经典与创新的碰撞

质量消费体验选取顾客旅程的六个重要节点（认知、渗透、满意、美誉、忠诚、推荐），实现了从单一维度到多元维度的扩展，将顾客满意研究推进到顾客体验研究。

20 世纪 80 年代中期，以全面质量管理为代表的质量管理方法方兴未艾，它们的共同点是无论哪种方法均强调“以顾客为中心”，与此同时，顾客满意（Customer Satisfaction）的概念就此引出并得到重视和发展。彼时，顾客满意以其经典的“模型—测量—报告—改进”的研究模式，逐渐成为企业构建以顾客为中心的质量管理体系的重要依据，众多的机构和组织纷纷投入顾客满意的理论与实践中来。30 年间，以顾客满意为中心，顾客价值（Customer Value）、顾客反馈（Customer Feedback）、顾客忠诚（Customer Loyalty）、顾客推荐（NPS）等经典理论及方法相继诞生并不断发展，一直延伸到当前人们不断追求的顾客体验（Customer Experience）。

然而，这些理论和方法并不完美——单一维度的研究模型限制了它们与时俱进的能力；同时，与质量这个核心概念的割裂更让它们失去了灵魂。

也正是这些缺陷促使我们将经典与创新进行碰撞与融合，并逐渐形成多维度顾客体验的全新研究体系——质量消费体验。以质量和消费体验为关键节点，通过认知、渗透、满意、美誉、忠诚、推荐六个维度将二者有机地串联，形成六个维度相互独立的闭环式结构（这里每个维度都可以看作一条经典研究路径），同时六个维度构成塔式的质量消费体验模型，不同的塔式形状预示着迥然不同的行业/品牌发展轨迹和特点，进而可以给出相应的解释和改进策略。如此，我们将单一路径进行发散式的扩充，从一维空间触及多维空间，旨在拥有更为广阔的覆盖层面和更加高阶的洞察维度。

激励（Encourage）、能力（Enable）、动力（Motivation）

完全理解质量消费体验的价值，比实现质量消费体验研究的各种技术手段更具有挑战性。目前组织常用的做法是通过沟通、交流、授权等方式，激励其一线员工重视并参与到质量消费体验的改进进程中。当然只完成激励是远远不够的，我们需要有足够的能力去提升质量消费体验。我们不应过度专注于运用软件工具与统计方法去分析企业内部运营数据，却忽视了与顾客——质量消费体验的主体——形成心灵上的沟通，将动态的顾客之声与静态的企业运营数据相碰撞，实现质量消费体验的全面提升。我们的最终目的是形成重视质量消费体验的组织文化，并转化为助推组织持续发展的源源动力。质量消费体验提升不应是某个团队或部门的项目，而应成为整个组织的立足之本。

人工智能与质量消费体验

未来我们需要思考的是，人工智能在质量消费体验研究中扮演着怎样的角色？人工智能将会如何帮助我们实现质量消费体验项目？事实上，当前人工智能的相关技术已经能够实现自动化分析、数据模式识别等工作，这使研究人员得以从初级的繁杂的数据分类与识别中彻底解放出来。

事实上，当前大部分利用顾客反馈数据的、带有策略性的洞察项目都是通过统计学和数据科学来实现的，人工智能将会促进这些洞察向自动化、平台化发展，以更高的效率和准确性为组织寻找到合适的解决方案。在未来，有人工智能加持的质量消费体验将不仅能够提供改进方案，甚至可以自动化实现方案的实际应用，这在某些行业已经得到了证实。

诚然，机器不可能完全取代人类，但是如果我们使用得当，机器能够帮助我们更好地完成质量消费体验的研究和应用。当前正处于人工智能与质量消费体验相结合的最佳契合点，在可以期待的未来，人工智能将会帮助我们完成海量的统计分析和统计推断工作，从而支持我们去掌握并应用更高阶的解决方案。

满意中國

SATISFIED CHINA

用户视角下的质量与品牌

2018

2018 满意中国榜

榜单索引

白酒 冰品 / 56
饼干 / 威化 茶饮料 / 57
方便面 干果 / 坚果 / 零食 / 58
功能饮料 果汁 / 59
红酒 / 葡萄酒 酱油 / 60
口香糖 凉茶饮料 / 61
米面 母婴牛奶粉 / 62
膨化食品 啤酒 / 63
瓶装水 巧克力 / 64
乳酸菌饮料 食醋 / 65
熟食肉制品 速冻食品 / 66
速溶咖啡 酸奶 / 67
碳酸饮料 糖果 / 68
保温杯 / 壶 彩妆 / 美妆 / 69
毛巾 / 浴巾 沐浴露 / 香皂 / 70
男士护肤品 女士护肤品 / 71
剃须刀 / 剃须膏 卫生巾 / 卫生护垫 / 72
洗发 / 护发品 洗洁精 / 73
洗手液 洗衣粉 / 液 / 74
香水 / 精油 纸巾 / 卷纸 / 75
快时尚服装 旅行箱包 / 电脑包 / 76
男士正装 男鞋 / 77
内衣 女鞋 / 78
品牌女包 手表 / 79
太阳眼镜 童装 / 婴幼儿服装 / 80
运动鞋 运动装 / 81
补钙型保健品 肠胃用药 / 82
创可贴 感冒用药 / 83
口罩 维生素补品 / 84
眼科用药 / 滴眼液 隐形眼镜 / 护理液 / 85
床品套件 瓷砖 / 86
刀具 灯饰照明 / 87
地板 防盗 / 安全门窗 / 88
烹饪锅具 油漆涂料 / 89
智能马桶盖 坐便 / 蹲便器 / 90
笔记本电脑 冰箱 / 91
电磁炉 电饭煲 / 92
电风扇 电热水器 / 93
电视机 豆浆机 / 榨汁机 / 94
空气净化器 / 加湿器 空调 / 95
平板电脑 扫地机器人 / 96
数码相机 微波炉 / 97
洗衣机 油烟机 / 98
智能手环 / 手表 智能手机 / 99
钢笔 篮球 / 足球 / 100
美术用品 水性笔 / 签字笔 / 101
血压计 羽毛球拍 / 102
安全座椅 电动车 / 103
行车记录仪 轮胎 / 104
摩托车 婴儿推车 / 105
自行车 大型超市 / 106
家具建材连锁 连锁便利店 / 107
连锁药店 母婴连锁 / 108
甜品店 珠宝首饰 / 109
餐饮外卖服务 电影院 / 110
航空服务 快递服务 / 111
汽车租赁 专车服务 / 112
高端连锁酒店 咖啡厅 / 113
快捷连锁酒店 西餐连锁 / 114
西式快餐 中式快餐 / 115
中式正餐连锁 旅游网站 / 116
母婴网站 视频网站 / 117
团购网站 网购平台 / 118
在线租房 招聘网站 / 119
车险 第三方支付 / 120
借记卡 / 储蓄卡 人寿险 / 121
信用卡 / 122

茅台

白酒 | 食品饮料

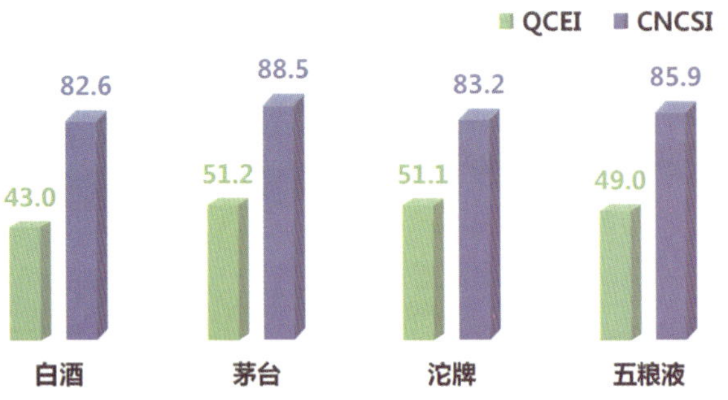

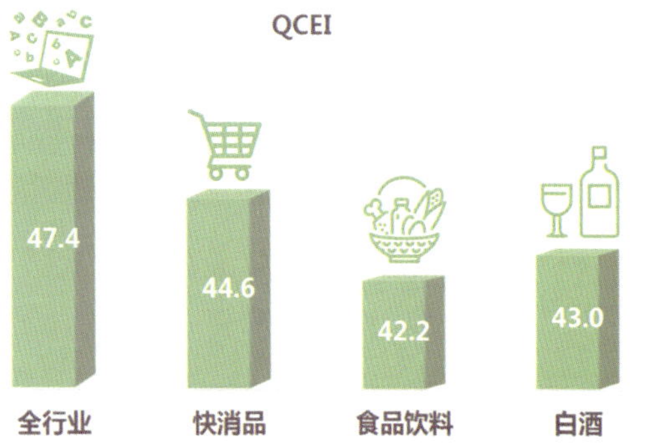

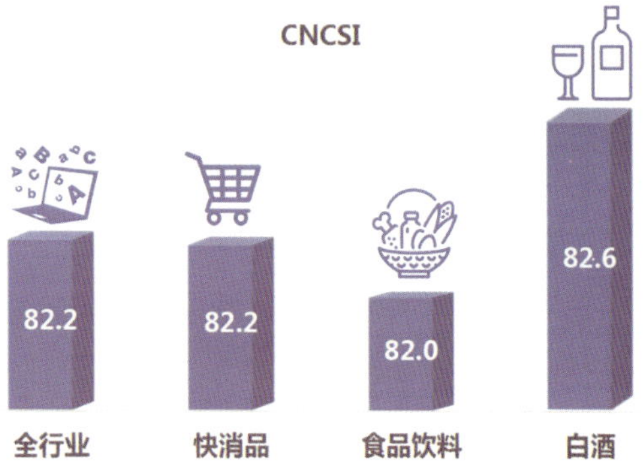

白酒是食品工业中的一个大行业，中国白酒的消费结构已经有所升级，健康白酒成为热点，消费者不再以价格为导向，而是以产品为导向，使得中端以上的白酒需求量大幅提高。

调查结果显示，白酒行业整体质量消费体验指数QCEI为43.0分，高于食品饮料行业均值。满意度指数CNCSI为82.6分，优于食品饮料行业乃至全行业平均水平。

其中茅台、沱牌和五粮液的QCEI列行业前三，质量消费体验较好。该三品牌白酒的CNCSI同时高于白酒行业平均水平。

DQ冰雪皇后

冰品（雪糕、冰激凌） | 食品饮料

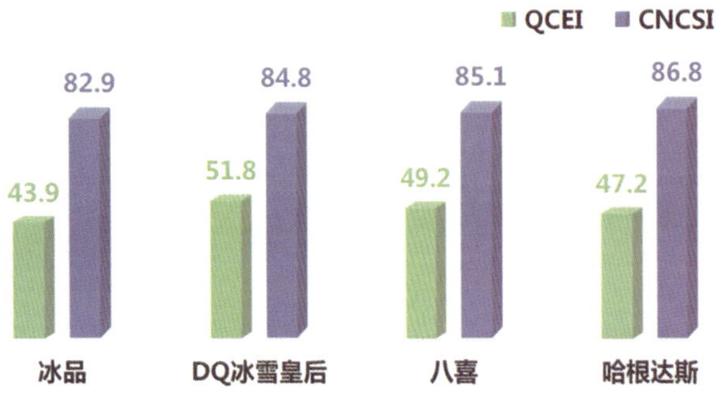

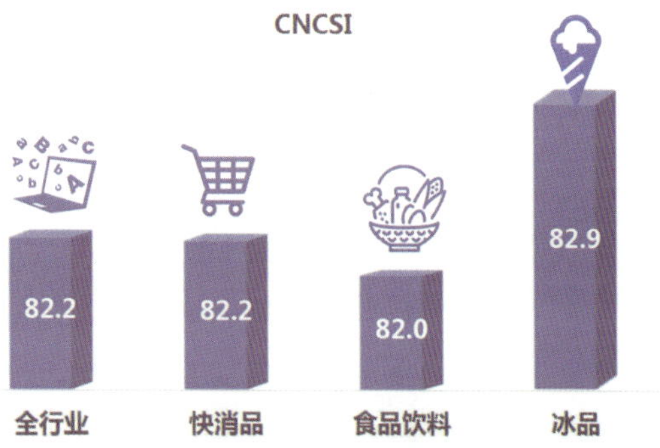

冷饮的季节特性正在慢慢模糊，随着经济发展和消费升级的推进，冰激凌以更多时尚、个性十足的形象出现在消费者面前。同时，冰激凌从传统的季节性消费转向日常休闲消费，并被赋予更多营养、健康、美味、高端的内涵。

调查结果显示，冰品（雪糕/冰激凌）行业整体质量消费体验指数QCEI为43.9分，高于食品饮料行业均值，满意度指数CNCSI为82.9分，优于食品饮料行业乃至全行业平均水平。

其中DQ冰雪皇后、八喜和哈根达斯的QCEI列行业前三，质量消费体验较好。该三品牌冰品的CNCSI同时高于本子行业平均水平。

趣多多

饼干 / 威化　食品饮料

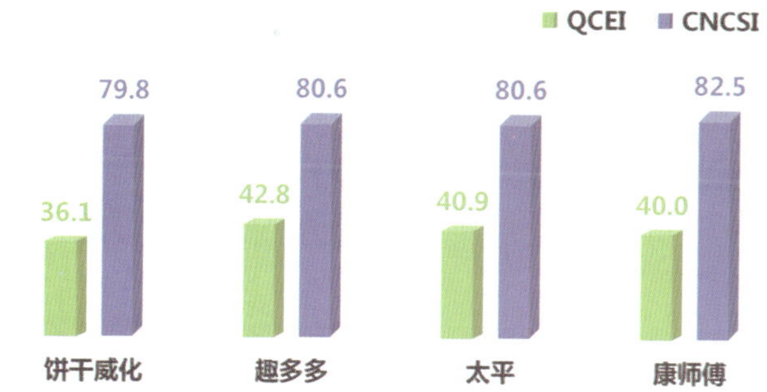

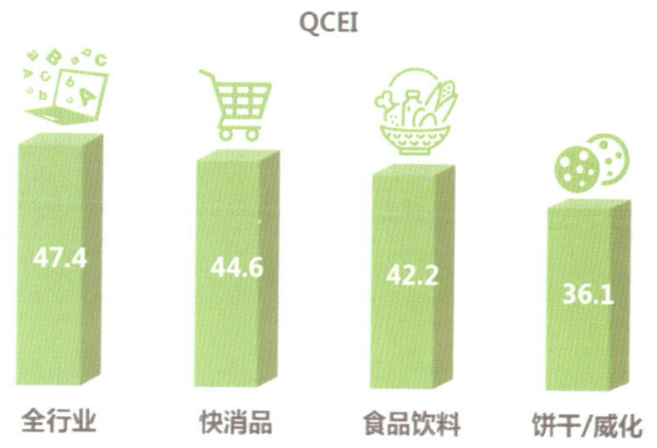

饼干 / 威化是可为零食解馋，可为正餐充饥，可谓是老少皆宜的食品，市场上主要流行的有苏打饼干、夹心饼干、钙奶饼干、薄酥饼干、曲奇饼干、华夫饼等。

调查结果显示，饼干 / 威化行业整体质量消费体验指数 QCEI 为 36.1 分，满意度指数 CNCSI 为 79.8 分，均低于食品饮料行业乃至全行业平均水平。

其中趣多多、太平和康师傅的 QCEI 列行业前三，质量消费体验相对较好。该三品牌饼干 / 威化的 CNCSI 同时高于本子行业平均水平。

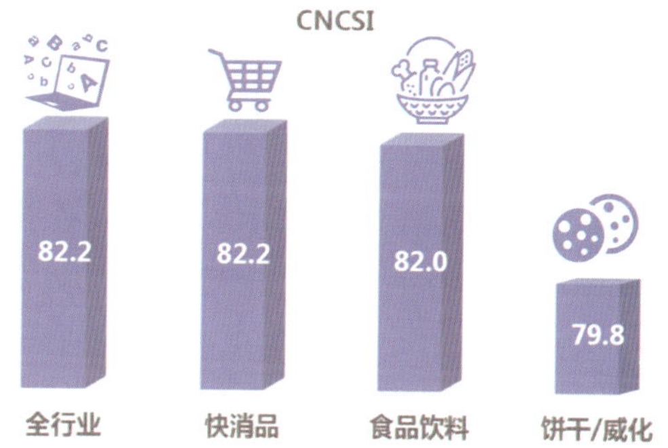

三得利

茶饮料　食品饮料

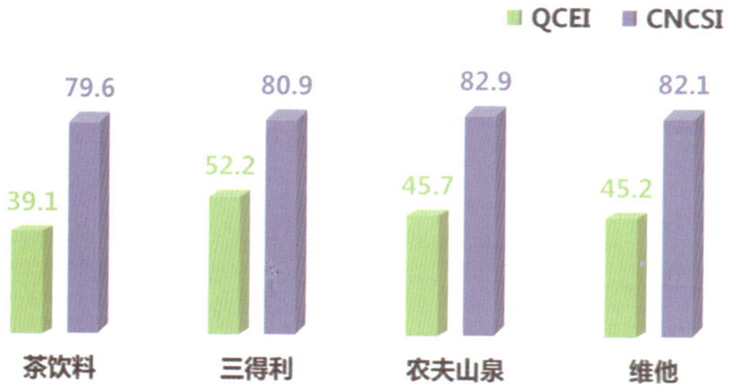

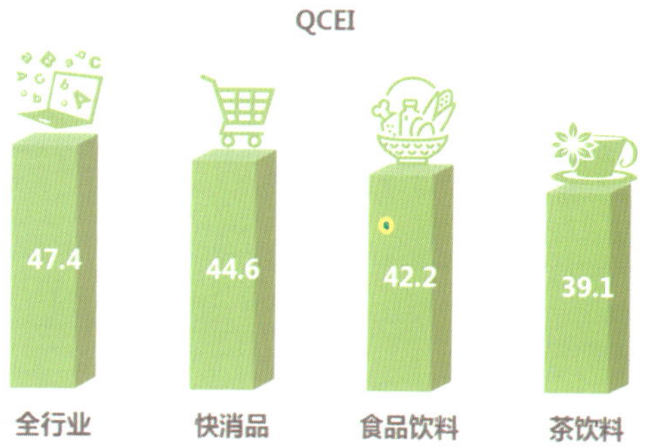

近几年，中国液体茶饮料市场几乎以每年 30% 的速度增长，占中国饮料消费市场份额的 20%，市场成长潜力巨大。

调查结果显示，茶饮料行业整体质量消费体验指数 QCEI 为 39.1 分，满意度指数 CNCSI 为 79.6 分，均低于食品饮料行业乃至全行业平均水平。

其中三得利、农夫山泉和维他的 QCEI 列行业前三，质量消费体验相对较好。该三品牌茶饮料的 CNCSI 同时高于本子行业平均水平。

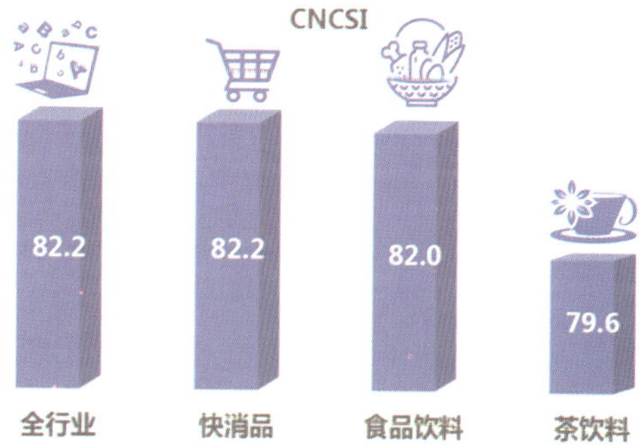

康师傅

方便面　食品饮料

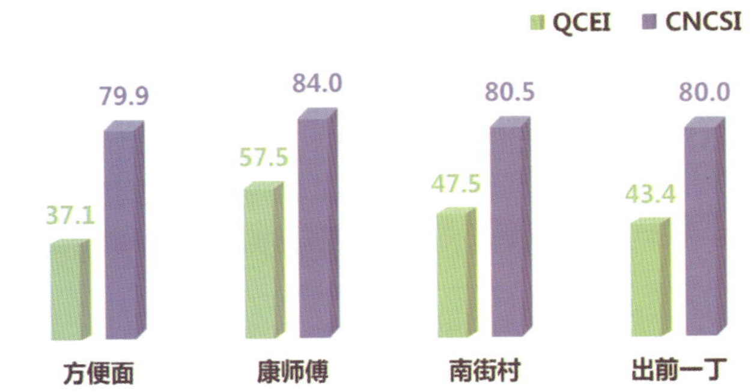

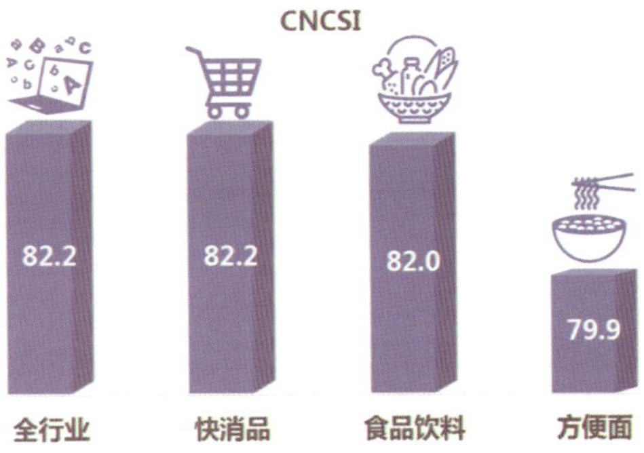

方便面行业近年来不断推出创新产品，高端市场占有率和市场渗透率的稳步提升，意味着方便面行业正在回暖。

调查结果显示，方便面行业整体质量消费体验指数QCEI为37.1分，满意度指数CNCSI为79.9分，均低于食品饮料行业乃至全行业平均水平。

其中康师傅、南街村和出前一丁的QCEI列行业前三，质量消费体验相对较好。该三品牌方便面的CNCSI同时高于本子行业平均水平。

三只松鼠

干果/坚果/零食　食品饮料

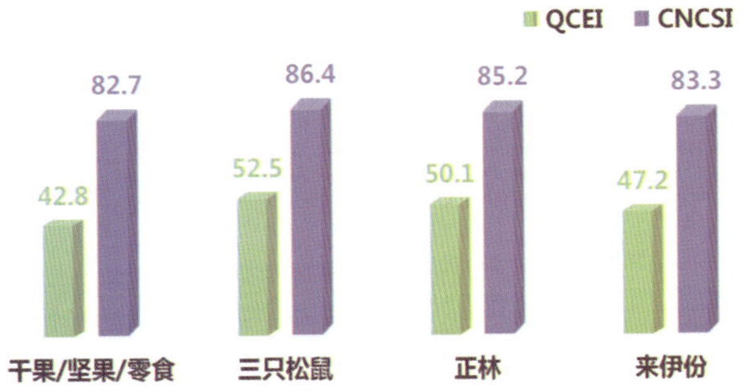

干果/坚果受益于健康化消费趋势，国内消费异军突起，80后、90后新生力量逐渐成为休闲食品的主流群体，散装坚果消费逐渐过渡到袋装，品牌化、高端化以及个性化成为消费主流，线上坚果消费成为新潮流。

调查结果显示，干果/坚果/零食行业整体质量消费体验指数QCEI为42.8分，满意度指数CNCSI为82.7分，均高于食品饮料行业平均水平。

其中三只松鼠、正林和来伊份的QCEI列行业前三，质量消费体验相对较好，该三品牌的干果/坚果/零食CNCSI同时高于本子行业平均水平。

宝矿力水特 功能饮料 食品饮料

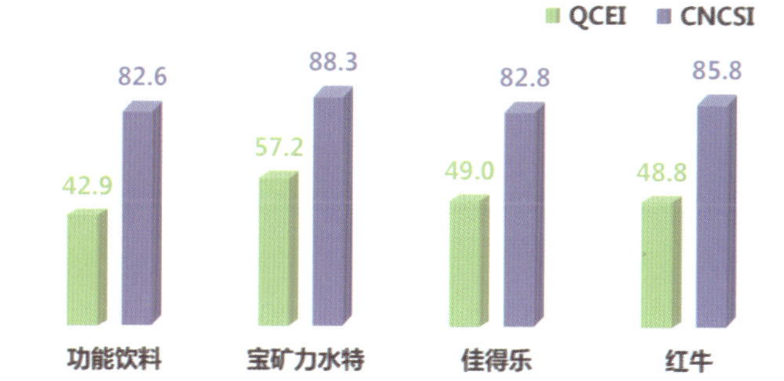

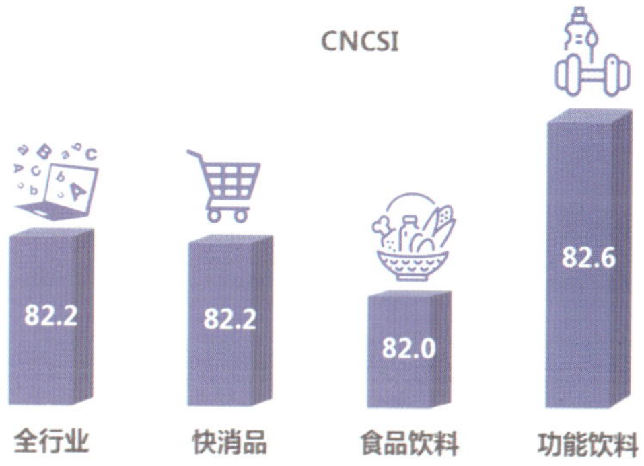

随着人类需求的不断变化、消费升级，大众对于健康、功能的重视越来越高，功能饮料也因此越来越受消费者的喜爱。功能饮料从最初一个小众市场，到现在已经膨胀为行业大市场，形成千亿产值。

调查结果显示，功能饮料行业整体质量消费体验指数 QCEI 为 42.9 分，满意度指数 CNCSI 为 82.6 分，均高于食品饮料行业平均水平。

其中宝矿力水特、佳得乐和红牛的 QCEI 列行业前三，质量消费体验较好。该三品牌功能饮料的 CNCSI 同时高于本子行业平均水平。

味全每日 C 果汁 食品饮料

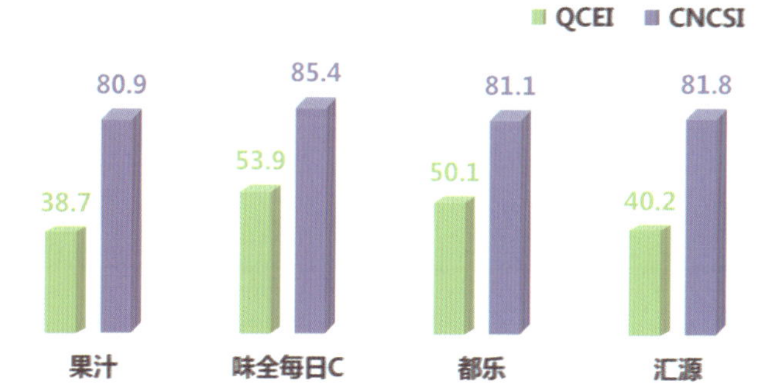

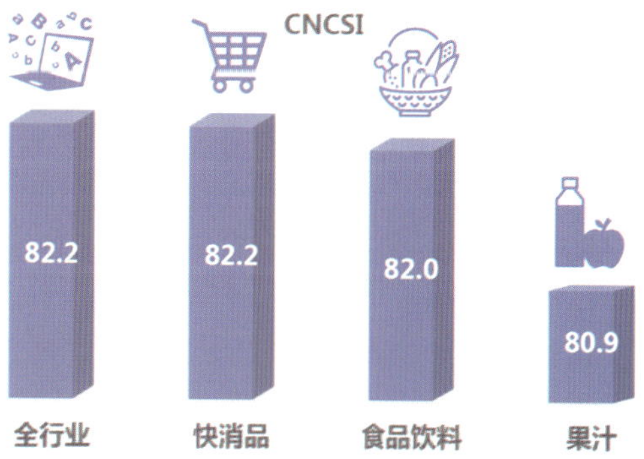

受益于消费升级及大众健康意识的觉醒，纯果市场展现出量价齐升的趋势。纯果占果汁市场比例最小，但是其营养价值最高，均价最高。

调查结果显示，果汁行业整体质量消费体验指数 QCEI 为 38.7 分，满意度指数 CNCSI 为 80.9 分，均低于食品饮料行业平均水平。

其中味全每日 C、都乐和汇源的 QCEI 列行业前三，质量消费体验相对较好。该三品牌果汁的 CNCSI 同时高于本子行业平均水平。

张裕

红酒 / 葡萄酒　食品饮料

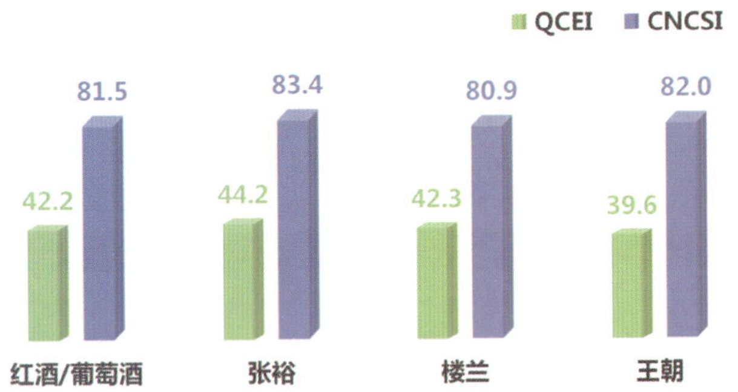

葡萄酒消费和生产逐渐趋于优质化、高端化方向；亚洲将成为葡萄酒消费增长最快的地区。其中，中国潜力巨大。

调查结果显示，红酒 / 葡萄酒行业整体质量消费体验指数 QCEI 为 42.2 分，与食品饮料行业平均水平持平，满意度指数 CNCSI 为 81.5 分，低于食品饮料行业平均水平。

其中张裕、楼兰和王朝的 QCEI 列行业前三，质量消费体验相对较好。该三品牌红酒 / 葡萄酒的 CNCSI 同时高于本子行业平均水平。

海天

酱油　食品饮料

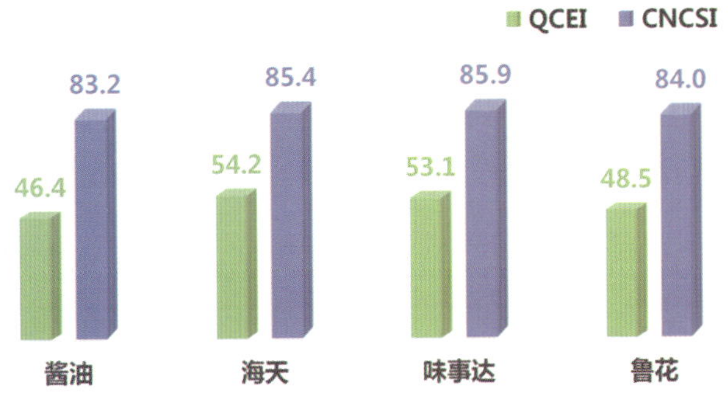

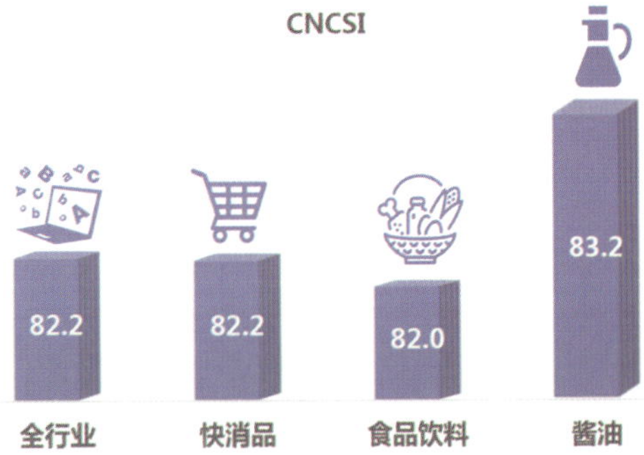

目前，国产酱油呈现多元化趋势，市场上功能性酱油品类多，主要定位于用途和人群。在细分用途上，有凉拌、红烧、蒸鱼酱油等产品；在细分人群上，有儿童酱油、铁强化酱油等。

调查结果显示，酱油行业整体质量消费体验指数 QCEI 为 46.4 分，高于食品饮料行业平均水平，满意度指数 CNCSI 为 83.2 分，高于食品饮料行业乃至全行业的平均水平。

其中海天、味事达和鲁花的 QCEI 列行业前三，质量消费体验较好。该三品牌酱油的 CNCSI 同时高于本子行业平均水平。

益达

口香糖　食品饮料

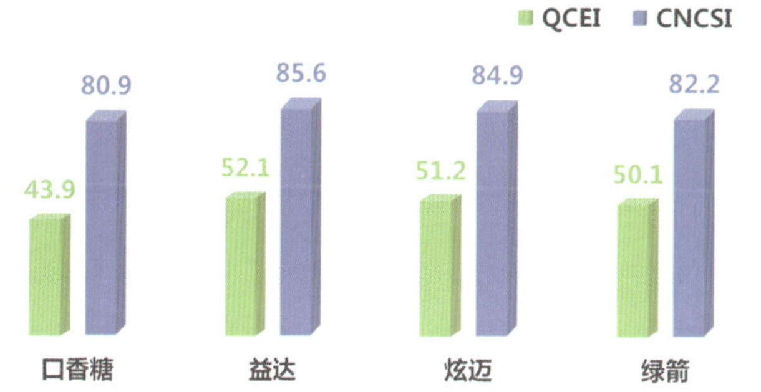

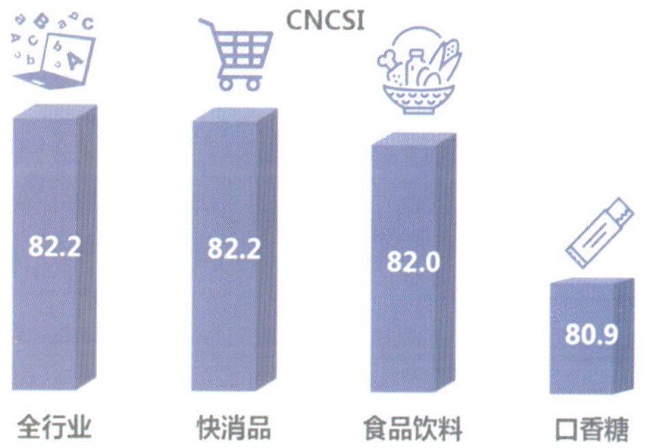

口香糖行业的新机遇来自功能性口香糖，无糖和益齿功能是未来的发展趋势。

调查结果显示，口香糖行业整体质量消费体验指数 QCEI 为 43.9 分，高于食品饮料行业平均水平，满意度指数 CNCSI 为 80.9 分，低于食品饮料行业乃至全行业的平均水平。

其中益达、炫迈和绿箭的 QCEI 列行业前三，质量消费体验较好。该三品牌口香糖的 CNCSI 同时高于本子行业平均水平。

王老吉

凉茶饮料　食品饮料

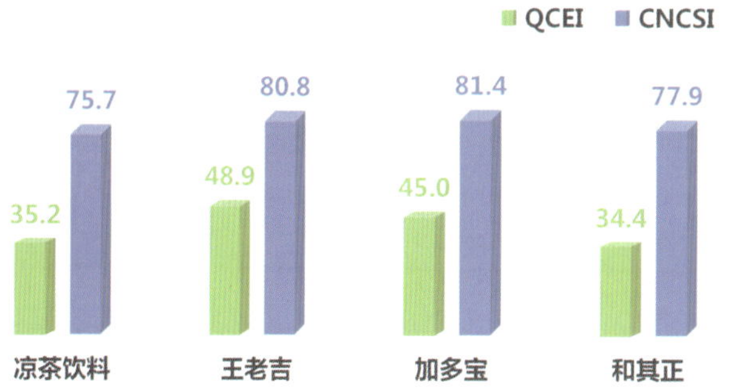

凉茶是传统中草药植物性饮料的通称，它“既不凉，也不是茶”，是粤港澳地区民间常用复方或单味土产草药煎熬而成的饮料，以消除夏季人体内的暑气，或冬日干燥引起的喉咙疼痛等疾患。

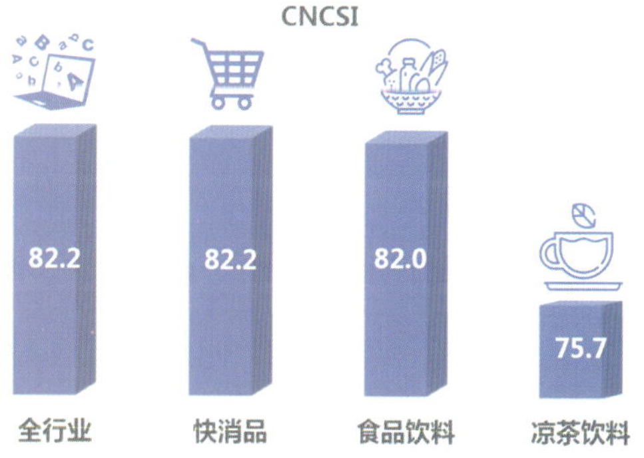

调查结果显示，凉茶饮料行业整体质量消费体验指数 QCEI 为 35.2 分，满意度指数 CNCSI 为 75.7 分，均低于食品饮料行业乃至全行业的平均水平。

其中王老吉、加多宝和和其正的 QCEI 列行业前三，质量消费体验较好。该三品牌凉茶的 CNCSI 同时高于本子行业平均水平。

金龙鱼　米面　食品饮料

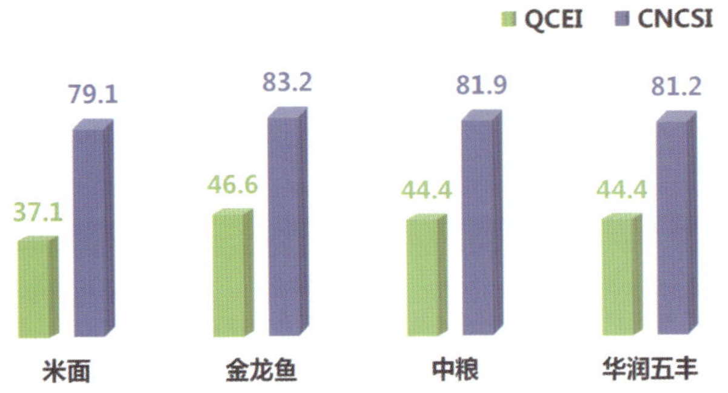

随着国民生活水平提高，消费者对大米白面的需求也在不断精细化，在食品安全的前提下，追求绿色健康和烹饪功能。

调查结果显示，米面行业整体质量消费体验指数QCEI为37.1分，满意度指数CNCSI为79.1分，均低于食品饮料行业乃至全行业的平均水平。

其中金龙鱼、中粮和华润五丰的QCEI列行业前三，质量消费体验较好。该三品牌米面的CNCSI同时高于本子行业平均水平。

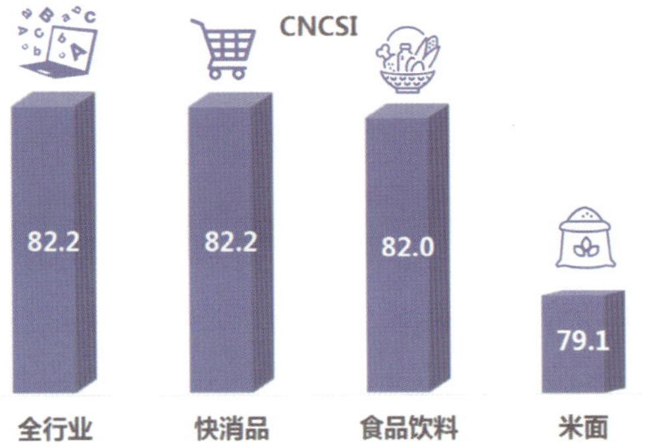

诺优能　母婴牛奶粉　食品饮料

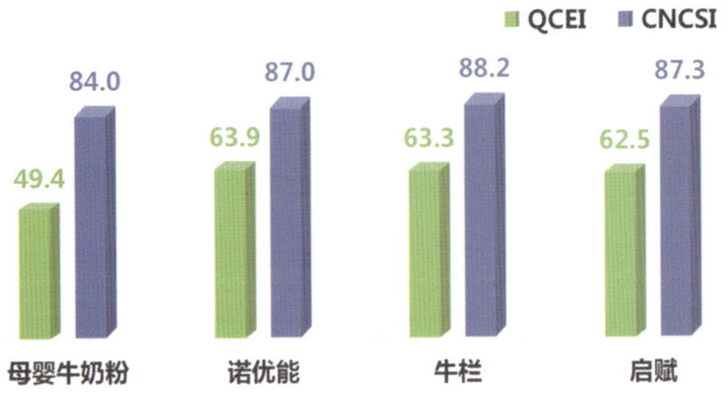

有数据显示：90后新生代父母在消费母婴产品时，主要呈现三大升级需求：高端品质、高效便利以及潮流时尚。在奶粉市场，消费升级趋势显著，高端、有机类奶粉增长十分迅速。

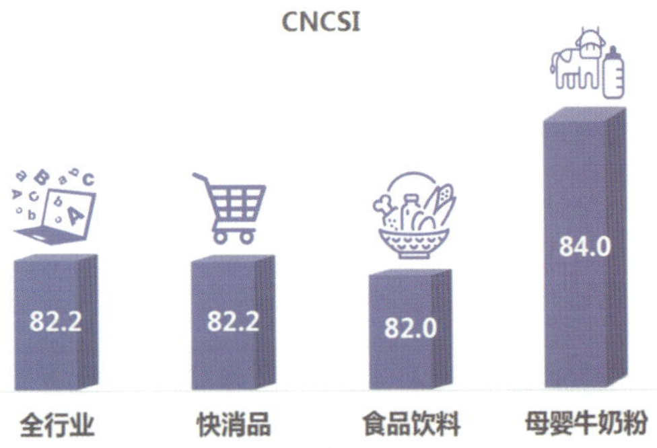

调查结果显示，母婴牛奶粉饮料行业整体质量消费体验指数QCEI为49.4分，满意度指数CNCSI为84.0分，均远高于食品饮料行业乃至全行业的平均水平。

然而，QCEI列行业前三的品牌均为合资产品，为诺优能、牛栏和启赋，质量消费体验较好。该三品牌母婴牛奶粉的CNCSI同时远高于本子行业平均水平。

乐事

膨化食品　食品饮料

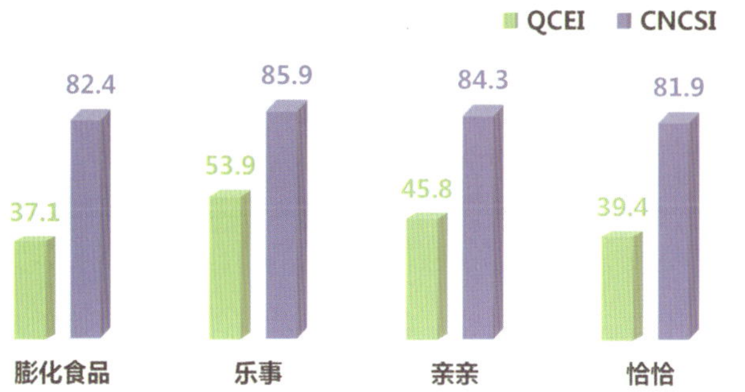

膨化食品是一种以谷物、薯类或豆类为主要原料，经焙烤、油炸、微波或挤压等方式膨化而制成的体积增大，具一定酥松度的食品。目前，中高端市场进一步扩大，消费者更关注食品的绿色、天然和健康。

调查结果显示，膨化食品行业整体质量消费体验指数 QCEI 为 37.1 分，低于行业均值，满意度指数 CNCSI 为 82.4 分，高于食品饮料行业乃至全行业的平均水平。

QCEI 列行业前三的品牌为乐事、亲亲和恰恰。该三品牌膨化食品的 CNCSI 均高于本子行业平均水平。

青岛

啤酒　食品饮料

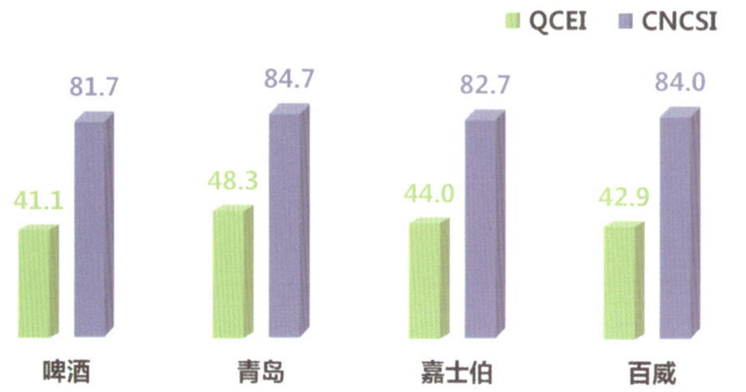

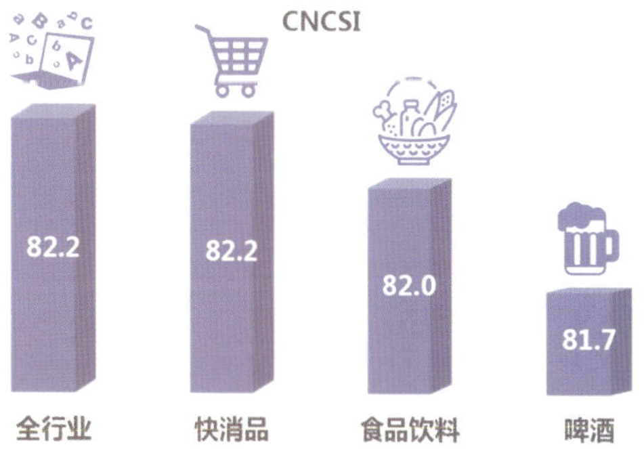

未来我国啤酒产品的需求结构，将会从金字塔形向橄榄形过渡，低档萎缩，中档增加，高端部分继续拉长。企业发力差异化产品、中高端啤酒产品以及细分市场特色产品，高端产品增长强劲。

调查结果显示，啤酒行业整体质量消费体验指数 QCEI 为 41.1 分，满意度指数 CNCSI 为 81.7 分，均低于食品饮料行业乃至全行业的平均水平。

QCEI 列行业前三的品牌为青岛、嘉士伯和百威，青岛啤酒在国产品牌中异军突起，消费体验超越合资品牌。该三品牌啤酒的 CNCSI 均高于本子行业平均水平。

农夫山泉

瓶装水 | 食品饮料

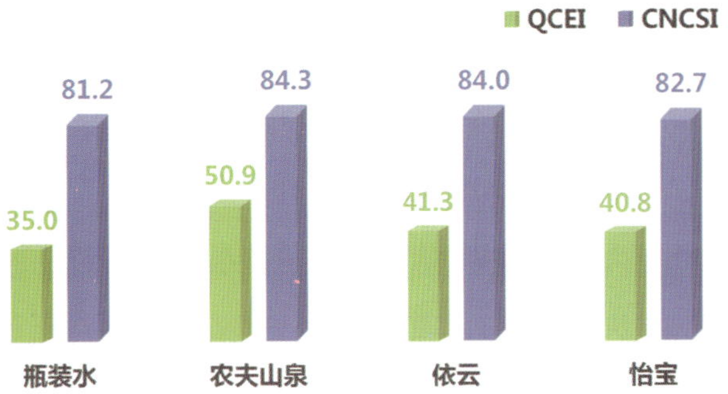

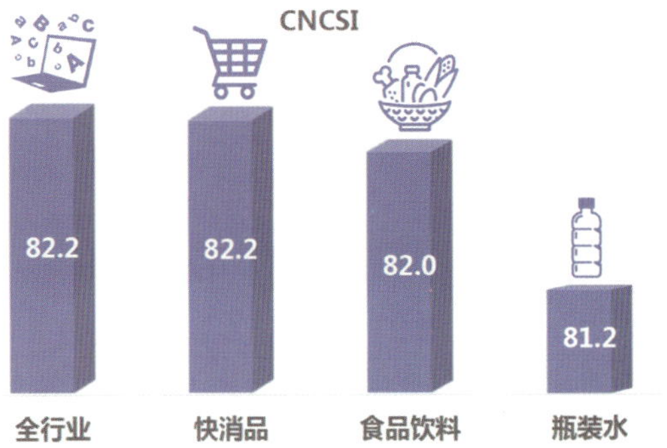

瓶装水是包装于瓶子内的饮用水，用于个人使用和零售，包括泉水、井水、纯水、矿泉水、自来水等。瓶装水行业通过几年剧烈的市场竞争，至今似乎趋于平静。在这个过程中，消费者明显提高了健康意识和饮水知识。

调查结果显示，瓶装水行业整体质量消费体验指数QCEI为35.0分，满意度指数CNCSI为81.2分，均低于食品饮料行业乃至全行业的平均水平。

瓶装水行业QCEI列前三的品牌为农夫山泉、依云和怡宝。该三品牌瓶装水的CNCSI均高于本子行业平均水平。

健达缤纷乐

巧克力 | 食品饮料

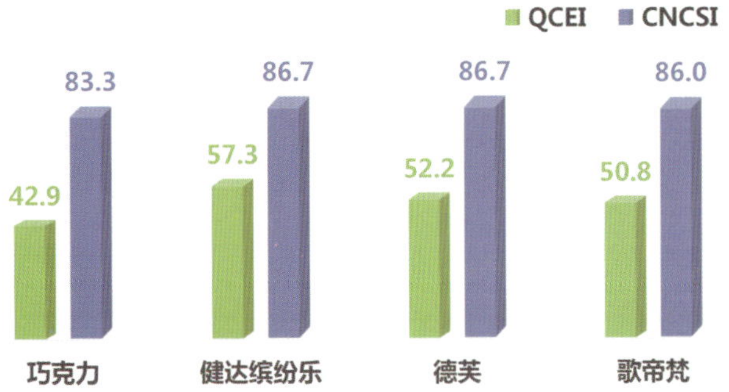

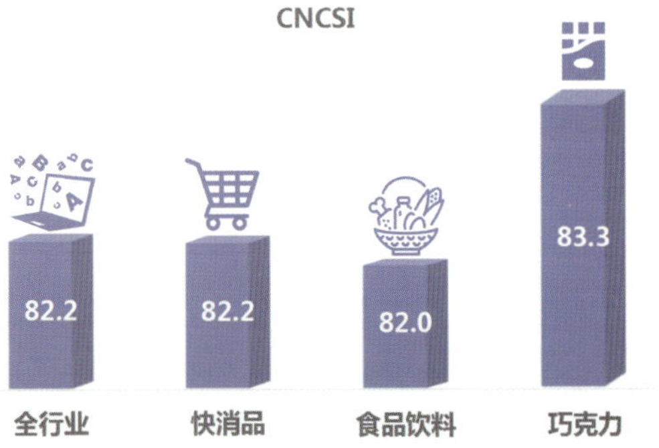

巧克力是以可可浆和可可脂为主要原料制成的一种甜食。它具有镇静的作用，味道和口感能刺激人大脑中的快乐中枢，使人变得快乐。巧克力市场的多元化、高端化、健康化成为市场发展方向。

调查结果显示，巧克力行业整体质量消费体验指数QCEI为42.9分，满意度指数CNCSI为83.3分，均高于食品饮料行业的平均水平。

巧克力行业QCEI列前三的品牌为健达缤纷乐、德芙和歌帝梵。该三品牌巧克力的CNCSI均高于本子行业平均水平。

养乐多

乳酸菌饮料　食品饮料

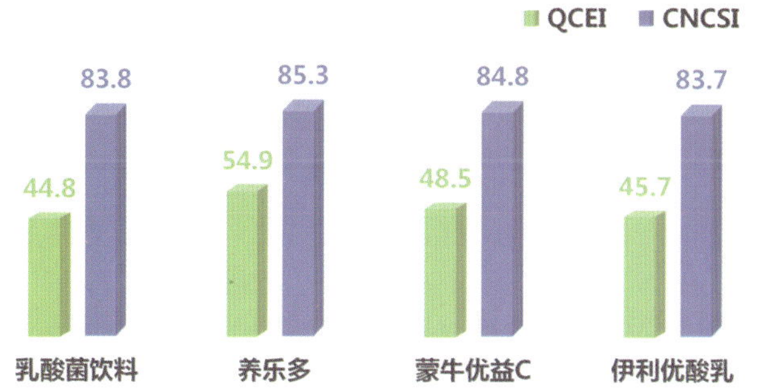

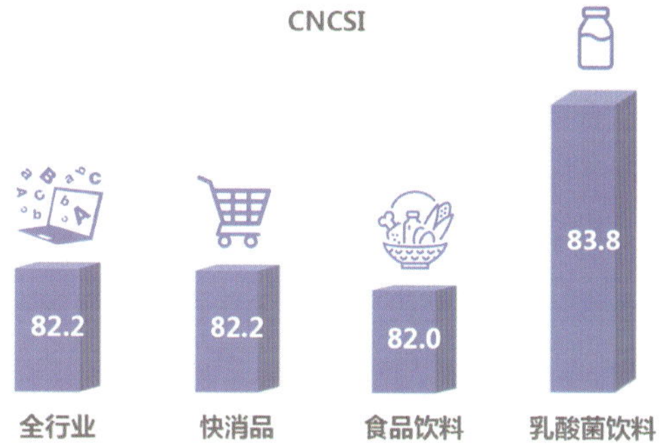

乳酸菌饮料是指以乳或乳制品为原料，经乳酸菌发酵制得的乳液中加入水，以及食糖和(或)甜味剂、酸味剂、果汁、茶、咖啡、植物提取液等调制而成的饮料。不同于酸奶。

调查结果显示，乳酸菌饮料行业整体质量消费体验指数 QCEI 为 44.8 分，满意度指数 CNCSI 为 83.8 分，均高于食品饮料行业的平均水平。

乳酸菌饮料行业中 QCEI 列前三的品牌为养乐多、蒙牛优益 C 和伊利优酸乳。其中养乐多和蒙牛优益 C 的 CNCSI 高于本子行业平均水平。

紫林

食醋　食品饮料

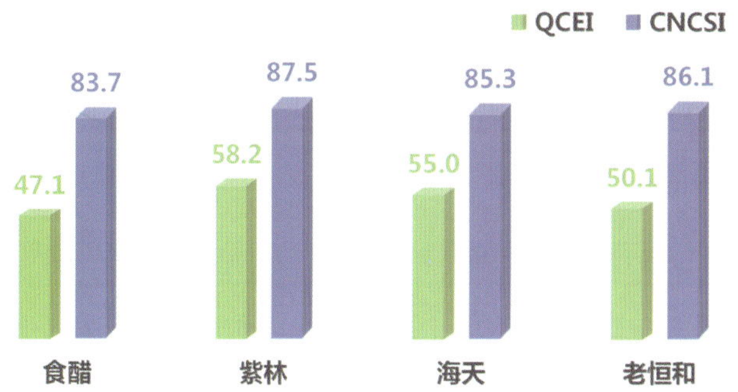

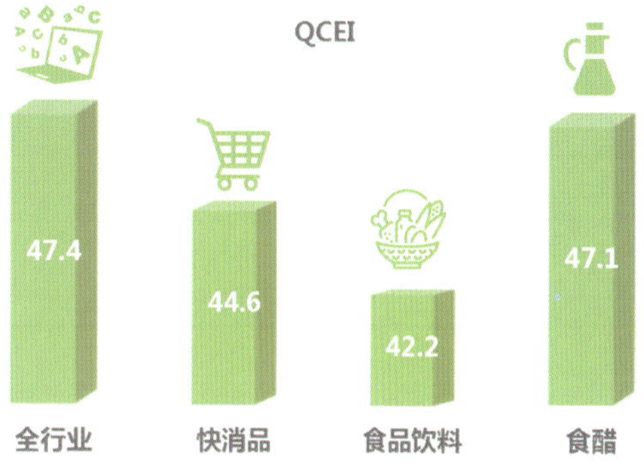

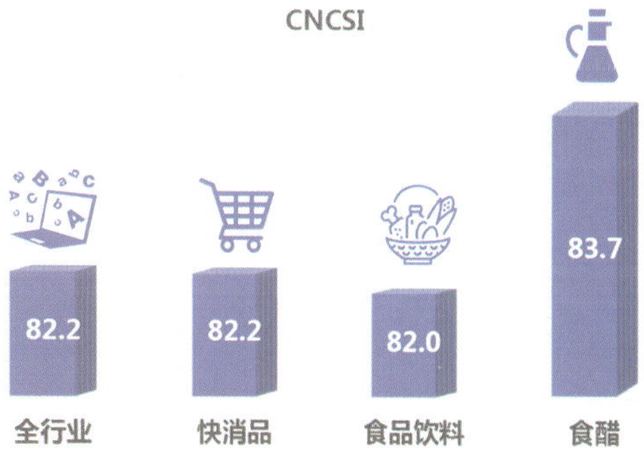

目前我国食醋产品基本上还停留在满足三餐需求的初级阶段，食醋产品中的高端产品占比相对较小。随着食醋品种的不断丰富和发展，食醋的消费将从调味醋向饮料醋、保健醋等方向延伸。

调查结果显示，食醋行业整体质量消费体验指数 QCEI 为 47.1 分，满意度指数 CNCSI 为 83.7 分，均明显高于食品饮料行业的平均水平。

食醋行业中 QCEI 列前三的品牌为紫林、海天和老恒和，传统工艺和老字号成为主力品牌，三者 CNCSI 均高于本子行业平均水平。

荷美尔

熟食肉制品　食品饮料

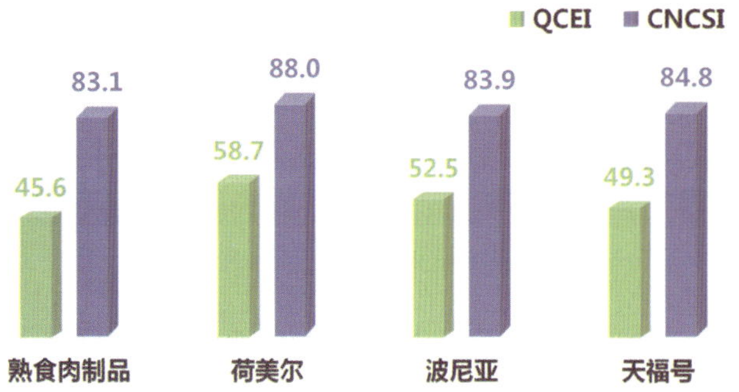

熟食肉制品以其便捷美味的特点，在快节奏的城市生活中占据了百姓餐桌的一席之地。消费者对肉制品的品质、种类、包装以及冷链运输的要求不断升级。

调查结果显示，熟食肉制品行业整体质量消费体验指数 QCEI 为 45.6 分，满意度指数 CNCSI 为 83.1 分，均明显高于食品饮料行业的平均水平。

熟食肉制品行业中 QCEI 列前三的品牌为荷美尔、波尼亚和天福号，三者 CNCSI 均高于本子行业平均水平。

湾仔码头

速冻食品　食品饮料

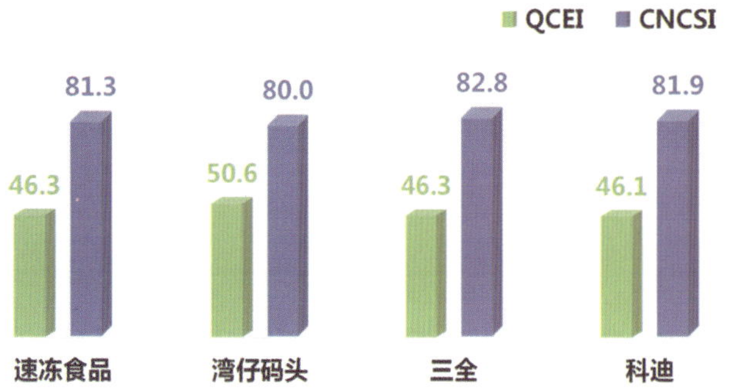

火锅料制品和速冻面米制品是我国最主要的速冻食品品种。冷链设备的逐步完善推动渠道下沉以及消费升级所带来的下游需求多样化拓展了市场空间。

调查结果显示，速冻食品行业整体质量消费体验指数 QCEI 为 46.3 分，高于食品饮料行业平均水平，而满意度指数 CNCSI 为 81.3 分，略低于食品饮料行业的平均水平。

速冻食品行业中 QCEI 列前三的品牌为湾仔码头、三全和科迪，三品牌的 CNCSI 均高于本子行业平均水平。

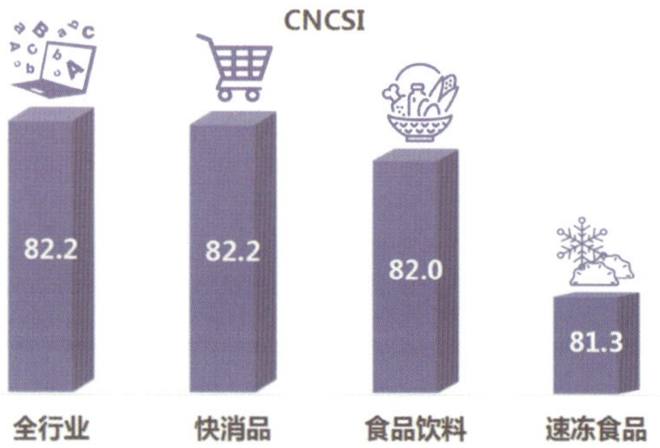

雀巢咖啡

速溶咖啡 | 食品饮料

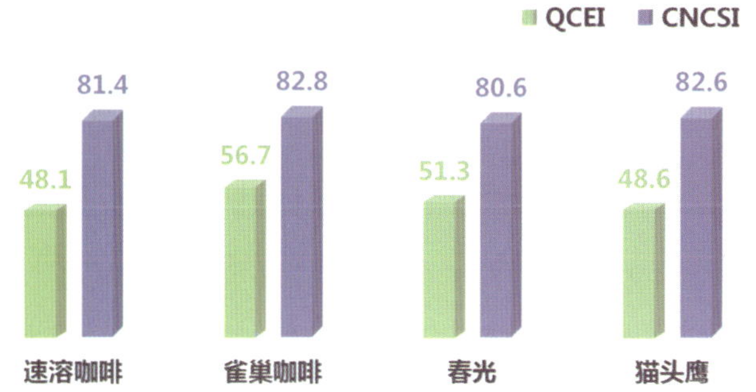

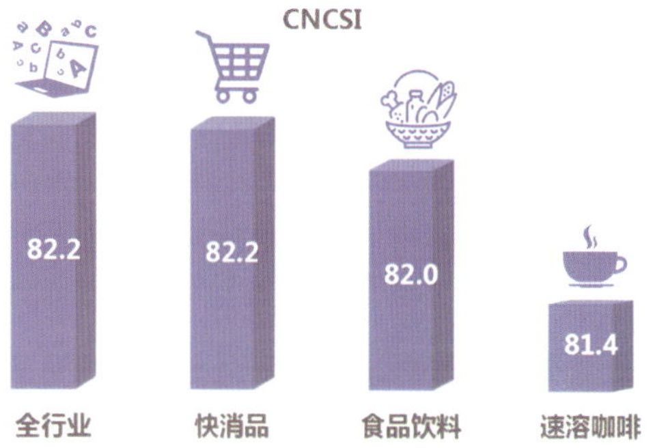

速溶咖啡，是通过将咖啡萃取液中的水分蒸发而获得的干燥的咖啡提取物。它区别于较为繁复的传统咖啡冲泡方式，因此使咖啡饮品在非咖啡产地流行起来。

调查结果显示，速溶咖啡行业整体质量消费体验指数 QCEI 为 48.1 分，高于食品饮料行业乃至全行业的平均水平，而满意度指数 CNCSI 为 81.4 分，低于食品饮料行业的平均水平。

速溶咖啡行业中 QCEI 列前三的品牌为雀巢、春光和猫头鹰，三品牌的 CNCSI 均高于本子行业平均水平。

伊利安慕希

酸奶 | 食品饮料

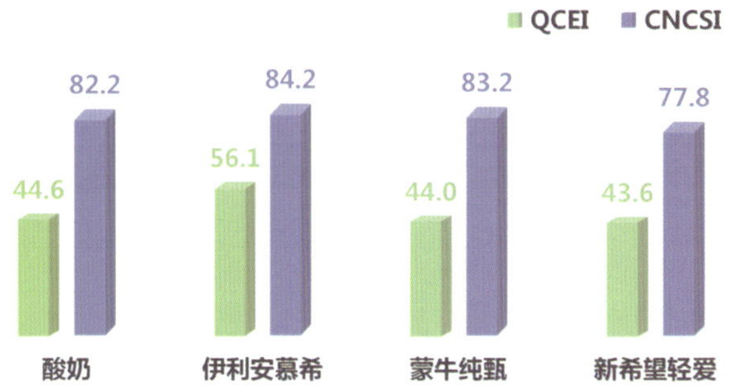

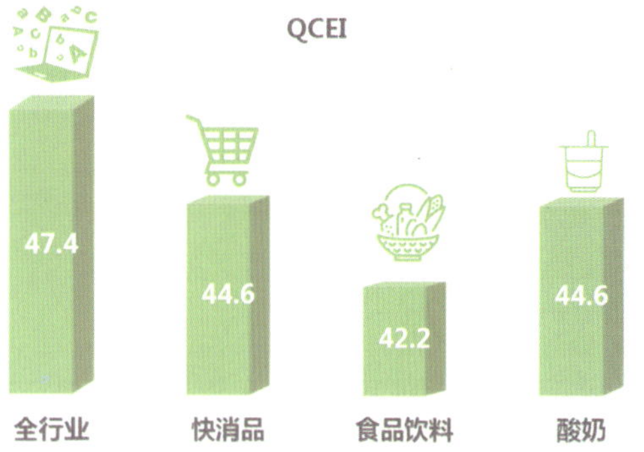

酸奶是以牛奶为原料，经巴氏杀菌后添加有益菌（发酵剂），经发酵再冷却灌装的一种奶制品。目前市场上酸奶制品多以凝固型、搅拌型和果味型为多。酸奶保留了牛奶的所有优点，经发酵成为更加适合于人类的营养保健品。

调查结果显示，酸奶行业整体质量消费体验指数 QCEI 为 44.6 分，高于食品饮料行业的平均水平，满意度指数 CNCSI 为 82.2 分，也高于食品饮料行业的平均水平。

酸奶行业中 QCEI 列前三的品牌为伊利安慕希、蒙牛纯甄和新希望轻爱，其中安慕希和纯甄的 CNCSI 高于本子行业平均水平。

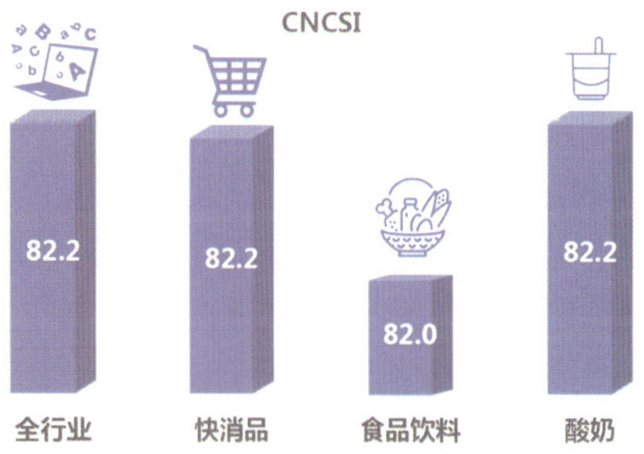

北冰洋

碳酸饮料 | 食品饮料

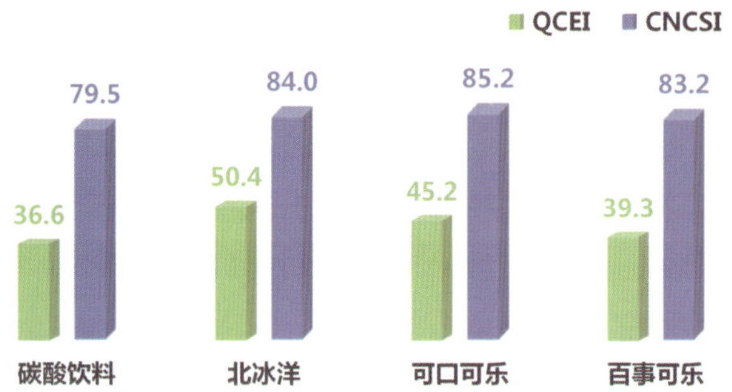

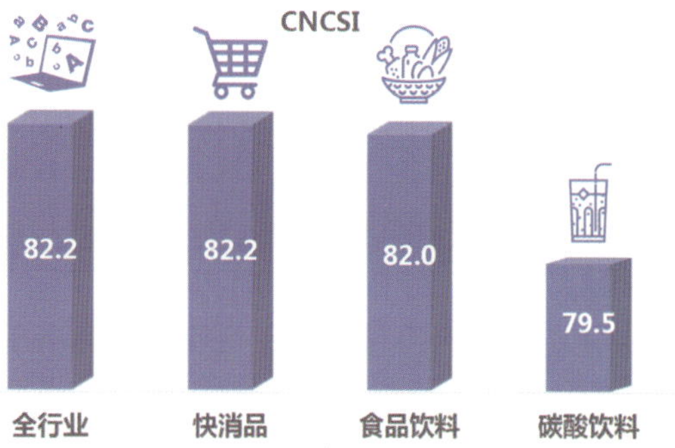

碳酸饮料是指在一定条件下充入二氧化碳气的饮料，除糖类能补充能量外几乎不含营养素。消费升级背景下，碳酸饮料让许多追求健康的消费者望而却步，我国碳酸饮料产量在2014年后，已连续三年负增长。

调查结果显示，碳酸饮料行业整体质量消费体验指数QCEI为36.6分，满意度指数CNCSI为79.5分，均低于食品饮料行业乃至全行业的平均水平。

碳酸饮料行业中QCEI列前三的品牌为北冰洋、可口可乐和百事可乐。北冰洋大打情感牌，一路杀出洋品牌重围，消费体验跃居首位。

大白兔

糖果 | 食品饮料

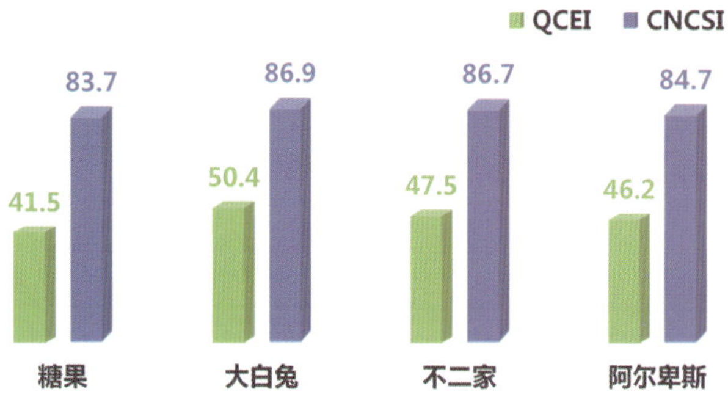

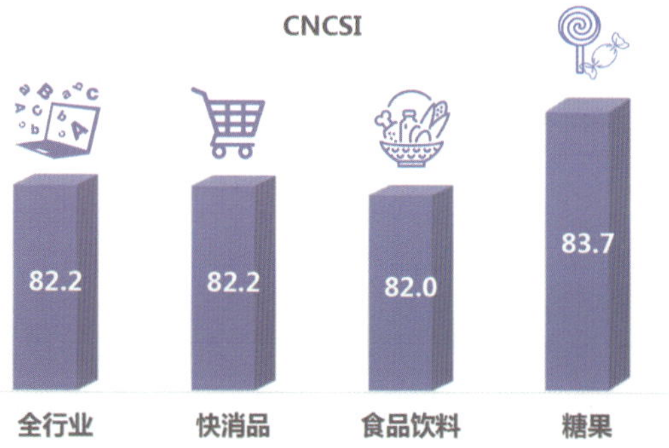

糖果行业是我国传统的两大支柱零食产业之一，保持快速的增长，全球糖果流行新趋势是高质量产品和天然食品需求量大，透明包装成为新宠。

调查结果显示，糖果行业整体质量消费体验指数QCEI为41.5分，低于食品饮料行业平均水平；满意度指数CNCSI为83.7分，高于食品饮料行业乃至全行业的平均水平。

糖果行业中QCEI列前三的品牌为大白兔、不二家和阿尔卑斯。大白兔经典的奶糖系列，成为一代代国人最甜的儿时记忆。

富光　保温杯 / 壶　生活百货

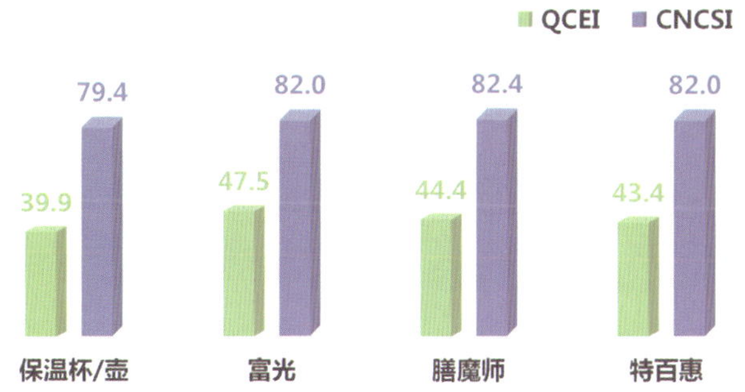

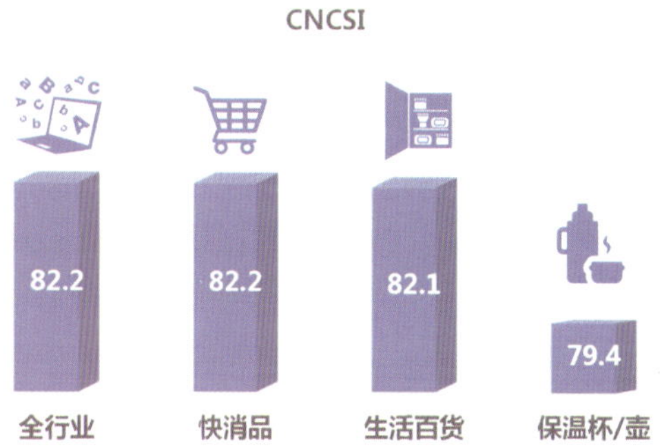

保温杯 / 壶一般是由陶瓷或不锈钢加上真空层做成的盛水的容器，顶盖密封严实，真空绝热层能延缓散热，以达到保温的目的。

调查结果显示，保温杯 / 壶行业整体质量消费体验指数 QCEI 为 39.9 分，满意度指数 CNCSI 为 79.4 分，均低于生活百货行业乃至全行业的平均水平。

保温杯 / 壶行业中 QCEI 列前三的品牌为富光、膳魔师和特百惠，三品牌的 CNCSI 得分均高于本子行业的平均水平。

BOBBIbrown 芭比波朗　彩妆 / 美妆　生活百货

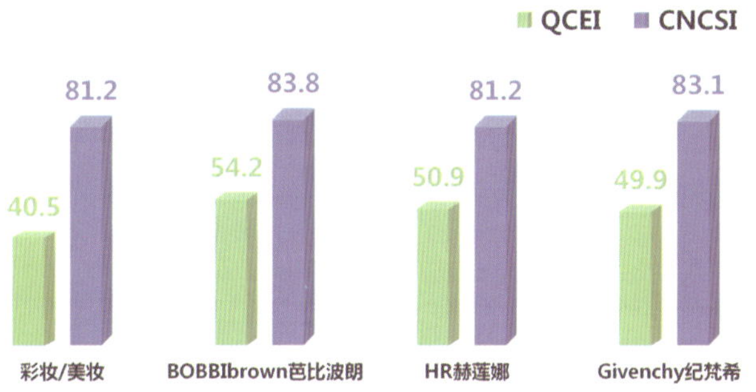

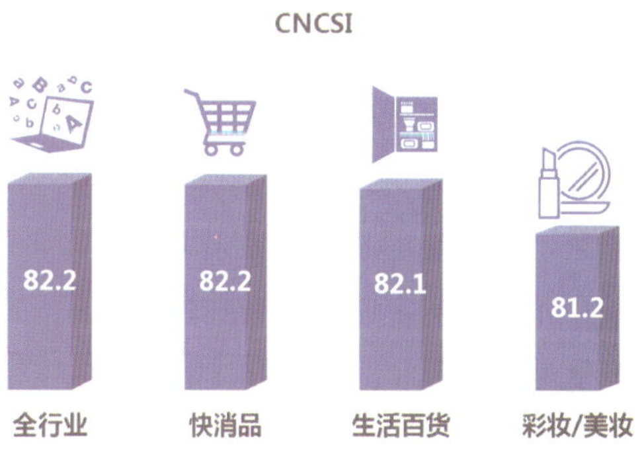

彩妆 / 美妆作为化妆技巧，是一门“形象美”的艺术，利用化妆产品对面部进行修饰，“扬长补短”达到美化的效果。彩妆与化妆品密切关联，好的化妆品能够出色地表现出彩妆的魅力。

调查结果显示，彩妆 / 美妆行业整体质量消费体验指数 QCEI 为 40.5 分，满意度指数 CNCSI 为 81.2 分，均低于生活百货行业乃至全行业的平均水平。

彩妆 / 美妆行业中 QCEI 列前三的品牌为芭比波朗、郝莲娜和纪梵希，三品牌的 CNCSI 得分均高于本子行业的平均水平。

洁丽雅

毛巾 / 浴巾 | 生活百货

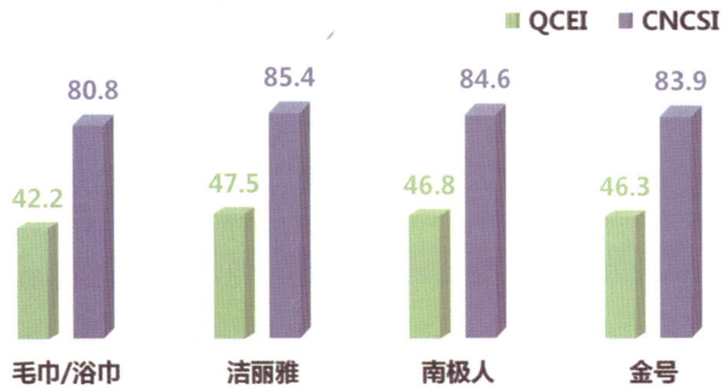

毛巾 / 浴巾行业作为生活百货的一个子行业，拥有稳定的市场，消费者通常对它的关注度并不高，属于低价值的易耗品。在购买时不同消费者在品质认同、价格、购买频次上存在很大差异。

调查结果显示，毛巾 / 浴巾行业整体质量消费体验指数 QCEI 为 42.2 分，满意度指数 CNCSI 为 80.8 分，均低于生活百货行业乃至全行业的平均水平。

毛巾 / 浴巾行业中 QCEI 列前三的品牌为洁丽雅、南极人和金号，三品牌的CNCSI得分均高于本子行业的平均水平。

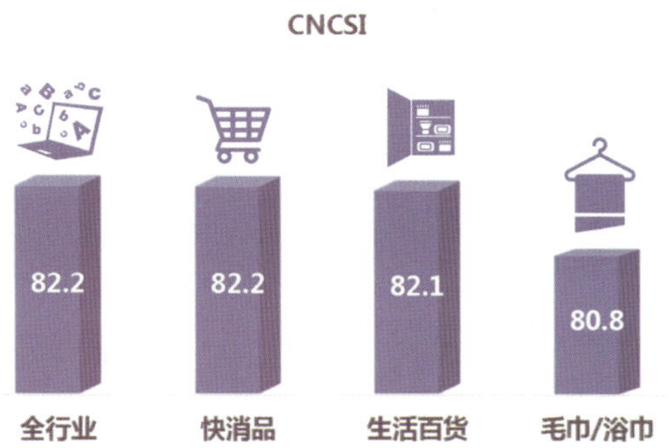

Safeguard 舒肤佳

沐浴露 / 香皂 | 生活百货

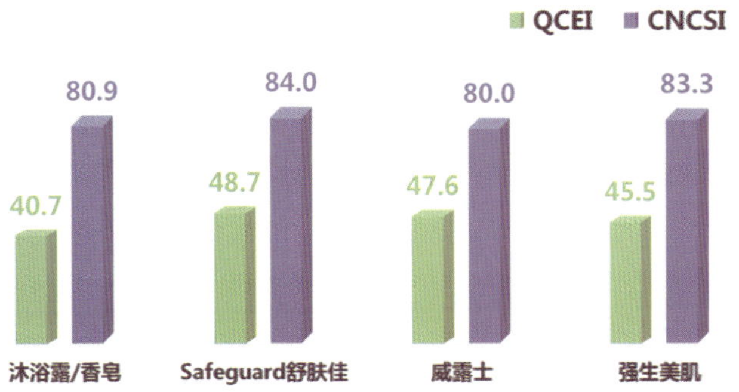

沐浴露 / 香皂是现代人常用的个人清洁用品，清除泥土污垢、皮肤分泌物、排泄物、化学物质或细菌等，随着需求升级，药用和保养等用途也融入其中。

调查结果显示，沐浴露 / 香皂行业整体质量消费体验指数 QCEI 为 40.7 分，满意度指数 CNCSI 为 80.9 分，均低于生活百货行业乃至全行业的平均水平。

沐浴露 / 香皂行业中 QCEI 列前三的品牌为舒肤佳、威露士和强生美肌，三品牌中舒肤佳和强生的 CNCSI 得分高于本子行业的平均水平。

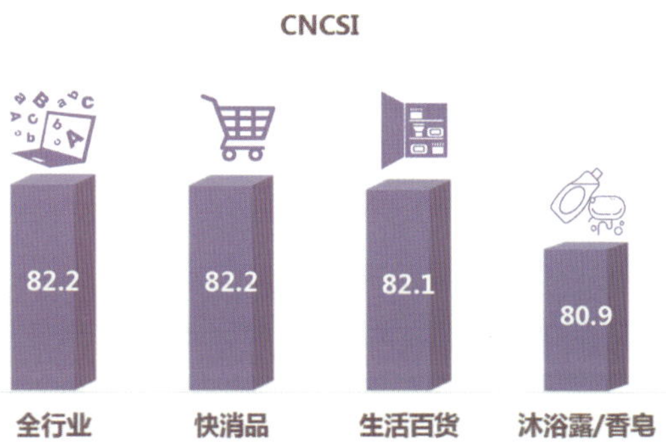

欧莱雅男士 男士护肤品 生活百货

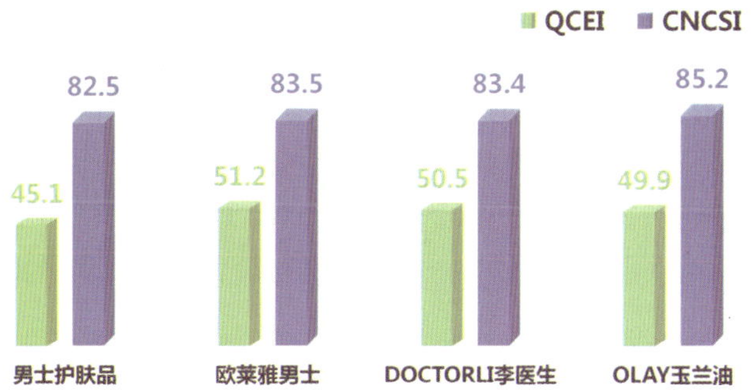

随着社会科技的发展，针对男性肤质特点而研制的护理产品，可以有效洁净肌肤，还给肌肤滋润补给与清爽舒适的感触，男性护肤品已逐渐从时尚消费变成刚性需求。

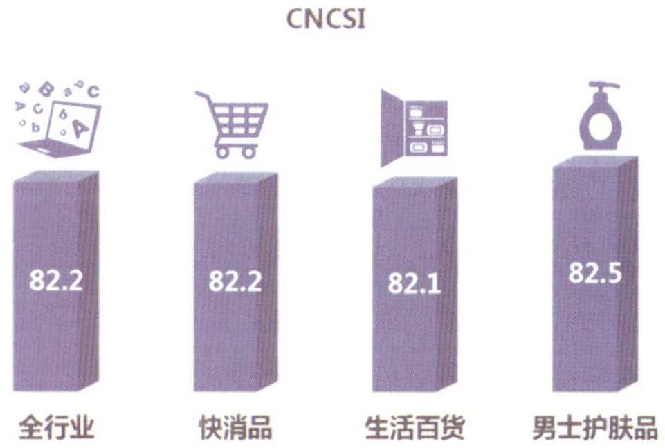

调查结果显示，男性护肤品行业整体质量消费体验指数 QCEI 为 45.1 分，满意度指数 CNCSI 为 82.5 分，均高于生活百货行业的平均水平。

男性护肤品行业中 QCEI 列前三的品牌为欧莱雅男士、李医生和玉兰油，消费体验较高的该三品牌 CNCSI 得分均高于本子行业的平均水平。

SK II 女士护肤品 生活百货

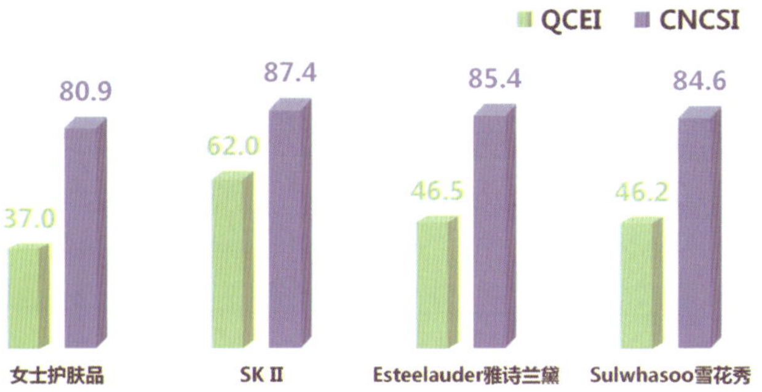

护肤品行业是化妆品行业中发展最快的一个细分市场，这其中以女性群体为护肤品行业的消费主力军。中国护肤品行业以年均 15% 以上的速度递增，正处在消费结构逐渐升级、消费层次多元化的阶段。

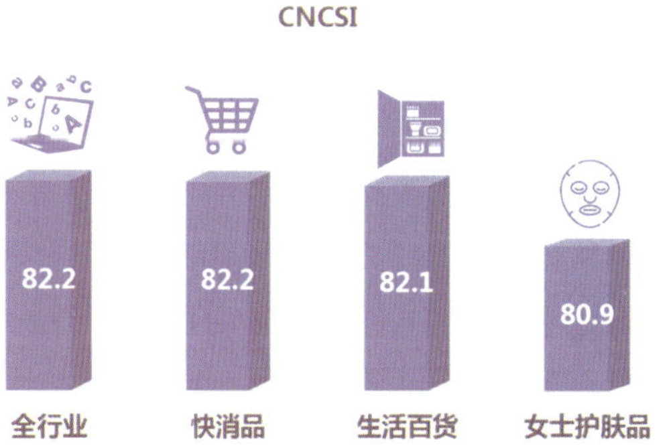

调查结果显示，女性护肤品行业整体质量消费体验指数 QCEI 为 37.0 分，满意度指数 CNCSI 为 80.9 分，均低于生活百货行业乃至全行业的平均水平，可见女性比男性对护肤品的需求更多、评价也更苛刻。

女性护肤品行业中 QCEI 列前三的品牌为 SKII、雅诗兰黛和雪花秀，消费体验较高的该三品牌 CNCSI 得分均高于本子行业的平均水平。

BRAUN 博朗

剃须刀 / 剃须膏 | 生活百货

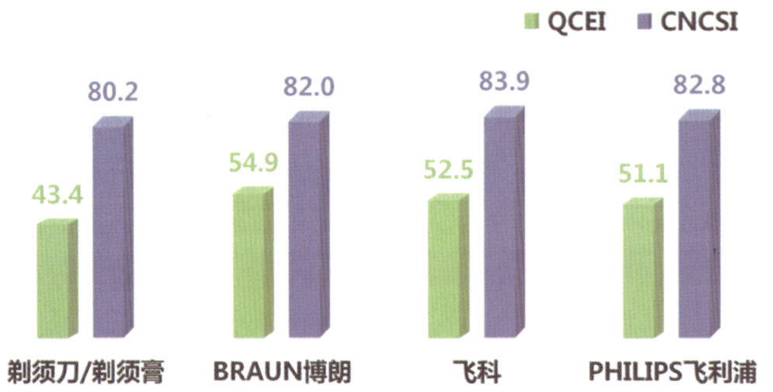

剃须刀 / 剃须膏是剃刮胡须的用具，属于自我服务型工具。而单纯地将胡须剃刮干净已不能满足消费者的需求，其外观设计感、刀片材质、能源使用、清洁方法等都在体现着使用者的品位和生活品质。

调查结果显示，剃须刀 / 剃须膏行业整体质量消费体验指数 QCEI 为 43.4 分，满意度指数 CNCSI 为 80.2 分，均低于生活百货行业乃至全行业的平均水平。

剃须刀 / 剃须膏行业中 QCEI 列前三的品牌为博朗、飞科和飞利浦，该三品牌 CNCSI 得分均高于本子行业的平均水平。

花王 / 乐而雅

卫生巾 / 卫生护垫 | 生活百货

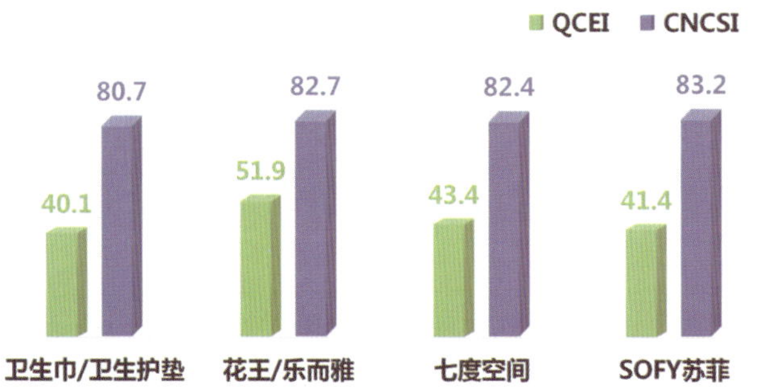

卫生巾是一种具吸收力的物质，主要的材质为棉、不织布、纸浆或以上材质复合物所形成的高分子聚合物和高分子聚合物复合纸。

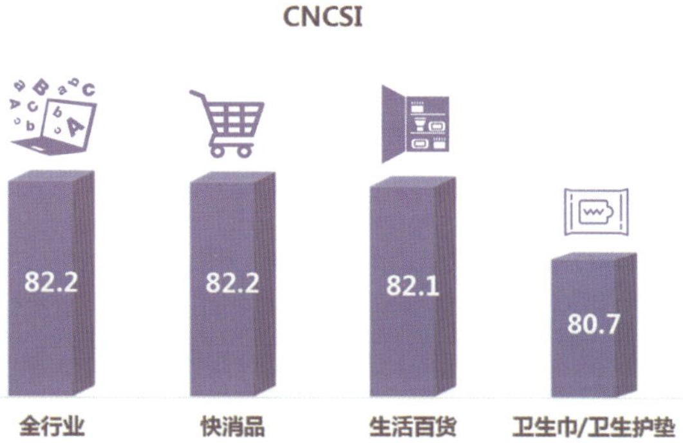

调查结果显示，卫生巾 / 卫生护垫行业整体质量消费体验指数 QCEI 为 40.1 分，满意度指数 CNCSI 为 80.7 分，均低于生活百货行业乃至全行业的平均水平。

卫生巾 / 卫生护垫行业中 QCEI 列前三的品牌为花王 / 乐而雅、七度空间和苏菲，花王的消费体验明显优于其他同类产品。该三品牌 CNCSI 得分均高于本子行业的平均水平。

滋源 Seeyoung 洗发 / 护发品 生活百货

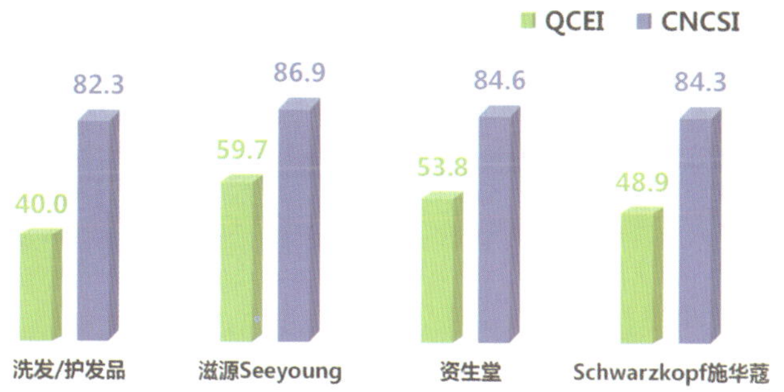

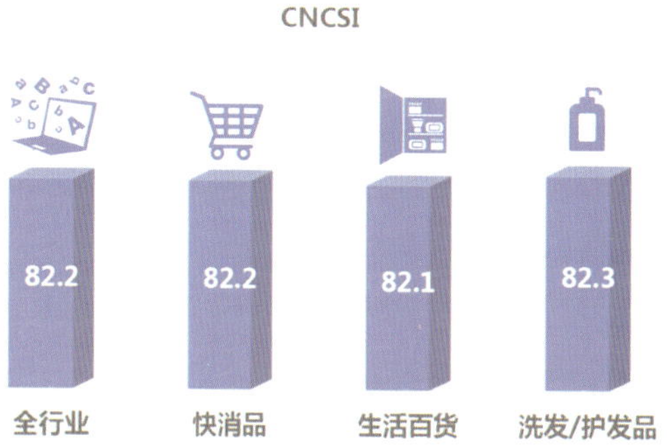

中国日化洗发护发市场正由成长期日益走向成熟期，合资企业市场份额达到 80% 左右。

调查结果显示，洗发 / 护发品行业整体质量消费体验指数 QCEI 为 40.0 分，低于生活百货行业平均水平，满意度指数 CNCSI 为 82.3 分，略高于生活百货行业和全行业的平均水平。

洗发 / 护发品行业中 QCEI 列前三的品牌为滋源、资生堂和施华蔻。该三品牌 CNCSI 得分均高于本子行业的平均水平。

蓝月亮 洗洁精 生活百货

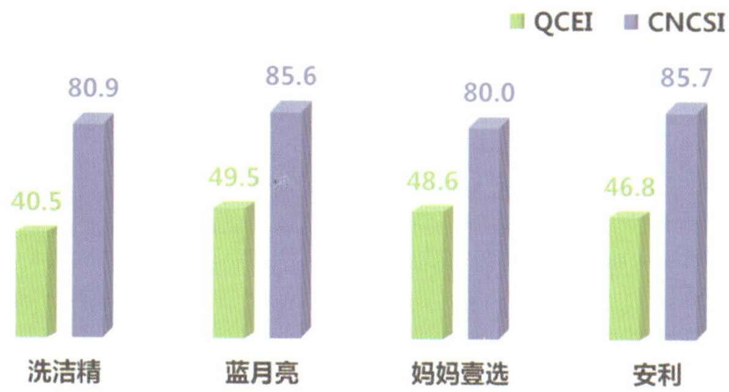

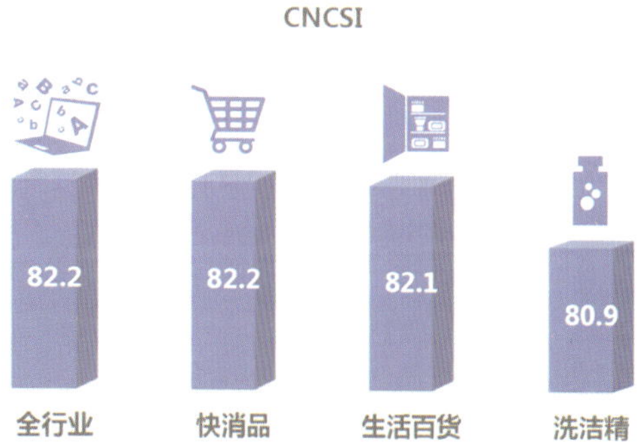

洗洁精是一种日常生活清洁用品，与消费者生活密切相关。

调查结果显示，洗洁精行业整体质量消费体验指数 QCEI 为 40.5 分，满意度指数 CNCSI 为 80.9 分，均低于生活百货行业和全行业的平均水平。

洗洁精行业中 QCEI 列前三的品牌为蓝月亮、妈妈壹选和安利，三品牌中的蓝月亮和安利的 CNCSI 得分高于本子行业的平均水平。

Safeguard 舒肤佳　洗手液　生活百货

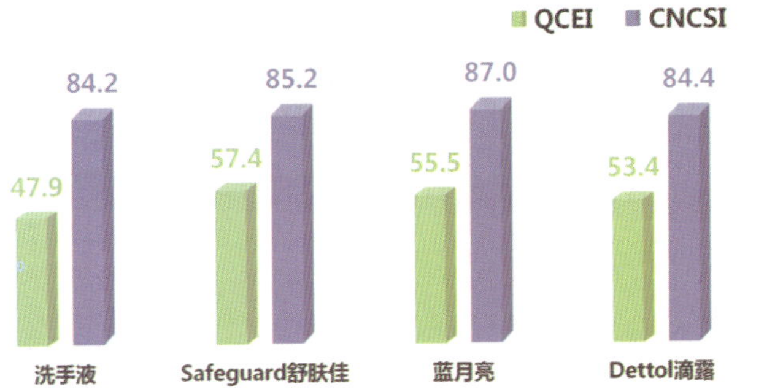

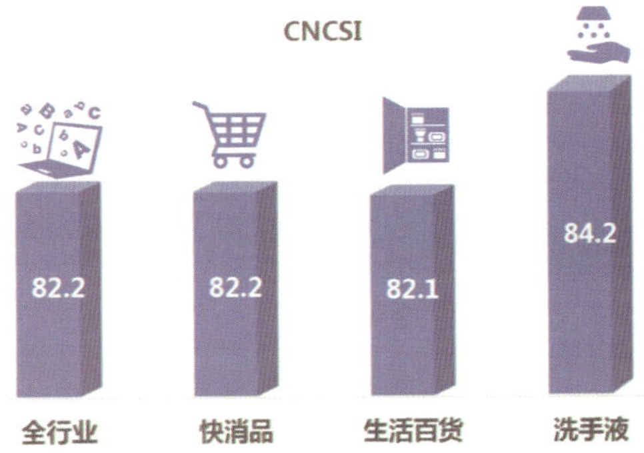

洗手液是一种清洁手部为主的护肤清洁液，有些特定的成分可以起到消毒、杀菌的作用。在很多公共场合，洗手液已完全替代了香皂类产品。

调查结果显示，洗手液行业整体质量消费体验指数 QCEI 为 47.9 分，满意度指数 CNCSI 为 84.2 分，均高于生活百货行业和全行业的平均水平。

洗手液行业中 QCEI 列前三的品牌为舒肤佳、蓝月亮和滴露，三品牌的 CNCSI 得分均高于本子行业的平均水平。

蓝月亮　洗衣粉 / 液　生活百货

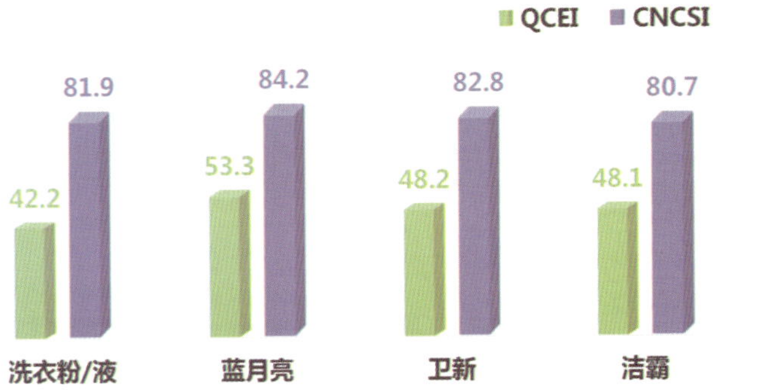

中国的洗衣液市场正在以年均 27.2% 的速度增长，3 年的复合增长超过了 100%。同时，洗衣粉市场的年均增速仅为 2.2%。

调查结果显示，洗衣粉 / 液行业整体质量消费体验指数 QCEI 为 42.2 分，满意度指数 CNCSI 为 81.9 分，均低于生活百货行业和全行业的平均水平。

洗衣粉 / 液行业中 QCEI 列前三的品牌为蓝月亮、卫新和洁霸。该三品牌中蓝月亮和卫新的 CNCSI 得分高于本子行业的平均水平。

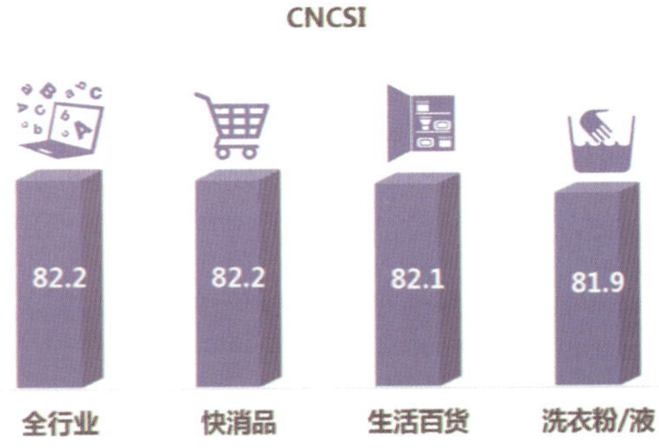

Burberry 博柏利

香水 / 精油　生活百货

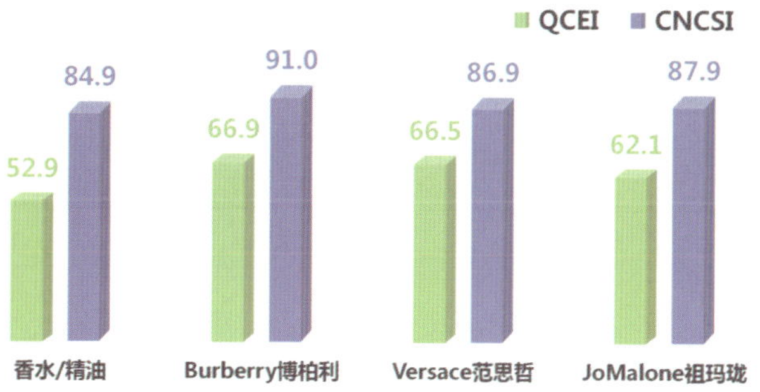

香水是香精的酒精溶液，是重要的化妆品之一；精油是从植物的花、叶、茎、根或果实中，通过水蒸气蒸馏法、挤压法、冷浸法或溶剂提取法提炼萃取的挥发性芳香物质。

调查结果显示，香水 / 精油行业整体质量消费体验指数 QCEI 为 52.9 分，满意度指数 CNCSI 为 84.9 分，均明显高于生活百货行业和全行业的平均水平。

香水 / 精油行业中 QCEI 列前三的品牌为博柏利、范思哲和祖玛珑。该三品牌的 CNCSI 得分均高于本子行业的平均水平。

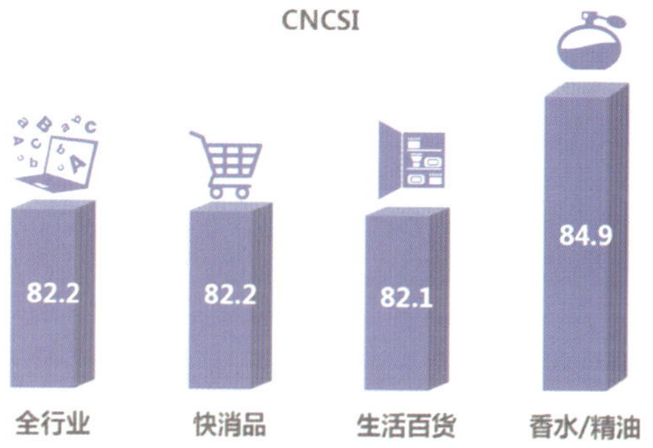

顺清柔

纸巾 / 卷纸　生活百货

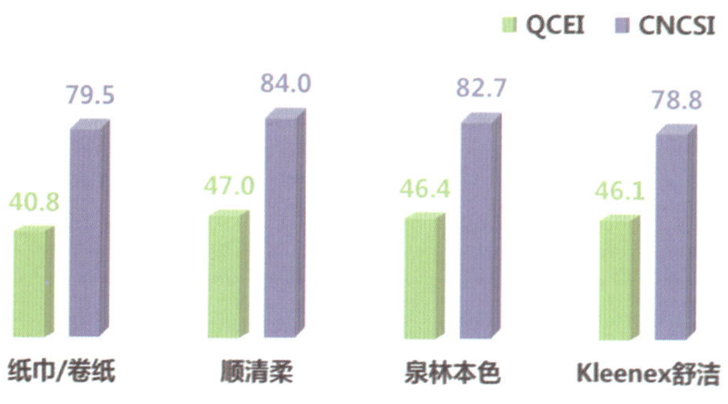

纸巾 / 卷纸主要是供人们生活日常卫生之用，除触感柔软度和吸水性外，消费者更为关注原料的无污染性和化学物质残留等。

调查结果显示，纸巾 / 卷纸行业整体质量消费体验指数 QCEI 为 40.8 分，满意度指数 CNCSI 为 79.5 分，均低于生活百货行业和全行业的平均水平。

纸巾 / 卷纸行业中 QCEI 列前三的品牌为顺清柔、泉林本色和舒洁。该三品牌中顺清柔和泉林本色的 CNCSI 得分高于本子行业的平均水平。

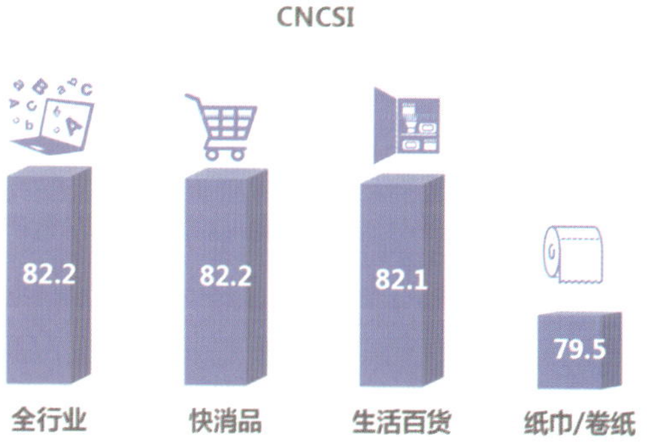

UNIQLO 优衣库　快时尚服装　服装配饰

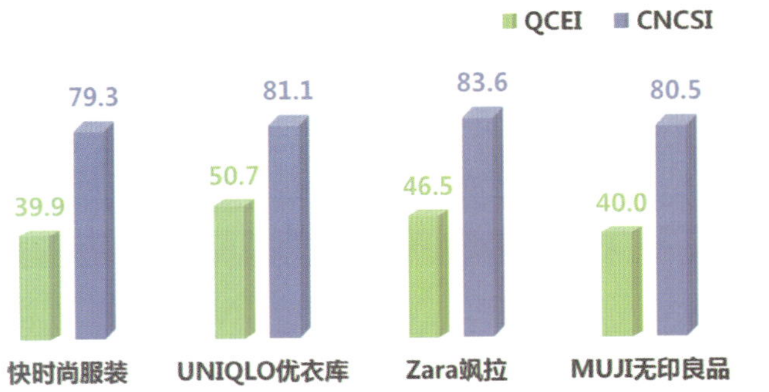

快时尚服装意指"上货时间快、平价和紧跟时尚潮流"的服装，能够提供丰富的、多样化的产品，提高了消费者的时尚选择性，同时其性价比高，品牌溢价低，在中青年消费群体中市场潜力巨大。

调查结果显示，快时尚服装行业整体质量消费体验指数 QCEI 为 39.9 分，满意度指数 CNCSI 为 79.3 分，均低于服装配饰行业和全行业的平均水平。

快时尚服装行业中 QCEI 列前三的品牌为优衣库、飒拉和无印良品。该三品牌的 CNCSI 得分均高于本子行业的平均水平。

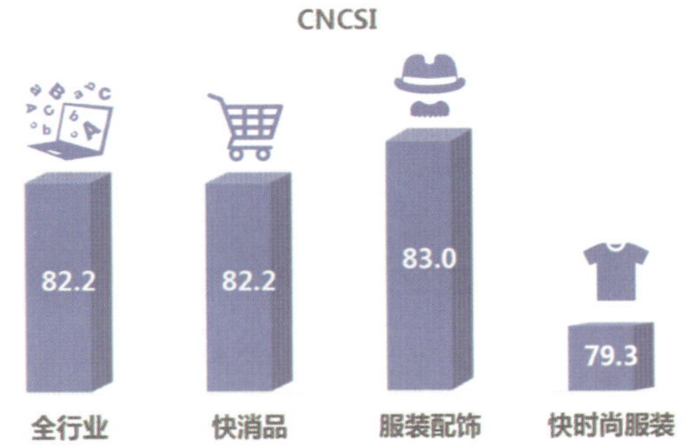

American Tourister 美旅　旅行箱包 / 电脑包　服装配饰

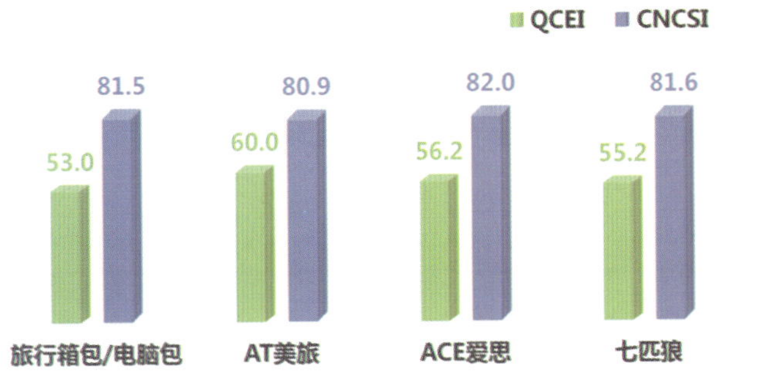

随着人们生活和消费水平的不断提高，各种各样的箱包已经成为人们身边不可或缺的饰品。人们要求箱包产品不仅在实用性上有所加强，装饰性也要有所拓展。

调查结果显示，旅行箱包 / 电脑包行业整体质量消费体验指数 QCEI 为 53.0 分，明显高于行业均值，满意度指数 CNCSI 为 81.5 分，低于服装配饰行业和全行业的平均水平。

旅行箱包 / 电脑包行业中 QCEI 列前三的品牌为美旅、爱思和七匹狼。该三品牌中爱思和七匹狼的 CNCSI 得分高于本子行业的平均水平。

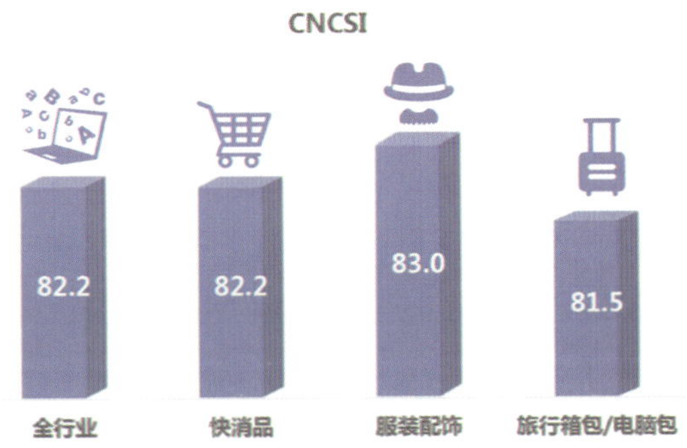

海澜之家

男士正装 服装配饰

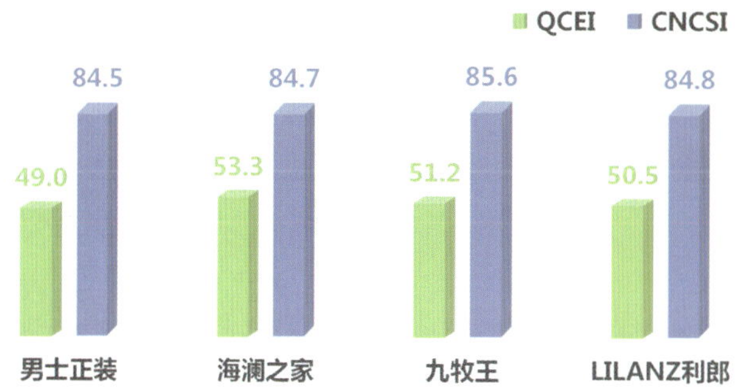

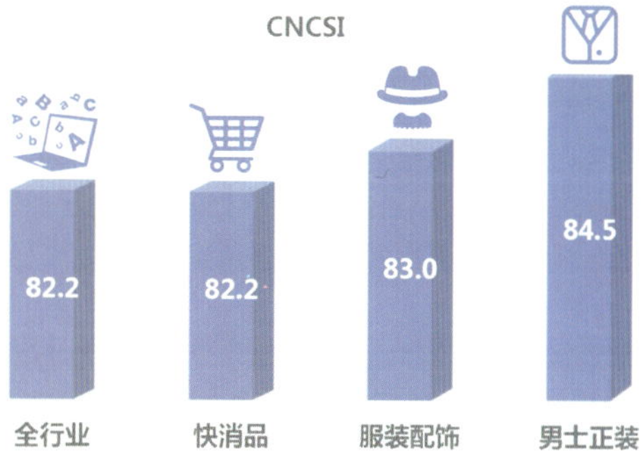

我国男装行业增长稳健，商务休闲装正在逐渐渗透到男士正装领域。

调查结果显示，男士正装行业整体质量消费体验指数 QCEI 为 49.0 分，满意度指数 CNCSI 为 84.5 分，均高于服装配饰行业和全行业的平均水平。

男士正装行业中 QCEI 列前三的品牌为海澜之家、九牧王和利郎。该三品牌的 CNCSI 得分均高于本子行业的平均水平。

ecco 爱步

男鞋 服装配饰

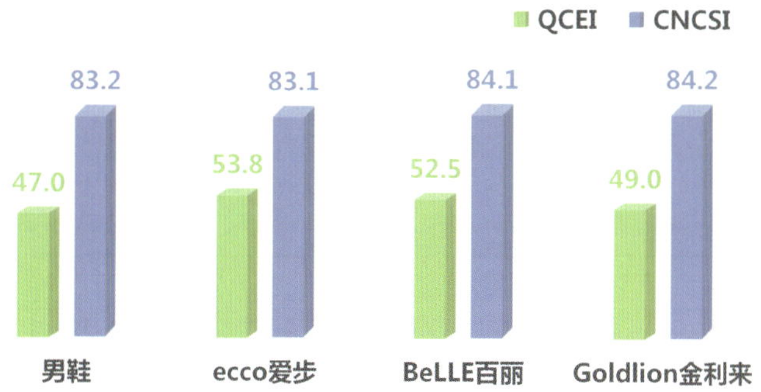

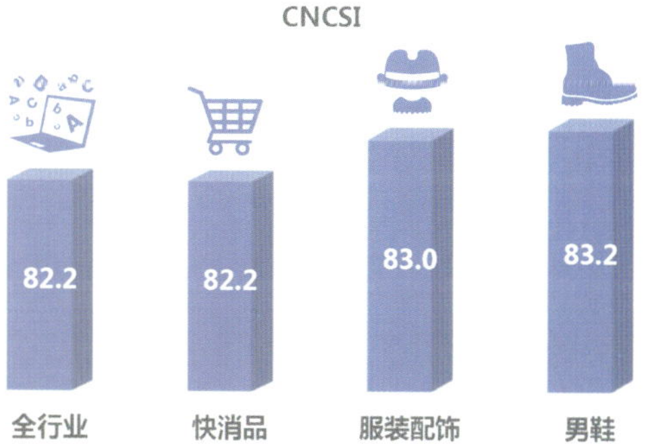

随着国内经济发展，男士对于鞋类消费的多样化和质量品质的定位需求，男鞋市场快速发展。

调查结果显示，男鞋行业整体质量消费体验指数 QCEI 为 47.0 分，低于该子行业均值，满意度指数 CNCSI 为 83.2 分，略高于服装配饰行业和全行业的平均水平。

男鞋行业中 QCEI 列前三的品牌为爱步、百丽和金利来。该三品牌中百丽和金利来的 CNCSI 得分高于本子行业的平均水平。

Wacoal 华歌尔　内衣　服装配饰

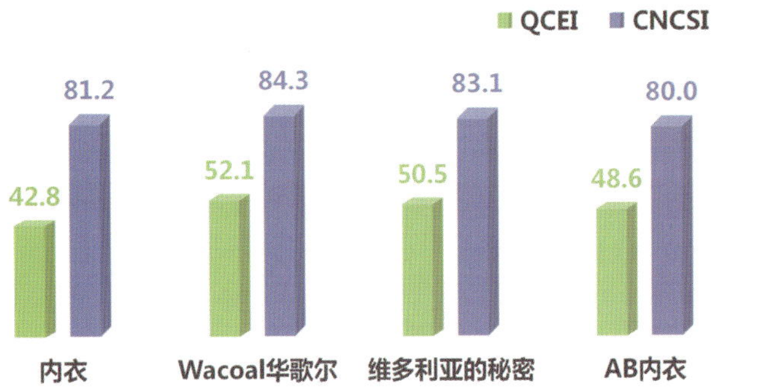

随着内衣面料的不断更新，人们越来越追求新技术产品，单纯棉制品已不再是唯一需求，微纤维成为被称作“第二皮肤”的面料广泛应用于内衣制造，现代人更重视内衣带来的健康呵护和健美造型。

调查结果显示，内衣行业整体质量消费体验指数QCEI为42.8分，满意度指数CNCSI为81.2分，均低于服装配饰行业和全行业的平均水平。

内衣行业中QCEI列前三的品牌为华歌尔、维多利亚的秘密和AB内衣。该三品牌中华歌尔和维多利亚的秘密CNCSI得分高于本子行业的平均水平。

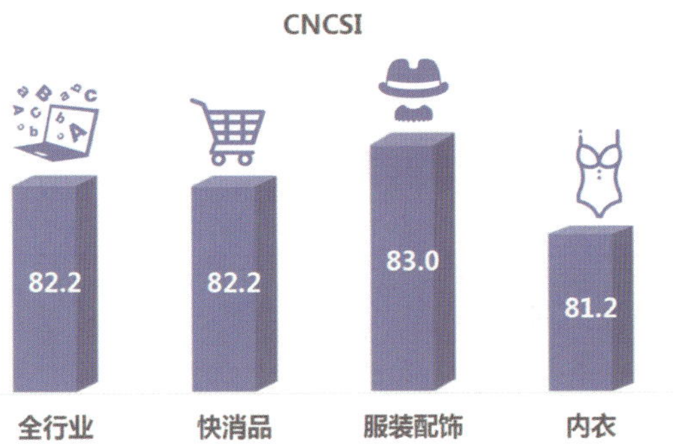

ecco 爱步　女鞋　服装配饰

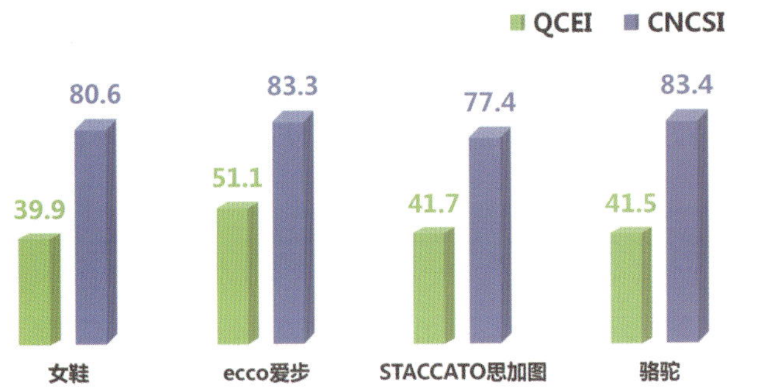

女鞋，是现今女性日常服饰搭配中不可缺少的一项，款式、风格、材质日新月异，但时尚和舒适永远是女鞋的核心体验。

调查结果显示，女鞋行业整体质量消费体验指数QCEI为39.9分，满意度指数CNCSI为80.6分，均低于服装配饰行业和全行业的平均水平。

女鞋行业中QCEI列前三的品牌为爱步、思加图和骆驼。该三品牌中的爱步和骆驼的CNCSI得分高于本子行业的平均水平。

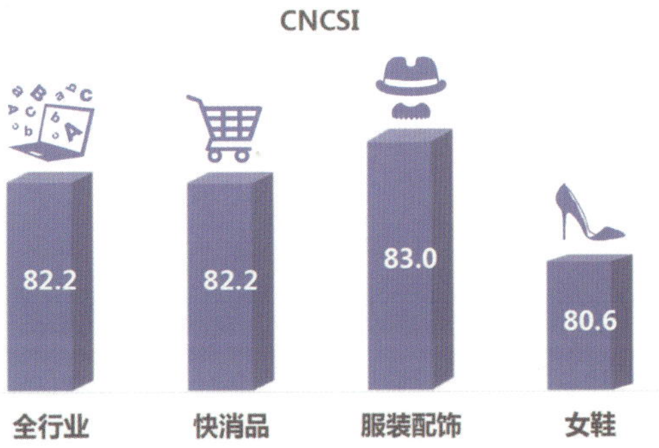

CHANEL 香奈儿　品牌女包　服装配饰

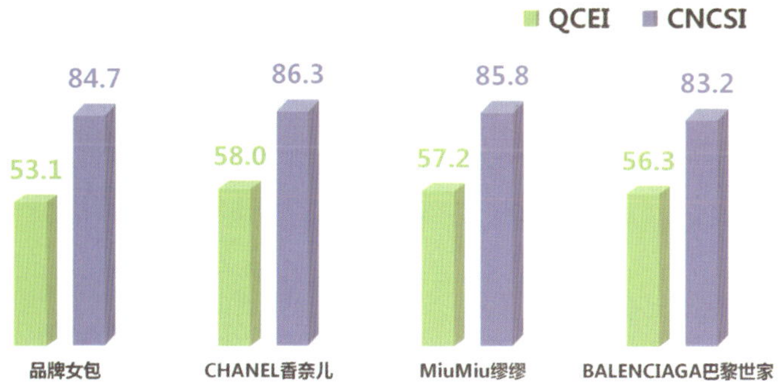

女包也是女性的随身装饰品之一。在中国经济快速发展的背景下，根据自己的个人风格和不同的社交场合选择适当的女包，并不断根据潮流的变化添置新品，品牌女包消费有望再上新台阶。

调查结果显示，品牌女包行业整体质量消费体验指数 QCEI 为 53.1 分，满意度指数 CNCSI 为 84.7 分，均高于服装配饰行业和全行业的平均水平。

品牌女包行业中 QCEI 列前三的品牌为香奈儿、缪缪和巴黎世家。该三品牌中的香奈儿和缪缪的 CNCSI 得分高于本子行业的平均水平。

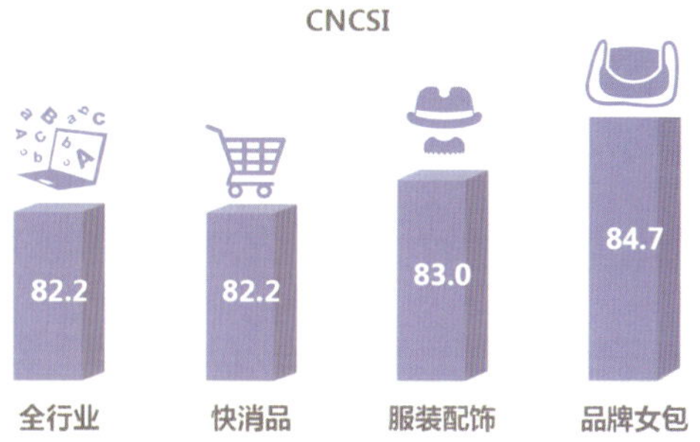

西铁城　手表　服装配饰

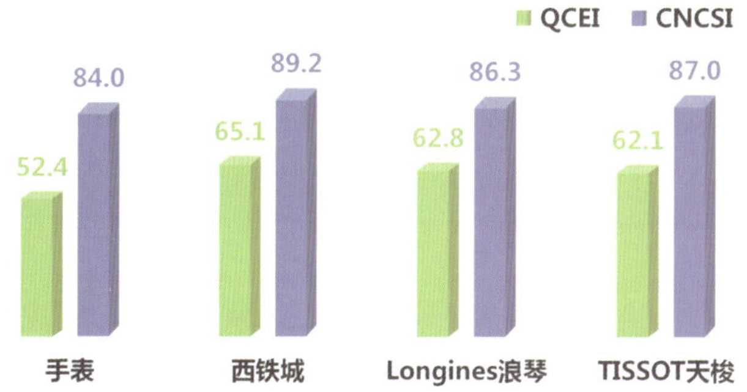

我国是世界钟表生产大国之一，然而本次调查中质量消费体验较好的品牌均为国外品牌。

调查结果显示，手表行业整体质量消费体验指数 QCEI 为 52.4 分，满意度指数 CNCSI 为 84.0 分，均高于服装配饰行业和全行业的平均水平。

手表行业中 QCEI 列前三的品牌为西铁城、浪琴和天梭。该三品牌的 CNCSI 得分均高于本子行业的平均水平。

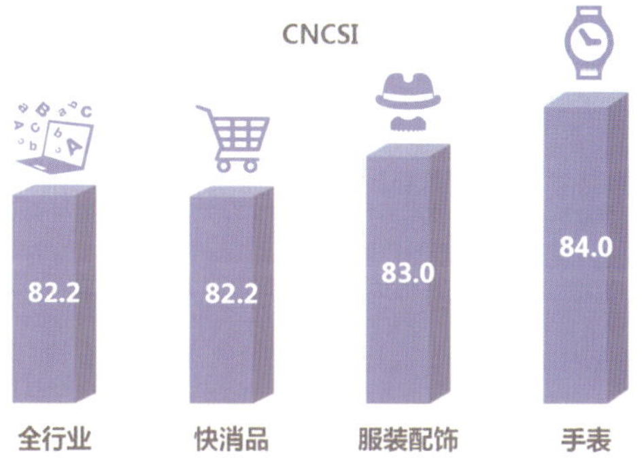

BVLGARI 宝格丽　太阳眼镜　服装配饰

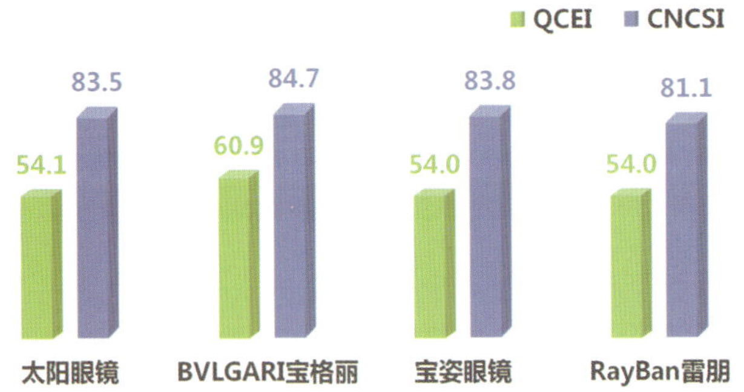

太阳眼镜，是一种为防止太阳光强烈刺激造成对人眼伤害的视力保健用品。随着人们物质文化水平的提高，太阳眼镜又可作为美容或体现个人风格的特殊饰品。

调查结果显示，太阳眼镜行业整体质量消费体验指数 QCEI 为 54.1 分，满意度指数 CNCSI 为 83.5 分，均高于服装配饰行业和全行业的平均水平。

太阳眼镜行业中 QCEI 列前三的品牌为宝格丽、宝姿和雷朋，均为外资品牌。该三品牌中宝格丽和宝姿眼镜的 CNCSI 得分高于本子行业的平均水平。

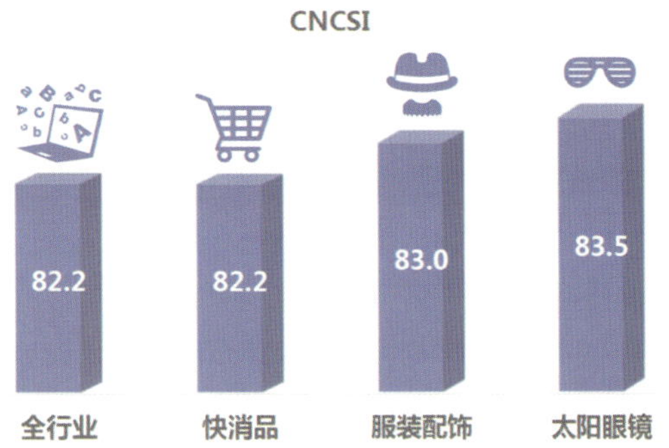

派克兰帝 Paclantic　童装 / 婴幼儿服装　服装配饰

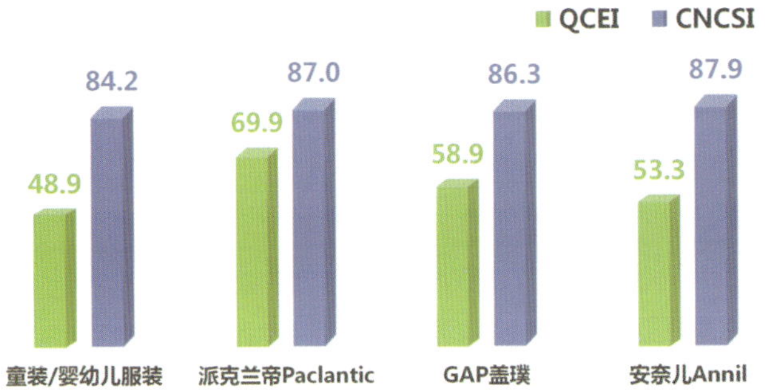

随着生育政策的变更和二胎家庭的增多，中国童装市场规模将继续扩大，发展前景乐观。同时，童装，尤其婴幼儿服装的安全健康性更成为质量焦点。

调查结果显示，童装 / 婴幼儿服装行业整体质量消费体验指数 QCEI 为 48.9 分，满意度指数 CNCSI 为 84.2 分，均高于服装配饰行业和全行业的平均水平。

童装 / 婴幼儿服装行业中 QCEI 列前三的品牌为派克兰帝、GAP 和安奈儿。该三品牌的 CNCSI 得分高于本子行业的平均水平。

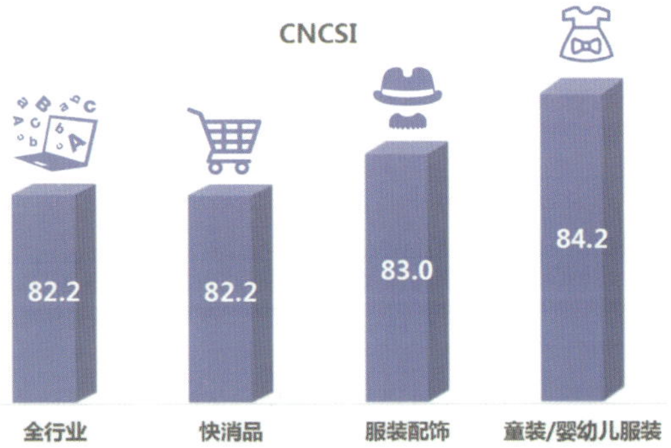

Nike 耐克　运动鞋　服装配饰

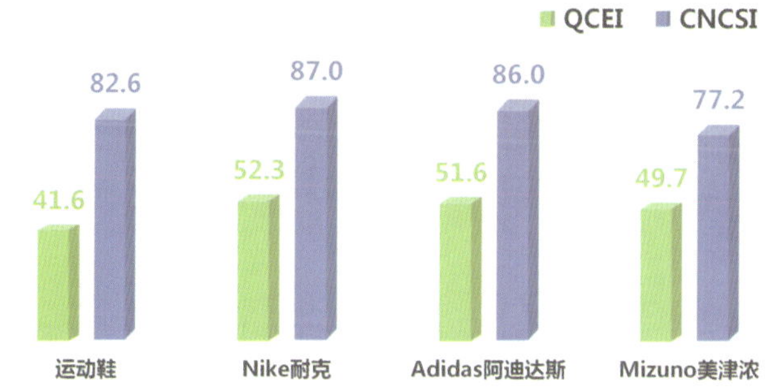

随着人们生活空间和活动范围不断扩展，新兴运动项目不断兴起，加之旅游业成为生活的时尚，运动鞋种类越来越多，它一方面向着更加专业化的方向发展；另一方面也向着更为大众化、时尚化的方向发展。

调查结果显示，运动鞋行业整体质量消费体验指数 QCEI 为 41.6 分，满意度指数 CNCSI 为 82.6 分，均低于服装配饰行业的平均水平。

运动鞋行业中 QCEI 列前三的品牌为耐克、阿迪达斯和美津浓。该三品牌中耐克和阿迪达斯的 CNCSI 得分高于本子行业的平均水平。

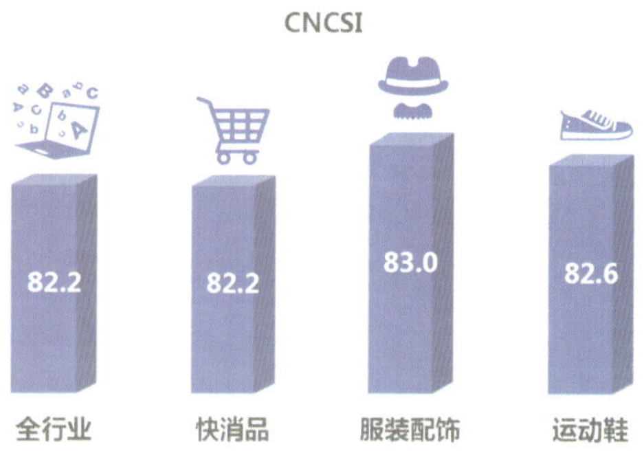

Nike 耐克　运动装　服装配饰

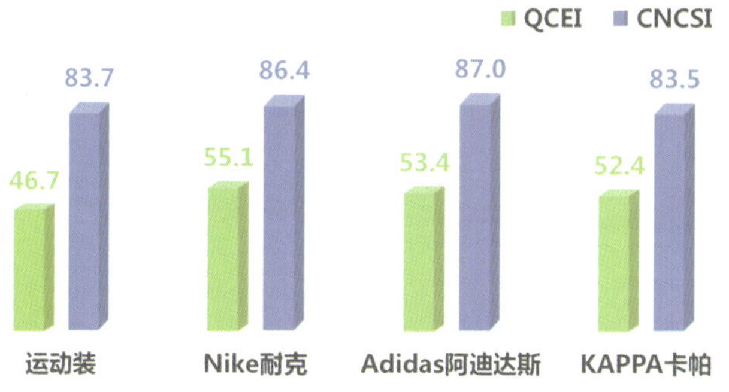

运动装是专用于体育运动竞赛或从事户外体育活动穿用的服装，现多泛指用于日常生活穿着的运动休闲服装，不仅运动员穿用，且成为人们户外体育锻炼、旅游的轻便服装。

调查结果显示，运动装行业整体质量消费体验指数 QCEI 为 46.7 分，低于子行业均值，满意度指数 CNCSI 为 83.7 分，高于服装配饰行业的平均水平。

运动装行业中 QCEI 列前三的品牌为耐克、阿迪达斯和卡帕。该三品牌中耐克和阿迪达斯的 CNCSI 得分高于本子行业的平均水平。

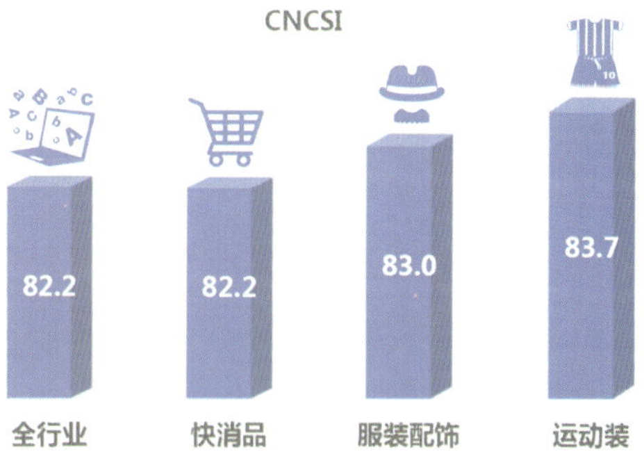

三精

补钙型保健品 | 医药护理

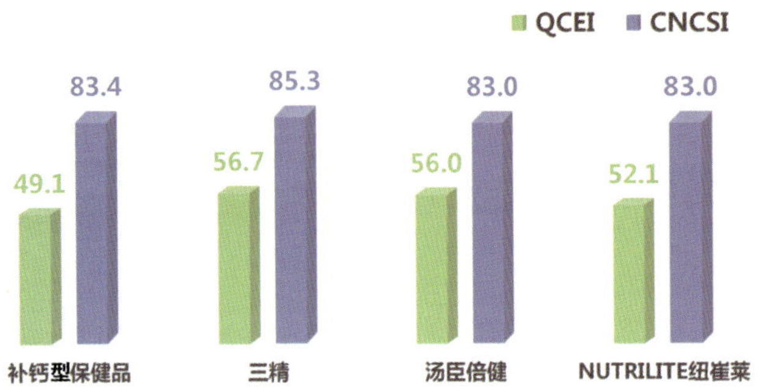

随着人民健康意识的增强和对美好生活的追求，保健品成为日常饮食和医药治疗之外的一种膳食营养补充品，它能调节人体的机能，具有特定的功效。

调查结果显示，补钙型保健品行业整体质量消费体验指数 QCEI 为 49.1 分，满意度指数 CNCSI 为 83.4 分，均高于医药护理行业的平均水平。

补钙型保健品行业中 QCEI 列前三的品牌为三精、汤臣倍健和 NUTRILITE 纽崔莱。该三品牌中仅三精的 CNCSI 得分高于本子行业的平均水平。

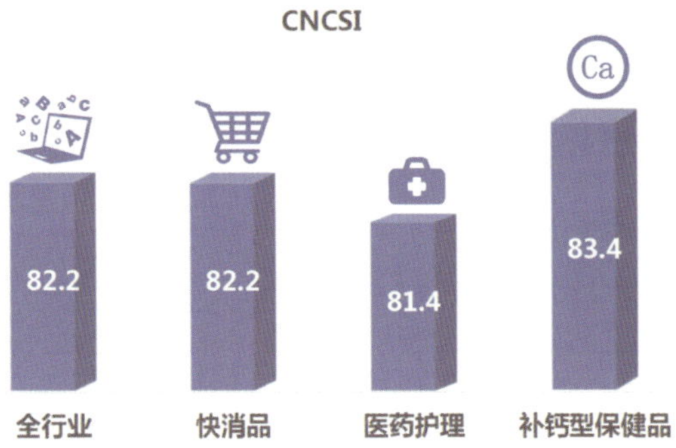

同仁堂

肠胃用药 | 医药护理

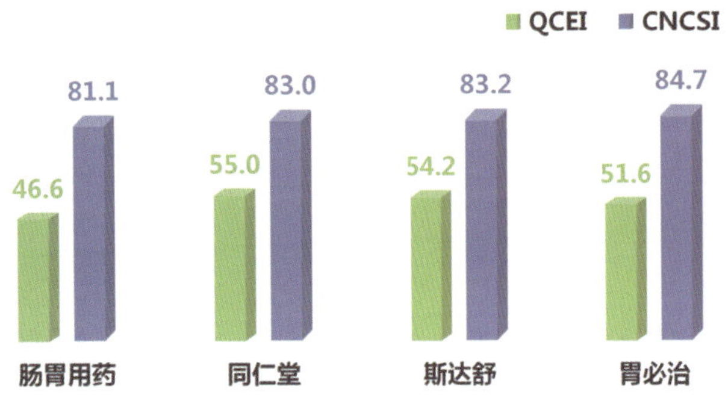

肠胃用药，是家庭常备和必备药品之一。

调查结果显示，肠胃用药行业整体质量消费体验指数 QCEI 为 46.6 分，满意度指数 CNCSI 为 81.1 分，均低于医药护理行业的平均水平。

肠胃用药行业中 QCEI 列前三的品牌为同仁堂、斯达舒和胃必治。该三品牌胃药的 CNCSI 得分均高于本子行业的平均水平。

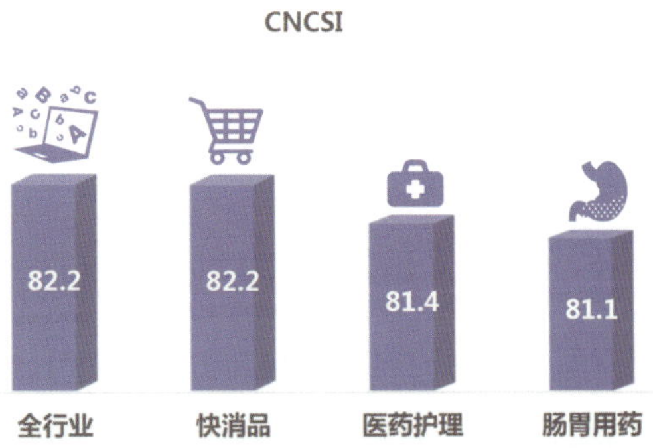

云南白药 创可贴 医药护理

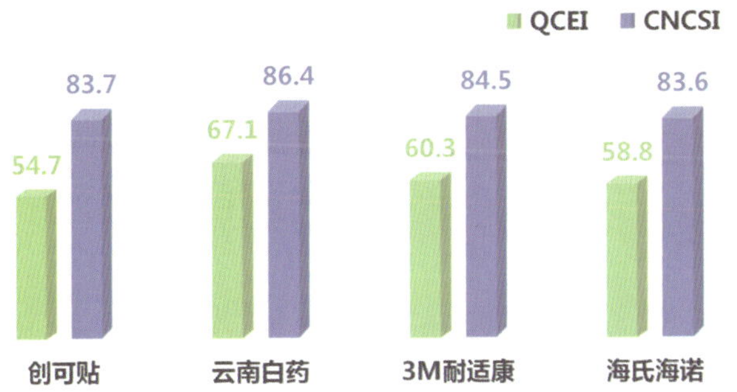

创可贴，是人们生活中最常用的一种外科用药。

调查结果显示，创可贴行业整体质量消费体验指数QCEI为54.7分，满意度指数CNCSI为83.7分，均高于医药护理行业和全行业的平均水平。

创可贴行业中QCEI列前三的品牌为云南白药、3M耐适康和海氏海诺。该三品牌创可贴中云南白药和耐适康的CNCSI得分高于本子行业的平均水平。

泰诺 感冒用药 医药护理

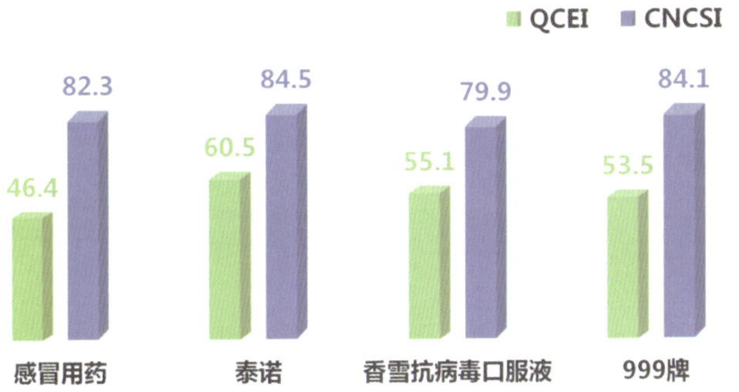

感冒用药，是家庭常备和必备药品之一。

调查结果显示，感冒用药行业整体质量消费体验指数QCEI为46.4分，低于医药护理行业均值；满意度指数CNCSI为82.3分，高于医药护理行业的平均水平。

感冒用药行业中QCEI列前三的品牌为泰诺、香雪抗病毒口服液和999牌。该三品牌中泰诺和999牌感冒药的CNCSI得分高于本子行业的平均水平。

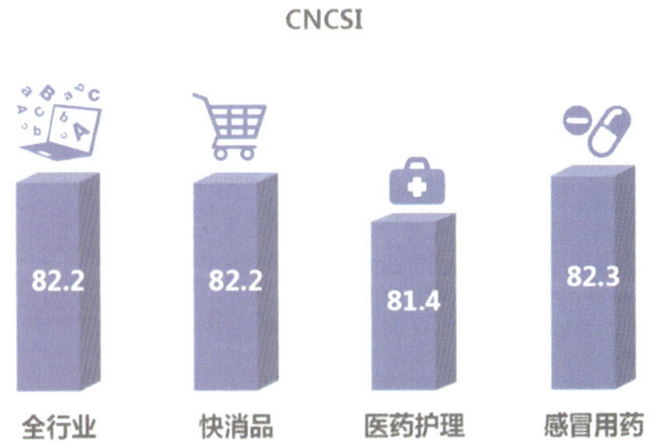

泰恩康

口罩 | 医药护理

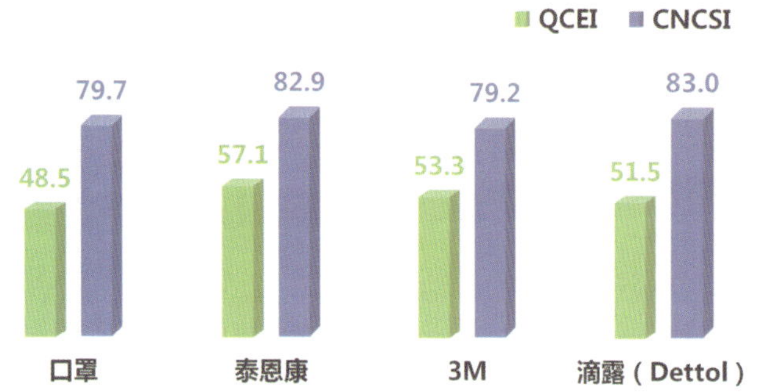

随着空气质量的下降，口罩已经从医用卫生品逐渐成为家庭日常用品，尤其对 PM2.5 的过滤和防护功能，成为消费者首要考虑因素。

调查结果显示，口罩行业整体质量消费体验指数 QCEI 为 48.5 分，满意度指数 CNCSI 为 79.7 分，均低于医药护理行业的平均水平。

口罩行业中 QCEI 列前三的品牌为泰恩康、3M 和滴露。该三品牌中泰恩康和 3M 口罩的 CNCSI 得分高于本子行业的平均水平。

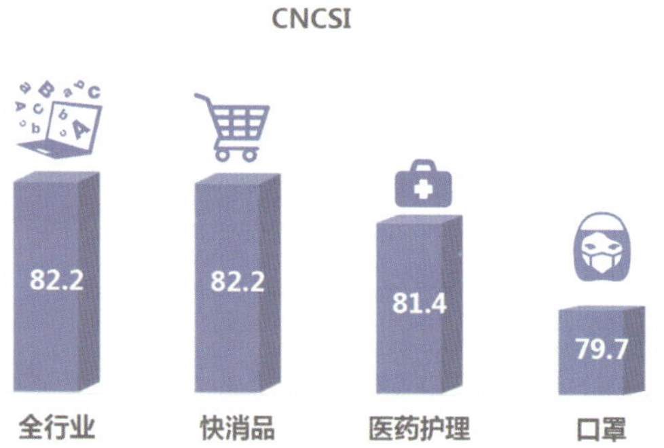

果维康

维生素补品 | 医药护理

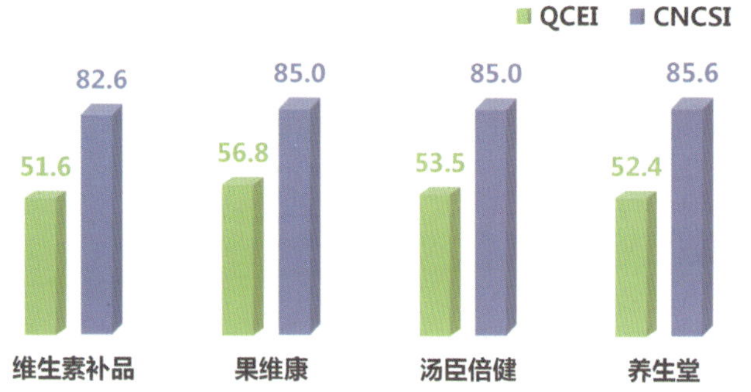

维生素是维持身体健康所必需的一类有机化合物。不易摄取和不易吸收的维生素可通过补品来补充。

调查结果显示，维生素补品行业整体质量消费体验指数 QCEI 为 51.6 分，满意度指数 CNCSI 为 82.6 分，均高于医药护理行业以及全行业的平均水平。

维生素补品行业中 QCEI 列前三的品牌为果维康、汤臣倍健和养生堂。该三品牌的 CNCSI 得分均高于本子行业的平均水平。

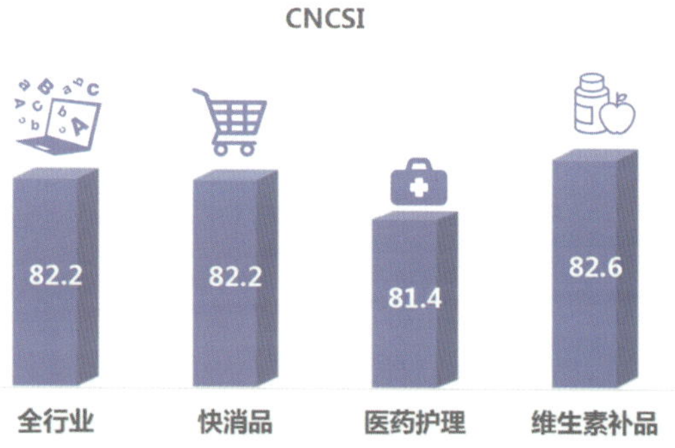

参天 Santen

眼科用药 / 滴眼液 | 医药护理

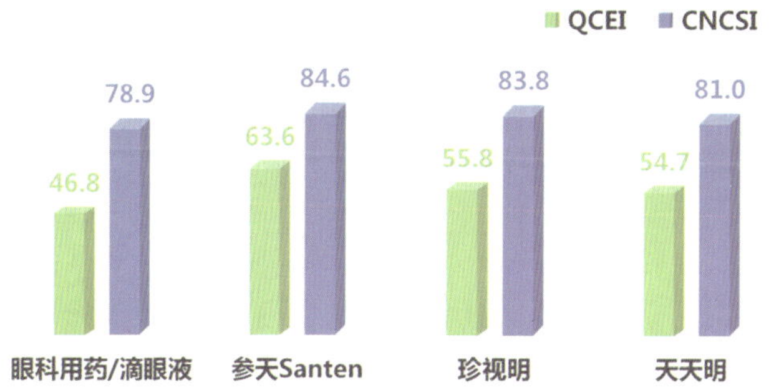

随着人们的生活方式和工作条件的改变，用眼时间增加，比如长时间看电脑、玩手机、看电视、玩电子游戏等，很容易患视觉疲劳症和干眼症，滴眼液对此有直接的治疗缓解作用。

调查结果显示，眼科用药 / 滴眼液行业整体质量消费体验指数 QCEI 为 46.8 分，满意度指数 CNCSI 为 78.9 分，均低于医药护理行业以及全行业的平均水平。

眼科用药/滴眼液行业中 QCEI 列前三的品牌为参天、珍视明和天天明。该三品牌的 CNCSI 得分均高于本子行业的平均水平。

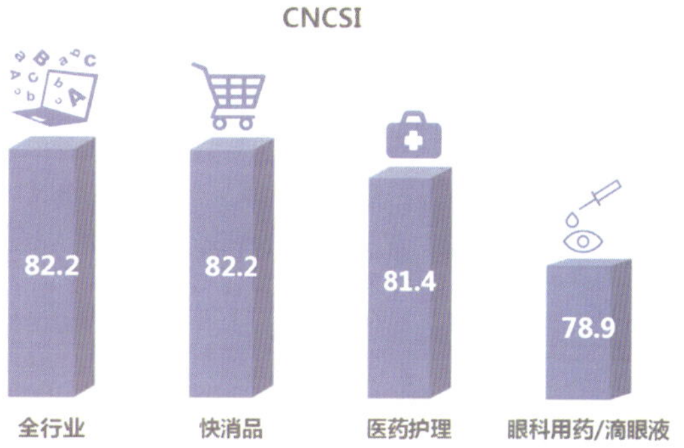

强生安视优

隐形眼镜 / 护理液 | 医药护理

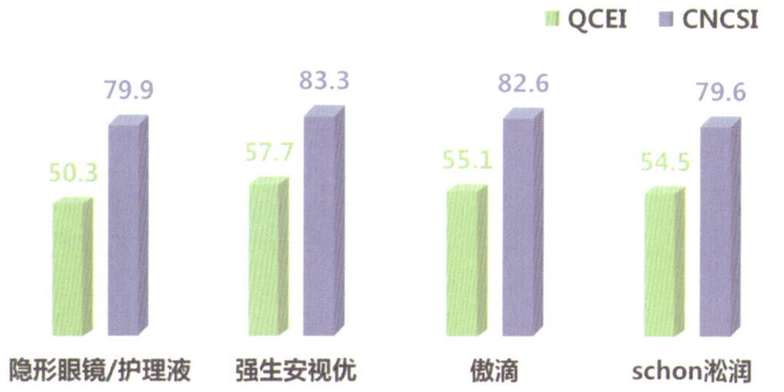

隐形眼镜从外观上和方便性方面给近视、远视、散光等屈光不正患者带来了很大的改善，护理液对于配戴隐形眼镜的人来说是必不可少的。

调查结果显示，隐形眼镜 / 护理液行业整体质量消费体验指数 QCEI 为 50.3 分，高于医药护理行业均值；满意度指数 CNCSI 为 79.9 分，低于医药护理行业以及全行业的平均水平。

隐形眼镜 / 护理液行业中 QCEI 列前三的品牌为强生安视优、傲滴和凇润。该三品牌的 CNCSI 得分均高于本子行业的平均水平。

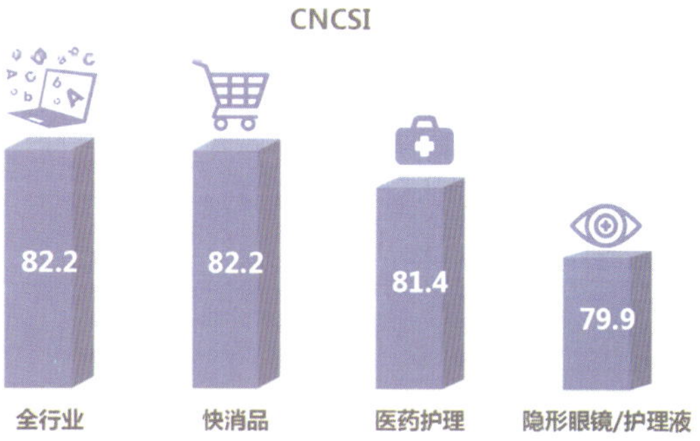

恒源祥家纺

床品套件 | 家居建材

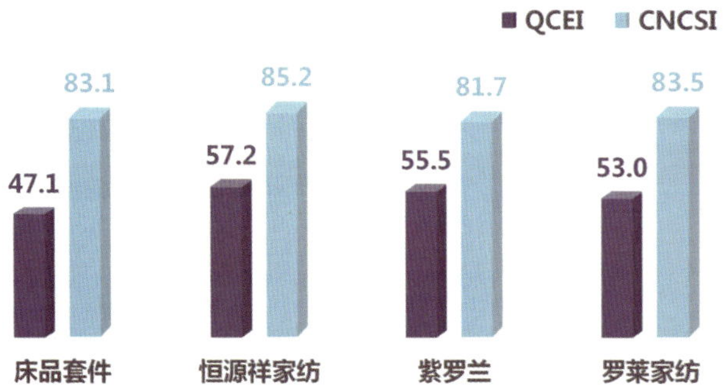

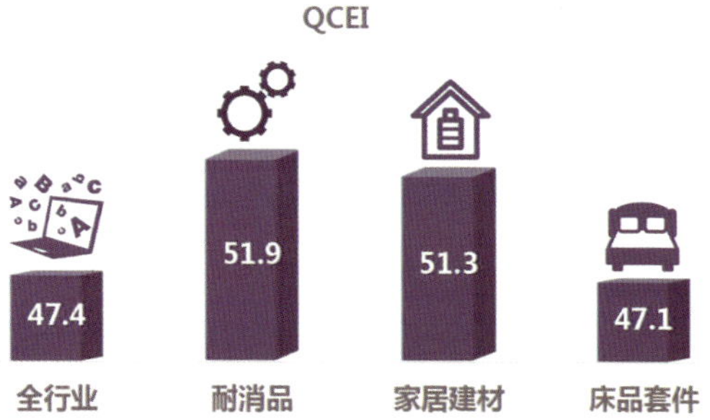

随着消费者消费水平的提升、对家纺产品的需求不仅仅体现在家纺产品本身，而会更加关注其文化品位，特别是与整体家装风格的匹配性。

调查结果显示，床品套件行业整体质量消费体验指数 QCEI 为 47.1 分，低于家居建材行业均值；满意度指数 CNCSI 为 83.1 分，高于家居建材行业以及全行业的平均水平。

床品套件行业中 QCEI 列前三的品牌为恒源祥家纺、紫罗兰和罗莱家纺。该三品牌中恒源祥家纺和罗莱家纺的 CNCSI 得分高于本子行业的平均水平。

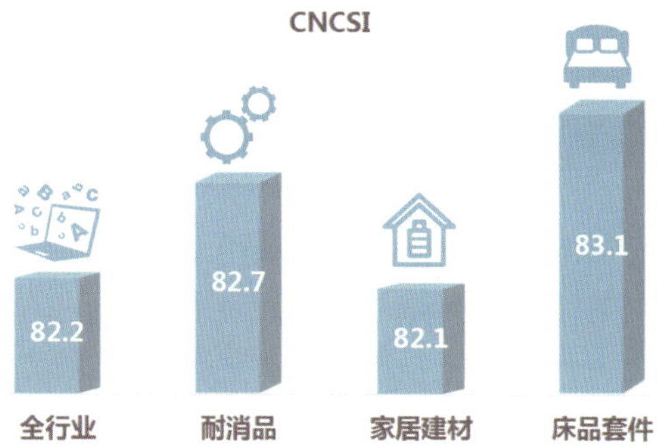

冠珠

瓷砖 | 家居建材

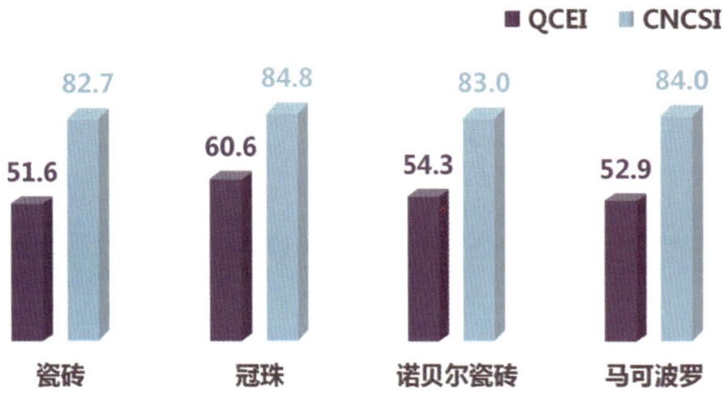

中国房地产业发展迅速，使得瓷砖的生产和消费都获得了较大的发展，中国瓷砖在国际市场中获得青睐。

调查结果显示，瓷砖行业整体质量消费体验指数 QCEI 为 51.6 分，满意度指数 CNCSI 为 82.7 分，均高于家居建材行业以及全行业的平均水平。

瓷砖行业中 QCEI 列前三的品牌为冠珠、诺贝尔瓷砖和马可波罗。该三品牌的 CNCSI 得分均高于本子行业的平均水平。

邓家刀

刀具　家居建材

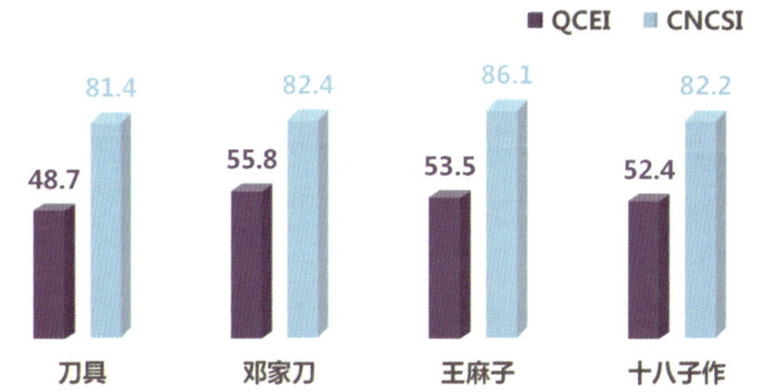

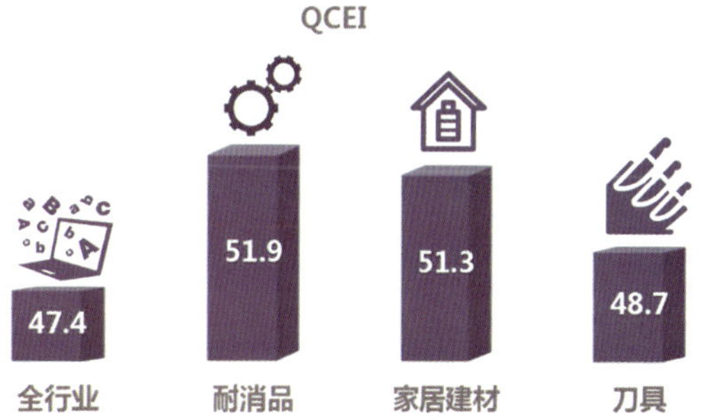

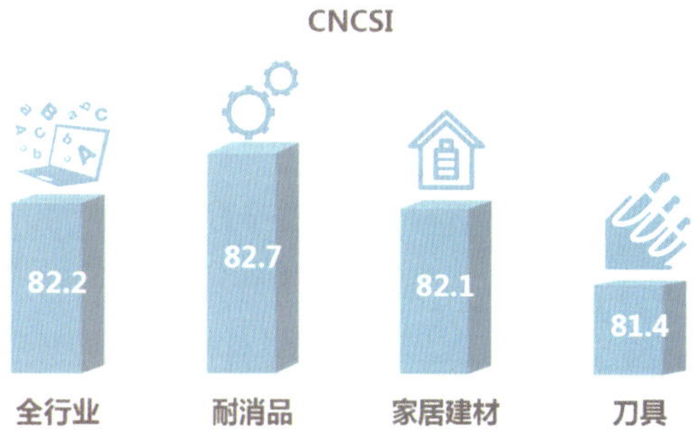

刀具，在中国烹饪中的作用举足轻重。

调查结果显示，刀具行业整体质量消费体验指数QCEI为48.7分，满意度指数CNCSI为81.4分，均低于家居建材行业的平均水平。

刀具行业中QCEI列前三的品牌为邓家刀、王麻子和十八子作，均为传统工艺老字号产品，分别代表了一南一北一西三地的锻造技术。该三品牌的CNCSI得分均高于本子行业的平均水平。

欧普照明 OPPLE

灯饰照明　家居建材

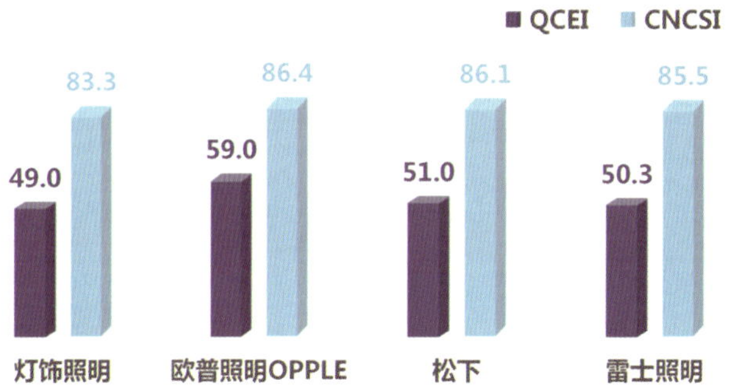

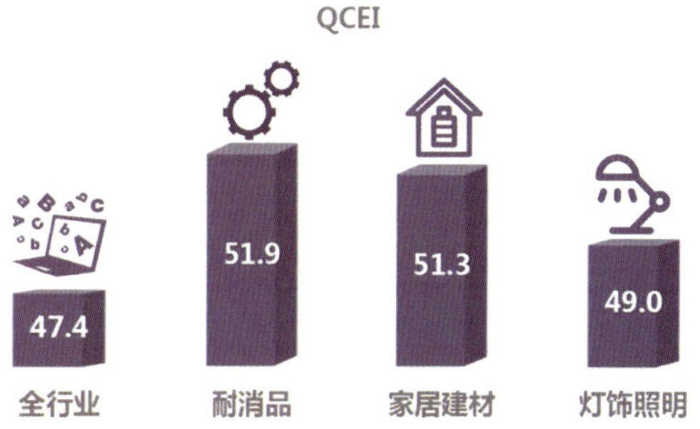

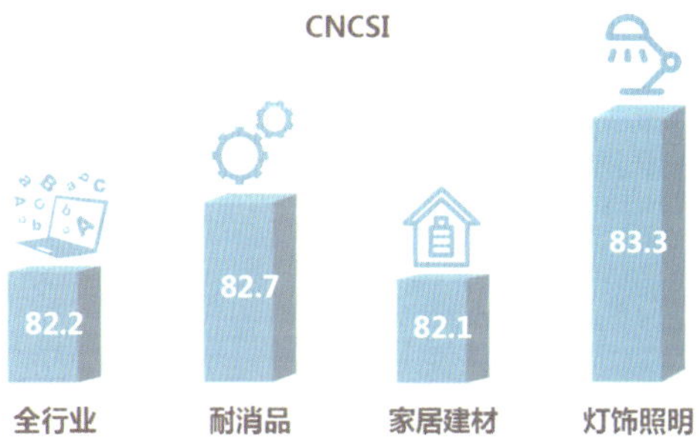

随着国民生活水平和审美追求的提升，灯具已不仅仅是照明用具，而且成为家居装饰和彰显品位的载体。

调查结果显示，灯饰照明行业整体质量消费体验指数QCEI为49.0分，低于家居建材行业均值，满意度指数CNCSI为83.3分，高于家居建材行业以及全行业的平均水平。

灯饰照明行业中QCEI列前三的品牌为欧普照明、松下和雷士照明。该三品牌的CNCSI得分均高于本子行业的平均水平。

扬子地板

地板 | 家居建材

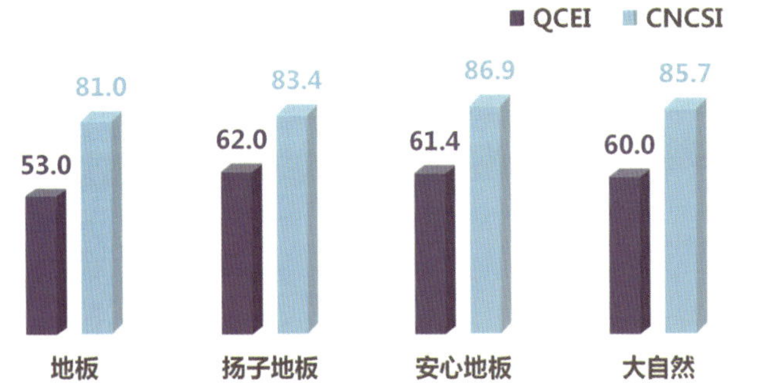

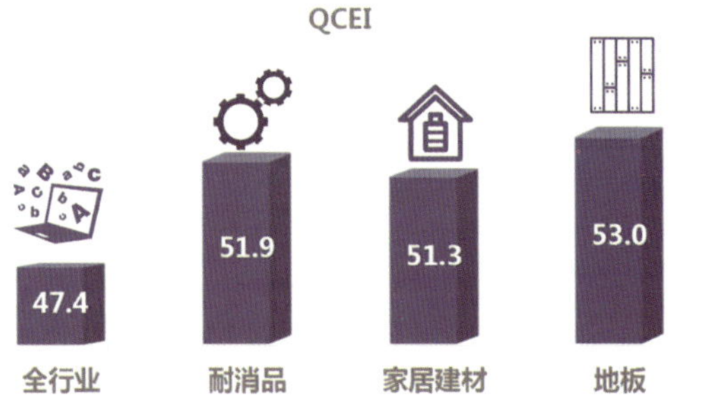

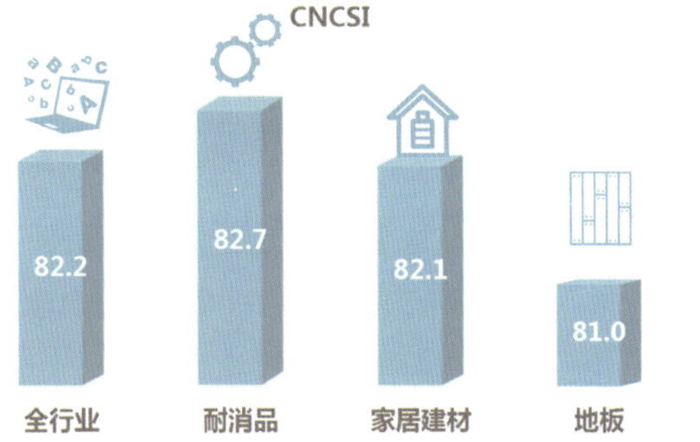

地板以其自然多样的颜色，温暖舒适的触感，被越来越多的家庭使用。

调查结果显示，地板行业整体质量消费体验指数QCEI为53.0分，高于家居建材行业均值；满意度指数CNCSI为81.0分，低于家居建材行业以及全行业的平均水平。

地板行业中QCEI列前三的品牌为扬子、安心和大自然。该三品牌的CNCSI得分均高于本子行业的平均水平。

盼盼

防盗 / 安全门窗 | 家居建材

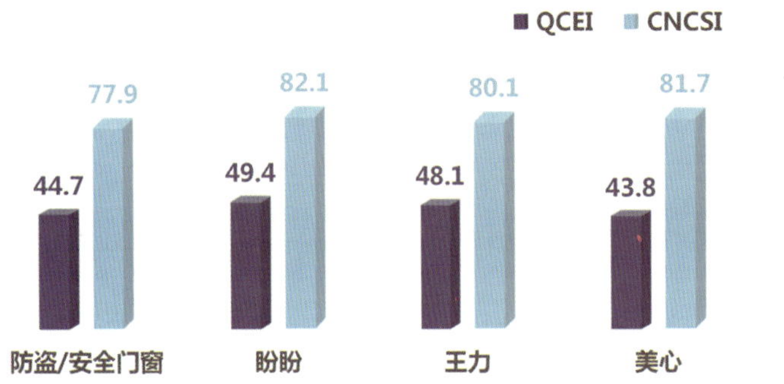

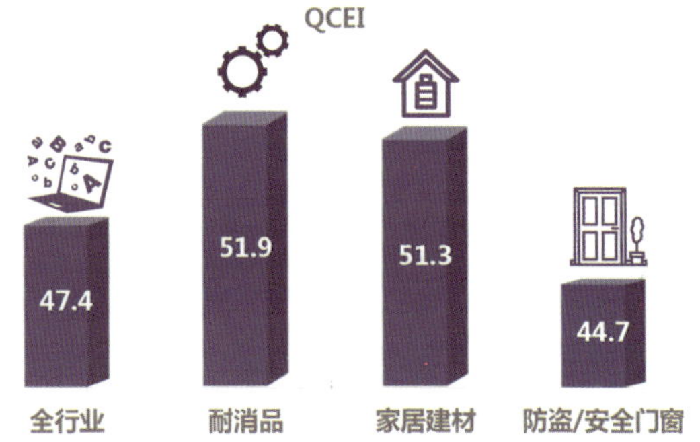

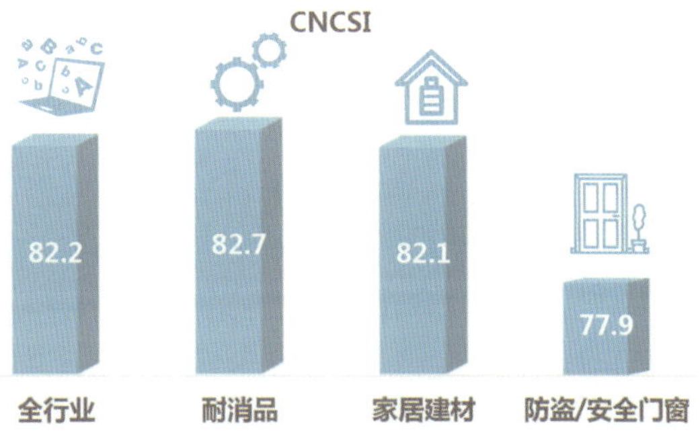

防盗 / 安全门窗，是配有防盗锁，在一定时间内可以抵抗一定条件下非正常开启，具有一定安全防护性能并符合相应防盗安全级别的门窗。

调查结果显示，防盗 / 安全门窗行业整体质量消费体验指数QCEI为44.7分，满意度指数CNCSI为77.9分，均低于家居建材行业以及全行业的平均水平。

防盗 / 安全门窗行业中QCEI列前三的品牌为盼盼、王力和美心。该三品牌的CNCSI得分均高于本子行业的平均水平。

Zwilling 双立人　烹饪锅具　家居建材

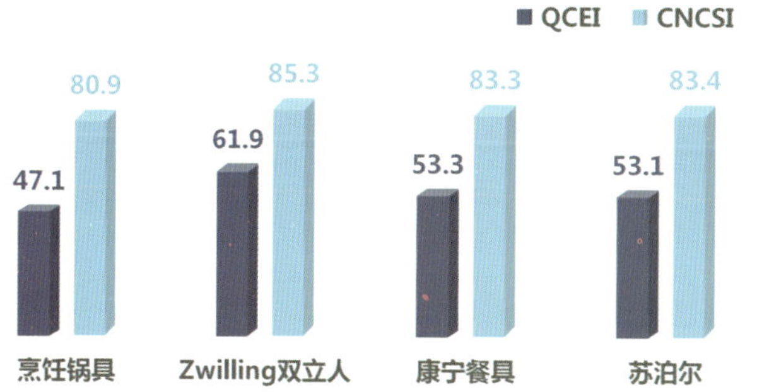

中餐的烹饪方式多样，烹煮食物的锅具也是品种繁多、功能细化，如电饭锅、炒锅、汤锅、蒸锅、电压力锅、煎锅等。

调查结果显示，烹饪锅具行业整体质量消费体验指数 QCEI 为 47.1 分，满意度指数 CNCSI 为 80.9 分，均低于家居建材行业以及全行业的平均水平。

烹饪锅具行业中 QCEI 列前三的品牌为双立人、康宁和苏泊尔。该三品牌的 CNCSI 得分均高于本子行业的平均水平。

紫荆花　油漆涂料　家居建材

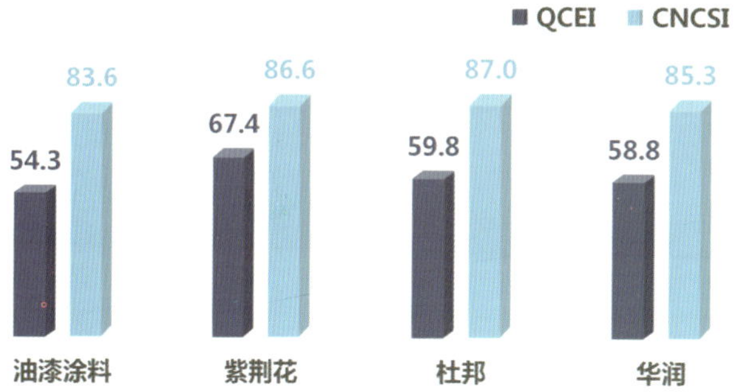

世界油漆涂料品种结构正向着减少 VOC(挥发性有机物) 等方向发展，水性涂料是其中发展方向之一。中国传统的溶剂型涂料比重逐渐下降，绿色、环保、健康是消费者的优先关注点。

调查结果显示，油漆涂料行业整体质量消费体验指数 QCEI 为 54.3 分，满意度指数 CNCSI 为 83.6 分，均高于家居建材行业以及全行业的平均水平。

油漆涂料行业中 QCEI 列前三的品牌为紫金花、杜邦、华润。该三品牌的 CNCSI 得分均高于本子行业的平均水平。

海尔卫玺 智能马桶盖 家居建材

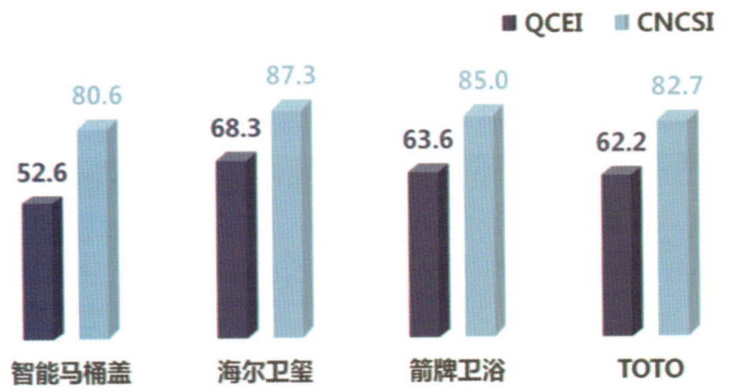

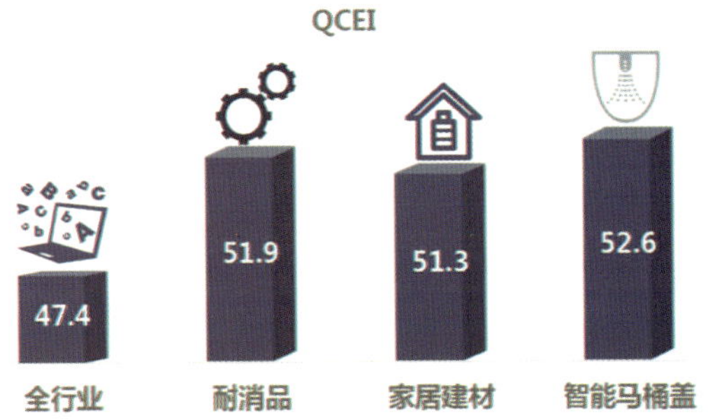

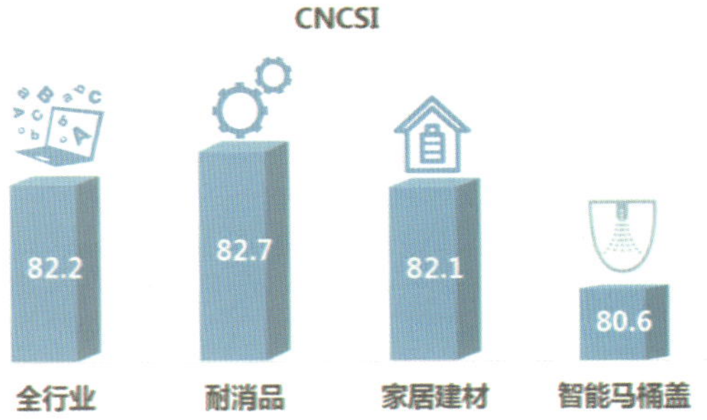

智能马桶盖起源于美国，日本最初引进并进行改良，于 20 世纪 80 年代推出全新产品，加入了集便盖加热、温水洗净、暖风干燥、杀菌等多种功能。在中国仅有 0.1% 的家庭使用智能马桶盖，市场前景广阔。

调查结果显示，智能马桶盖行业整体质量消费体验指数 QCEI 为 52.6 分，高于家居建材行业均值，满意度指数 CNCSI 为 80.6 分，低于家居建材行业以及全行业的平均水平。

智能马桶盖行业中 QCEI 列前三的品牌为海尔卫玺、箭牌和 TOTO。该三品牌的 CNCSI 得分均高于本子行业的平均水平。

箭牌卫浴 坐便 / 蹲便器 家居建材

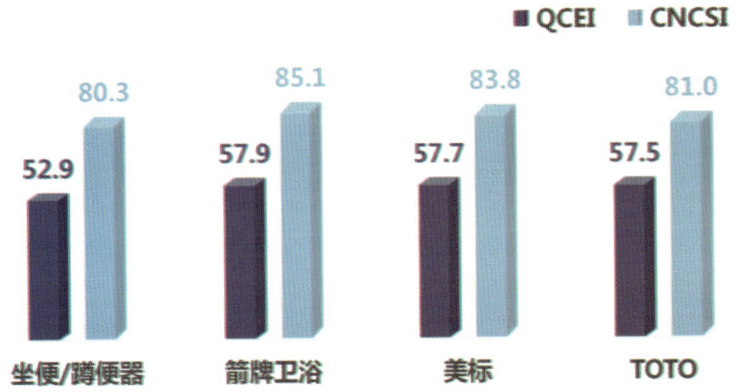

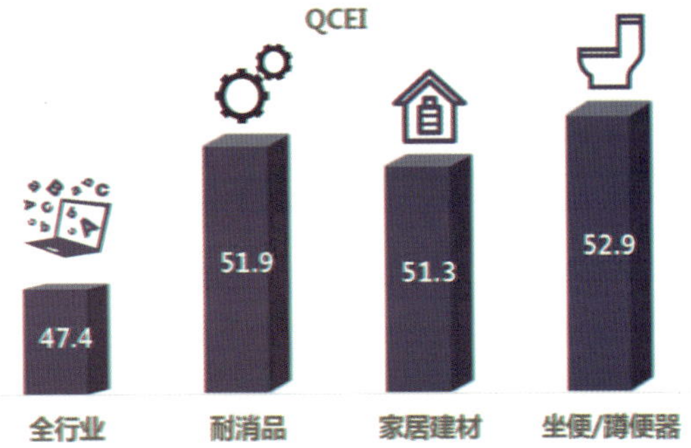

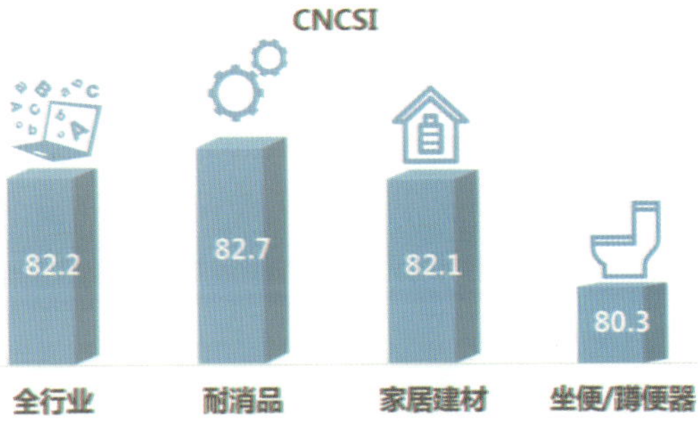

坐便 / 蹲便器是现代家居卫生间中最重要的组成部分。

调查结果显示，坐便 / 蹲便器行业整体质量消费体验指数 QCEI 为 52.9 分，高于家居建材行业均值，满意度指数 CNCSI 为 80.3 分，低于家居建材行业以及全行业的平均水平。

坐便 / 蹲便器行业中 QCEI 列前三的品牌为箭牌、美标和 TOTO。该三品牌的 CNCSI 得分均高于本子行业的平均水平。

Microsoft 微软

笔记本电脑 家电数码

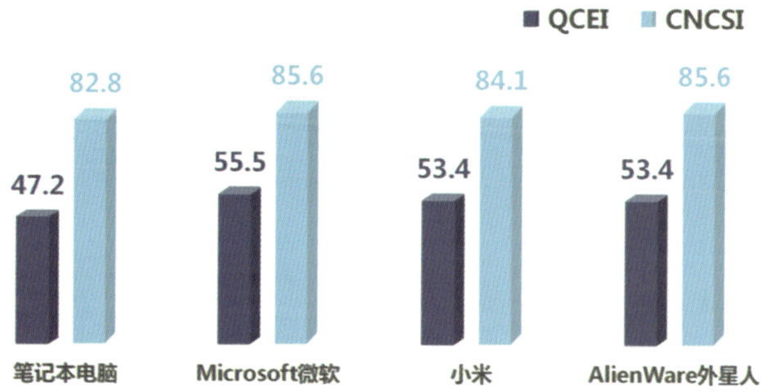

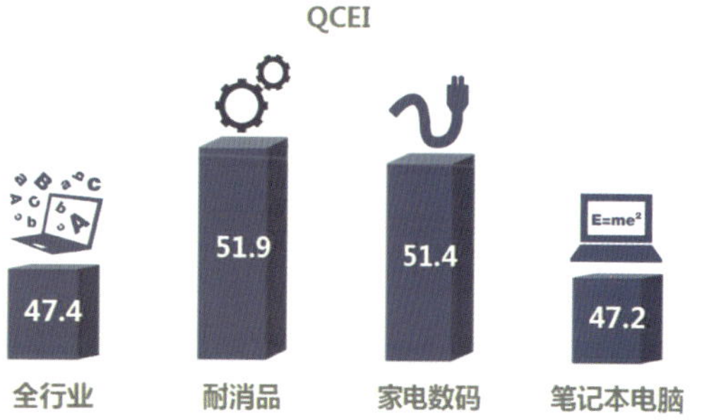

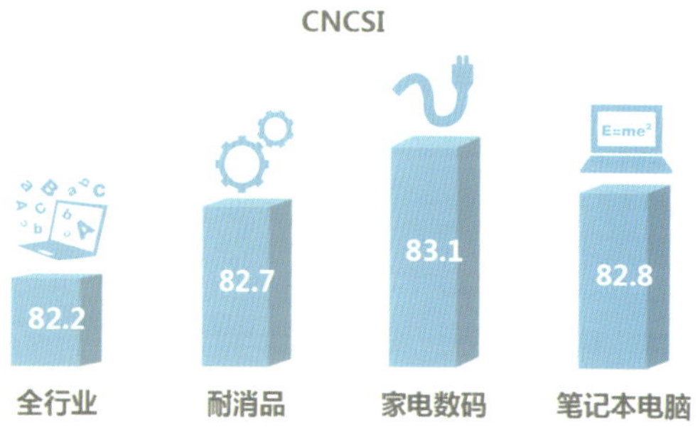

笔记本电脑亦称笔记型、手提或膝上电脑，是一种小型可方便携带的个人电脑。其发展趋势是体积越来越小，重量越来越轻，而功能却越来越强大。

调查结果显示，笔记本电脑行业整体质量消费体验指数 QCEI 为 47.2 分，满意度指数 CNCSI 为 82.8 分，均低于家电数码行业的平均水平。

笔记本电脑行业中 QCEI 列前三的品牌为微软、小米和外星人。该三品牌的 CNCSI 得分均高于本子行业的平均水平。

博世

冰箱 家电数码

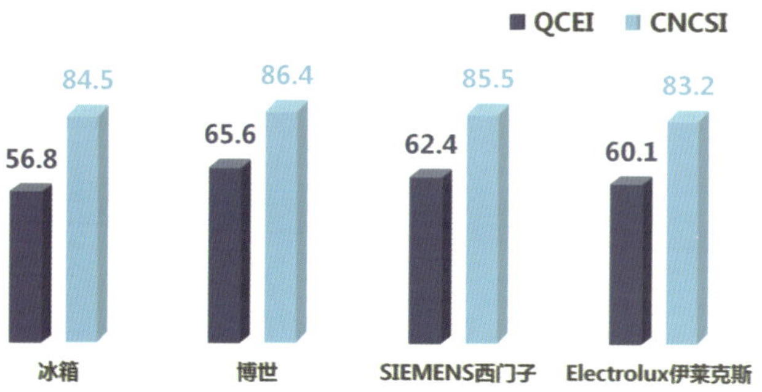

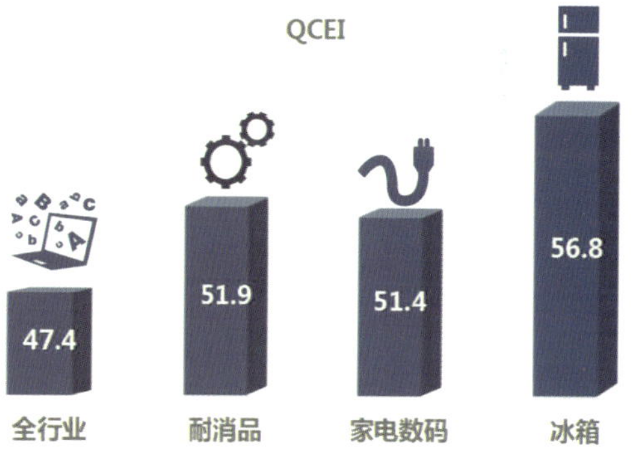

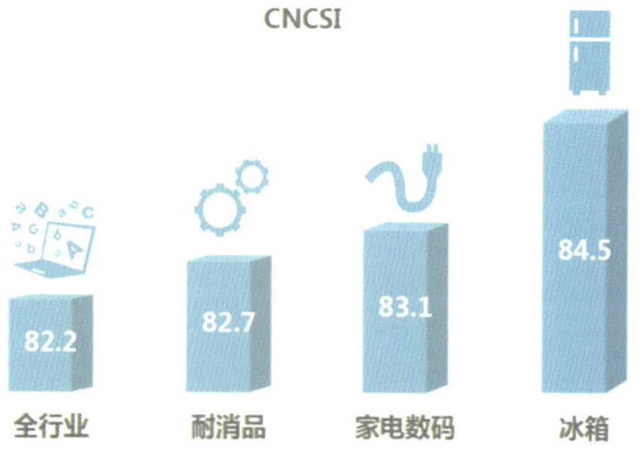

冰箱，作为家用电器中重要的一员，正在向着大容量、智能化、节能环保方向发展。

调查结果显示，冰箱行业整体质量消费体验指数 QCEI 为 56.8 分，满意度指数 CNCSI 为 84.5 分，均高于家电数码行业以及全行业的平均水平。

冰箱行业中 QCEI 列前三的品牌为博世、西门子和伊莱克斯。该三品牌中博世和西门子的 CNCSI 得分高于本子行业的平均水平。

美的　电磁炉　家电数码

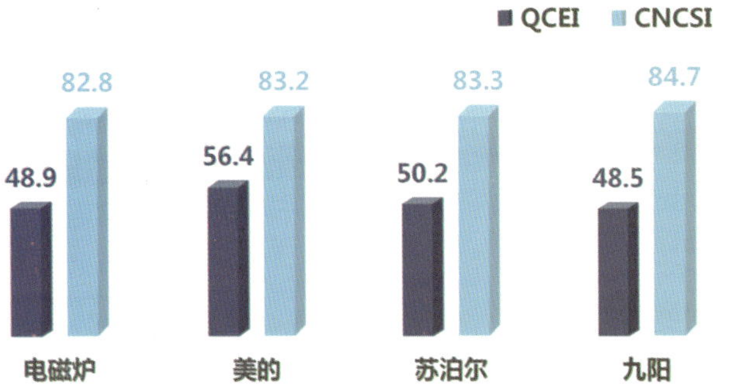

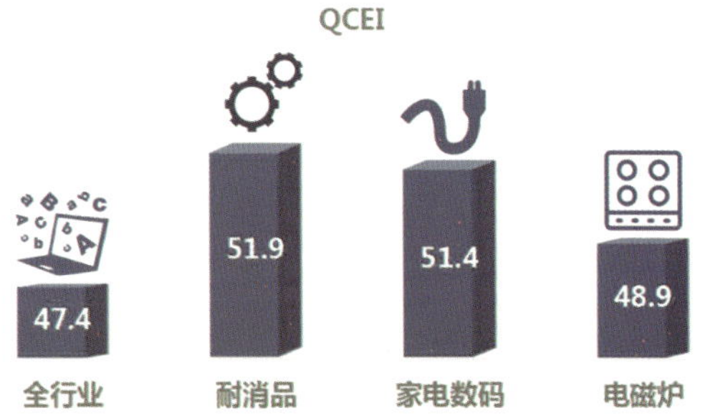

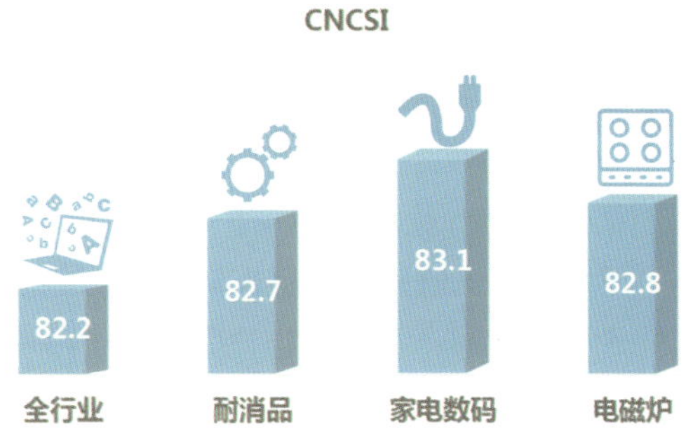

电磁炉打破了传统的明火烹调方式，不受燃气管道限制，便于携带，但也存在一定安全隐患，消费者对其安全性尤为看重。

调查结果显示，电磁炉行业整体质量消费体验指数QCEI为48.9分，满意度指数CNCSI为82.8分，均低于家电数码行业的平均水平。

电磁炉行业中QCEI列前三的品牌为美的、苏泊尔和九阳。该三品牌的CNCSI得分均高于本子行业的平均水平。

奔腾厨电 POVOS　电饭煲　家电数码

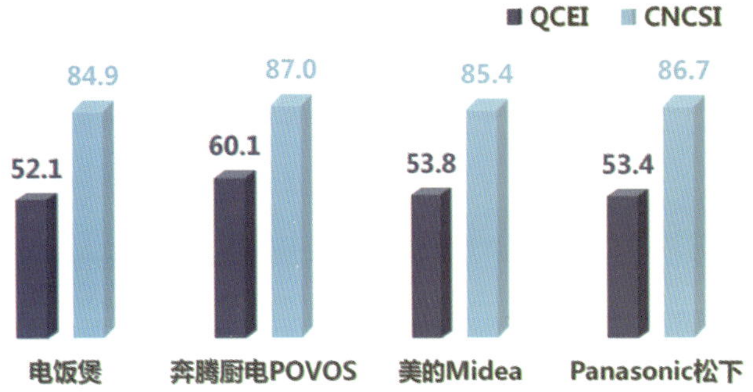

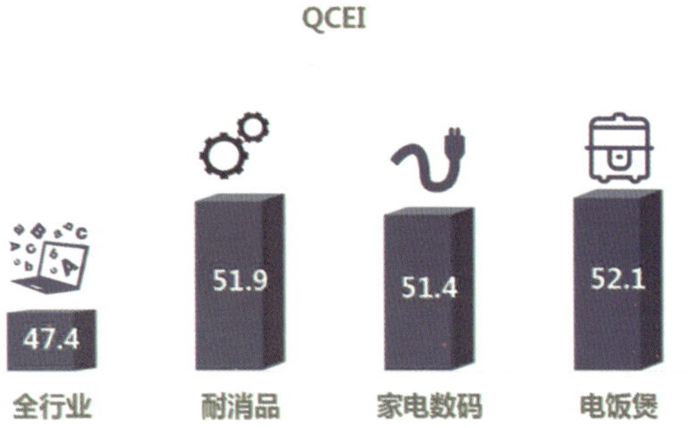

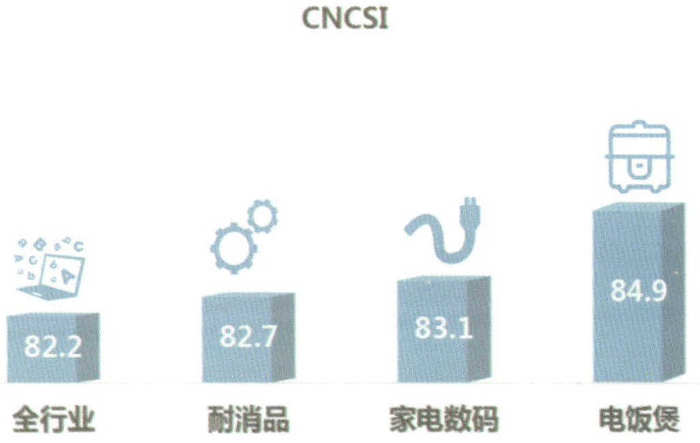

随着科技发展，电饭煲的功能已由煮饭开始向蒸、炖、煨等功能延伸，近年来，消费者的关注重点则是向健康、智能等方向聚焦。

调查结果显示，电饭煲行业整体质量消费体验指数QCEI为52.1分，满意度指数CNCSI为84.9分，均高于家电数码行业的平均水平。

电饭煲行业QCEI前三品牌是奔腾厨电、美的和松下，三个品牌的CNCSI得分均高于本子行业的平均水平。

Dyson 戴森

电风扇 | 家电数码

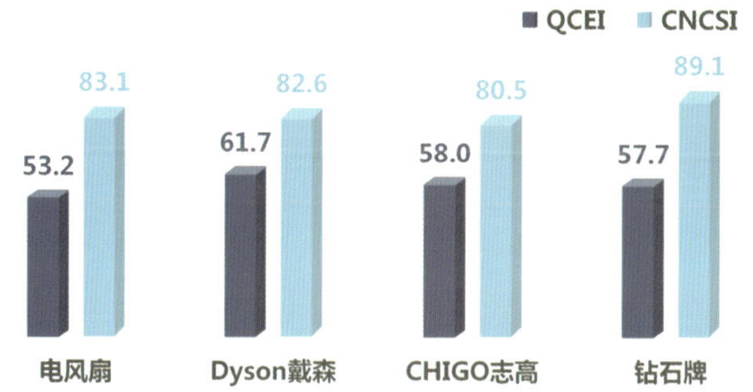

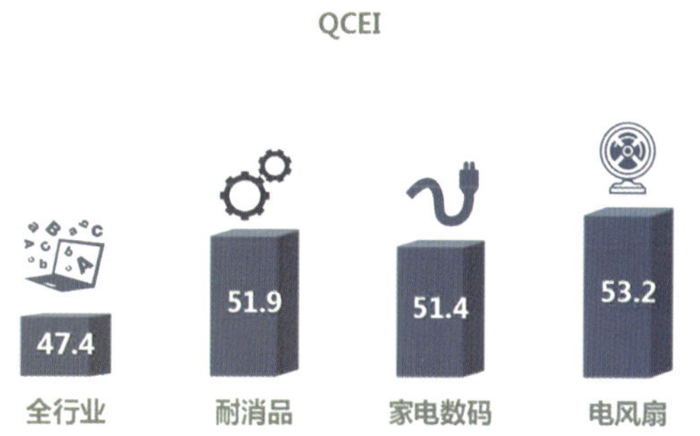

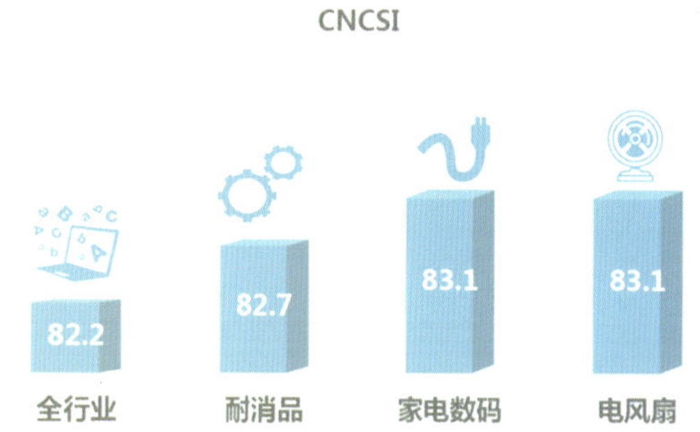

电风扇的发明已有近 190 年的历史，是最常用的家用电器之一。当前人们对电风扇的需求依旧不减，而智能、节能、无噪声等新技术也在不断改善电风扇的顾客体验。

调查结果显示，电风扇行业整体质量消费体验指数 QCEI 为 53.2 分，高于家电数码行业平均水平；满意度指数 CNCSI 为 83.1 分，与家电数码行业平均水平持平。

电风扇行业的 QCEI 前三品牌是戴森、志高和钻石牌，其中钻石牌的 CNCSI 高于电风扇行业平均水平。

阿里斯顿

电热水器 | 家电数码

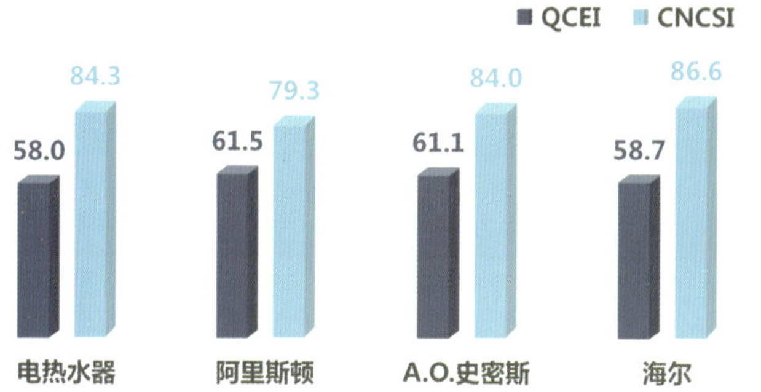

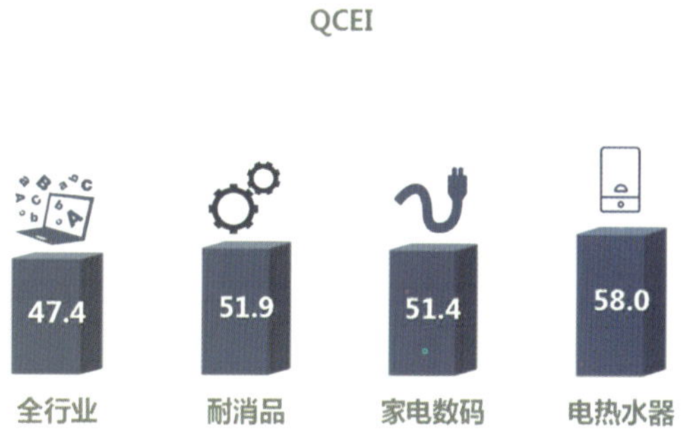

当前人们对电热水器的需求量正在逐步增大，得益于技术的进步，电热水在安全、节能、加热速度、出水量等方面的顾客体验已经能够逐渐契合主流的消费需求。

调查结果显示，电热水器行业整体质量消费体验指数 QCEI 为 58.0 分，满意度指数 CNCSI 为 84.3 分，两者均高于家电数码行业的平均水平。

电热水器行业的 QCEI 前三品牌是阿里斯顿、A.O. 史密斯和海尔，其中海尔的 CNCSI 高于电热水器行业的平均水平。

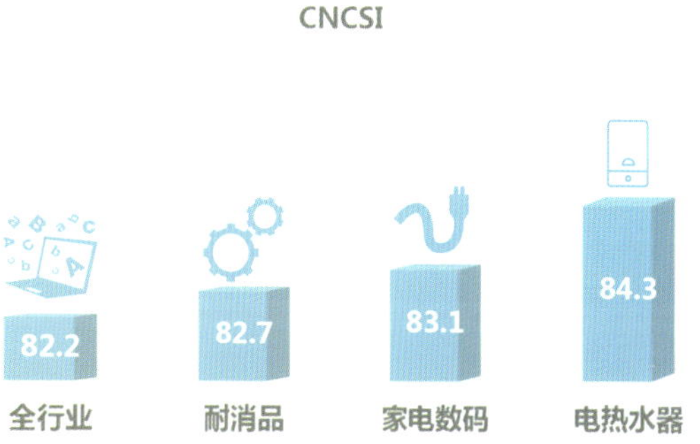

小米

电视机 | 家电数码

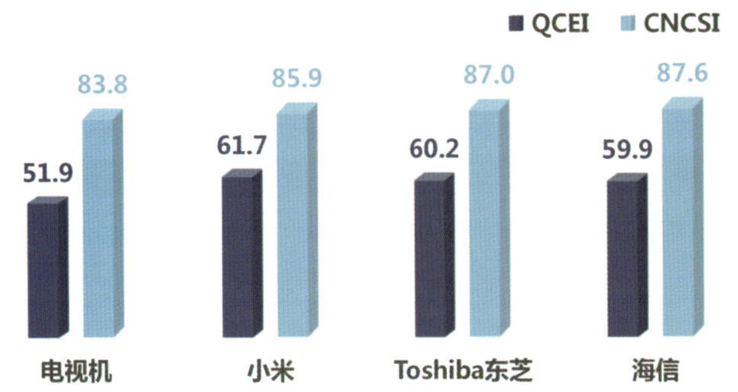

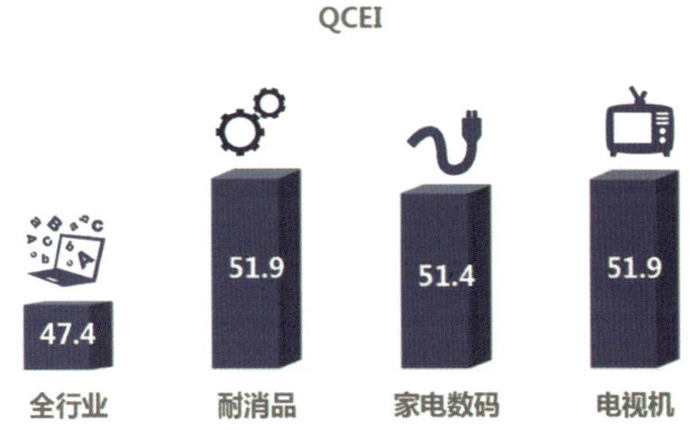

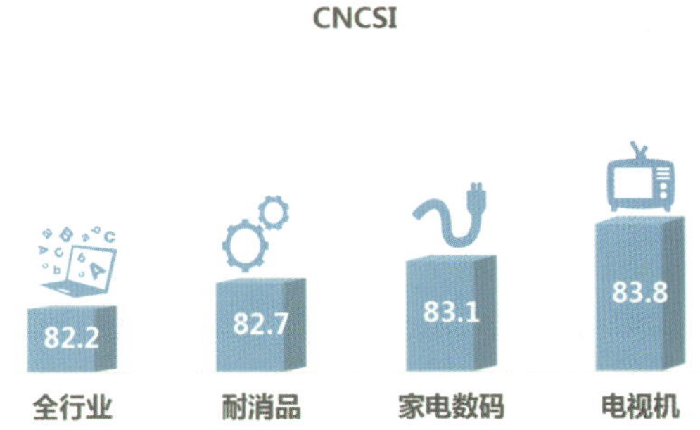

电视发展至今，屏幕尺寸、电视厚薄、网络互动等特性或功能的差异化越来越小，业内正在不断寻找顾客体验的创新点。

调查结果显示，电视机行业整体质量消费体验指数QCEI 为 51.9 分，满意度指数 CNCSI 为 83.8 分，两者均高于家电数码行业的平均水平。

电视机行业的 QCEI 前三品牌是小米、东芝和海信，三个品牌的 CNCSI 均高于电视机行业平均水平。

PHILIPS 飞利浦

豆浆机 / 榨汁机 | 家电数码

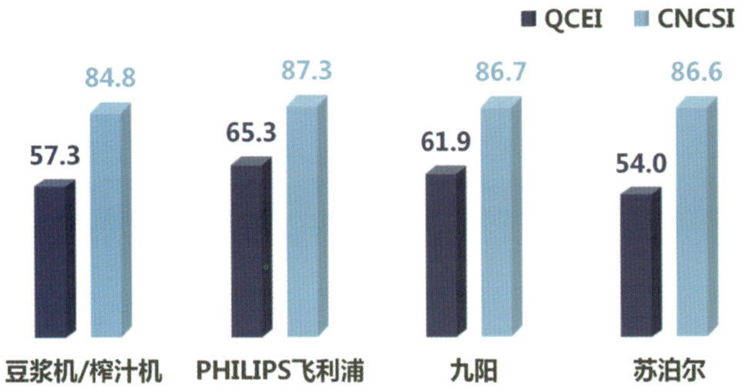

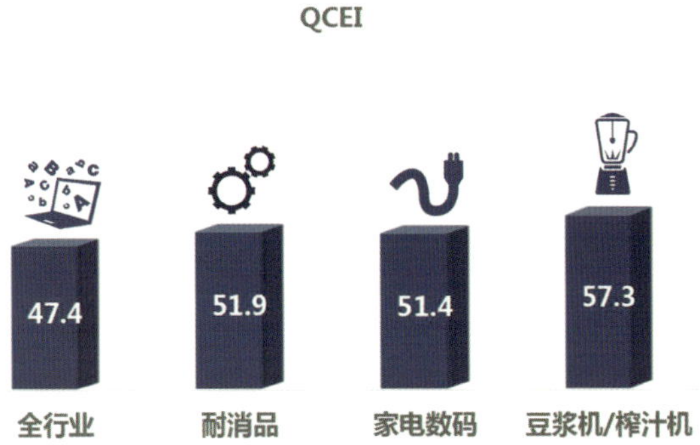

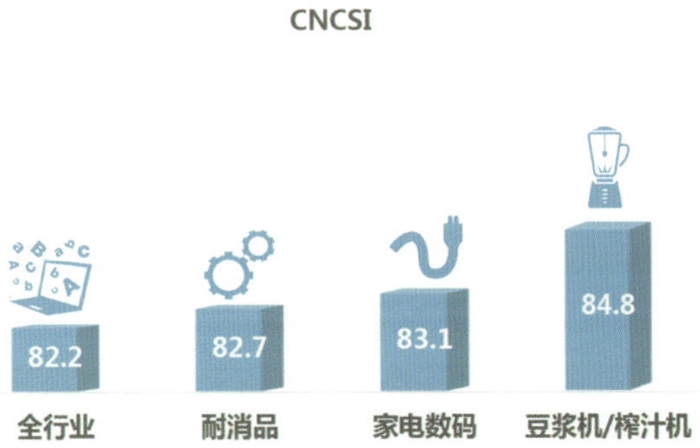

随着健康饮食观念的不断普及，豆浆机 / 榨汁机的需求量水涨船高，而以高转速为主要宣传点的料理机也大量进入市场，使得该行业的竞争愈发激烈。

调查结果显示，豆浆机 / 榨汁机行业整体质量消费体验指数 QCEI 为 57.3 分，满意度指数 CNCSI 为 84.8 分，两者均高于家电数码行业的平均水平。

豆浆机 / 榨汁机行业的 QCEI 前三品牌是飞利浦、九阳、苏泊尔，三个品牌的 CNCSI 均高于子行业的平均水平。

小米　空气净化器 / 加湿器　家电数码

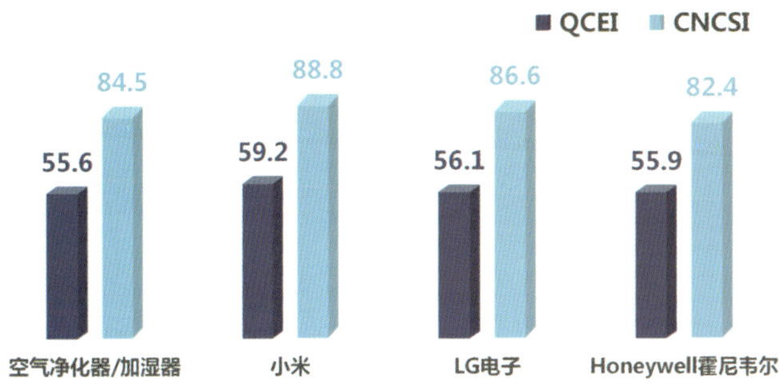

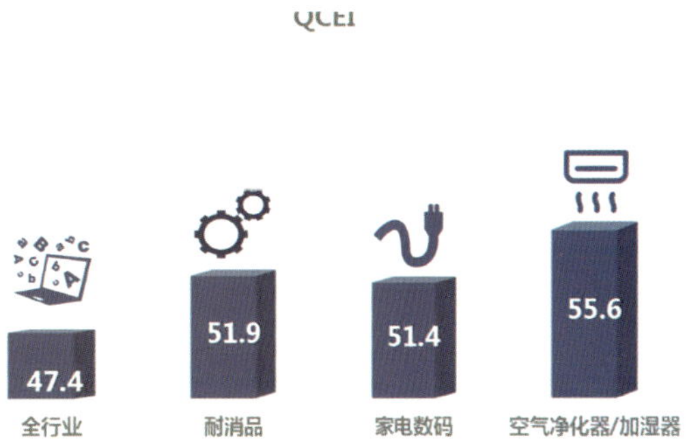

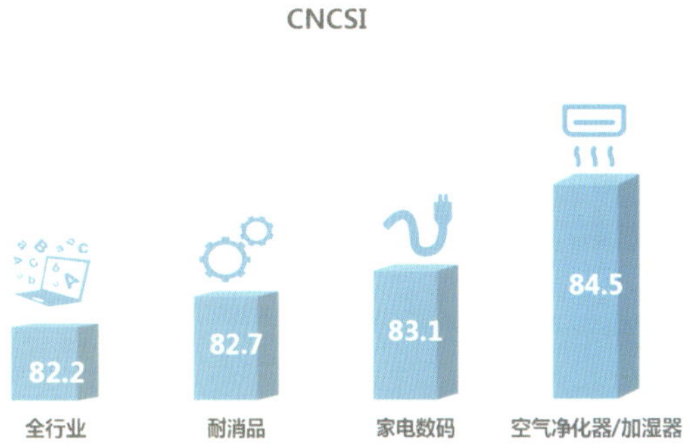

空气净化器和加湿器都是用于改善室内空气条件的家用电器，两类产品的品牌商也有部分交叉，因此我们放在同一子行业中研究。由于空气质量不佳，空气净化器的需求不断上升，加湿器则在干燥地区拥有持续的市场需求。

调查结果显示，空气净化器 / 加湿器行业整体质量消费体验指数 QCEI 为 55.6 分，满意度指数 CNCSI 为 84.5 分，两者均高于家电数码行业的平均水平。

空气净化器 / 加湿器行业的 QCEI 前三品牌是小米、LG 电子和霍尼韦尔。

DAIKIN 大金　空调　家电数码

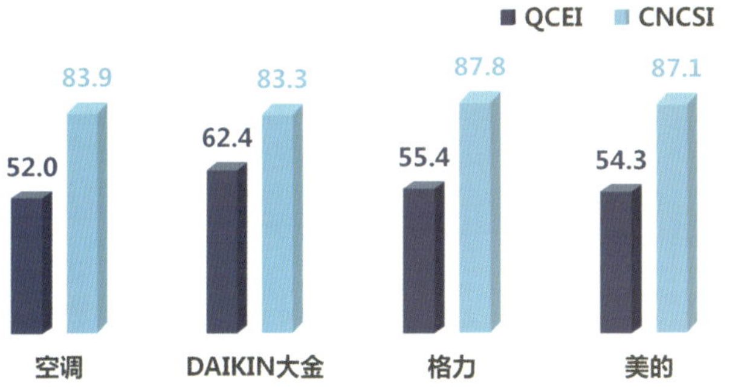

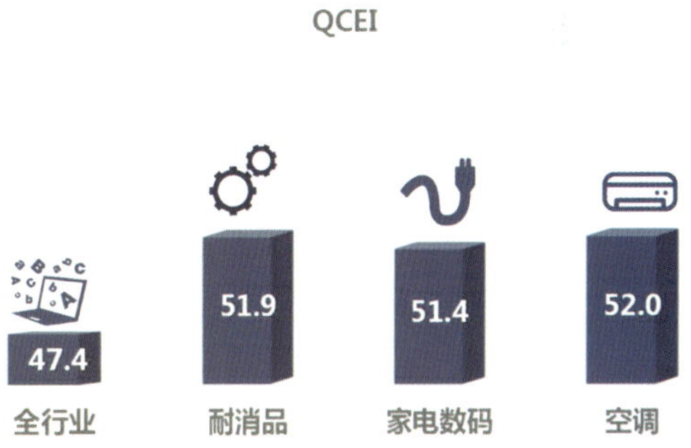

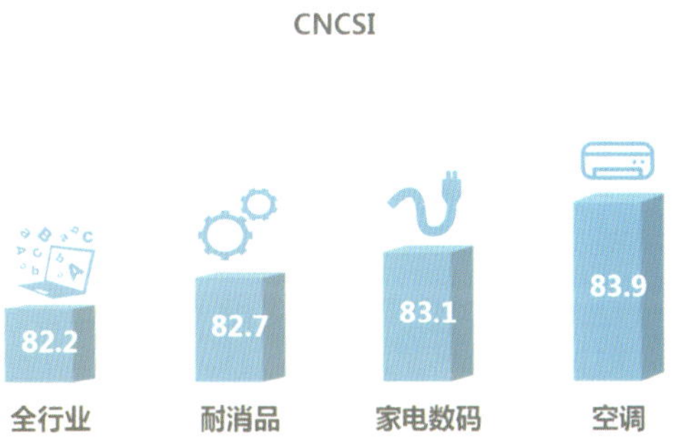

最近几年夏季极端高温天气频发，空调市场也相对火热起来。同时，空调企业也在不断丰富产品功能、提升产品性能，并通过线上线下相融合的方式，进一步推动市场增长。

调查结果显示，空调行业整体质量消费体验指数 QCEI 为 52.0 分，满意度指数 CNCSI 为 83.9 分，两者均高于家电数码行业的平均水平。

空调行业的 QCEI 前三品牌是大金、格力和美的，其中格力和美的的 CNCSI 均高于空调行业的平均水平。

小米 平板电脑 家电数码

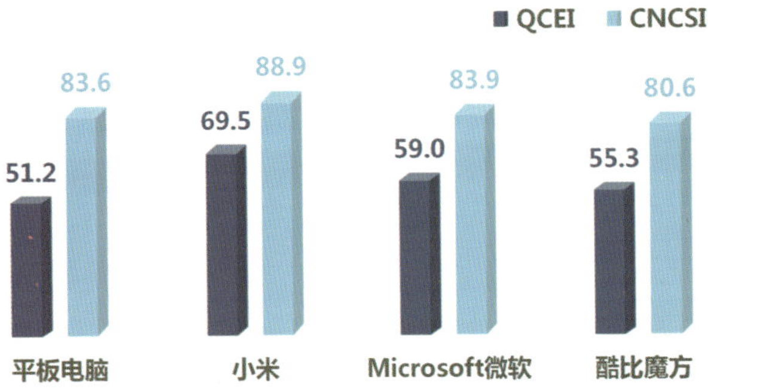

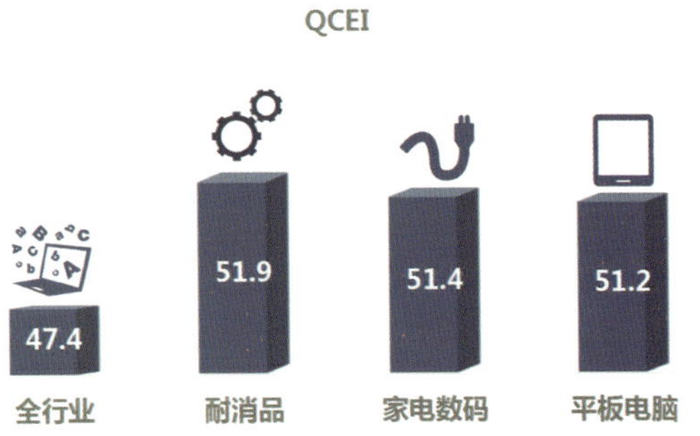

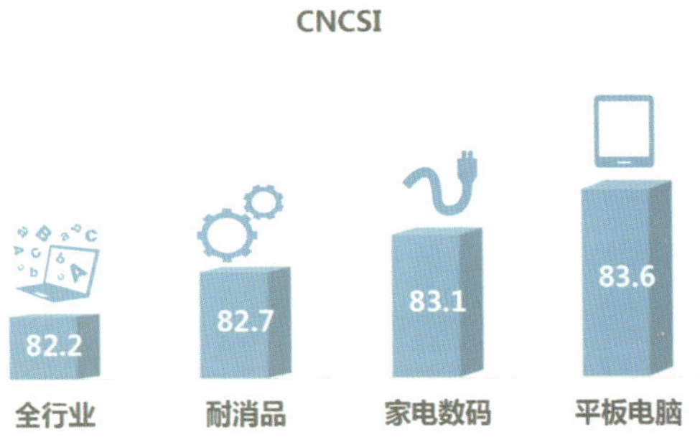

2010 年，随着苹果公司发布 iPad，进而在全球掀起了平板电脑热潮，时至今日，平板电脑的功能已经开始从娱乐向办公转移。当前平板电脑在各行业中的应用越来越广泛，并在教育、餐饮和医疗等行业受到广泛关注。

调查结果显示，平板电脑行业整体质量消费体验指数 QCEI 为 51.2 分，低于家电数码行业平均水平，满意度指数 CNCSI 为 83.6 分，高于家电数码行业平均水平。

平板电脑行业的 QCEI 前三品牌是小米、微软和酷比魔方。

飞利浦 PHILIPS 扫地机器人 家电数码

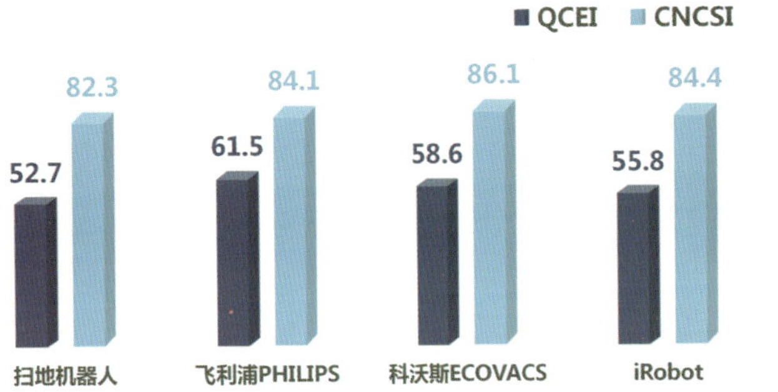

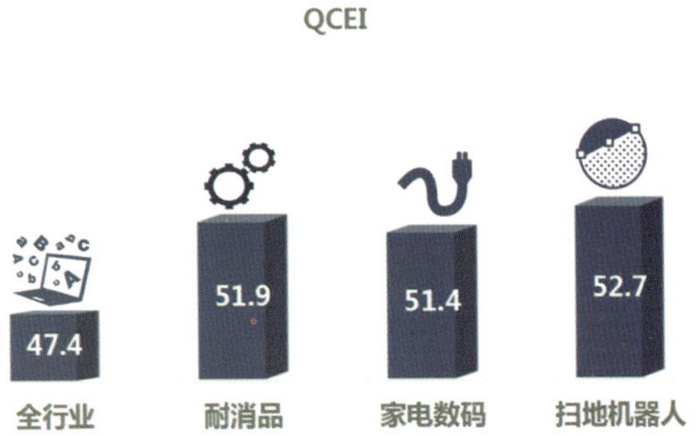

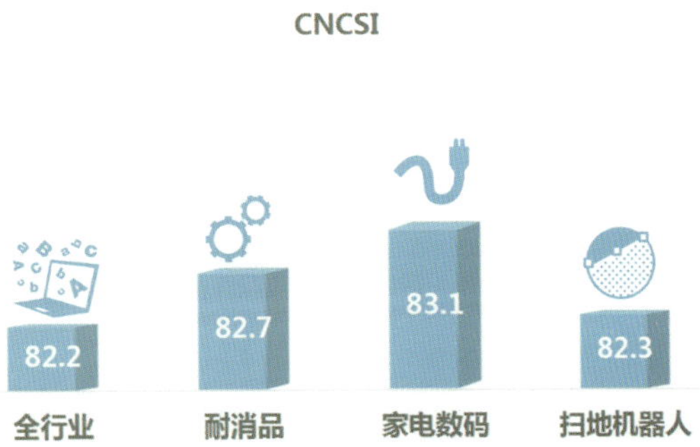

扫地机器人最早在欧美销售，近年来逐渐进入国内市场。目前扫地机器人相关技术趋近成熟，设计、功能方面都在不断创新，顾客体验越来越好。

调查结果显示，扫地机器人行业整体质量消费体验指数 QCEI 为 52.7 分，高于家电数码行业平均水平，满意度指数 CNCSI 为 82.3 分，低于家电数码行业平均水平。

扫地机器人行业的 QCEI 前三品牌是飞利浦、科沃斯和 iRobot，三个品牌的 CNCSI 均高于扫地机器人行业的平均水平。

Nikon 尼康

数码相机 | 家电数码

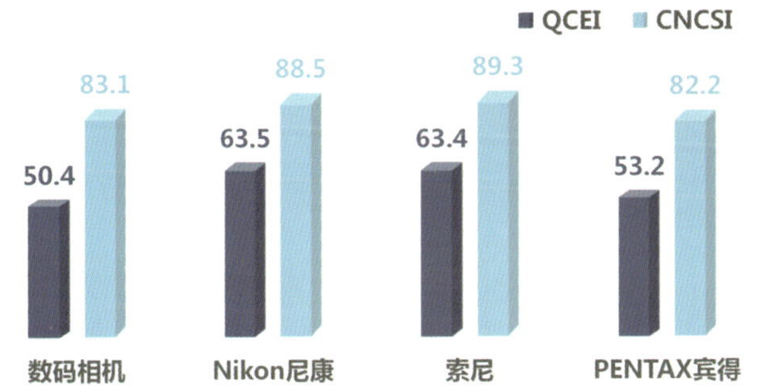

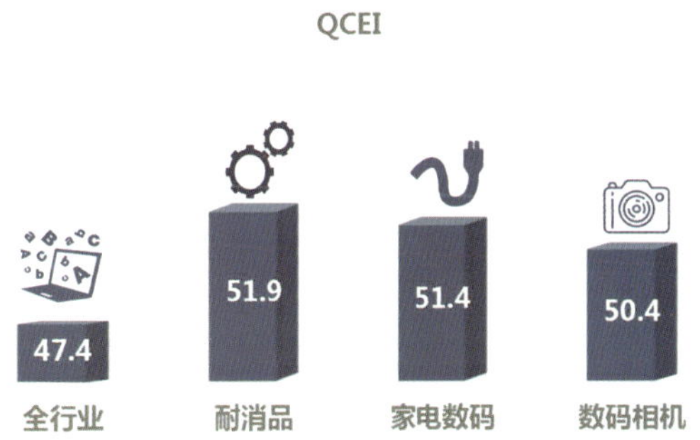

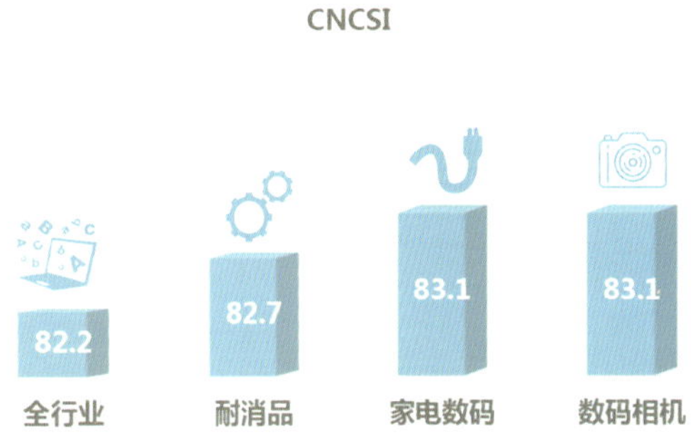

数码相机尤其是单反相机的普及，使得摄影热不断升温，又进而使得数码相机市场竞争加剧。当前，数码相机的智能化、轻便化等技术不断发展，为消费者带来了更好的摄影体验。

调查结果显示，数码相机行业整体质量消费体验指数 QCEI 为 50.4 分，低于家电数码行业的平均水平；满意度指数 CNCSI 为 83.1 分，与家电数码行业的平均水平持平。

数码相机行业的 QCEI 前三品牌是尼康、索尼和宾得。

海尔

微波炉 | 家电数码

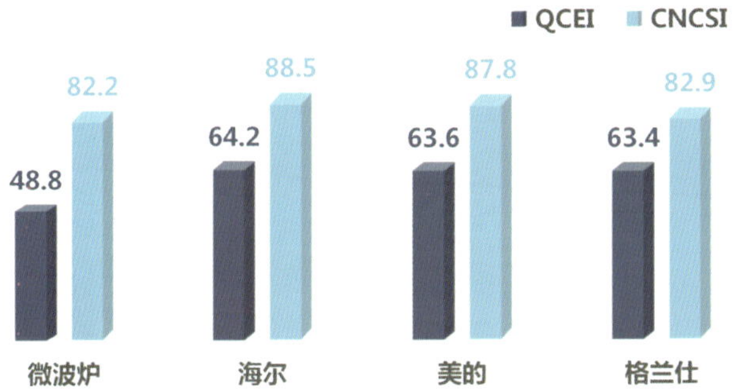

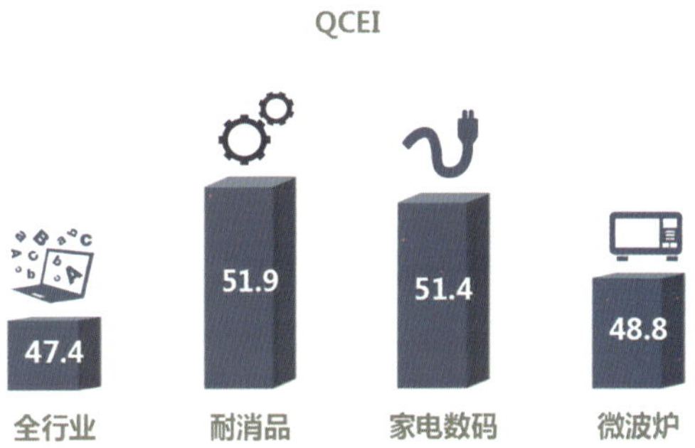

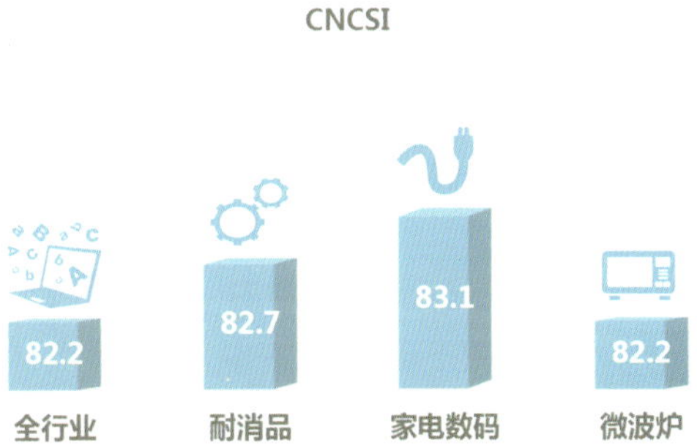

家用微波炉诞生于 20 世纪 50 年代中期的西欧，国内则由于使用习惯的不同，一开始的普及速度并不快。但是随着消费者对生活品质的要求不断提高，微波炉市场开始呈现较快的增长趋势。

调查结果显示，微波炉行业整体质量消费体验指数 QCEI 为 48.8 分，满意度指数 CNCSI 为 82.2 分，两者均低于家电数码行业的平均水平。

微波炉行业的 QCEI 前三品牌是海尔、美的和格兰仕，三个品牌的 CNCSI 均高于微波炉行业的平均水平。

小鸭　洗衣机　家电数码

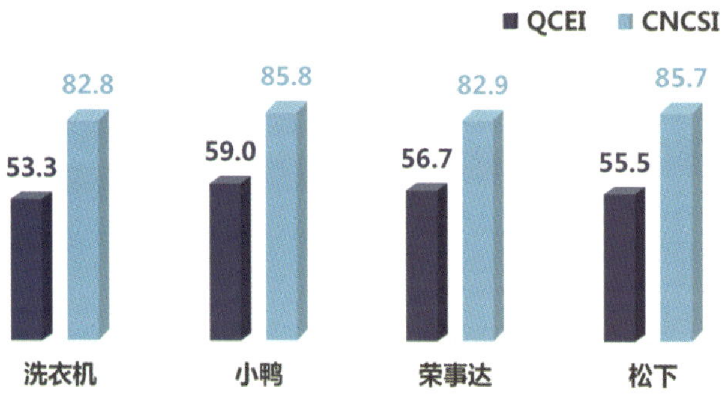

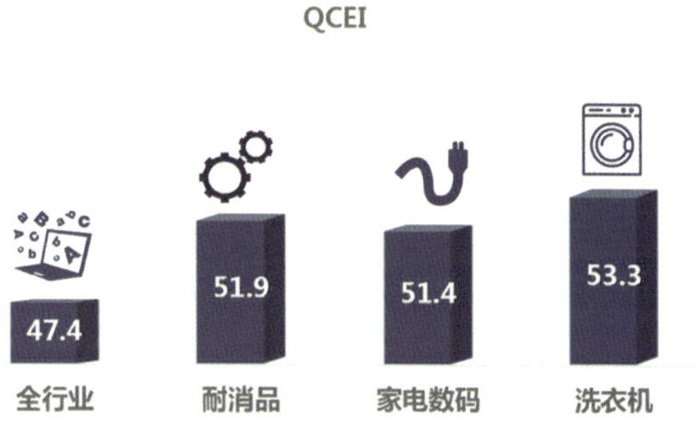

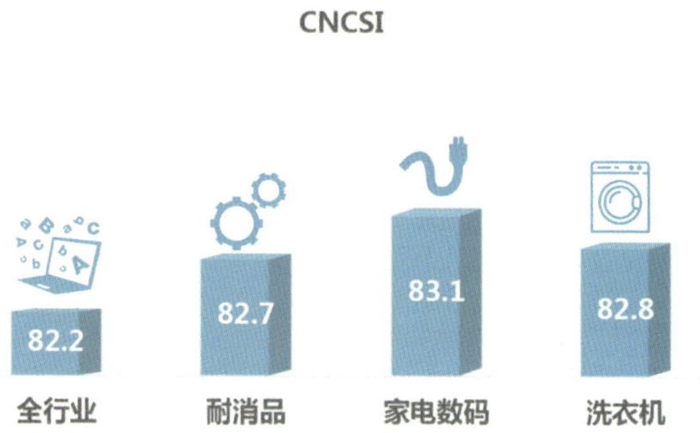

当前我国洗衣机市场的普及程度已经相当高，未来国内的市场需求将主要由农村市场的普及和城镇市场的升级更新为主。

调查结果显示，洗衣机行业整体质量消费体验指数 QCEI 为 53.3 分，高于家电数码行业平均水平；满意度指数 CNCSI 为 82.8，低于家电数码行业平均水平。

洗衣机行业的 QCEI 前三品牌是小鸭、荣事达和松下。

老板　油烟机　家电数码

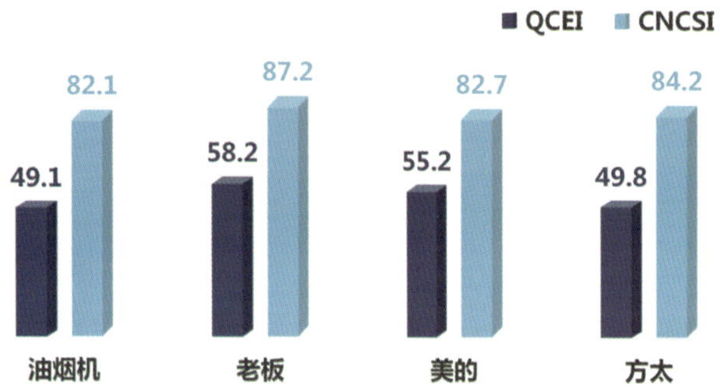

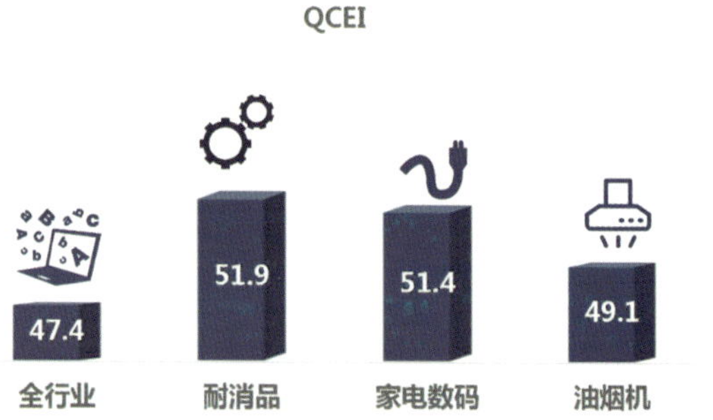

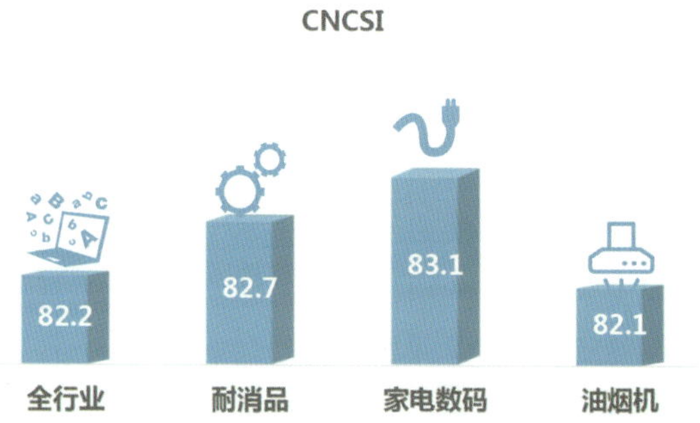

1984 年 7 月，上海试制成功了中国第一台外排式吸油烟机，发展至今，油烟机的功能、性能都得到了长足的进步，未来的关注点主要集中于环保能效、安全问题和污染问题。

调查结果显示，油烟机行业整体质量消费体验指数 QCEI 为 49.1 分，满意度指数 CNCSI 为 82.1 分，两者均低于家电数码行业的平均水平。

油烟机行业的 QCEI 前三品牌是老板、美的和方太，三个品牌的 CNCSI 均高于油烟机行业的平均水平。

iWatch 苹果手表

智能手环 / 手表 | 家电数码

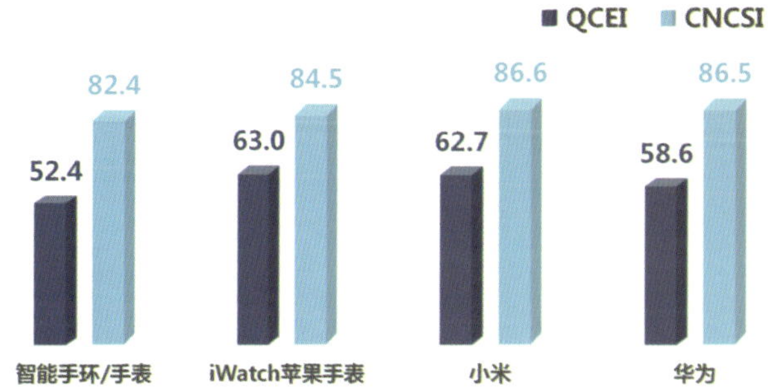

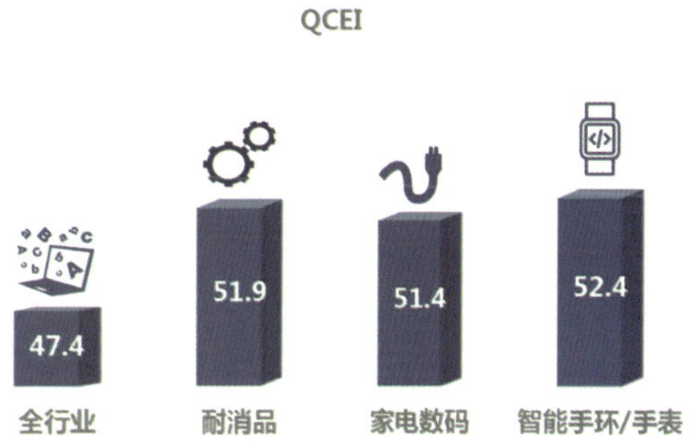

智能手环 / 手表作为新兴的穿戴式智能设备，正在潜移默化地改变人们的生活，也使人们对于健康的关注度进一步提高。

调查结果显示，智能手环 / 手表行业整体质量消费体验指数 QCEI 为 52.4 分，高于家电数码行业的平均水平；满意度指数 CNCSI 为 82.4 分，低于家电数码行业的平均水平。

智能手环 / 手表行业的 QCEI 前三品牌是苹果、小米和华为，三个品牌的 CNCSI 均高于子行业的平均水平。

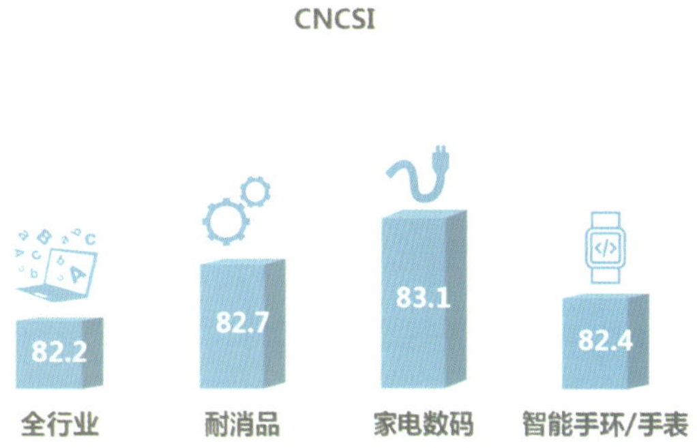

一加

智能手机 | 家电数码

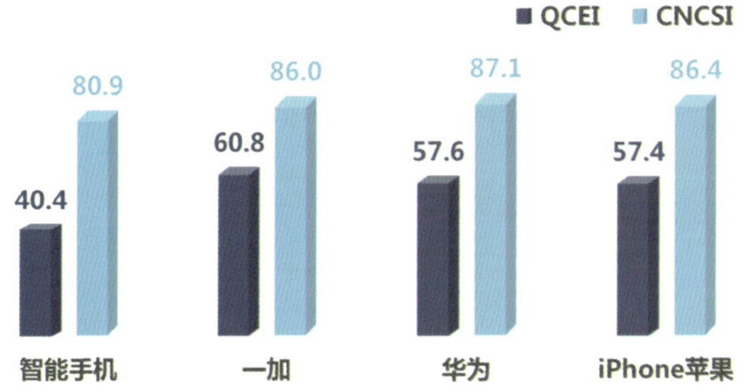

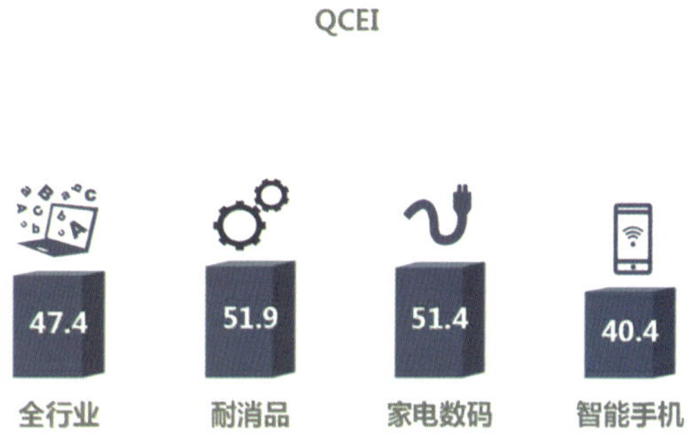

智能手机在国内市场一直保持着高速增长，但国内品牌的利润率仍与国际品牌存在差距。智能手机与消费者接触点繁多，顾客需求和顾客体验更是其未来创新的重要基础。

调查结果显示，智能手机行业整体质量消费体验指数 QCEI 为 40.4 分，满意度指数 CNCSI 为 80.9 分，两者均低于家电数码行业的平均水平。

智能手机行业的 QCEI 前三品牌是一加、华为和苹果，三个品牌的 CNCSI 均高于子行业的平均水平。

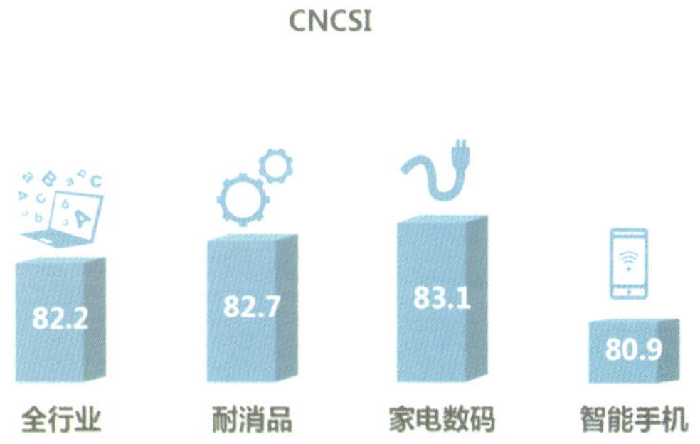

Pilot 百乐

钢笔 文体保健

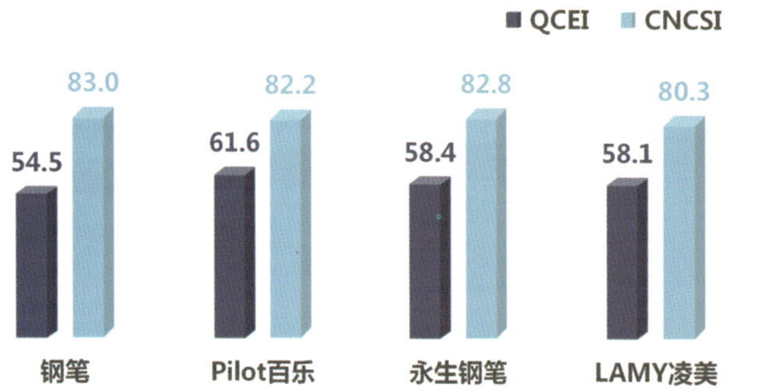

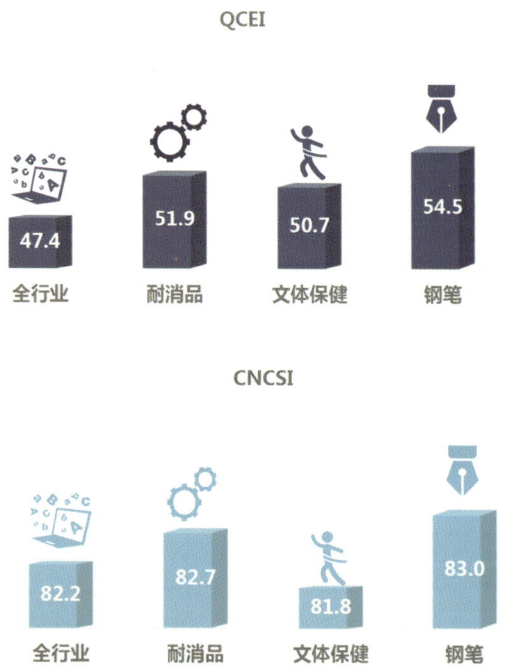

当前，钢笔既可以是单纯的书写工具，也可以是具有收藏价值的手工艺品。为了满足人们的书写体验需求、身份象征需求等，钢笔行业在传承经典和不断创新中继续发展。

调查结果显示，钢笔行业整体质量消费体验指数 QCEI 为 54.5 分，满意度指数 CNCSI 为 83.0 分，两者均高于文体保健行业的平均水平。

钢笔行业的 QCEI 前三品牌是百乐、永生和凌美，三个品牌的 CNCSI 均低于子行业的平均水平。

Spalding 斯伯丁

篮球 / 足球 文体保健

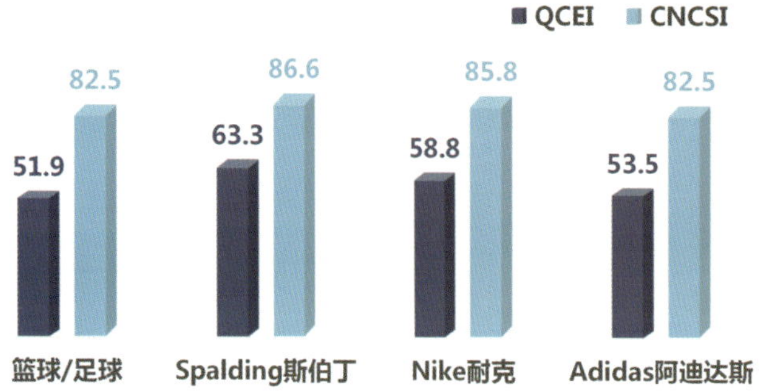

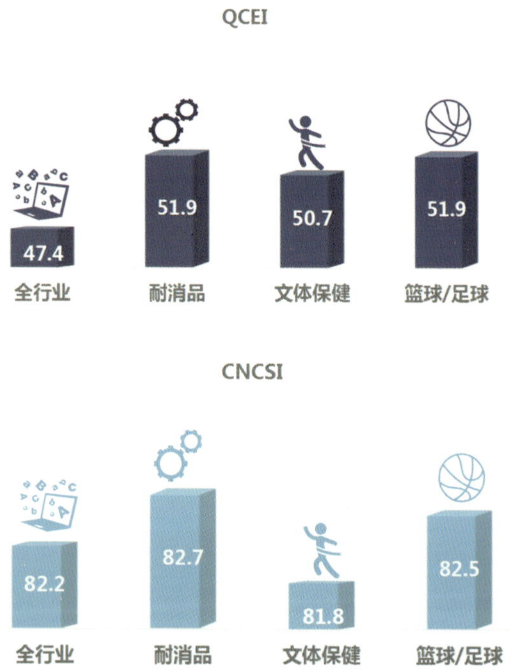

篮球 / 足球作为大众健身的常用产品，其需求量一直稳中有升，随着相关体育运动的不断普及，市场需求将进一步增长，消费者的关注点主要集中于可靠性、安全性、标准性等。

调查结果显示，篮球 / 足球行业整体质量消费体验指数 QCEI 为 51.9 分，满意度指数 CNCSI 为 82.5 分，均高于文体保健行业的平均水平。

篮球 / 足球行业的 QCEI 前三品牌是斯伯丁、耐克和阿迪达斯，其中，斯伯丁和耐克的 CNCSI 高于子行业的平均水平。

SAKURA 樱花

美术用品 | 文体保健

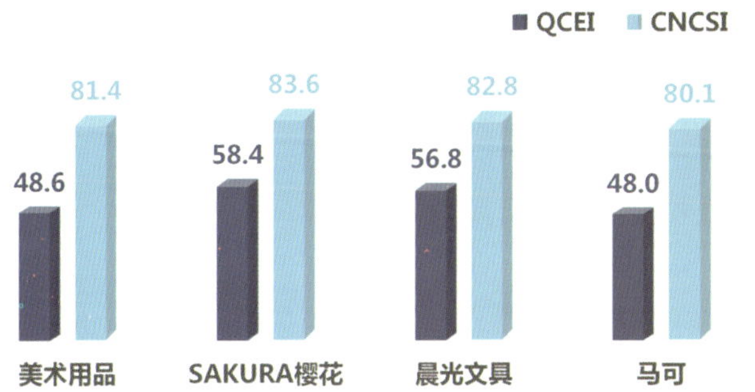

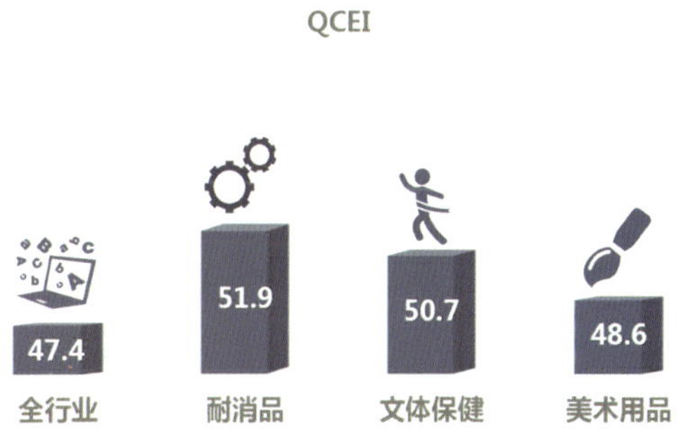

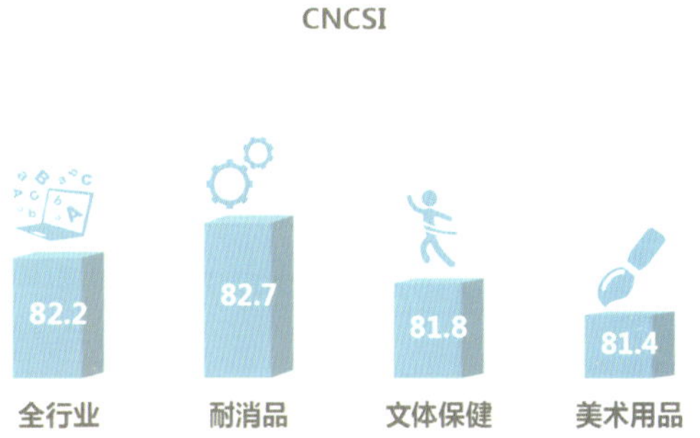

近年来，随着文化产业以及教育事业的发展不断多元化，美术受到的关注度逐年提升，相应地，美术用品的需求量也在不断提升。当前，市场对于美术用品的关注点还是集中在品质上。

调查结果显示，美术用品行业整体质量消费体验指数 QCEI 为 48.6 分，满意度指数 CNCSI 为 81.4 分，两者均低于文体保健行业的平均水平。

美术用品行业的 QCEI 前三品牌是樱花、晨光文具和马可，其中，樱花和晨光文具的 CNCSI 高于子行业的平均水平。

Pilot 百乐

水性笔 / 签字笔 | 文体保健

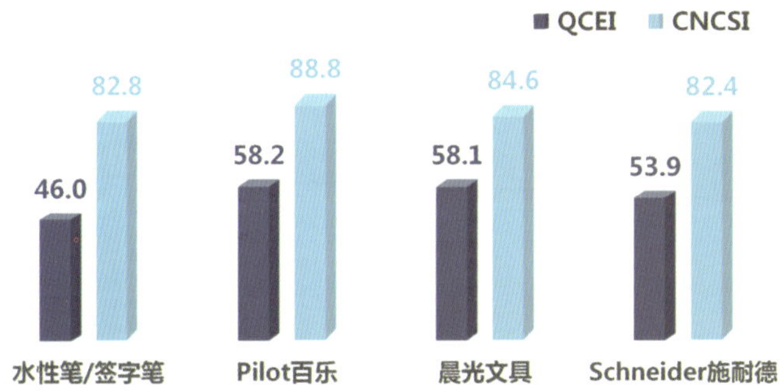

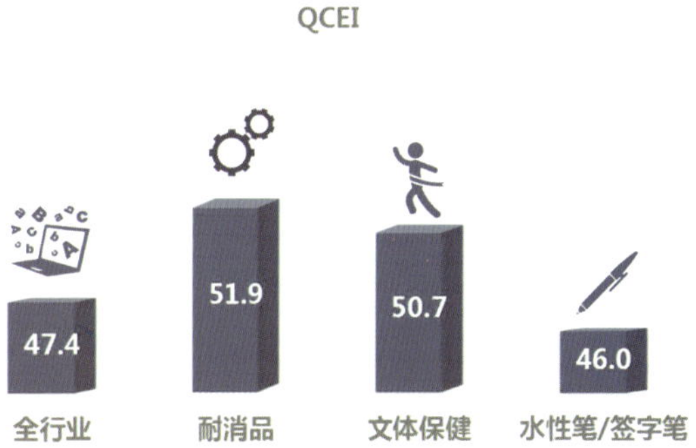

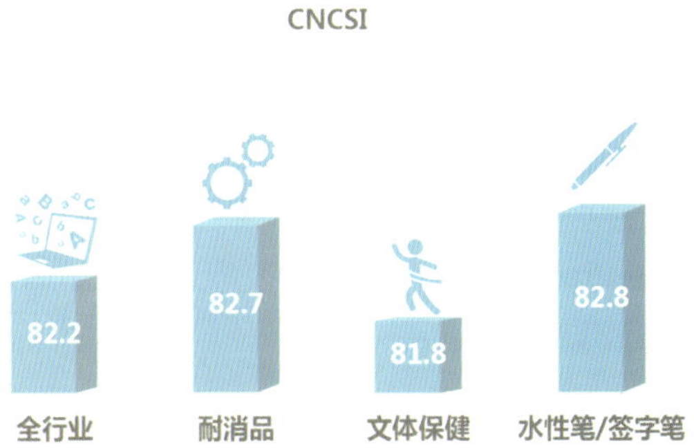

水性笔 / 签字笔是常用的办公用品，具有广阔的市场空间和持续的消费需求，消费者对其的关注点主要是耐用性、书写体验和轻便性。

调查结果显示，水性笔 / 签字笔行业整体质量消费体验指数 QCEI 为 46.0 分，低于文体保健行业的平均水平；满意度指数 CNCSI 为 82.8 分，高于文体保健行业的平均水平。

水性笔 / 签字笔行业的 QCEI 前三品牌是百乐、晨光文具和施耐德，其中，百乐和晨光文具的 CNCSI 高于子行业的平均水平。

OMRON 欧姆龙

血压计 | 文体保健

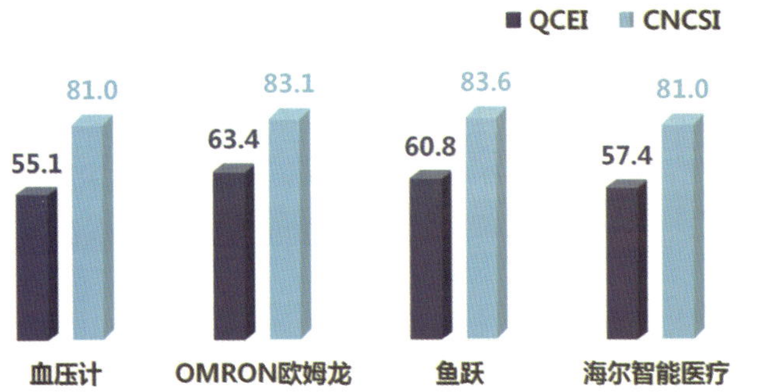

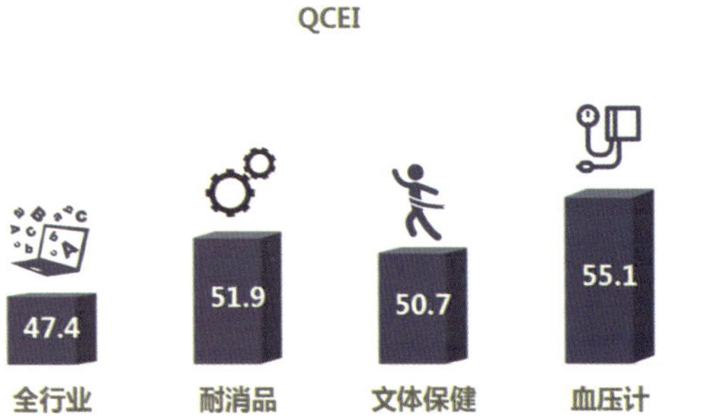

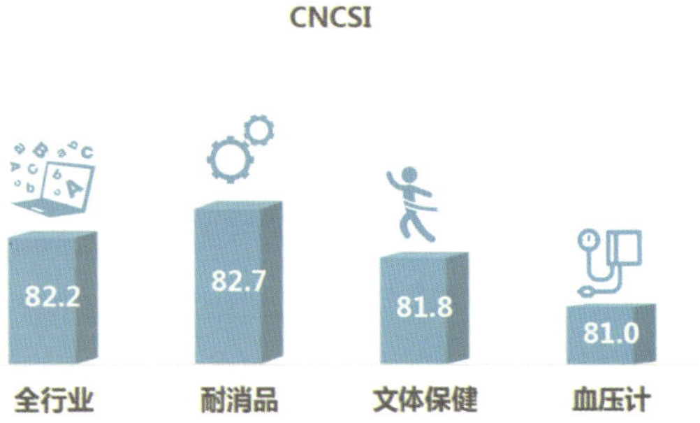

当前我国中老年人口数量不断增加，对于中老年人健康的关注度也不断提升。血压计作为最常用的家用医疗保健仪器，需求量水涨船高，特别是与智能技术相结合的相关产品，市场关注度很高。

调查结果显示，血压计行业整体质量消费体验指数QCEI为55.1分，高于文体保健行业的平均水平，满意度指数CNCSI为81.0分，低于文体保健行业的平均水平。

血压计行业的QCEI前三品牌是欧姆龙、鱼跃和海尔智能医疗，其中欧姆龙和鱼跃的CNCSI高于子行业的平均水平。

KAWASAKI 川崎

羽毛球拍 | 文体保健

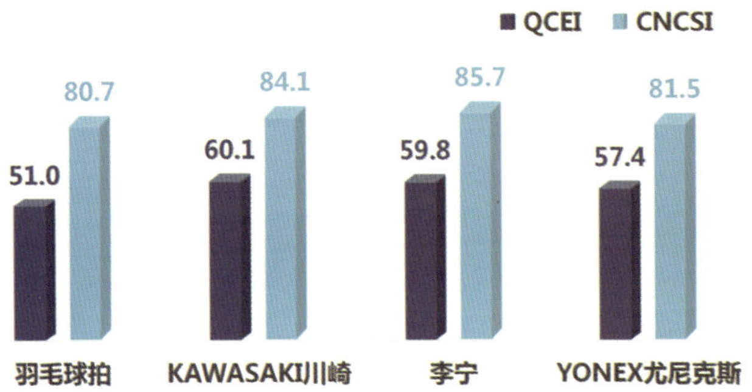

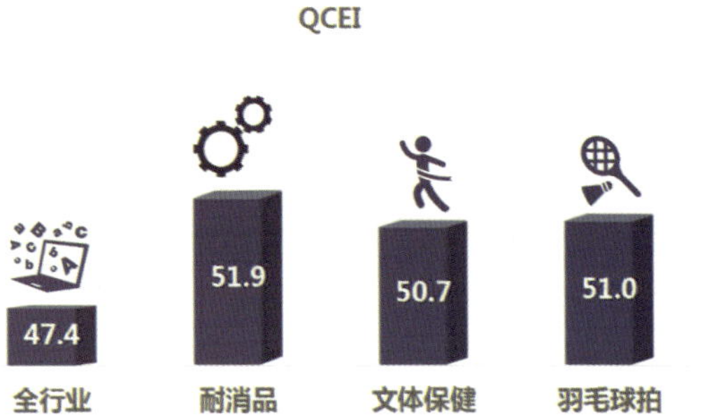

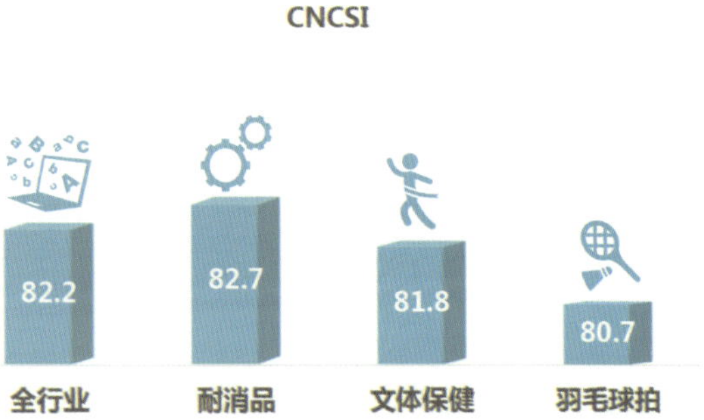

羽毛球是我国的传统优势体育项目，拥有很高的群众基础。近年来，羽毛球拍行业的需求开始向专业化发展，消费者对于其品质的重视程度正在不断提高。

调查结果显示，羽毛球拍行业整体质量消费体验指数QCEI为51.0分，高于文体保健行业的平均水平；满意度指数CNCSI为80.7分，低于文体保健行业的平均水平。

羽毛球拍行业的QCEI前三品牌是川崎、李宁和尤尼克斯，三个品牌的CNCSI均高于子行业的平均水平。

赛百斯

安全座椅 | 出行工具

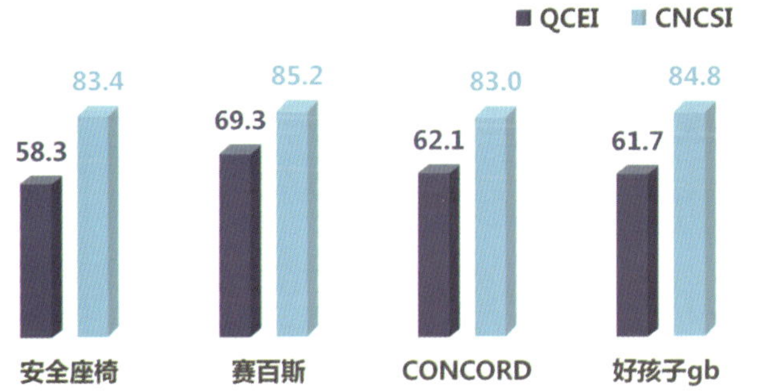

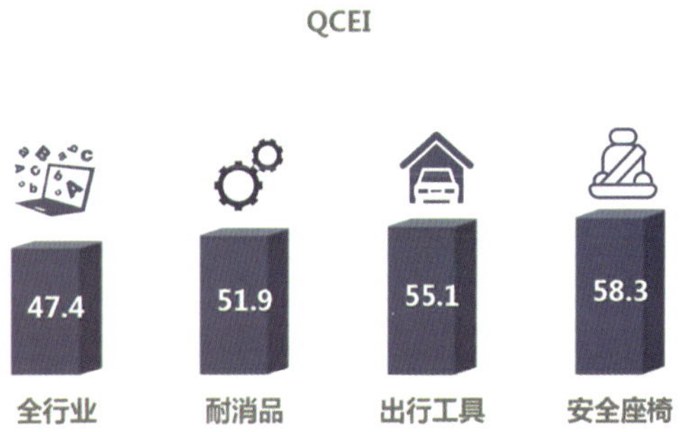

随着人们对交通安全的不断重视和汽车的普及，安全座椅的需求量不断增长，消费者对可靠性、安全性、舒适度等极为重视。

调查结果显示，安全座椅行业整体质量消费体验指数 QCEI 为 58.3 分，满意度指数 CNCSI 为 83.4 分，两者均高于出行工具行业的平均水平。

安全座椅行业的 QCEI 前三品牌是赛百思、CONCORD 和好孩子，三个品牌的 CNCSI 均高于子行业的平均水平。

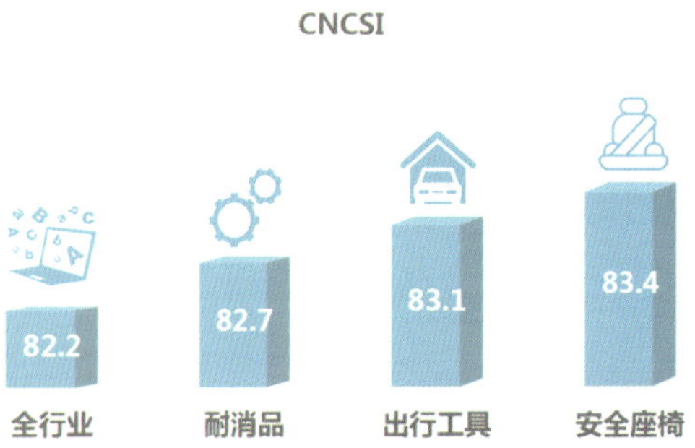

雅迪

电动车 | 出行工具

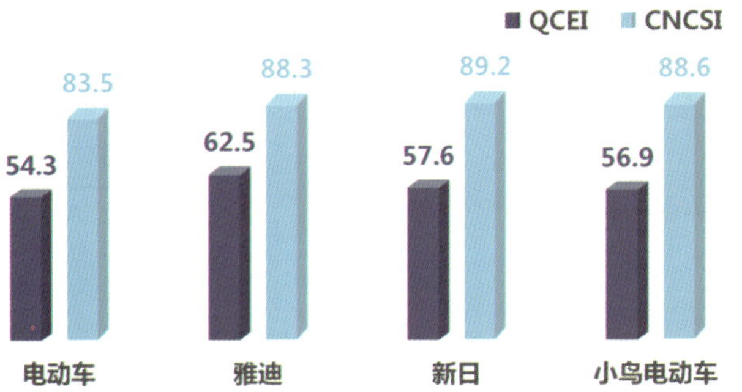

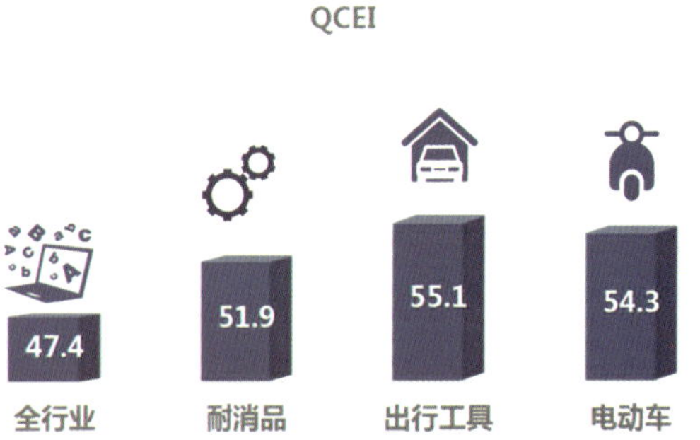

电动车在当前的城市交通中扮演着重要角色，在需求量不断提升的同时，电动车的安全问题也广受关注。另外，顾客需求的另一个关注重点则是续航能力。

调查结果显示，电动车行业整体质量消费体验指数 QCEI 为 54.3 分，低于出行工具行业的平均水平；满意度指数 CNCSI 为 83.5 分，高于出行工具的平均水平。

电动车行业的 QCEI 前三品牌是雅迪、新日和小鸟电动车，三个品牌的 CNCSI 均高于子行业平均水平。

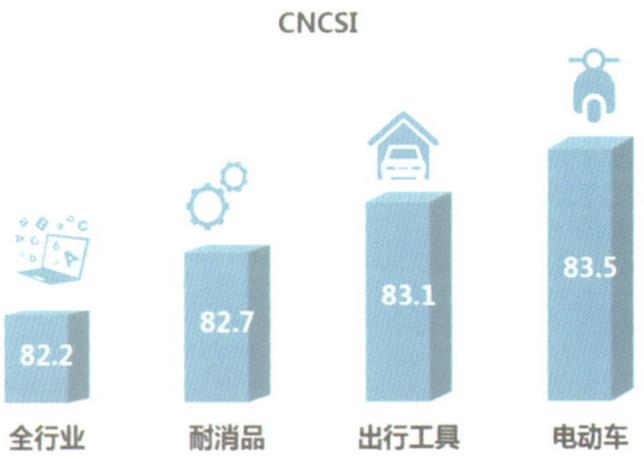

凯立德

行车记录仪 | 出行工具

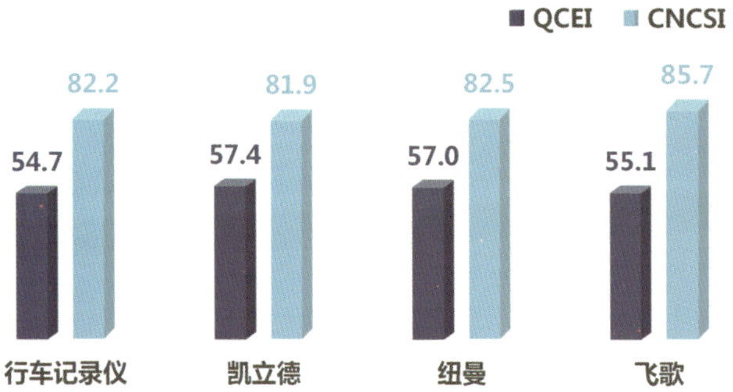

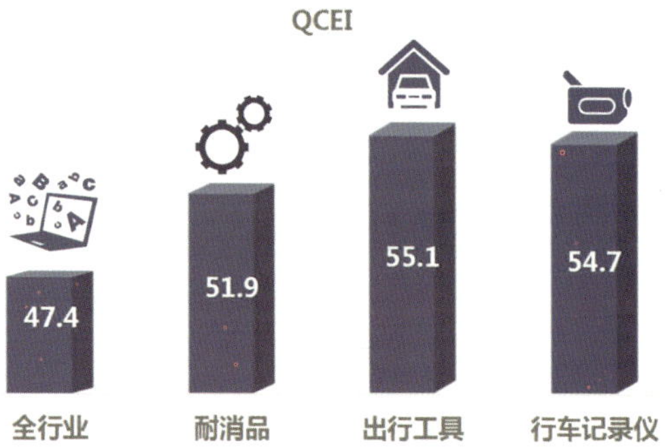

行车记录仪的广泛使用是人们关注交通安全、维护自身权益的一个体现，同时也可用于记录驾驶过程中的其他影像记录，借助汽车行业的发展，行车记录仪的需求量也在逐年提升。

调查结果显示，行车记录仪行业整体质量消费体验指数 QCEI 为 54.7 分，满意度指数 CNCSI 为 82.2 分，两者均低于出行工具行业的平均水平。

行车记录仪行业的 QCEI 前三品牌是凯立德、纽曼和飞歌。

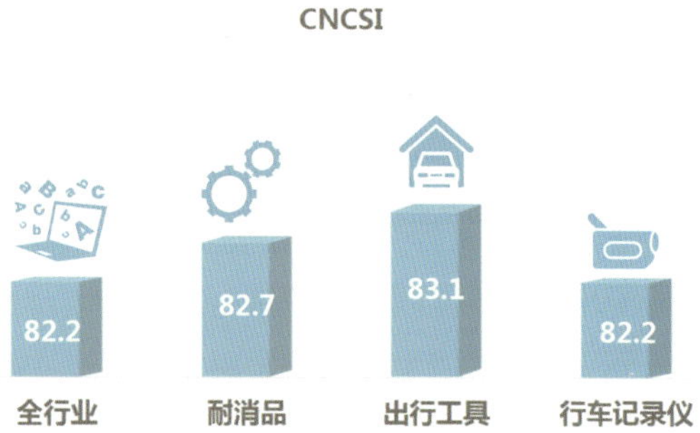

BRIDGESTONE 普利司通

轮胎 | 出行工具

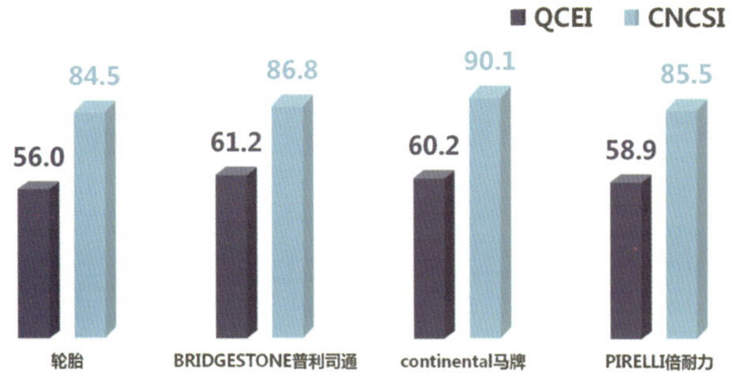

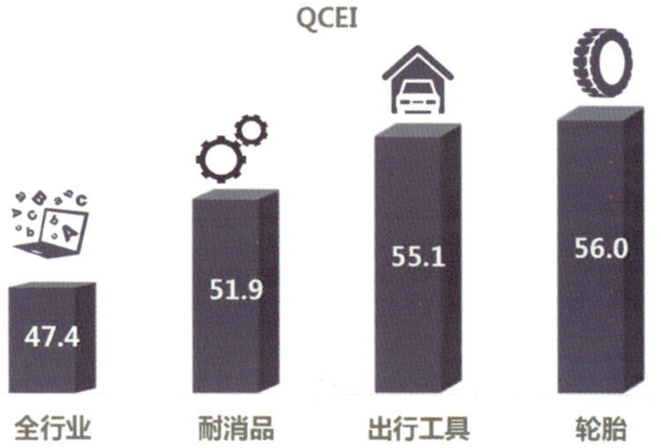

轮胎行业发展至今已相当成熟，消费需求的关注点主要以安全性、耐用性、可靠性等为主，市场需求量也在不断提升。

调查结果显示，轮胎行业整体质量消费体验指数 QCEI 为 56.0 分，满意度指数 CNCSI 为 84.5 分，两者均高于出行工具行业的平均水平。

轮胎行业的 QCEI 前三品牌是普利司通、马牌和倍耐力，三个品牌的 CNCSI 均高于子行业平均水平。

哈雷戴维森　摩托车　出行工具

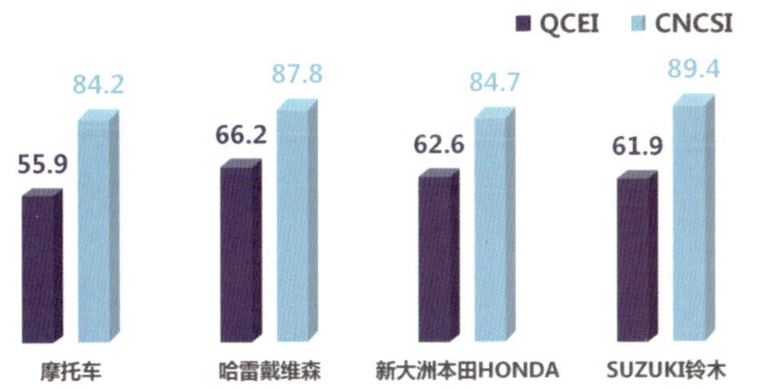

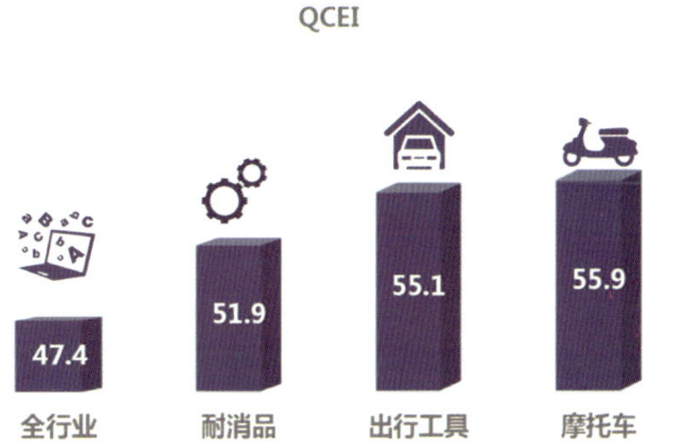

摩托车行业受到电动车、共享经济等的冲击，近年来需求量持续走低，但事实上其产品的顾客体验并没有落后于消费者预期，只是在当前的发展趋势下，缺乏一定的创新动能。

调查结果显示，摩托车行业整体质量消费体验指数QCEI为55.9分，满意度指数CNCSI为84.2分，两者均高于出行工具行业的平均水平。

摩托车行业的QCEI前三品牌是哈雷戴维森、新大洲本田和铃木，三个品牌的CNCSI均高于子行业平均水平。

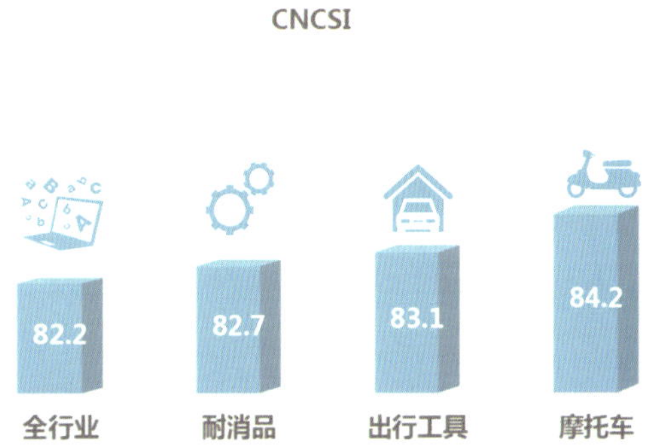

好孩子 gb　婴儿推车　出行工具

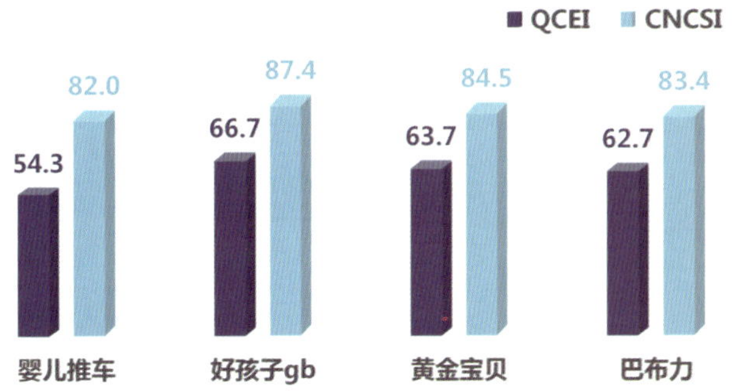

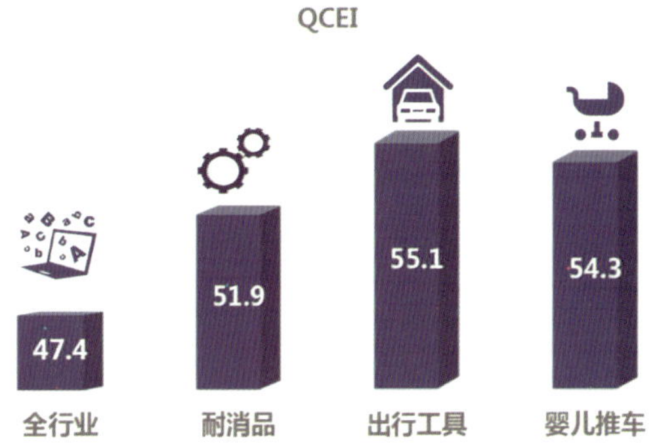

婴儿推车是婴儿的“交通工具”，除了传统的安全、可靠、舒适等关注重点，当前婴儿推车也在向多功能、多用途等方向发展。

调查结果显示，婴儿推车行业整体质量消费体验指数QCEI为54.3分，满意度指数CNCSI为82.0分，两者均低于出行工具行业的平均水平。

婴儿推车行业的QCEI前三品牌是好孩子、黄金宝贝、巴布力，三个品牌的CNCSI均高于子行业的平均水平。

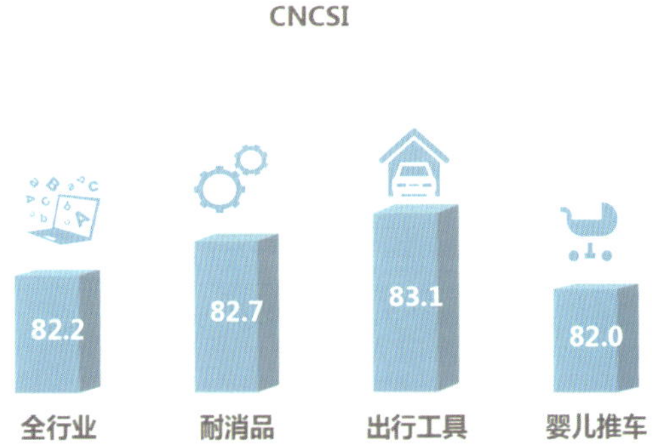

GIANT 捷安特

自行车 | 出行工具

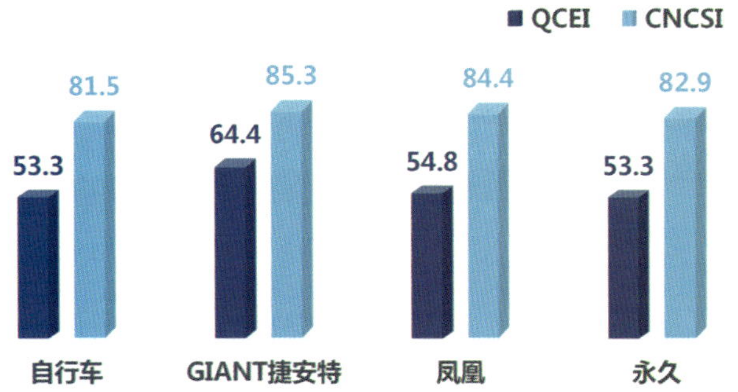

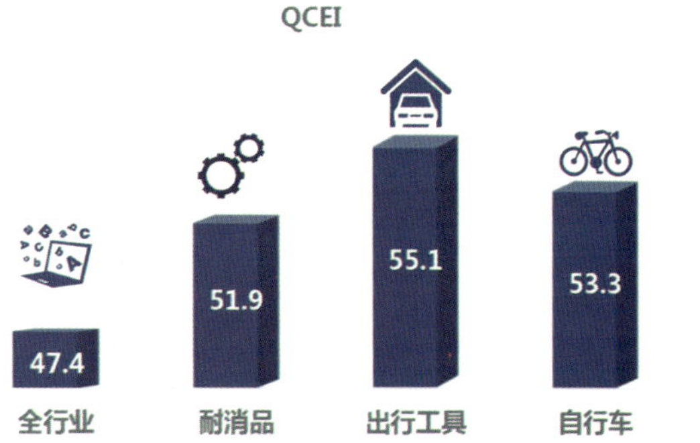

自行车近年来受到共享单车的冲击，其出行代步工具方面的需求正在减弱，而向以健康为主的健身工具方面转移，专业化、可靠性、轻量化是行业的趋势。

调查结果显示，自行车行业整体质量消费体验指数QCEI为53.3分，满意度指数CNCSI为81.5分，两者均低于出行工具行业的平均水平。

自行车行业的QCEI前三品牌是捷安特、凤凰和永久，三个品牌的CNCSI均高于子行业的平均水平。

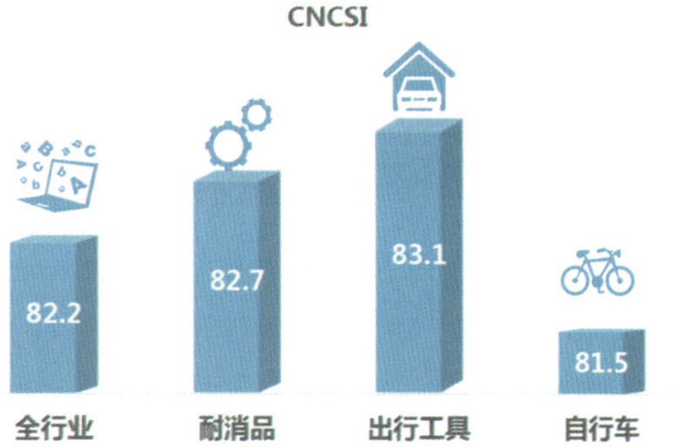

永旺超市

大型超市 | 批发零售

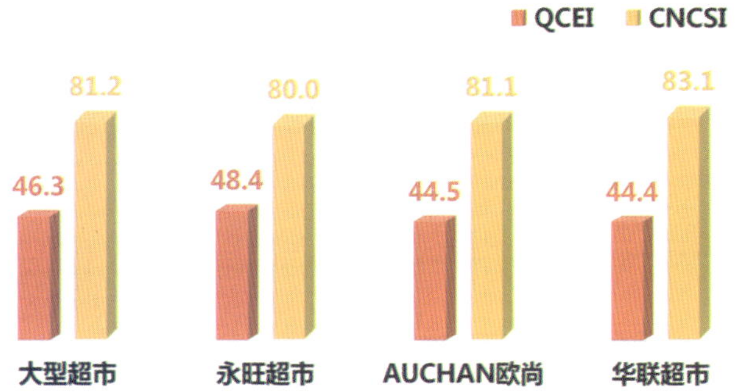

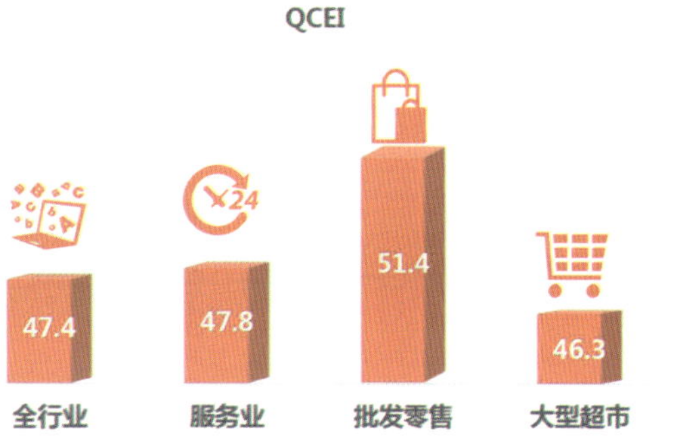

大型超市正在受到互联网的冲击，未来的行业趋势将以提升服务体验、巩固产品质量、丰富卖场功能为主，因此更需要加大对顾客需求和顾客体验的重视程度。

调查结果显示，大型超市行业整体质量消费体验指数QCEI为46.3分，满意度指数CNCSI为81.2分，两者均低于批发零售行业的平均水平。

大型超市行业的QCEI前三品牌是永旺超市、欧尚和华联超市。

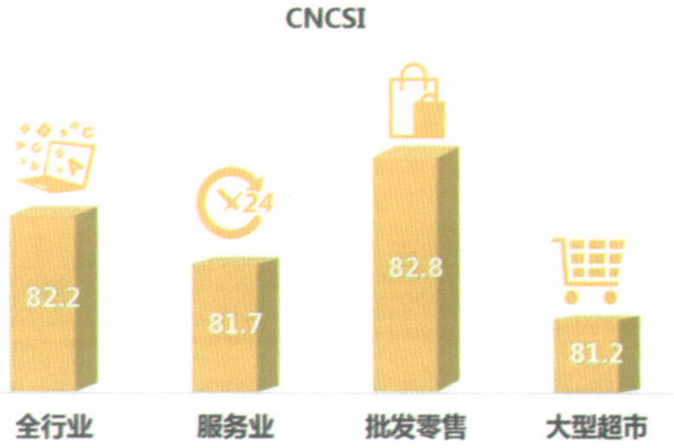

百安居 B&Q　家具建材连锁　批发零售

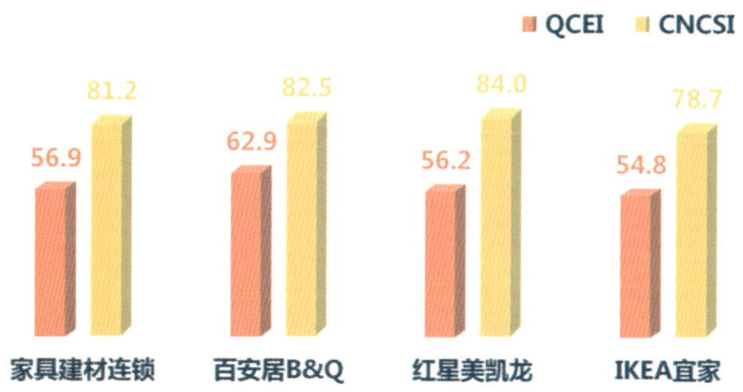

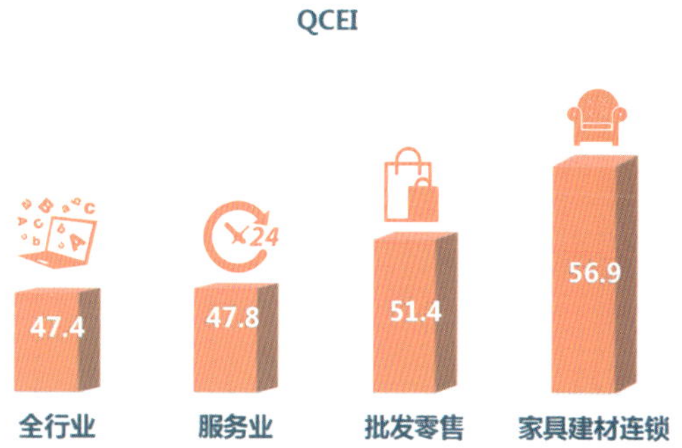

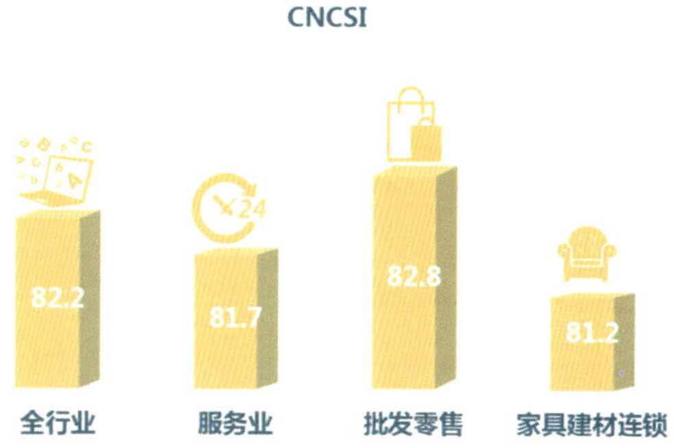

家具建材连锁行业近年来受到消费者的关注，其互动式的卖场氛围和体验式的产品展示形式都能够为消费者创造良好的消费体验，迎合其消费需求。

调查结果显示，家具建材连锁行业整体质量消费体验指数 QCEI 为 56.9 分，高于批发零售行业的平均水平，满意度指数 CNCSI 为 81.2 分，低于批发零售行业的平均水平。

家居建材连锁行业的 QCEI 前三品牌是百安居、红星美凯龙和宜家。

FamilyMart 全家　连锁便利店　批发零售

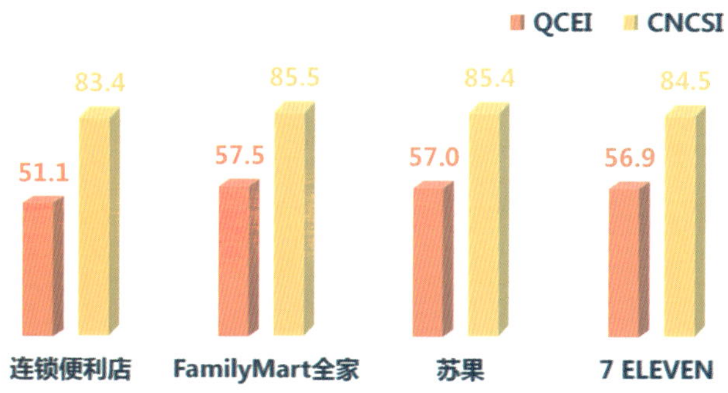

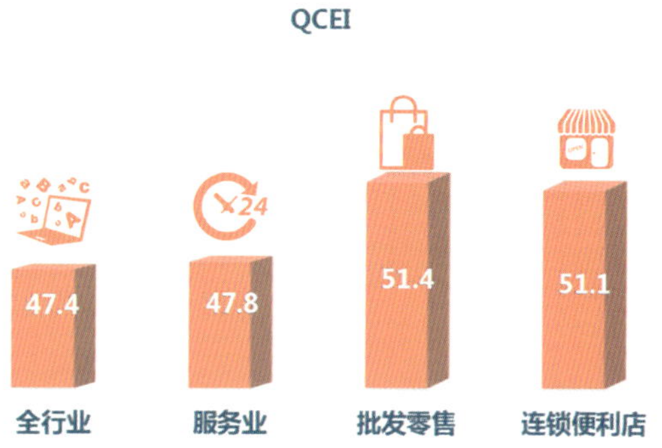

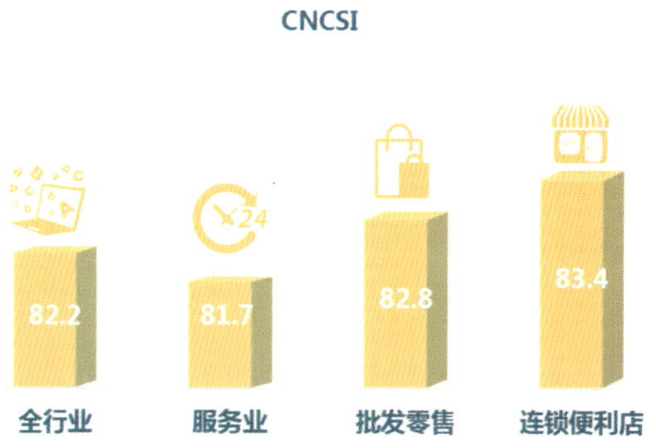

连锁便利店是大型商超的必要补充，它结构轻巧，渗透度更好，能满足更多早出晚归、生活节奏快的现代人生活购物需求。

调查结果显示，连锁便利店行业整体质量消费体验指数 QCEI 为 51.1 分，低于批发零售行业均值，满意度指数 CNCSI 为 83.4 分，优于子行业乃至全行业平均水平。

其中全家、苏果和 7ELEVEN 的 QCEI 列行业前三，质量消费体验较好，该三品牌便利店的 CNCSI 同时高于该子行业平均水平。

海王星辰

连锁药店 | 批发零售

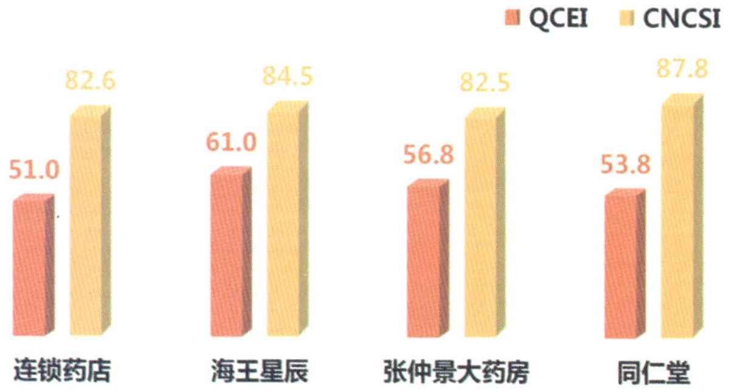

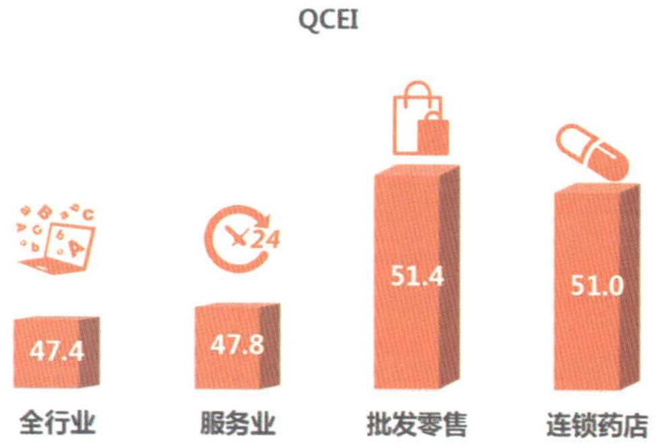

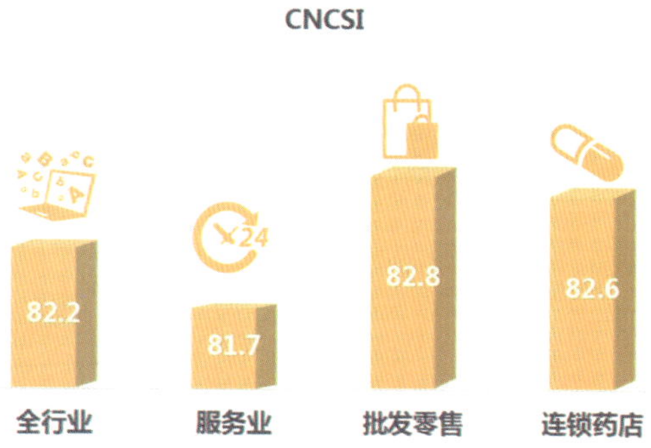

连锁药店是现今中国药品零售业的一个最重要的组成形式。经营方式和经营管理方面要实现统一化、标准化和规范化。

调查结果显示，连锁药店行业整体质量消费体验指数 QCEI 为 51.0 分，满意度指数 CNCSI 为 82.6 分，均低于批发零售行业平均水平。

其中海王星辰、张仲景大药房和同仁堂的 QCEI 列行业前三，质量消费体验较好，三品牌连锁药店中仅同仁堂的 CNCSI 高于该子行业平均水平。

Lesenphants 丽婴房

母婴连锁 | 批发零售

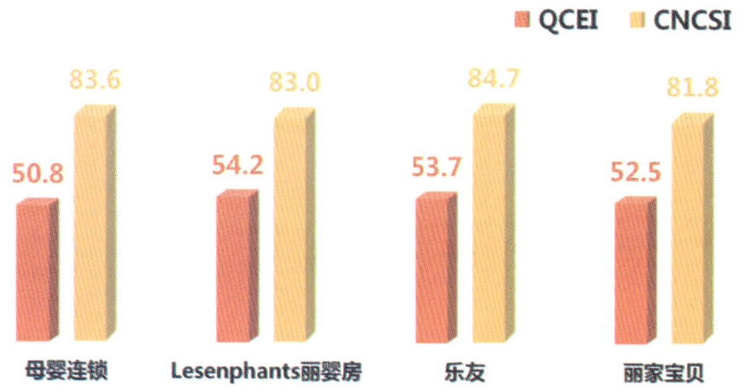

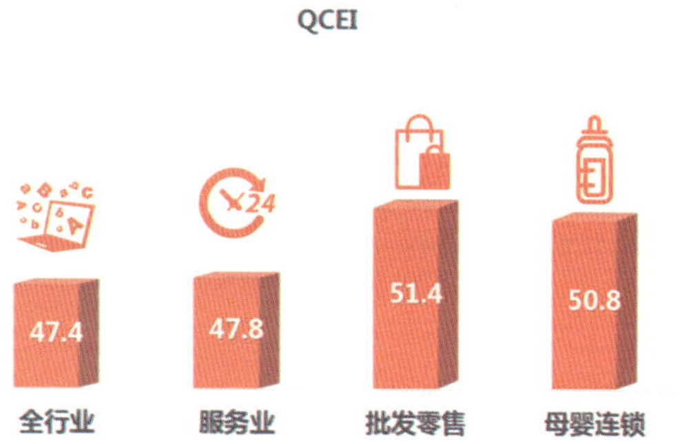

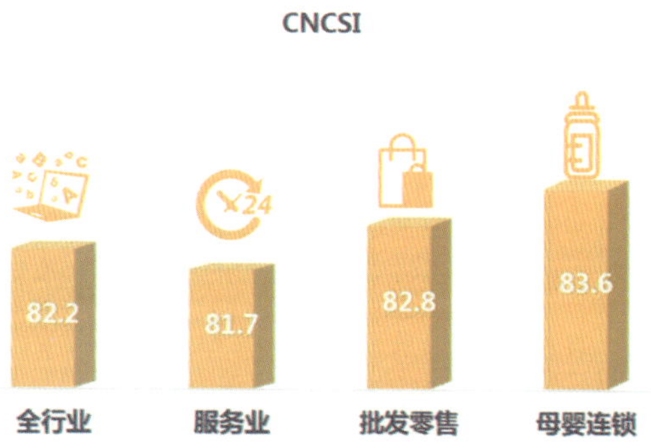

母婴连锁市场需求旺盛，网站实体店迅速崛起，产品的同质化较高，关键在于服务创新和市场反应。

调查结果显示，母婴连锁行业整体质量消费体验指数 QCEI 为 50.8 分，低于批发零售行业均值；满意度指数 CNCSI 为 83.6 分，优于子行业乃至全行业平均水平。

丽婴房、乐友和丽家宝贝的 QCEI 列行业前三，质量消费体验较好，其中仅乐友的 CNCSI 高于该子行业平均水平。

哈根达斯 甜品店 批发零售

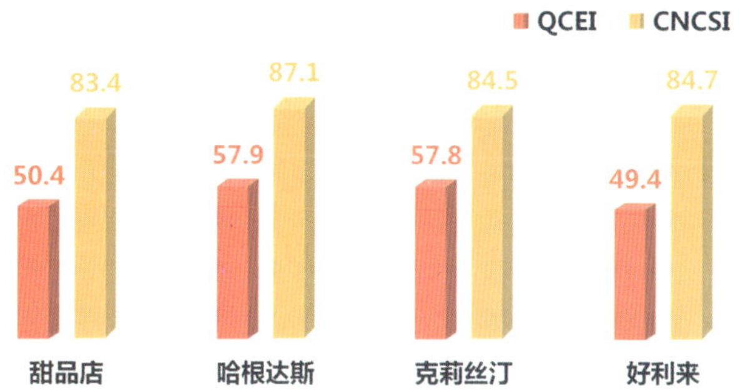

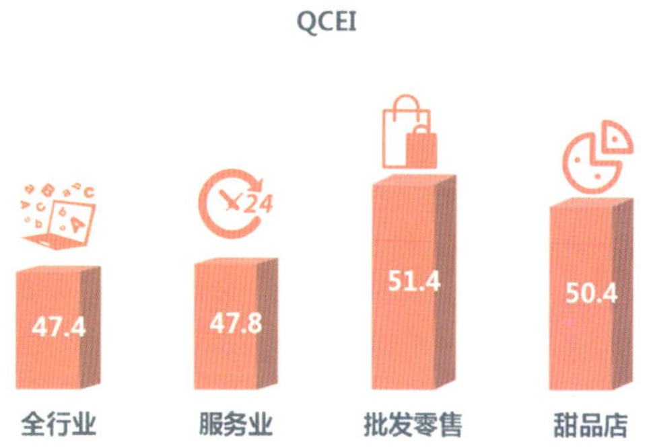

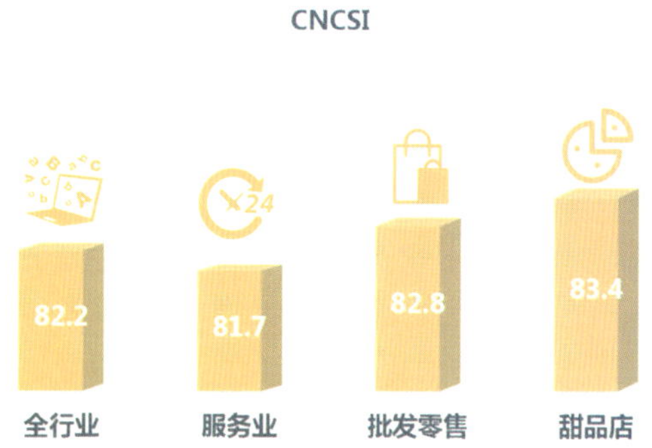

中国甜品市场日益兴起，成为新兴的消费市场，甜品店成为营造休闲生活、浪漫情调和幸福感的最佳场所。

调查结果显示，甜品店行业整体质量消费体验指数QCEI 为 50.4 分，低于批发零售行业均值，满意度指数CNCSI 为 83.4 分，高于该子行业乃至全行业平均水平。

哈根达斯、克莉丝汀和好利来的QCEI位列行业前三，质量消费体验较好，三家甜品店的 CNCSI 均高于该子行业平均水平。

老凤祥 珠宝首饰 批发零售

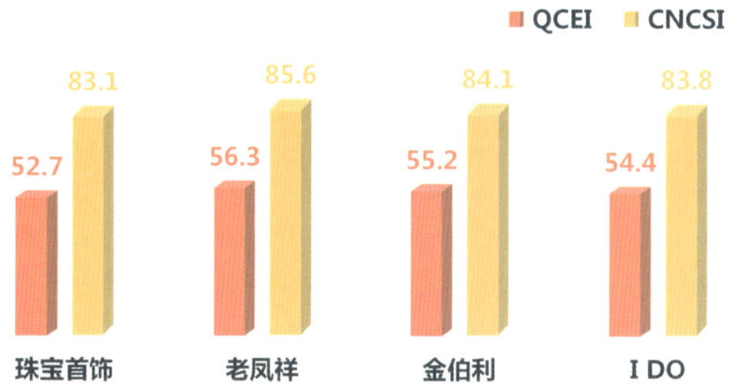

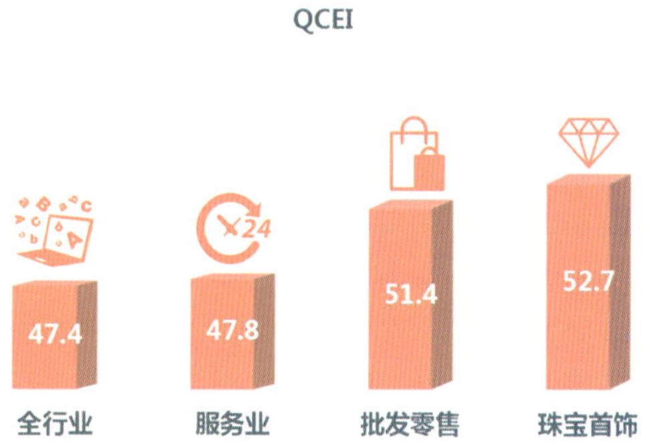

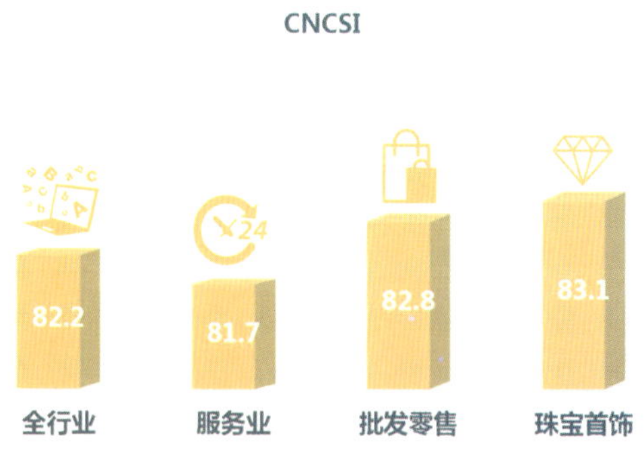

中国是全球最大、最重要的珠宝市场之一，消费增长将主要靠婚庆、钻饰消费和境外来华游客消费三个需求来拉动。珠宝设计和售后服务成为竞争点。

调查结果显示，珠宝首饰行业整体质量消费体验指数 QCEI 为 52.7 分，满意度指数 CNCSI 为 83.1 分，均高于批发零售行业乃至全行业平均水平。

老凤祥、金伯利和 I DO 的 QCEI 位列行业前三，质量消费体验较好，三家珠宝店的 CNCSI 均高于该子行业平均水平。

美团外卖

餐饮外卖服务 | 生活服务

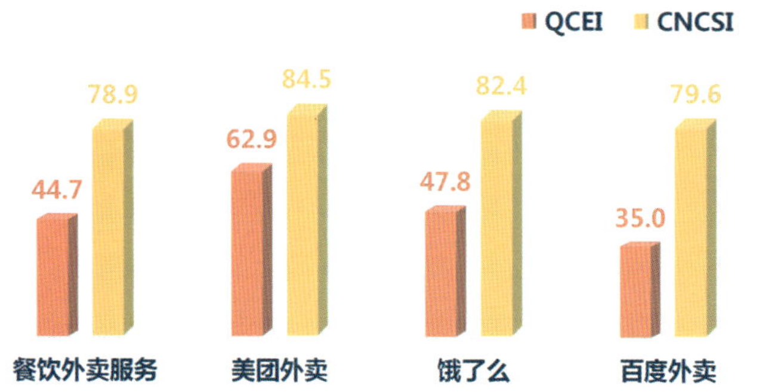

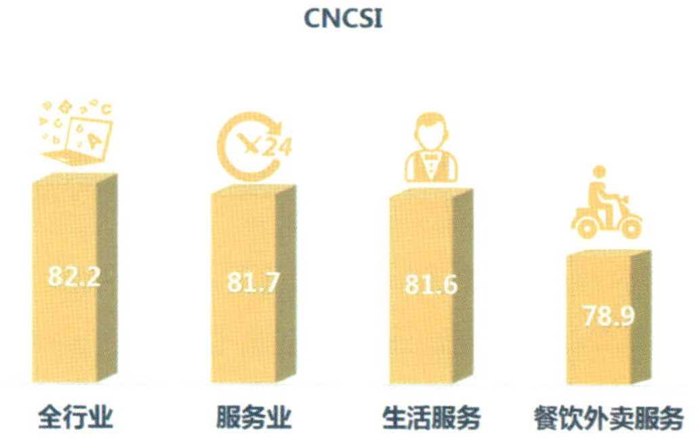

随着人们生活节奏的加快，更多的餐饮企业开始提供外送服务。大量第三方企业或网站也开始搭建订餐平台，餐饮外送俨然成为当下最炙手可热的餐饮模式。

调查结果显示，餐饮外卖服务行业整体质量消费体验指数 QCEI 为 44.7 分，满意度指数 CNCSI 为 78.9 分，均低于生活服务行业乃至全行业平均水平。

美团外卖、饿了么和百度外卖的QCEI位列行业前三，质量消费体验相对较好，三个品牌的 CNCSI 均高于该子行业平均水平。

万达

电影院 | 生活服务

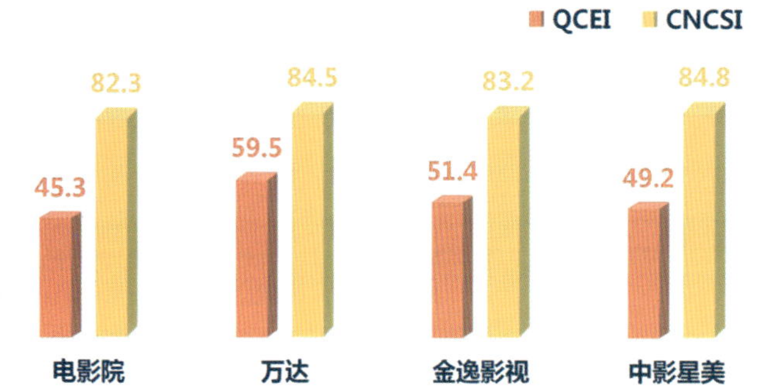

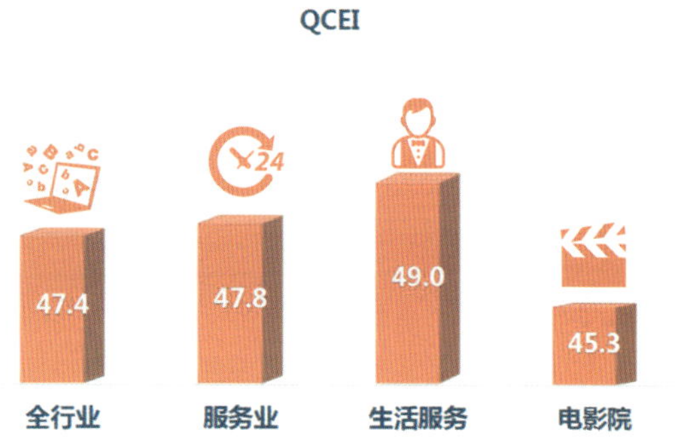

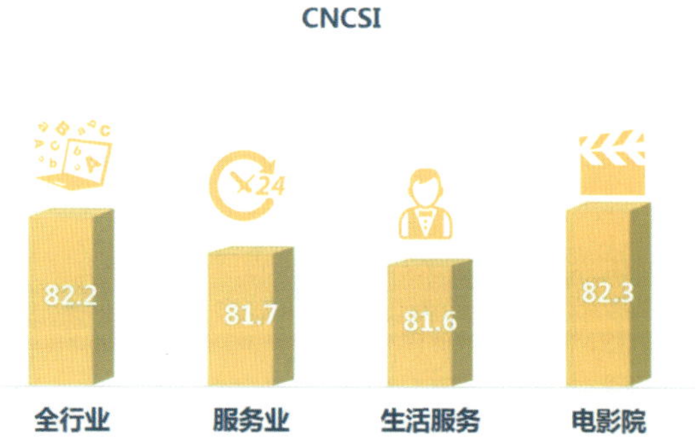

随着近年电影票房的迅猛增长，电影院线无疑是当前文化产业最为热门的领域之一。

调查结果显示，电影院行业整体质量消费体验指数 QCEI 为 45.3 分，低于生活服务行业均值；满意度指数 CNCSI 为 82.3 分，高于生活服务行业乃至全行业平均水平。

万达、金逸和中影星美的 QCEI 位列行业前三，质量消费体验较好，三家电影院的 CNCSI 均高于该子行业平均水平。

中国国航

航空服务　生活服务

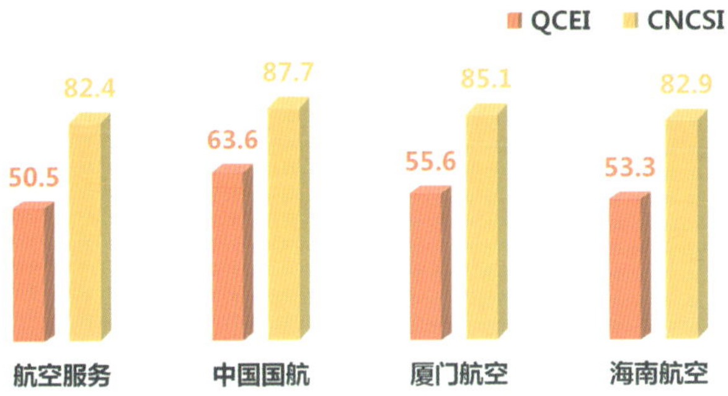

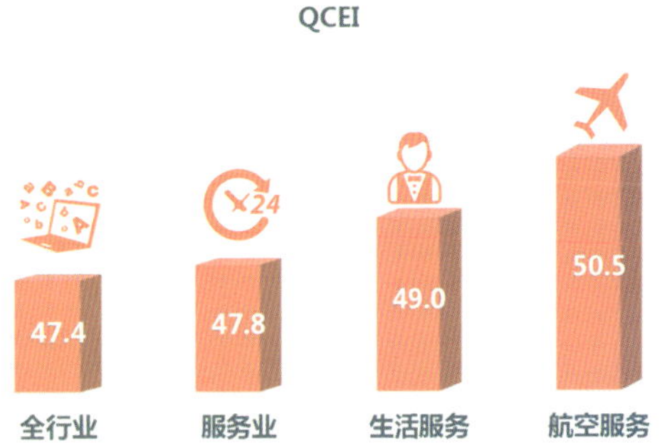

旅游业及相关产业的蓬勃发展，使越来越多的商务和度假旅客在交通方式上改变观念，选择飞机出行势必带动航空服务的蓬勃发展。

调查结果显示，航空服务行业整体质量消费体验指数 QCEI 为 50.5 分，满意度指数 CNCSI 为 82.4 分，均高于生活服务行业乃至全行业平均水平。

中国国航、厦门航空和海南航空的 QCEI 位列行业前三，质量消费体验较好，三家航空公司的 CNCSI 均高于该子行业平均水平。

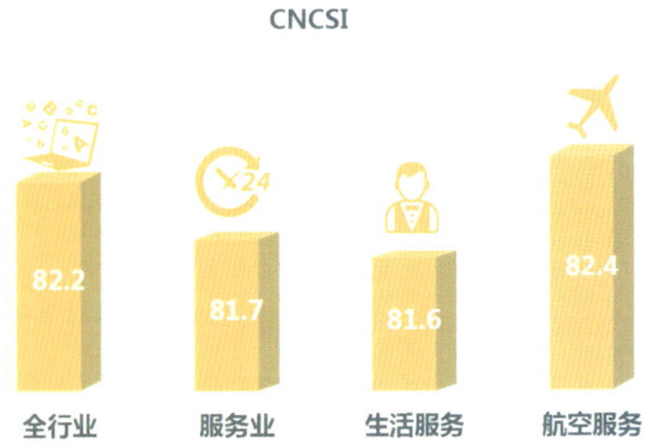

顺丰速运

快递服务　生活服务

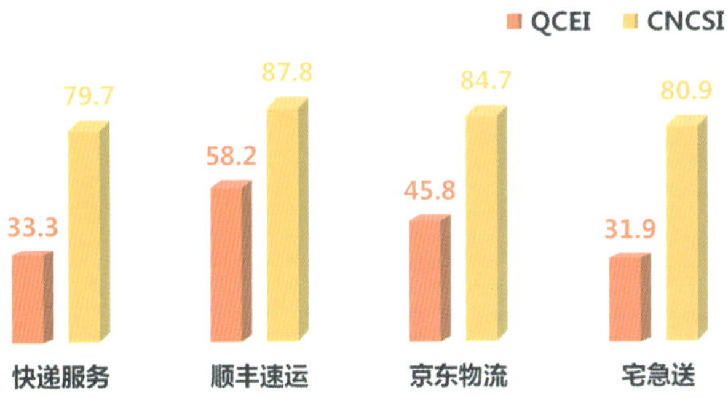

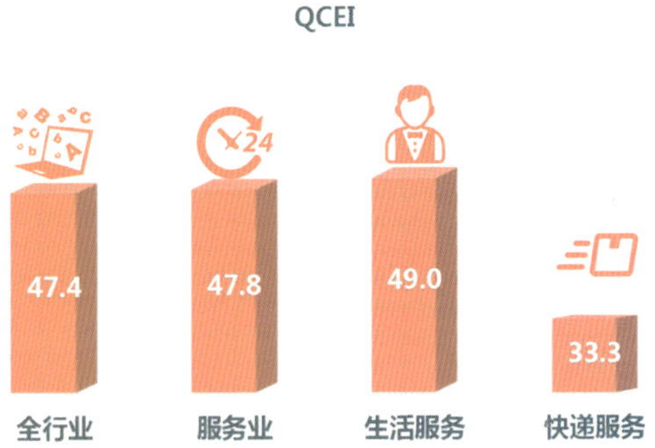

经过近几年快递业的激烈竞争和内部洗牌，我国民营快递公司迅速成长和分级，外资快递的注入，促使国内快递企业加强经营管理，提高服务质量。

调查结果显示，快递服务行业整体质量消费体验指数 QCEI 为 33.3 分，满意度指数 CNCSI 为 79.7 分，均低于生活服务行业乃至全行业平均水平。

顺丰速运、京东物流和宅急送的 QCEI 位列行业前三，质量消费体验较好，三家快递服务的 CNCSI 均高于该子行业平均水平。

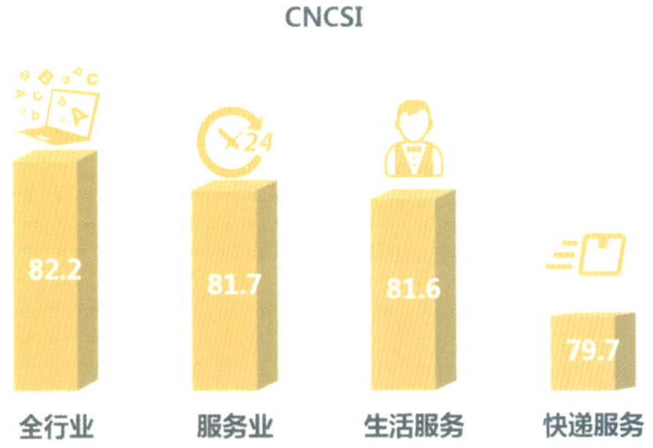

易租车

汽车租赁 | 生活服务

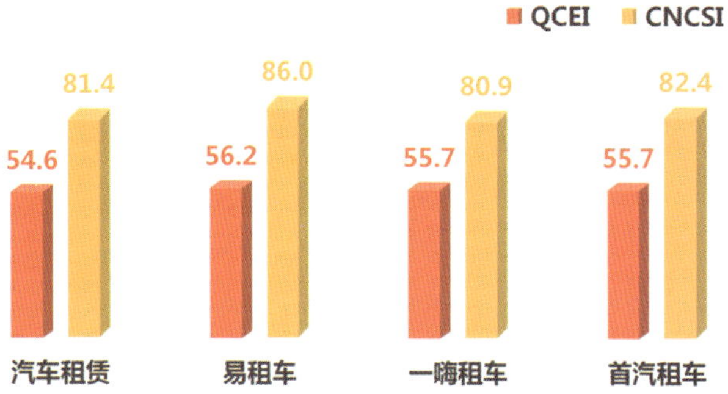

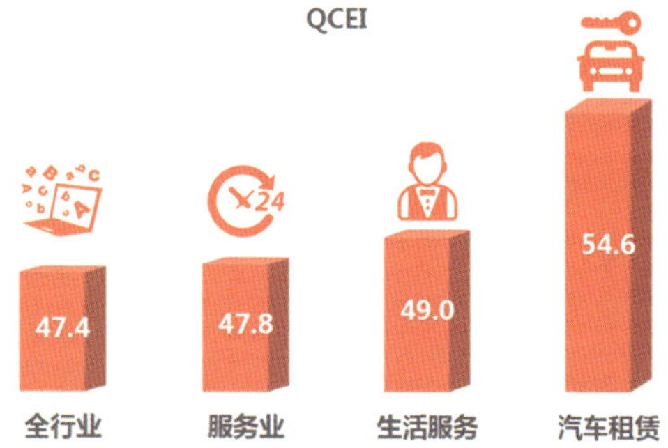

中国汽车租赁行业，早期主要是面对外企、大型国企等企业用户，近几年开始大规模投入个人业务领域。

调查结果显示，汽车租赁行业整体质量消费体验指数 QCEI 为 54.6 分，高于生活服务行业均值；满意度指数 CNCSI 为 81.4 分，低于生活服务行业乃至全行业平均水平。

易租车、一嗨租车和首汽租车的 QCEI 位列行业前三，质量消费体验较好，三家中易租车和首汽租车的 CNCSI 高于该子行业平均水平。

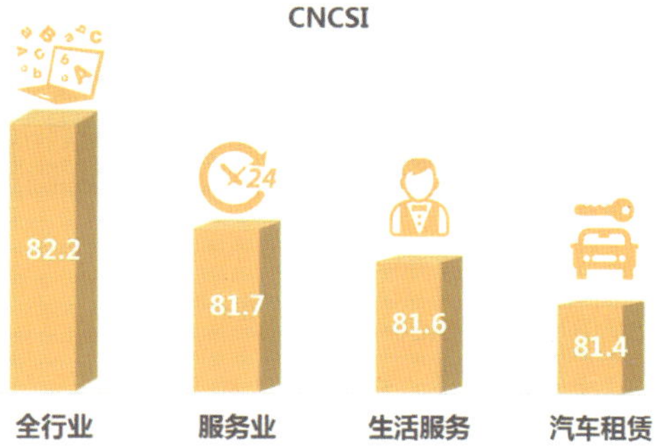

曹操专车

专车服务 | 生活服务

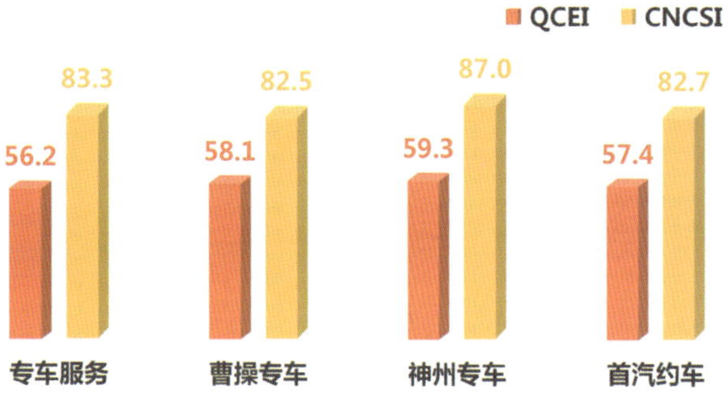

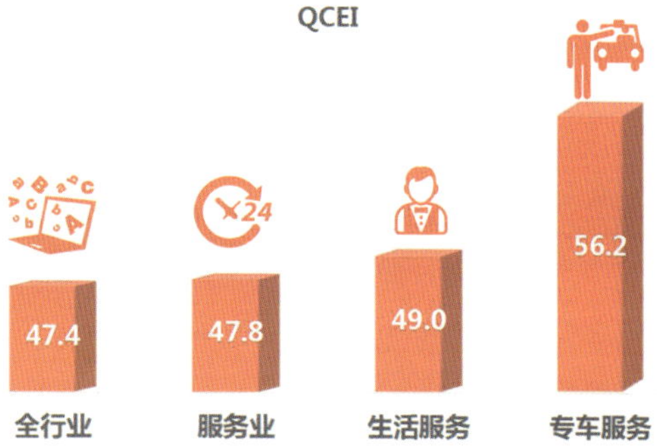

专车服务得益于“互联网 + 出行”模式的发展。

调查结果显示，专车服务行业整体质量消费体验指数 QCEI 为 56.2 分，满意度指数 CNCSI 为 83.3 分，均高于生活服务行业乃至全行业平均水平。

曹操专车、神州专车和首汽约车的 QCEI 位列行业前三，质量消费体验较好，其中仅神州专车的 CNCSI 高于该子行业平均水平。

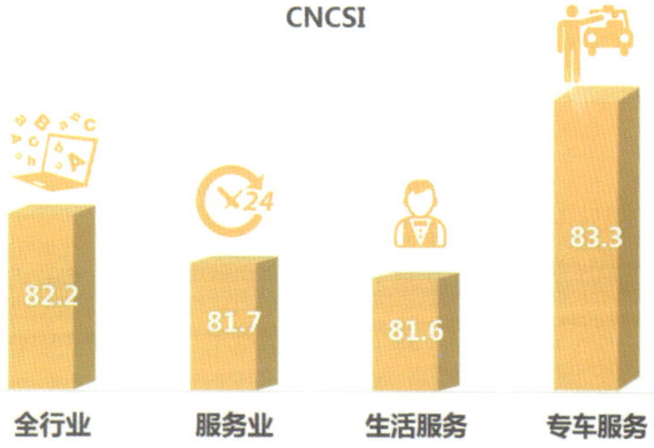

香格里拉

高端连锁酒店　餐饮住宿

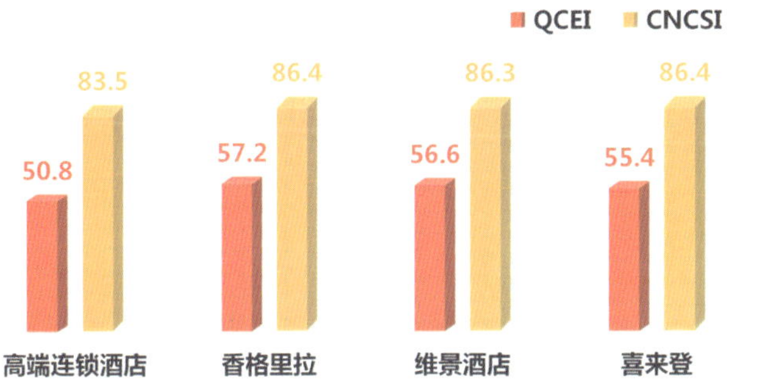

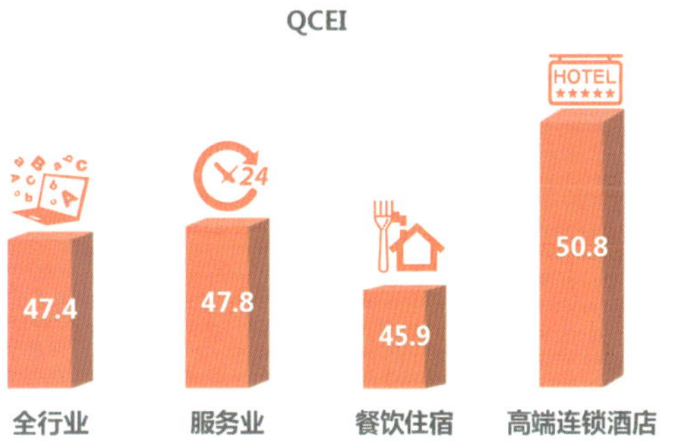

高端连锁酒店的高端，不仅体现在硬件设施上，更体现在其无微不至的服务意识和完善的服务规范上。

调查结果显示，高端连锁酒店行业整体质量消费体验指数 QCEI 为 50.8 分，满意度指数 CNCSI 为 83.5 分，均高于餐饮住宿行业乃至全行业平均水平。

香格里拉、维景酒店和喜来登的 QCEI 位列行业前三，质量消费体验较好，三家高端酒店的 CNCSI 均高于该子行业平均水平。

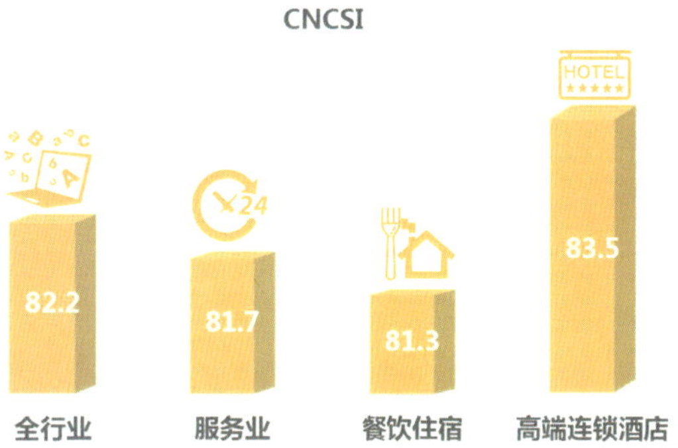

星巴克

咖啡厅　餐饮住宿

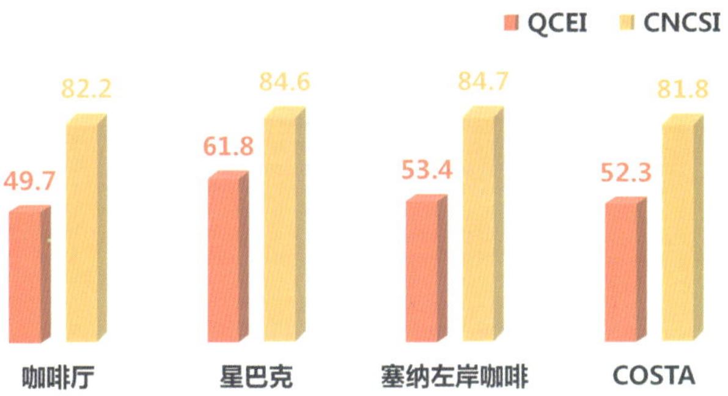

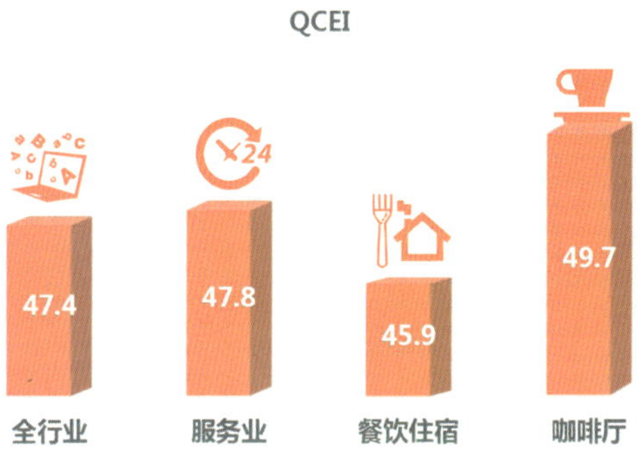

咖啡厅在现代生活中已经不仅仅是一处喝咖啡饮品的场所，它的核心价值是给消费者提供一种休闲方式、情调和一种生活的态度。

调查结果显示，咖啡厅行业整体质量消费体验指数 QCEI 为 49.7 分，满意度指数 CNCSI 为 82.2 分，均高于餐饮住宿行业的平均水平。

星巴克、塞纳左岸咖啡和 COSTA 的 QCEI 位列行业前三，质量消费体验较好，三家咖啡厅中星巴克和塞纳左岸的 CNCSI 高于该子行业平均水平。

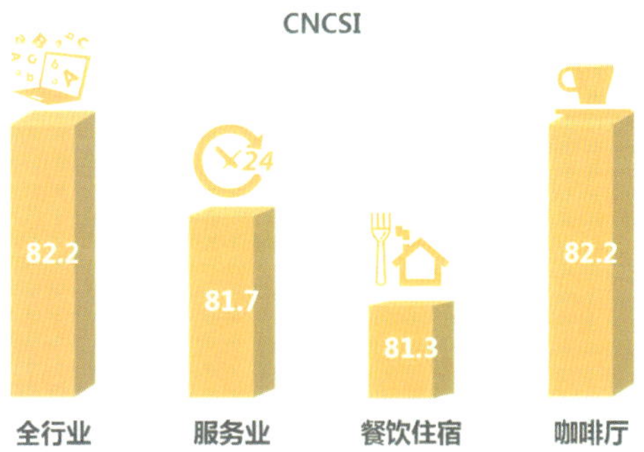

智选假日

快捷连锁酒店　餐饮住宿

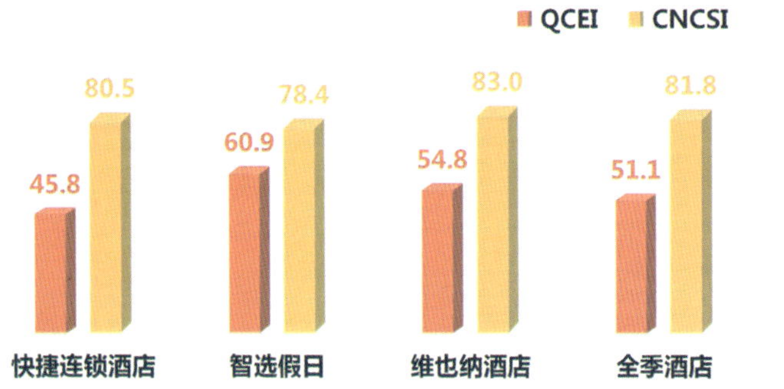

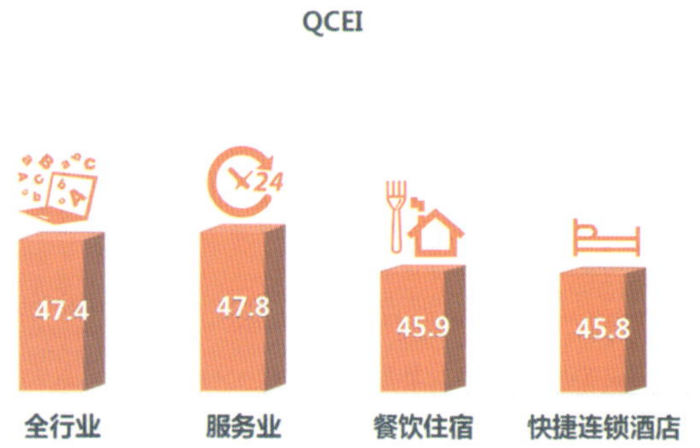

快捷连锁酒店以其预订方便快捷、价格透明、无须前台议价、干净卫生、服务和安全有保障，性价比较高的特点，成为大众出差、旅游住宿的首选酒店。

调查结果显示，快捷连锁酒店行业整体质量消费体验指数 QCEI 为 45.8 分，满意度指数 CNCSI 为 80.5 分，均低于餐饮住宿行业乃至全行业平均水平。

智选假日、维也纳酒店和全季酒店的 QCEI 位列行业前三，质量消费体验较好，三家快捷酒店中维也纳酒店和全季酒店的 CNCSI 高于该子行业平均水平。

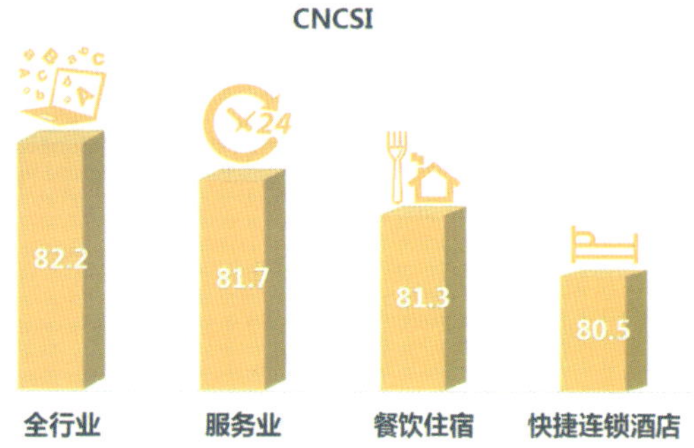

百世达

西餐连锁　餐饮住宿

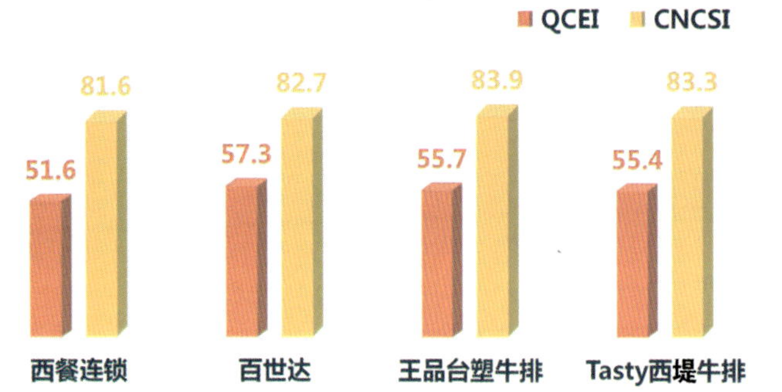

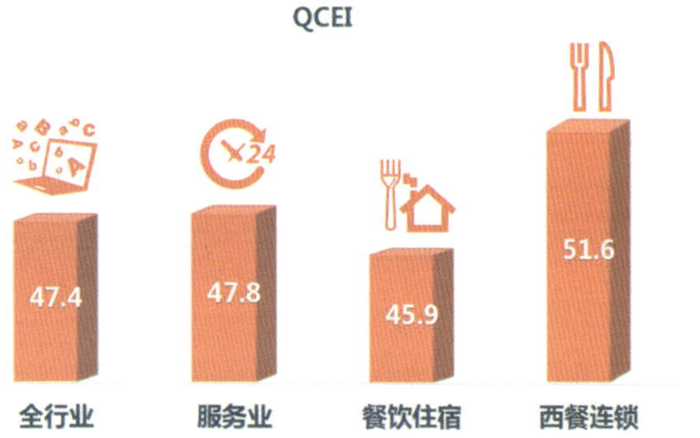

随着人们生活水平提升和对饮食多元化的需求，西餐连锁店备受青睐。

调查结果显示，西餐连锁行业整体质量消费体验指数 QCEI 为 51.6 分，满意度指数 CNCSI 为 81.6 分，均高于餐饮住宿行业的平均水平。

百世达、王品台塑牛排和西堤牛排的 QCEI 位列行业前三，质量消费体验较好，三家西餐店的 CNCSI 高于该子行业平均水平。

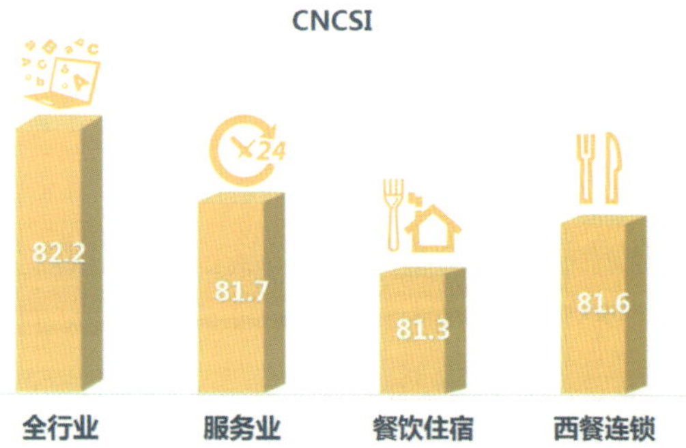

肯德基 西式快餐 餐饮住宿

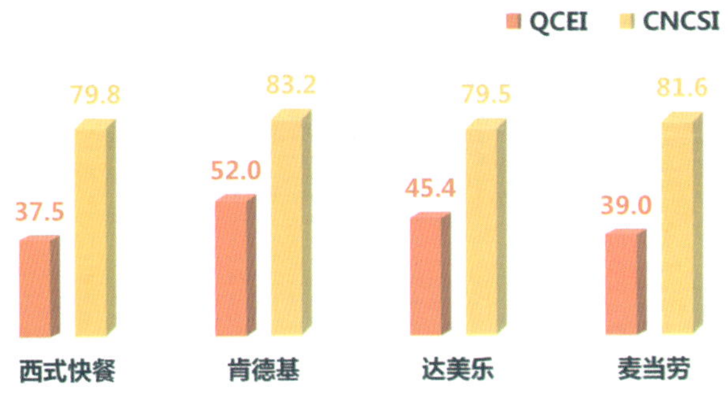

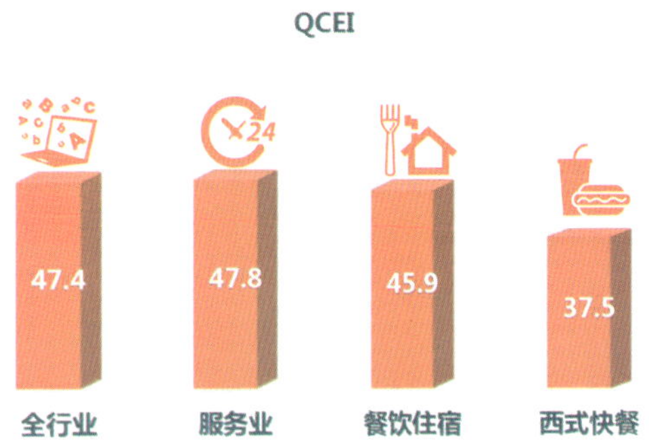

西式快餐可以迅速准备和供应，通常可以徒手拿取，不需要使用餐具，大部分可以外带或外卖，迎合现代快节奏的生活状态。

调查结果显示，西式快餐行业整体质量消费体验指数 QCEI 为 37.5 分，满意度指数 CNCSI 为 79.8 分，均低于餐饮住宿行业乃至全行业平均水平。

肯德基、达美乐和麦当劳的 QCEI 位列行业前三，质量消费体验较好，三家西式快餐店中肯德基和麦当劳的 CNCSI 高于该子行业平均水平。

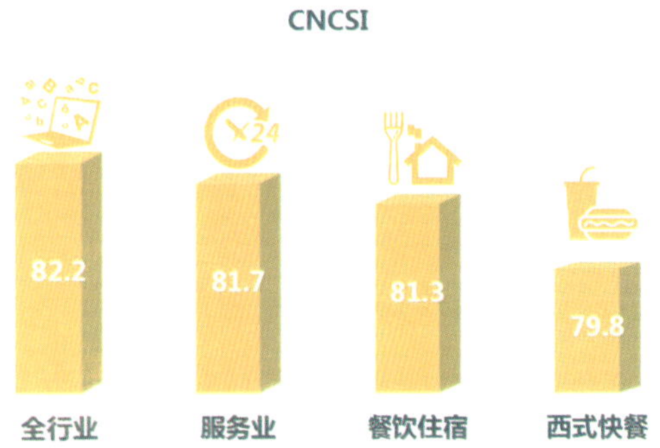

吉祥馄饨 中式快餐 餐饮住宿

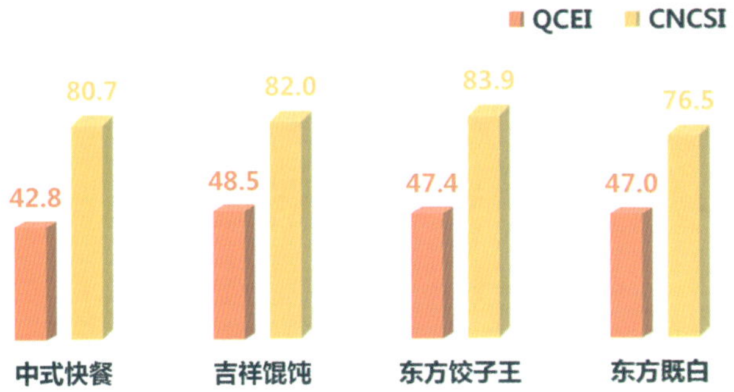

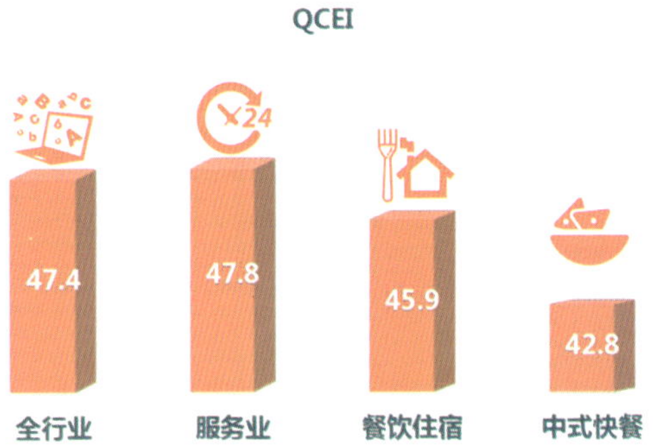

中式快餐是相对于西式快餐而言的，以中国人餐饮习惯为基础，结合快餐的某些元素，是一种全新的属于本土的餐饮形式，在健康性和膳食搭配上更具优势。

调查结果显示，中式快餐行业质量消费体验指数 QCEI 为 42.8 分，满意度指数 CNCSI 为 80.7 分，均低于餐饮住宿行业乃至全行业平均水平。

吉祥馄饨、东方饺子王和东方既白的 QCEI 位列行业前三，质量消费体验较好，三家中式快餐店中吉祥馄饨和东方饺子王的 CNCSI 高于该子行业平均水平。

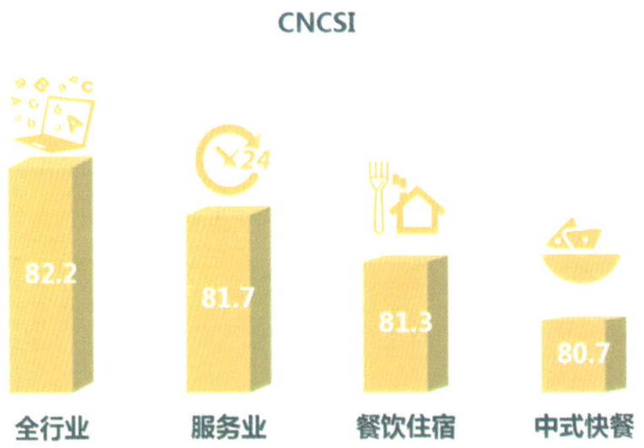

南京大牌档

中式正餐连锁 | 餐饮住宿

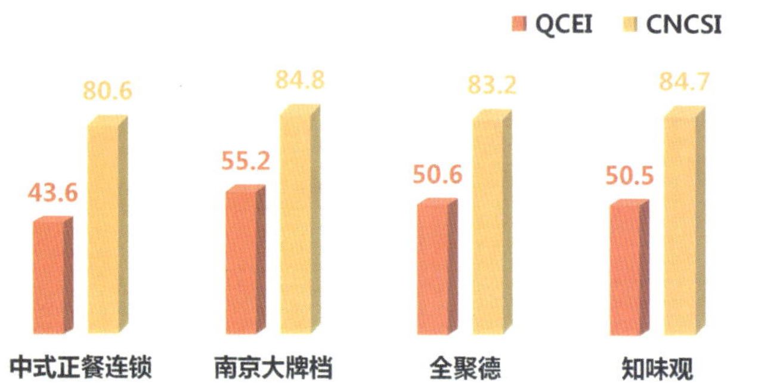

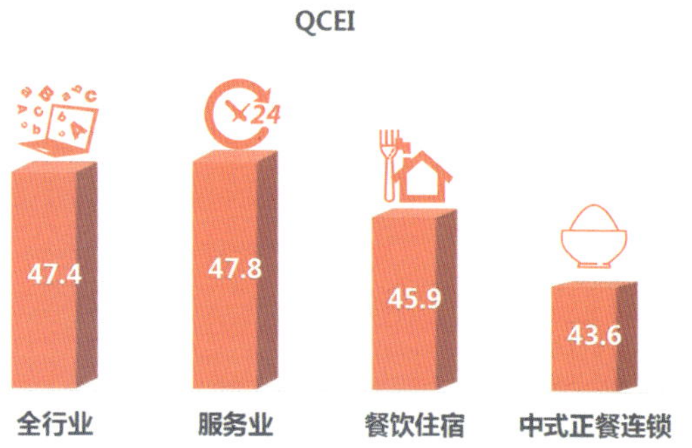

中式正餐连锁店借鉴西餐连锁模式，标准化食材配料以及服务，为消费者提供更好的消费体验。

调查结果显示，中式正餐连锁行业整体质量消费体验指数 QCEI 为 43.6 分，满意度指数 CNCSI 为 80.6 分，均低于餐饮住宿行业乃至全行业平均水平。

南京大排档、全聚德和知味观的 QCEI 位列行业前三，质量消费体验较好，三家中餐连锁的 CNCSI 均高于该子行业平均水平。

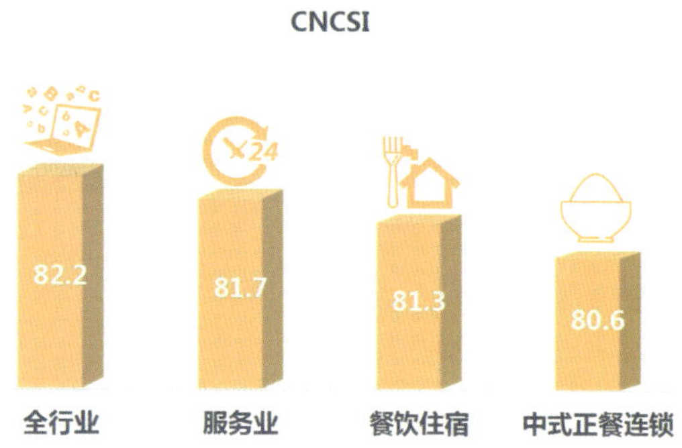

Tripadvisor 猫途鹰

旅游网站 | 网络服务

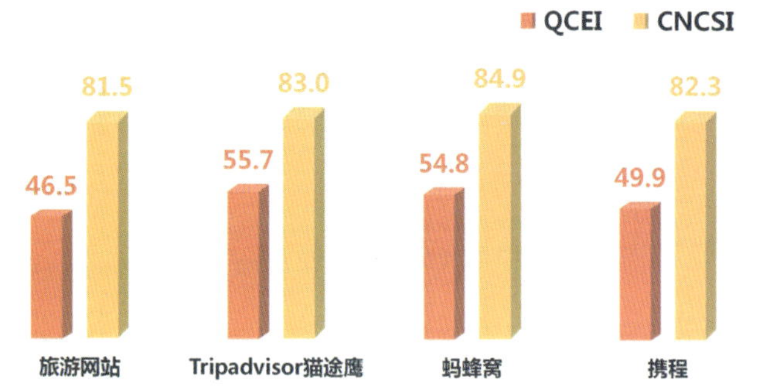

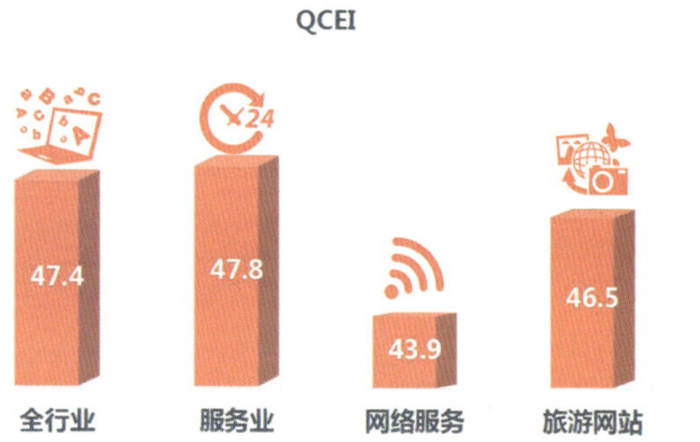

旅游网站是以“互联网 + 旅游信息查询 + 产品预定 + 服务评价”等旅游服务供应商及搜索引擎、OTA、电信运营商、旅游资讯及社区网站等的在线旅游平台。

调查结果显示，旅游网站行业整体质量消费体验指数 QCEI 为 46.5 分，满意度指数 CNCSI 为 81.5 分，均高于网络服务行业的平均水平。

猫途鹰、马蜂窝和携程的 QCEI 位列行业前三，质量消费体验较好，三家旅游网站的 CNCSI 均高于该子行业平均水平。

太平洋亲子网

母婴网站 | 网络服务

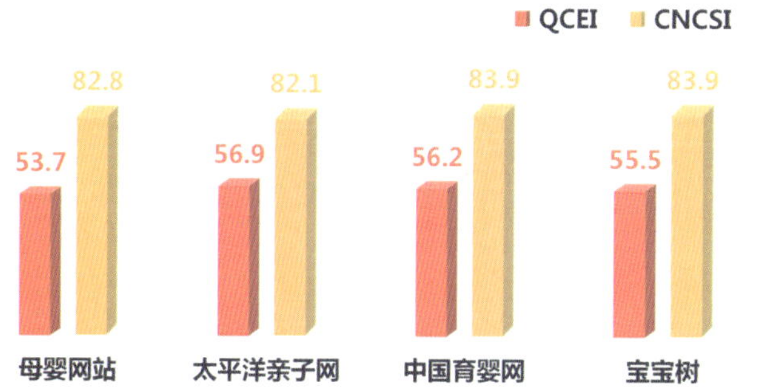

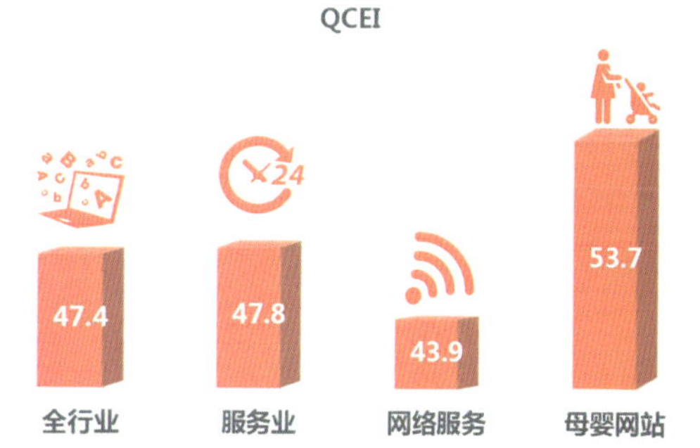

母婴网站在空间上拓展了妈妈们的选购视野，全球搜索好物，而且足不出户就可以收到所需商品。

调查结果显示，母婴网站行业整体质量消费体验指数 QCEI 为 53.7 分，满意度指数 CNCSI 为 82.8 分，均高于网络服务行业乃至全行业平均水平。

太平洋亲子网、中国育婴网和宝宝树的 QCEI 位列行业前三，质量消费体验较好，三家母婴网站中的中国育婴网和宝宝树的 CNCSI 高于该子行业平均水平。

腾讯视频

视频网站 | 网络服务

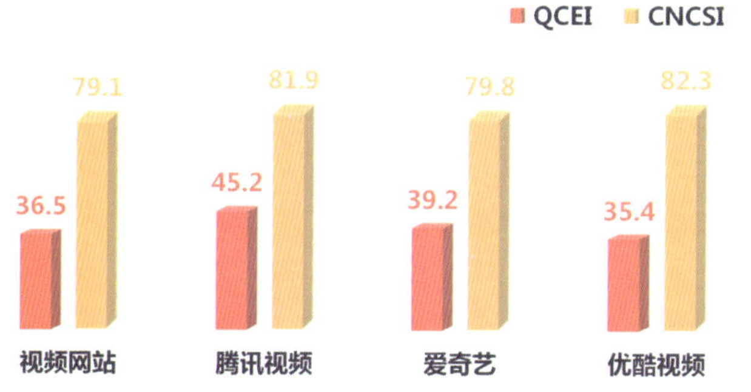

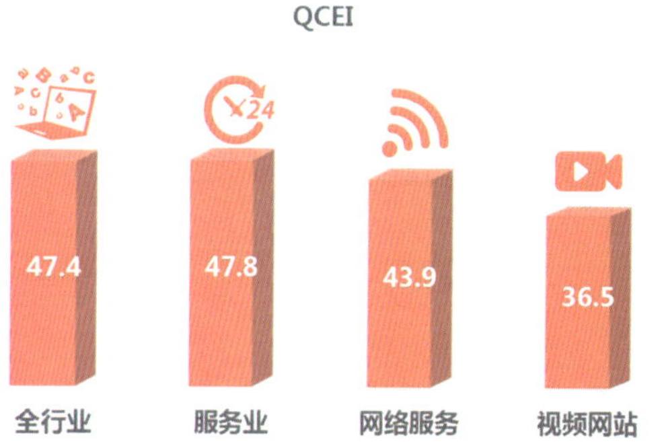

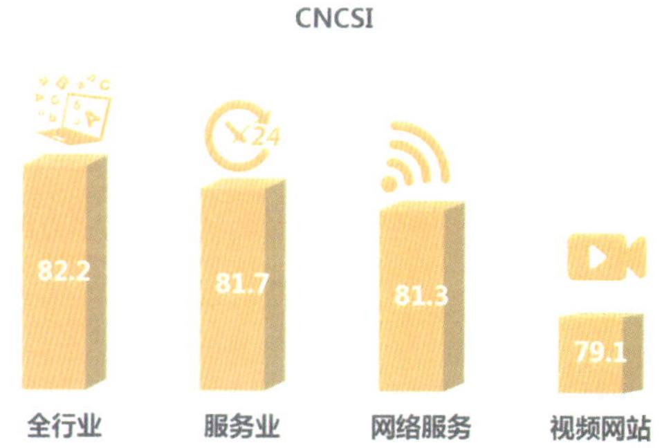

视频网站尽管已逐步形成完善的体系，但仍有新鲜力量不断注入，用户体验不断升级，也亟须加强管理和规范。

调查结果显示，视频网站行业整体质量消费体验指数 QCEI 为 36.5 分，满意度指数 CNCSI 为 79.1 分，均低于网络服务行业乃至全行业平均水平。

腾讯视频、爱奇艺和优酷视频的 QCEI 位列行业前三，质量消费体验较好，三家视频网站的 CNCSI 均高于该子行业平均水平。

美团

团购网站 | 网络服务

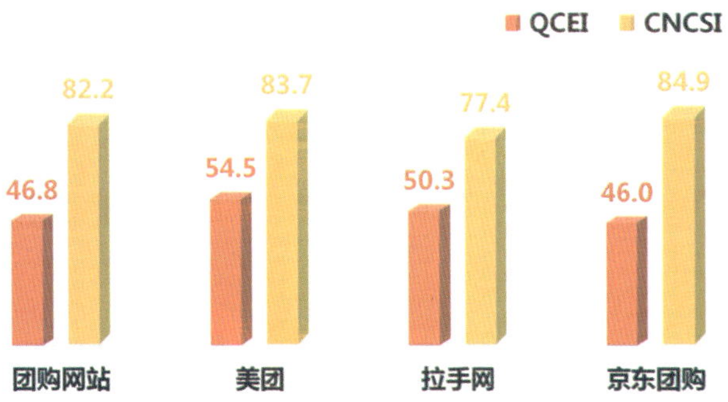

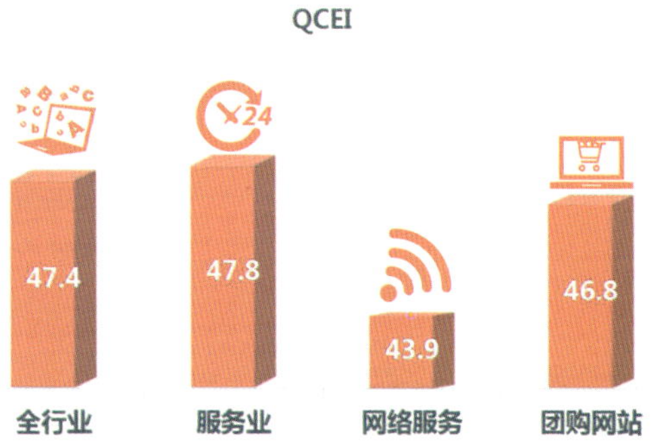

目前国内团购行业已从野蛮成长模式升级为精细化管理模式。

调查结果显示，团购网站行业整体质量消费体验指数 QCEI 为 46.8 分，满意度指数 CNCSI 为 82.2 分，均高于网络服务行业的平均水平。

美团、拉手网和京东团购的 QCEI 位列行业前三，质量消费体验较好，三家团购网站中美团和京东的 CNCSI 高于该子行业平均水平。

淘宝网

网购平台 | 网络服务

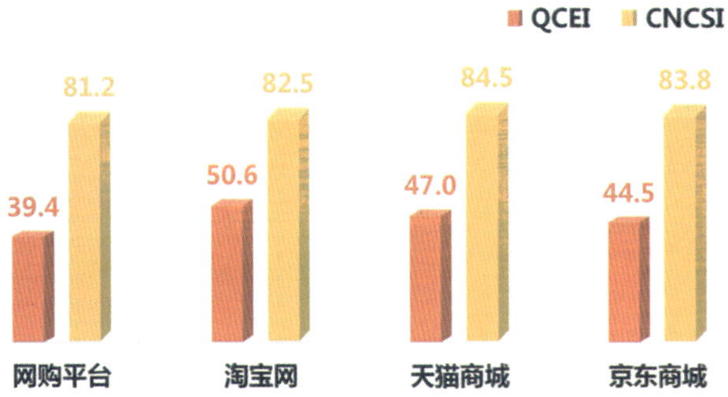

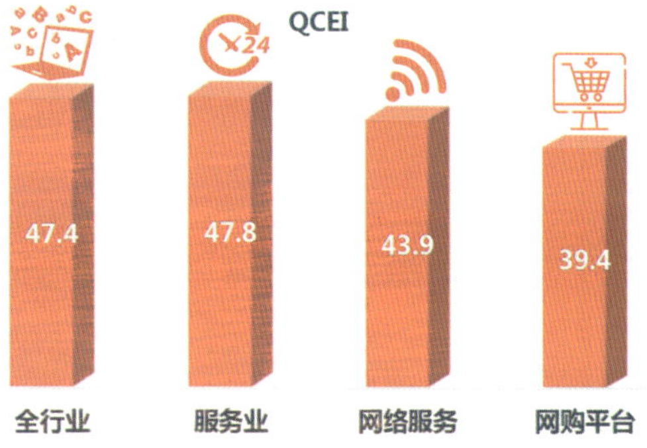

网购平台是指基于互联网，为了促成买卖双方交易而建立的平台。同时，传统商家上网拓展也是一个明显的趋势。

调查结果显示，网购平台行业整体质量消费体验指数 QCEI 为 39.4 分，满意度指数 CNCSI 为 81.2 分，均低于网络服务行业乃至全行业平均水平。

淘宝网、天猫商城和京东商城的QCEI位列行业前三，质量消费体验较好，三家网购平台的 CNCSI 均高于该子行业平均水平。

蚂蚁短租

在线租房 网络服务

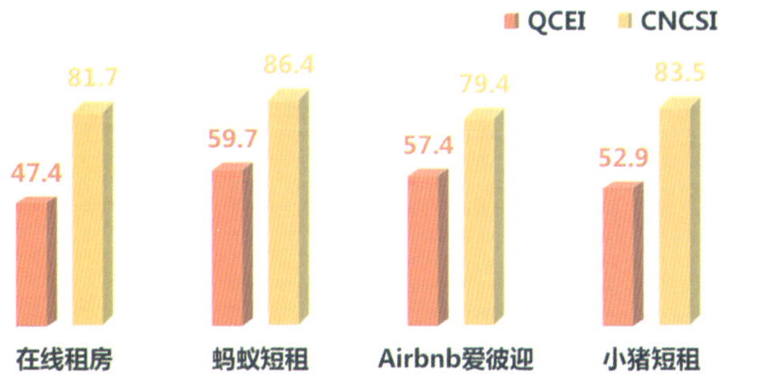

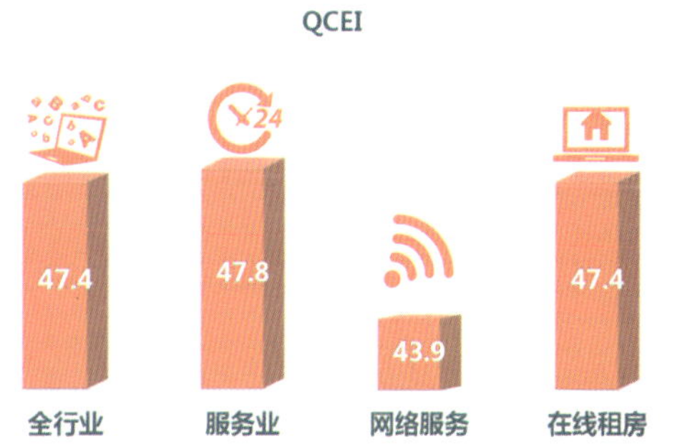

在线租房，节省了消费者大量的时间和精力，成为更多人选房租房的首选平台。

调查结果显示，在线租房行业整体质量消费体验指数 QCEI 为 47.4 分，满意度指数 CNCSI 为 81.7 分，均高于网络服务行业乃至全行业平均水平。

蚂蚁短租、爱彼迎和小猪短租的QCEI位列行业前三，质量消费体验较好，三家在线租房网站中蚂蚁短租和小猪短租的 CNCSI 高于该子行业平均水平。

拉勾网

招聘网站 网络服务

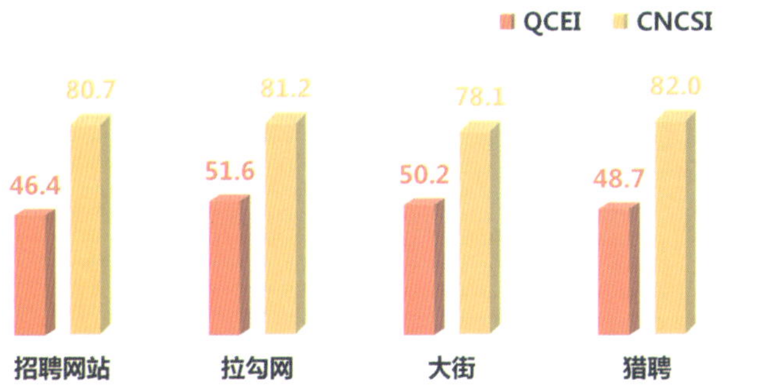

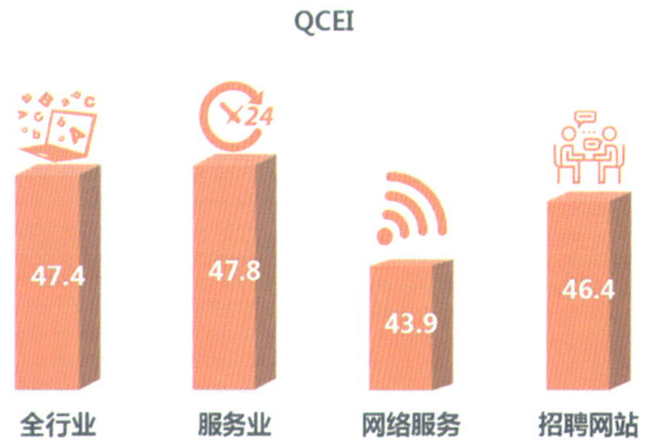

招聘网站是运用互联网及相关技术，帮助雇主和求职者完成招聘和求职的网络站点，能够给用人双方提供更多的选择和机会。

调查结果显示，招聘网站行业整体质量消费体验指数 QCEI 为 46.4 分，满意度指数 CNCSI 为 80.7 分。

拉勾网、大街和猎聘的 QCEI 位列行业前三，质量消费体验较好，三家招聘网站中拉勾网和猎聘网的 CNCSI 高于该子行业平均水平。

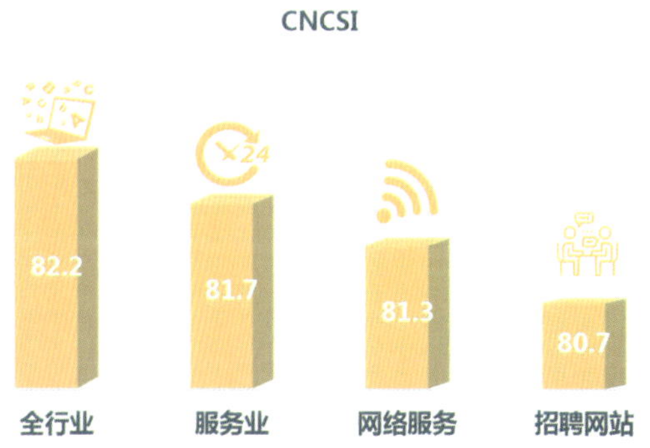

新华保险

车险 | 金融服务

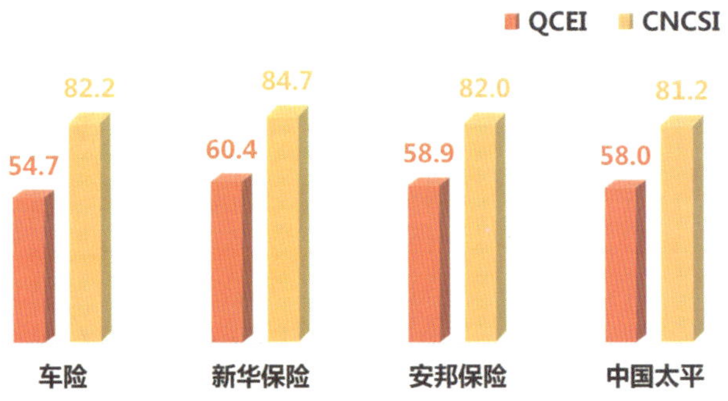

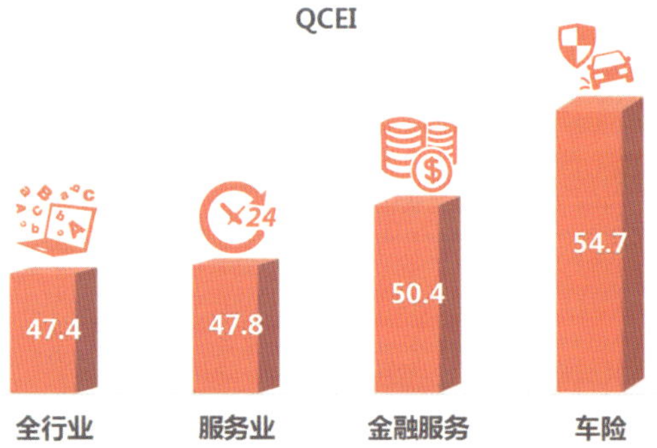

车险提供的已经不仅仅是一种保险产品，更多的是提供一系列的服务。

调查结果显示，车险行业整体质量消费体验指数QCEI为54.7分，满意度指数CNCSI为82.2分，均高于金融服务行业乃至全行业平均水平。

新华保险、安邦保险和中国太平的QCEI位列行业前三，质量消费体验较好，三家车险中仅新华保险的CNCSI高于该子行业平均水平。

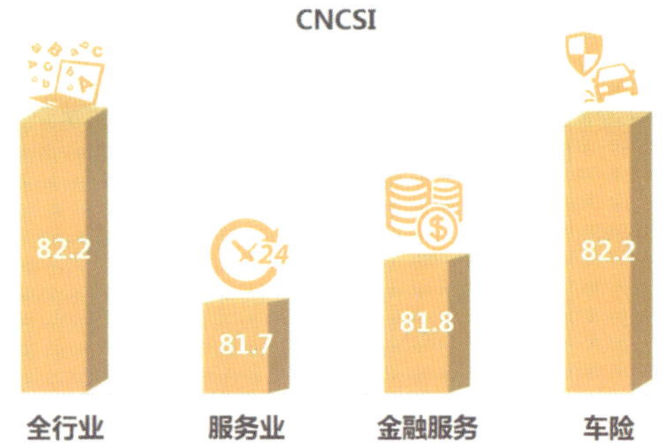

支付宝

第三方支付 | 金融服务

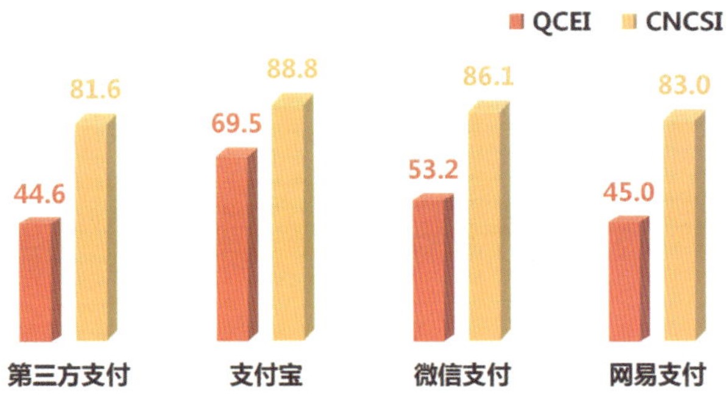

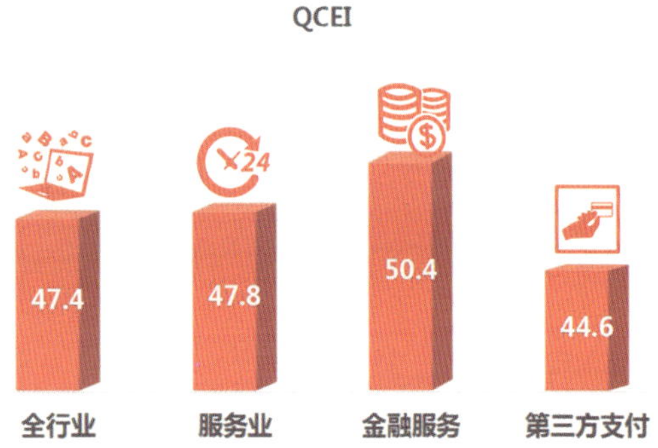

第三方支付作为新技术、新业态、新模式的新兴产业，已经成为现代金融服务业不可或缺的重要组成部分。

调查结果显示，第三方支付行业整体质量消费体验指数QCEI为44.6分，满意度指数CNCSI为81.6分，均低于金融服务行业乃至全行业平均水平。

支付宝、微信支付和网易支付的QCEI位列行业前三，质量消费体验较好，三家支付平台的CNCSI均高于该子行业平均水平。

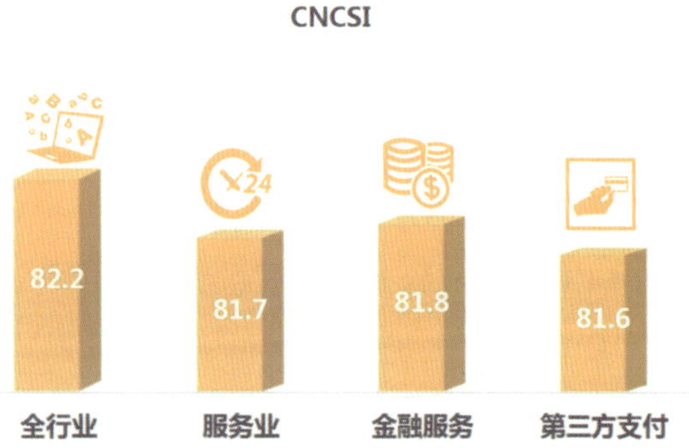

中信银行

借记卡 / 储蓄卡　金融服务

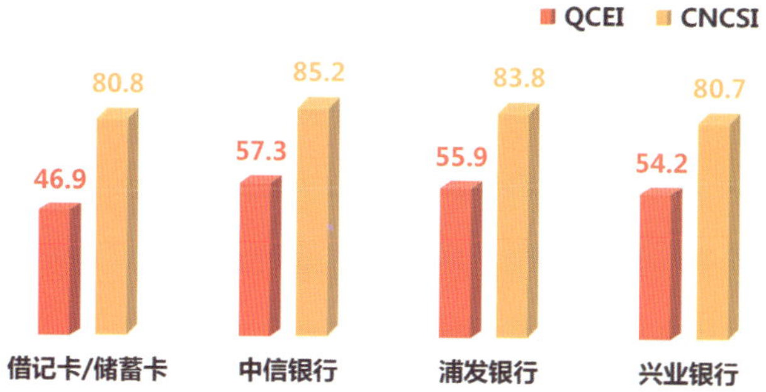

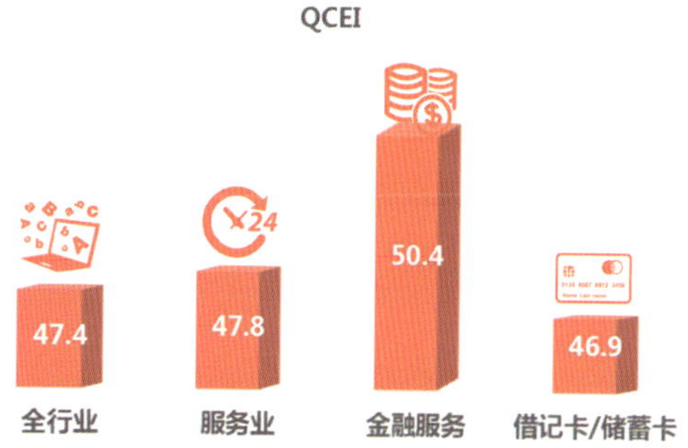

近几年，银行业的借记卡 / 储蓄卡业务正全方位与互联网结合，以移动支付、互联网支付、金融 IC 卡为代表的银行卡支付创新步伐日渐加快。

调查结果显示，借记卡 / 储蓄卡行业整体质量消费体验指数 QCEI 为 46.9 分，满意度指数 CNCSI 为 80.8 分，均低于金融服务行业乃至全行业平均水平。

中信银行、浦发银行和兴业银行的 QCEI 位列行业前三，质量消费体验较好，其中中信银行和浦发银行的借记卡 / 储蓄卡服务的 CNCSI 高于该子行业平均水平。

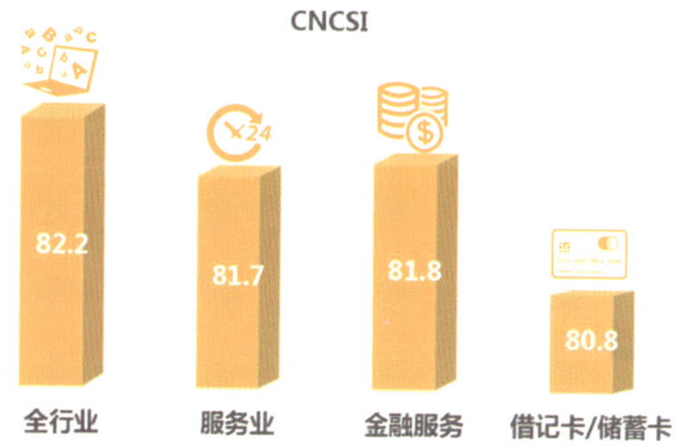

中国人寿

人寿险　金融服务

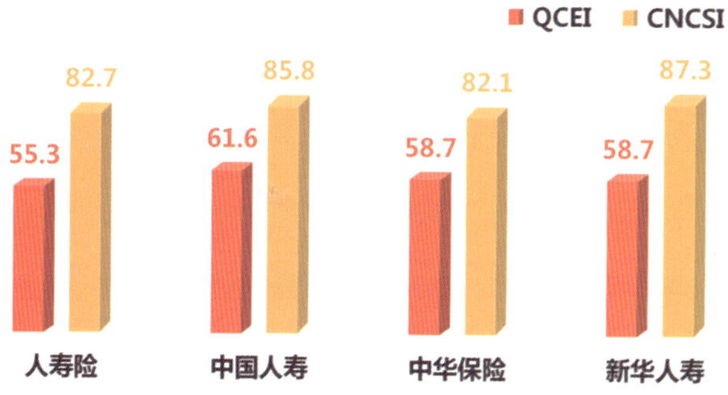

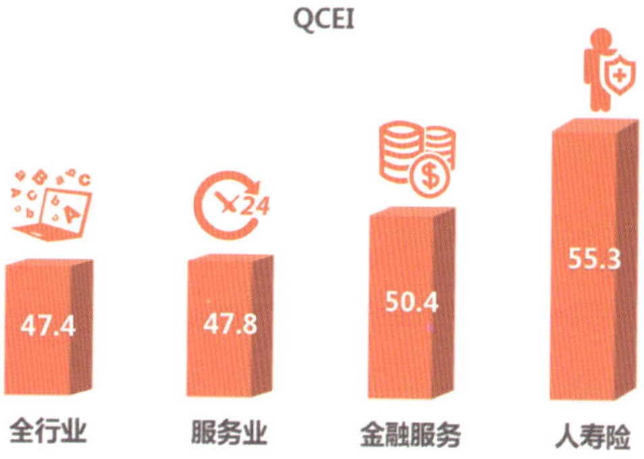

中国的人口规模庞大，老龄化趋势较快以及较高的储蓄率，都是人寿险发展的重要动力。

调查结果显示，人寿险行业整体质量消费体验指数 QCEI 为 55.3 分，满意度指数 CNCSI 为 82.7 分，均高于金融服务行业乃至全行业平均水平。

中国人寿、中华保险和新华人寿的 QCEI 位列行业前三，质量消费体验较好，其中中国人寿和新华人寿的 CNCSI 高于该子行业平均水平。

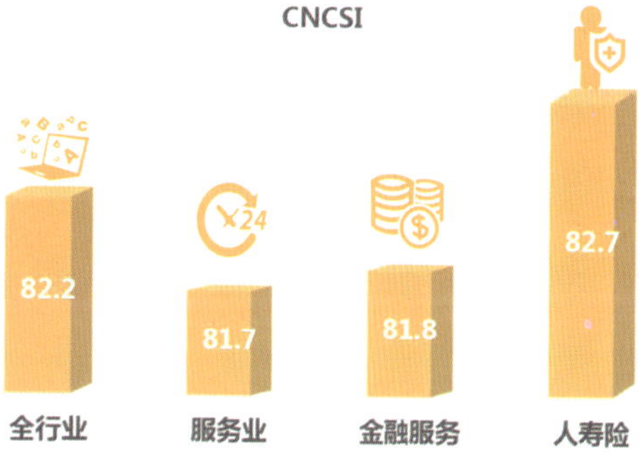

招商银行信用卡

信用卡 | 金融服务

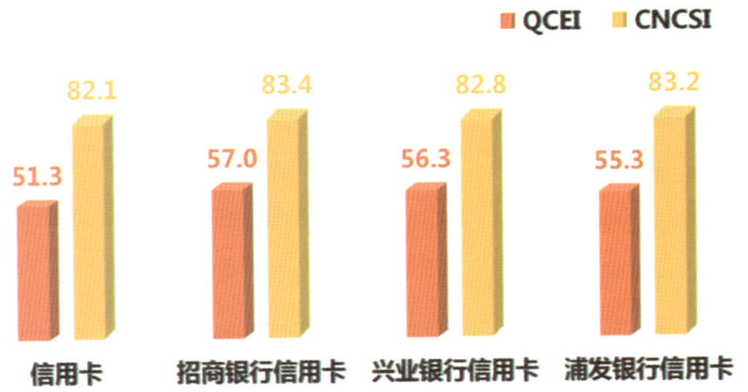

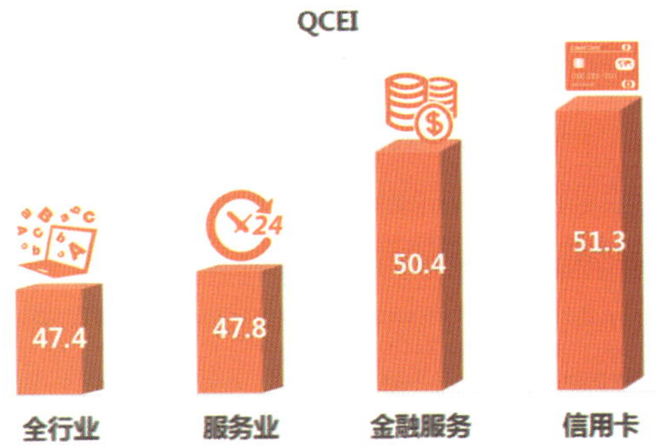

信用卡业务的发展，改变的不只是生活方式，更重要的是改变了人们的生活消费习惯。

调查结果显示，信用卡服务行业整体质量消费体验指数 QCEI 为 51.3 分，满意度指数 CNCSI 为 82.1 分，均高于金融服务行业的平均水平。

招商银行、兴业银行和浦发银行的信用卡服务的 QCEI 位列行业前三，三家银行信用卡业务的 CNCSI 均高于该子行业平均水平。

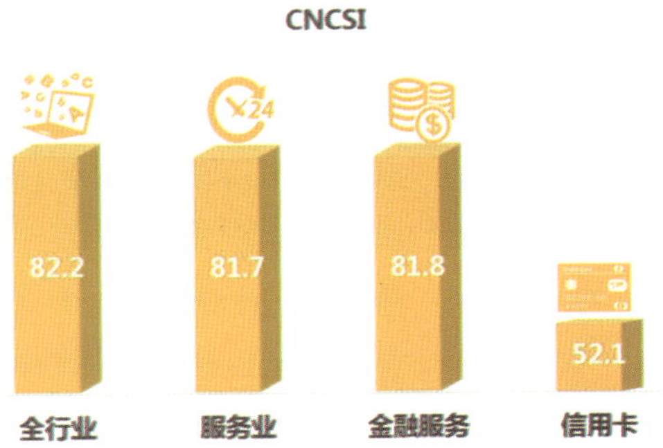

实践篇

满意中国

SATISFIED CHINA

用户视角下的质量与品牌

2018

概　述

- 实施全国用户满意工程 / 125
- 市场质量信用体系建设 / 125

实施全国用户满意工程

中国质量协会、全国用户委员会于 1996 年发起实施全国用户满意工程。22 年来，通过用户满意理论研究与推广、行业用户需求调研、质量信用等级评价、质量信誉承诺、消费维权、标杆学习交流、创建用户满意服务明星等系列活动的开展，助力国内 7 万余家企业产品、服务质量、组织管理、经营绩效和用户满意度获得显著提升。

党的十九大报告作出我国经济已由高速增长阶段转向高质量发展阶段的重大论断，同时指出，中国特色社会主义进入新时代，社会的主要矛盾已经转化为人民日益增长的美好生活需要和不平衡不充分的发展之间的矛盾。要适应新的发展形势，解决好新的社会矛盾，必须大力提升发展质量和效益。实施用户满意工程活动正是通过全社会的共同参与和深入实施，弘扬以用户为中心的经营理念和以用户满意为标准的质量理念，塑造组织核心竞争力，创建用户满意的产品、工程、服务以及用户满意的企业和品牌，不断满足人民群众日益增长的消费期望和需求，提升人民群众的消费满意度和质量获得感。

市场质量信用体系建设

市场质量信用是指企业（产品、工程、服务）取得并保持用户对其质量信任的能力。质量、信用、市场信誉、用户满意是与企业生存和发展紧密关联的重要要素。高质量水平是质量信用的基础，是建立质量信用的客观条件。随着质量信用的不断深化与积累，市场信誉在质量信用的土壤中得以成长得以发展，所以一定时期内质量信用的积累是铸就市场信誉的前提。可以说没有持续的高质量就不存在质量信用，没有质量信用那么市场信誉也将无从谈起。市场信誉在一定程度上是呈现用户期望的一个无形载体，是用户对品牌、产品、服务、技术与价值认可程度的总体表现。在用户实际使用或接受产品或服务后，将对其进行再定位，从体验中获得实际感知，这种感知与预期的差距则产生了用户满意或不满的感觉状态，故而良好的市场信誉是实现用户满意的基本条件之一，也是一定时期内用户满意促进的必然结果。

质量信用是现代市场经济高质量发展追求的目标，是满足人民群众日益增长消费需求实现用户满意，提升质量获得感的基础，也是社会信用体系建设的重要组成部分。所以，建立市场质量信用体系是建设质量强国的必由之路。

2018 年，中国质量协会继续贯彻落实国务院《社会信用体系建设规划纲要（2014—2020 年）》（国发〔2014〕21 号）、国务院《关于建立完善守信联合激励和失信联合惩戒制度加快推进社会诚信建设的指导意见》（国发〔2016〕33 号）和《国家发展改革委办公厅关于充分发挥信用服务机构作用加快推进社会信用体系建设的通知》（发改办财金〔2018〕190号）等有关文件精神及要求，认真推进质量领域的社会信用体系建设，在实施全国用户满意工程中积极开展市场质量信用评价工作。

市场质量信用评价工作的开展以服务会员企业、促进行业自律、提高质量领域信用水平为宗旨，将企业、产品、工程、服务的质量水平纳入质量信用体系，为企业提供有效的市场质量信用分析服务，以提高企业产品、工程、服务的社会信用水平和信用风险防范能力，引导企业更好、更主动地向社会公开产品质量状况和质量承诺信息，接受社会监督，提高企业的质量诚信意识和质量法制意识，推动企业牢固树立“质量诚信，用户满意”的质量理念，促进社会健康有序发展。

满意中国
SATISFIED CHINA
用户视角下的质量与品牌
2018

2018 年“质量诚信，用户满意”公示

- 用户满意标杆企业 / 129
- 用户满意标杆服务 / 129
- 用户满意企业 / 129
- 用户满意产品 / 131
- 用户满意工程 / 133
- 用户满意服务 / 135

市场质量信用等级评价是以用户为主体，以市场评价为中心的信息征集和等级评价方法，评价的内容和指标体系由质量信用意愿、质量保障能力、市场经营能力等三个一级指标及若干二、三级指标组成，全面综合考核企业的诚信建设与市场质量信用管理能力和水平。市场质量信用等级依据《中国质量协会市场质量信用等级评价准则》划分为 AAA、AA、A、B、C、D 四等六级。

为更加充分地向社会展示实施全国用户满意工程在建设质量信用体系方面取得的成果，按照《国务院办公厅关于社会信用体系建设的若干意见》和《国务院关于促进市场公平竞争维护市场正常秩序的若干意见》的要求开展“质量诚信，用户满意”公示活动，为企业建立质量信用档案，对企业的质量信用状况进行客观记录和公示，向社会公开展示年度 AAA（用户满意标杆）级、AA（用户满意）级企业（产品、工程、服务）名单，供社会公众及有关部门查询、评价、监督和使用企业的市场质量信用信息，营造诚实、自律、守信、互信的社会信用环境。同时，引导更多企业卓越经营，培育更多追求顾客与市场满意的诚信企业，促进全社会形成良好的信用观念，推进社会信用体系建设。

公示企业（项目）为自愿申请参加“质量诚信，用户满意”公示并签署市场质量信用承诺书的AAA（用户满意标杆）、AA（用户满意）级市场质量信用企业。公示企业郑重承诺“严格遵守产品和服务的国家质量标准，切实履行质量担保责任及缺陷产品召回等法定质量责任，主动接受社会监督，确保不断提高产品、服务水平，若出现违法违纪行为或重大顾客投诉事件与质量安全事故等失信行为，自愿接受榜单动态调整”。

关于 2018 年全国市场质量信用 A 等（用户满意）企业名单的公示

为深入贯彻落实《中共中央 国务院关于开展质量提升行动的指导意见》《国务院办公厅关于社会信用体系建设的若干意见》等文件精神，建立质量分级制度，推进我国市场质量诚信体系建设，提高企业的质量诚信意识和质量法制意识，推动企业牢固树立“质量诚信，用户满意”的经营理念，2018 年，中国质量协会在实施全国用户满意工程活动中开展全国市场质量信用等级评价工作及用户满意等级认定工作。在企业自愿申请的基础上，经市场用户评价（采用 CCSI 模型，满意度指数 80 分以上）、推进机构推荐、第三方信用评价机构评价和专家评审，认定珠海格力电器股份有限公司等 8 家企业为 2018 年用户满意标杆；澳柯玛股份有限公司等 132 家企业为用户满意企业；大金空调（苏州）有限公司等企业的 45 种产品为用户满意产品；中国十九冶集团有限公司等企业的 68 项工程为用户满意工程；山东航空股份有限公司等企业的 53 项服务为用户满意服务。

现将 2018 年全国市场质量信用等级评价名单公布如下，希望入选单位自觉接受用户、政府和社会监督，切实履行质量主体责任，守信自律，持续推进实施用户满意工程。希望相关单位积极参与质量诚信体系建设，带动更多的企业参与实施用户满意工程活动，促进形成行业健康发展的长效机制。

评价结果接受社会监督，对经核实存在失信行为的企业，将下调评价等级并撤销公示资格。“用户满意”企业公示名单请以全国用户满意企业信用服务平台（www.yonghu.org.cn）实时公示内容为准。

“用户满意”企业公示监督电话：4008031576

2018 年全国市场质量信用 A 等（用户满意）企业名单（以下排名不分先后）

用户满意标杆企业（市场质量信用等级：AAA）

企业名称
珠海格力电器股份有限公司
徐工集团工程机械股份有限公司建设机械分公司
杭州天堂伞业集团有限公司
山东高速股份有限公司
中国移动通信集团广东有限公司汕头分公司
珠海罗西尼表业有限公司
甘肃第七建设集团股份有限公司

用户满意标杆服务（市场质量信用等级：AAA）

企业名称	专项服务名称
广西柳工机械股份有限公司	工程机械售后服务

用户满意企业（市场质量信用等级：AA）

企业名称	企业名称
北京市建筑设计研究院有限公司	中国邮政储蓄银行股份有限公司苏州市分行
北京章光 101 科技股份有限公司	苏州大学应用技术学院
中国联合网络通信有限公司北京市顺义区分公司	国网浙江省电力有限公司庆元县供电公司
北京星海钢琴集团有限公司	中国邮政速递物流股份有限公司无锡市分公司
中国联合网络通信有限公司天津市南开区分公司	苏州工业园区机关事务管理中心
天津市武清区建筑工程总公司	中国电信股份有限公司盐城分公司
天津友发钢管集团股份有限公司	国网江苏省电力有限公司淮安供电分公司
天津二建建筑工程有限公司	国网江苏省电力有限公司常州供电分公司

唐山港集团股份有限公司
中国电信股份有限公司保定分公司
唐山正元管业有限公司
张家口第一建筑工程集团有限公司
中国邮政集团公司沧州市分公司
华油钢管有限公司
河钢股份有限公司承德分公司
保定建业集团有限公司
中国电建集团河北省电力勘测设计研究院有限公司
山西汾西重工有限责任公司
经纬纺织机械股份有限公司榆次分公司
中国移动通信集团山西有限公司太原分公司
山西澳瑞特健康产业股份有限公司
内蒙古电力（集团）有限责任公司乌海电业局
内蒙古电力（集团）有限责任公司包头供电局
内蒙古电力（集团）有限责任公司
大连出版社
国网吉林省电力有限公司辽源供电公司
上海山安建设工程有限公司
上海沪佳建筑装饰有限公司
伽蓝（集团）股份有限公司
上海公路桥梁（集团）有限公司
国网江苏省电力有限公司江阴市供电分公司
国网江苏省电力有限公司泗阳县供电分公司
中国移动通信集团江苏有限公司泰州分公司
中国联合网络通信有限公司厦门市分公司
元翔（福州）国际航空港有限公司
江西新瑞丰生化股份有限公司
江西恒华建筑工程有限公司
山东景阳冈酒厂有限公司
山东寿光巨能特钢有限公司
祥泰实业有限公司
澳柯玛股份有限公司
日照港股份有限公司第三港务分公司
青岛交通工程监理咨询有限公司
湖北宏基置业发展有限公司
湖北丰缘科技股份有限公司
中国联合网络通信有限公司武汉市分公司
中亿丰建设集团股份有限公司
国网江苏省电力有限公司南京供电分公司
江苏南通三建集团股份有限公司
苏州银行股份有限公司
中国移动通信集团江苏有限公司无锡分公司
南京钢铁股份有限公司
中国移动通信集团江苏有限公司苏州分公司
国网江苏省电力有限公司盐城供电分公司
国网江苏省电力有限公司泰州供电分公司
中国移动通信集团江苏有限公司常州分公司
中国移动通信集团江苏有限公司徐州分公司
中国移动通信集团江苏有限公司连云港分公司
中国移动通信集团江苏有限公司淮安分公司
无锡江南电缆有限公司
国网江苏省电力有限公司镇江供电分公司
国网江苏省电力有限公司苏州供电分公司
国网浙江常山县供电有限公司
厦门东港环美家具有限公司
中国移动通信集团浙江有限公司金华分公司
绍兴柯桥供水有限公司
中国移动通信集团安徽有限公司滁州分公司
中国邮政储蓄银行股份有限公司漳州市分行
福建省三钢（集团）有限责任公司
福建省腾龙工业公司
福州通尔达电线电缆有限公司
中铁八局集团桥梁工程有限责任公司
成都彩虹电器（集团）股份有限公司
成都建工集团有限公司
四川石油天然气建设工程有限责任公司
中信国安建工集团有限公司
重庆鸽牌电工材料有限公司
中国联合网络通信有限公司安顺市分公司
中铁八局集团有限公司市政工程分公司
武钢集团昆明钢铁股份有限公司
云南铜业股份有限公司西南铜业分公司
云南锡业股份有限公司
中国电信股份有限公司铜川分公司
中国移动通信集团陕西有限公司安康分公司

湖北中原磷化有限公司
国网湖南省电力有限公司冷水江市供电分公司
中国电信股份有限公司邵阳分公司
中国移动通信集团湖南有限公司湘西自治州分公司
中国联合网络通信有限公司广州市分公司
中铁五局集团机械化工程有限责任公司
中建五局土木工程有限公司
中国联合网络通信有限公司岳阳市分公司
广州市中崎商业机器股份有限公司
广州市第四建筑工程有限公司
中国电信股份有限公司深圳分公司
中国电信股份有限公司湛江分公司
广州港新沙港务有限公司
广州供电局有限公司
中国电信股份有限公司中山分公司
中国邮政集团公司贺州市分公司
中国电信股份有限公司乐山分公司
四川阆中天然气总公司
四川好医生攀西药业有限责任公司
四川好医生药业集团有限公司
成都冶金实验厂有限公司
中建五局第三建设有限公司
空间信息产业发展股份有限公司
四川天邑康和通信股份有限公司
中国邮政集团公司铜川市分公司
中国移动通信集团陕西有限公司渭南分公司
甘肃福雨塑业有限责任公司
西宁特殊钢股份有限公司
新疆伊河电力有限责任公司
海南汉地阳光石油化工有限公司
中石油海南销售有限公司
海南澄迈农村商业银行股份有限公司
中国电信股份有限公司海南分公司
三亚凤凰国际机场有限责任公司
海口美兰国际机场有限责任公司
海南呀诺达圆融旅业股份有限公司
三亚市天涯海角旅游发展有限公司
海南望海国际商业广场有限公司
海航货运有限公司
海南南山文化旅游开发有限公司

用户满意产品（市场质量信用等级：AA）

企业名称	产品名称	商标名称
北京金隅天坛家具股份有限公司	家具	天坛
北京合立星源光电科技有限公司	500W Led 塔吊灯	合立星源
唐山三友硅业有限责任公司	室温硫化甲基硅橡胶	新友
唐山不锈钢有限责任公司	冷轧镀锡用热轧钢带	HBIS
河北百思特电气有限公司	箱式变电站	真艺
河钢股份有限公司承德分公司	汽车箱体用热轧钢板钢带	HBIS
唐山东方雨虹防水技术有限责任公司	JS 防水涂料	雨虹 yuhong
河钢股份有限公司唐山分公司	结构用热轧钢带	HBIS
宣化钢铁集团有限责任公司	钢筋混凝土用热轧钢筋	燕山

唐山三友集团兴达化纤有限公司	粘胶短纤维	三友
经纬纺织机械股份有限公司榆次分公司	精梳机	经纬
经纬纺织机械股份有限公司榆次分公司	棉纺环锭细纱机	经纬
内蒙古北方重工业集团有限公司	模具钢	北方重工
内蒙古包钢钢联股份有限公司	锅炉用无缝钢管	
海澜之家股份有限公司	西服、衬衫	圣凯诺
江苏林洋能源股份有限公司	集中器	林洋
江苏通用科技股份有限公司	全钢子午线轮胎	骐马
江苏新远程电缆有限公司	电线电缆	远程
莱克电气股份有限公司	吸尘器	LEXY 莱克
江苏海狮机械股份有限公司	大型隧道式连续洗涤机组	海狮
大金空调（苏州）有限公司	空调	大金
码捷（苏州）科技有限公司	移动终端	霍尼韦尔
嘉兴市恒创电力设备有限公司	配网工厂化装配送工装台设备	JHEE
华通机电股份有限公司	低压断路器	FATO
安徽铜冠铜箔有限公司	铜箔	铜冠
福建联迪商用设备有限公司	智能 POS 终端	LANDI联迪
福建龙岩喜鹊纺织有限公司	毛巾	喜鹊
福建榕基软件股份有限公司	榕基电子单证系统	榕基易检
厦门东港环美家具有限公司	课桌椅	东港环美
福建省三钢（集团）有限责任公司	钢筋混凝土用钢 – 热轧带肋钢筋	
江西南缆集团有限公司	电线电缆	赣昌
阳谷祥光铜业有限公司	阴极铜	祥光
湖北金箭阀门有限公司	消防阀门	金箭
佛山市顺德区巴德富实业有限公司	丙烯酸乳液	巴德富
佛山市佳华电气科技有限公司	断路器	华安
广东志高空调有限公司	空调器	志高
佛山钻石瓷砖有限公司	陶瓷墙地砖	钻石
江门市金羚排气扇制造有限公司	换气扇、电风扇	金羚
佛山高明顺成陶瓷有限公司	建筑陶瓷	顺辉
佛山市高明贝斯特陶瓷有限公司	建筑陶瓷	百特
广西柳州钢铁集团有限公司	冷轧低碳钢带	柳钢
柳州柳工挖掘机有限公司	履带式液压挖掘机	柳工
武钢集团昆明钢铁股份有限公司	钢筋混凝土用热轧钢筋	昆钢
金川集团铜业有限公司	电镀用硫酸铜	银驼
大禹节水集团股份有限公司	内镶贴片式滴灌管（带）	DAYU

用户满意产品（市场质量信用等级：AA）

企业名称	工程名称
中铁建工集团有限公司	北京诺德中心三期
中国建筑第五工程局有限公司	秦皇岛万科假日风景 A 区二期一标项目
中铁建工集团有限公司	太原迎泽桥项目 8#~11# 楼、裙房及地下车库一工程
中建一局集团建设发展有限公司	泰康之家·燕园养老院社区酒店
中交一航局第四工程有限公司	香邑花苑二期项目住宅工程
天津市武清区建筑工程总公司	武清区体育场馆项目
天津市建工工程总承包有限公司	康婷健康事业产业园工程
天津振津工程集团有限公司	引江向尔王庄水库供水联通工程施工（第 1 标段）
南通市达欣工程股份有限公司	孙村项目盛邦花园二区 1–8# 楼工程
河北天山实业集团建筑工程有限公司	高新区 45# 地项目（天山银河广场项目）C 区商办楼
大元建业集团股份有限公司	天成熙园 1–4# 楼及 S3# 楼
江苏省苏中建设集团股份有限公司	孔雀新城·汇园 20#、21#、24#、25#、26# 楼
江苏省苏中建设集团股份有限公司	金域蓝湾三区 25#、26#、27#、28# 住宅楼和地库工程
中国电建集团河北省电力勘测设计研究院有限公司	河北建投邢台热电联产工程
通州建总集团有限公司	电谷科技中心 3 号生产厂房
河北辛建建设集团有限公司	河北医科大学图书实验综合楼
河北海滨建工集团有限公司	金都雅居 E2 住宅楼
山西建筑工程集团有限公司	河曲隩滨阁重建工程
山西二建集团有限公司	乡宁县新医院建设工程
山西省工业设备安装集团有限公司	太古供热中继能源站
中铁六局集团呼和浩特铁路建设有限公司	新建张家口至呼和浩特铁路 ZHZQ–7 标呼和浩特东站站场改造工程
吉林市市政建设集团有限公司	吉林大街中段隧道工程（含江城广场改造）
大庆油田建设集团有限责任公司安装公司	中十四 –2 含油污水处理站工程
浙江舜杰建筑集团股份有限公司	虹桥镇 95 号地块住宅项目
上海公路桥梁（集团）有限公司	潘广路 – 逸仙路电力隧道工程一标
中亿丰建设集团股份有限公司	苏州中心广场土建施工总承包工程一标段
浙江省三建建设集团有限公司	翡翠城学校 A 楼、B 楼、地下室工程
南通新华建筑集团有限公司	中国联通江苏分公司通信综合楼工程
江苏通州一建建设工程有限公司	万融广场
南通四建集团有限公司	中国工商银行苏州分行办公大楼

浙江泰仑电力集团有限责任公司配电工程分公司	湖州南太湖湿地奥体公园供电系统安装工程
丽水市普明电力建设工程有限公司	新湖国际 2# 地块（一期）配电工程
中铁四局集团钢结构建筑有限公司	江岸车辆段襄阳北检修扩能改造工程
中铁四局集团第一工程有限公司	郑州至新郑国际机场轨道交通市政配套工程机场站
中铁四局集团有限公司	广西麦岭（湘桂界）至贺州高速公路路基工程第六合同段
中铁四局集团第四工程有限公司	黄山市 G205 国道改建及梅林南路新建工程
中建海峡建设发展有限公司	福建省住房和城乡建设厅综合业务大楼
卓成建设集团有限公司	江西玉丰农产品冷藏加工物流中心建设项目 6# 冷库
昌建建设集团有限公司	意环大厦
青建集团股份公司第一分公司	青岛市市立医院东院二期工程门诊住院楼项目
青建国际集团有限公司	中科青岛研发城（A 区块）项目
青建集团股份公司	市北区欢乐海滨城九年一贯制学校项目
青建集团股份公司第二分公司	东营市第二中学迁建工程学生公寓等
青岛建设集团有限公司	青岛鼎信通讯科技产业园项目 5# 中试车间 7#8# 倒班宿舍
山东金城建设有限公司	淄博市博山区中医院门诊病房综合楼
中铁五局集团机械化工程有限责任公司	新建沪昆铁路客运专线长沙至昆明段（贵州）CKGZTJ-8 标姚官屯特大桥
中铁五局集团第一工程有限责任公司	长沙市轨道交通 1 号线一期工程黄土岭站
中铁五局集团贵州工程有限公司	天河潭景区建设项目
中国十九冶集团有限公司深圳分公司	富州大桥
中国建筑第五工程局有限公司	鹏瑞深圳湾壹号广场南地块三期
广东省基础工程集团有限公司	广州市轨道交通九号线一期工程莲塘村站土建工程
广东欧姆龙电力工程有限公司	佛山万科金域缇香变配电工程
广东立胜综合能源服务有限公司	佛山科学技术学院新校区（北院）建设工程项目永久用电工程
中国建筑第五工程局有限公司	南宁市凤凰岭路改扩建工程（凤岭北路－青环路）3 标
广西建工集团第二安装建设有限公司	保利·大江郡 12# 楼及地下室
广西建工集团第五建筑工程有限责任公司	百色干部学院及景观配套工程
中建八局第二建设有限公司	南宁市国家档案馆（含南宁市方志馆）
中国建筑第八工程局有限公司	广西文化艺术中心项目
中国建筑第二工程局有限公司	南宁万达茂一期项目·茂
中铁八局集团电务工程有限公司	长沙市轨道交通 1 号线一期 35kV 变电所、环网电缆、杂散电流安装工程
四川省第六建筑有限公司	太阳公元住宅小区二期一标 4、5、1、2# 楼
中铁八局集团建筑工程有限公司	中铁·奥维尔二期

中国十九冶集团有限公司	泸州空港路
中铁八局集团第一工程有限公司	重庆市合川区涪江四桥工程
中铁建工集团有限公司西北分公司	中铁缤纷新城Ⅱ期标段工程
甘肃第六建设集团股份有限公司	华电新能源发展有限公司甘肃分公司区域生产运行集中管理中心楼
甘肃第七建设集团股份有限公司	明雅苑住宅小区
甘肃第七建设集团股份有限公司	甘肃省社会科学院专家公寓 5# 住宅楼项目

用户满意服务（市场质量信用等级：AA）

企业名称	专项服务名称
北京中贯通检测科技有限公司	无损检测
国网河北省电力有限公司沧州供电分公司	供电服务
河北华北石油金地物业服务有限公司	物业服务
国网河北省电力有限公司邢台供电分公司	电力客户服务
国网山西省电力公司山阴县供电公司	供电服务
英大泰和人寿保险股份有限公司山西分公司	保险服务
吉林市城市公共交通集团有限公司	公交特色服务
国网吉林省电力有限公司吉林供电公司	供电服务
上海沪颐建筑装饰有限公司	整装服务
京杭运河江苏省交通运输厅苏北航务管理处	船舶过闸服务
南京江宁水务集团有限公司	供水服务
江苏电力交易中心有限公司	电力交易服务
国网江苏省电力有限公司扬中市供电分公司	供电服务
国网江苏省电力有限公司泗洪县供电分公司	电力供应与服务
国网江苏省电力有限公司涟水县供电分公司	供电服务
国网江苏省电力有限公司张家港市供电分公司	供用电服务
苏州高新旅游产业集团有限公司	旅游接待服务
国网江苏省电力有限公司海门市供电分公司	电力销售及售后服务
国网江苏省电力有限公司淮安市洪泽区供电分公司	电力销售及维护
国网江苏省电力有限公司新沂市供电分公司	电力供应（优质服务）
国网江苏省电力有限公司滨海县供电分公司	电力供应服务
国网江苏省电力有限公司徐州市铜山区供电分公司	电力供应

太仓市三新供电服务有限公司	农电服务
中国移动通信集团江苏有限公司太仓分公司	通信服务
国网江苏省电力有限公司建湖县供电分公司	供电服务
中国移动通信集团江苏有限公司常熟分公司	移动通信服务
中国移动通信集团江苏有限公司昆山分公司	沟通 100
国网江苏省电力有限公司淮安供电分公司	电能供应
国网江苏省电力有限公司南通供电分公司	电力供应与服务
国网江苏省电力有限公司连云港供电分公司	电力供应
国网江苏省电力有限公司宿迁供电分公司	电力供应与服务
中国移动通信集团江苏有限公司南京分公司	移动通信服务
中国移动通信集团江苏有限公司盐城分公司	移动通信服务
国网浙江宁波市鄞州区供电有限公司	供电服务
国网浙江江山市供电有限公司	供电服务
湖州市中心医院	群众医疗服务
浙江绿晶环境服务有限公司	保洁服务
国网浙江省电力有限公司龙泉市供电公司	供电服务
浙江星星冷链集成股份有限公司	冷箱冷柜维修
舒华体育股份有限公司	售后服务
国网福建省电力有限公司厦门供电公司	供电服务
青岛西海岸公用事业集团水务有限公司	供水服务
青岛西海岸公用事业集团有限公司	公用事业管理服务
山东黄金物业管理有限公司	物业服务
山东航空股份有限公司	国际、国内航空客货运输业务
国网湖南省电力有限公司湘潭供电分公司	人民电业为人民
广州广钢新材料股份有限公司	建筑钢材管家
广东立信电力服务有限公司	电力综合服务
佛山市南海安居乐物业管理有限公司	物业服务
广东嘉仁芝实业有限公司	环卫保洁
兰州中川国际机场有限公司	民用航空运输
国网甘肃省电力公司临洮县供电公司	供电服务
陇西桥南家居建材城有限公司	家居建材销售服务

满意中国

SATISFIED CHINA

用户视角下的质量与品牌

2018

最佳实践

- 用户满意企业案例 / 138
- 用户满意服务明星班组事迹 / 177
- 用户满意服务明星事迹 / 208

用户满意企业案例

您的每一件小事，都是格力的大事

——珠海格力电器股份有限公司

珠海格力电器股份有限公司是一家多元化的全球型工业集团，产业覆盖空调、高端装备、生活品类、通信设备等领域，产品远销 160 多个国家和地区。公司自 1991 年成立以来，始终把消费者利益放在第一位，恪守诚信经营的宗旨，建立以满足消费者需求为导向的完美质量管理模式，严抓质量源头控制和体系建设，努力实现“零缺陷、零售后”的目标追求。

一、格力客户服务理念

珠海格力总部

质量是一个企业的生命，格力志在打造百年企业，一直在“实践—总结创新—再实践—再总结创新”中不断发展。2005 年，格力率先在行业推出“六年包修”售后服务新标准。2012 年，格力提出了“没有售后服务的服务才是最好的服务”的质量零缺陷战略目标，坚持顾客需求及社会责任导向的“严、实、新”质量文化，自主创新建立和全面推行了 T9 质量管理体系，构建和完善了 PQAM 完美质量保证模式。格力凭借领先的技术研发、严格的质量管理、独特的营销模式、完善的售后服务享誉海内外。

格力坚持以“您的每一件小事，都是格力的大事”作为服务理念，坚持实行“售前、售中、售后”三段式全程服务。

售前服务即严格控制从市场调研、产品设计、零部件采购、产品生产组装到产品出厂的全过程，所有产品都经过严格的可靠性试验后才批量生产，坚持“不拿用户当试验品”的原则。

随着用户对产品要求的日益提高，服务工作也越来越成为企业发展的重要因素。为保证向用户提供最优质的服务，以家用空调及小家电经营部、商用空调经营部、客户服务中心、商用技术服务部、国际管理部为主组建一系列内部跨部门团队，应用现代化互联网和信息技术，构建顾客信息实时高效采集、分析处理平台，有效识别和理解顾客需求。重点收集和总结两类信息，一类是顾客需求信息，这类信息是进行产品创新和引领消费的源泉；另一类是顾客抱怨和投诉信息，这类信息是进行质量及服务改进、提高产品综合竞争力的源泉。运用顾客需求信息分析工具，对顾客信息进行有效归类和分析，转化为公司新产品研发、产品质量改进及客户服务提升的关键信息，并快速响应和落实。

售中服务即各地销售公司、经销商和特约服务单位，在消费者购买格力产品前为其提供全方位的技术咨询及设计服务；在购买产品后，提供专业化的安装与调试服务，指导消费者正常使用产品，而且可以根据使用单位的需求为使用单位培养专业的设备管理人员。格力空调实现移动互联网的售中安装、维修服务在线派工、处理、结算信息系统，无纸化操作管理；客户服务中心、商用技术服务部积极参与组织全国服务商的技能、信息、服务培训，在全国销售公司、服务商推广使用格力信息派工管理系统，云服务系统，移动互联格力掌上通 App 应用服务系统等，为提供优质的售中服务保驾护航。

售后服务则通过科学合理地布置各地售后服务商，提高各服务商的服务质量和服务水平，并适时开展各种服务活动，为消费者提供及时、周到、优质的服务，为实现所有格力人的服务宗旨——“用户满意”——作出必要的保障。格力基于大数据技术，建立远程监测平台，通过数据网络实时采集产品运行数据，判断产品运行状态，提前作出故障诊断，及时通过信息技术手段或安排当地售后服务商主动上门处理，保证每天 24 小时随时对客户的服务需求作出及时妥善的处理，以最大程度地满足顾客需求。

二、客户服务实践举例

随着人民群众生活水平不断提高，对自身身体健康及生活环境的要求也在不断提高。从空调产品研发的角度，不再是简单的实现制冷或制热，而且要解决用户的各类需求。

（一）“厨享”空调

现代家庭的客厅、卧室基本都装有空调；然而，长期以来厨房作为油烟重灾区，其高温、高湿和高油烟的恶劣环境，致使传统空调难以解决油烟脏堵、腐蚀等难题；为了解决用户这一痛点问题，抗油烟、耐腐蚀的格力厨房空调——“厨享”，应运而生。“厨享”空调的特点如下：

1. 为解决油烟脏堵问题，“厨享”回风口配备了七层过滤网，内五层过滤网错位设计，加强油烟过滤；外两层过滤网经过特殊氧化处理，减少油烟附着；回风口采用嵌入式的安装方式，易拆卸及清洗。

2.“厨享”特设恒风控制功能，可智能检测回风口油烟脏堵程度，在滤网脏堵后，自动匹配风机转速；当脏堵严重时提醒用户清洗，保证用户持久的舒适体验。

3.“厨享”采用双出风口设计，专属送风方案，十级风量设定可满足不同环境的舒适感，满足厨房烹饪各种场景需要。

通过对客户需求精准分析，“厨享”实现安装简便、高效过滤油烟、抗腐蚀的顾客需求，成为厨房专用节能空调。

（二）“舒御”系列空调

近年来，高端消费群对高端产品外观、智能化、舒适度等层面的需求不断提高，产品在充分满足用户强劲制冷热需求基础上，实现更具现代感的外观及更强大的智能配置。为满足高端消费群客户的产品需求，格力研发出“舒御”系列空调，该系列空调较传统空调具有以下特点：

1. 创新热源感应送风：创新人体感应技术、热源感应送风技术、180 度旋转红外人感传感器技术融合一体，为用户带来“风随人吹凉得快，风避人吹自然凉”舒适体验上的大幅改善。

2. 送风更远更均匀：大导风板设计，气流从上端吹出，3.5 米范围内不吹人，可实现房间内无风感。配合分区独立送风系统，对气流进行多样化导向，不仅实现冷暖分送，还让送风更广、更远、更均匀。

3. 噪声低至 16 分贝：采用超大直径贯流风叶，实现噪声低至 16 分贝。

4. 高能效、低能耗设计：空调能效比高，26 机变频能效比 APF 值高达 5.40，远超国家 APF 标准值 4.50，空调更省电。

5. 美学设计：烫金装饰条结合鱼尾线的美学设计，造型看起来很富有玄幻感，能充分呈现“空调与家居融合的美学设计感”。

“舒御”系列空调在关注设计感、装饰性的同时，也在舒适性、智能化和高效节能上做足了功夫，可以充分满足使用者的个性需求。此外，“舒御”系列高端空调搭载格力冷酷外机，保障 –20℃至 60℃的外部环境，都可以获得稳定运行能力。该产品一经推出，立即获得高端客户的青睐。

（三）煤改电项目

由环境问题日益凸显带来的民生问题加快了推行清洁供暖的步伐，国家及各级政府相继颁布节能政策和补贴条文鼓励使用清洁能源供暖，清洁能源采暖设备市场需求越来越大，健康供暖解决方案在格力电器应运而生。以下简单介绍格力在煤改电项目上提高用户满意度方面的努力。

1. 产品开发

煤改电项目涉及我国华北、西北、华中、东北等地区，各地区不但纬度跨度大，在人文、地域、环境、经济水平等方面差异同样显著，市场迫切需求既能满足用户的稳定供暖又经济节能的机组。格力在充分了解市场信息后进行了深度调研，在极其短的时间内就开发出了一系列满足市场用户需求的机组，例如满足室外最低温度 –15℃及以上稳定运行的 B 系列户式机；室外最低温度 –25℃及以上稳定运行的 A 系列户式机；室外最低温度 –35℃及以上稳定的 D 系列户式机等。

2. 产品生产组织

项目伊始，格力经营、采购、生产等部门准确预判了户式冷暖一体机的火爆市场，提前做好了产品生产、质量控制、运输、安装服务等方面的筹备工作，为煤改电项目打下了坚实基础。例如在北京 2016 年煤改电项目的高峰期（9 月、10 月），很多厂家都无法如期供货，格力依然及时完成北京各区煤改电任务，按时供暖，在政府和用户心中深化了格力品牌形象。

3. 一户一方案

在 2016 年北京煤改电项目上，政府提出“一户一方案”的要求。为确保每户都进行准确的选型，需要对每一户人家进行精准测量。项目工期非常紧，为了完成政府要求，格力调集研发团队、技术服务团队、销售公司技术团队、售后服务商团队及合作设计院团队迅速组成了一支专业高效的设计队伍，顺利完成前期勘察及选型工作，为后期及时安装提供保障。“一户一方案”保质保量完成，提高了政府对格力服务的认可。

4. 产品安装

煤改电项目开展初期出现集中爆发式安装，例如北京 2016 年煤改电项目都集中在 8 月、9 月、10 月安装，格力调动一切力量迅速召集北京数千名空调安装工集中培训，在北京实操基地进行安装工艺、安装质量及操作标准的培训，为高质量完成安装工作打下坚实基础。格力服务团队编制详细的施工方案，保证安装工作顺利实施，为后期及时供暖打下坚实基础，提高了政府及用户对格力服务的满意度。

5. 售后保证

针对当地各村机型安装情况，格力科学布局各村的服务工作。设立村级服务商，并进行专业培训；设有 24 小时专用售后服务电话；并根据机型安装情况做好备品备件工作，适当储备空气源热泵新机组作为特殊情况处理措施。以上为 1 小时内响应，2 小时内机组未正常工作直接换机的服务承诺提供保障。

产品过硬，服务到位，民族品牌——这些是煤改电区域居民对格力的评价，由此可见他们对格力的信赖。

北京某村委会书记和村主任到格力北京办事处赠送锦旗

三、结语

顾客的认可无疑是对格力电器最好的褒奖。未来，格力依然坚持以顾客需求为中心，在品牌塑造、技术、营销、服务等方面积极创新，继续引领全球制冷行业技术发展，并持续发力在智能装备、通信设备等领域创造更多的领先技术，全面实现制造数字化、产品数字化、服务数字化，不断满足全球消费者对美好生活的向往，在智能化新时代开创新的局面、谱写新的篇章！

以顾客满意为中心 创树“畅安、和谐、智慧”高速品牌

——山东高速股份有限公司

山东高速股份有限公司（以下简称公司）成立于1999年，由山东高速集团与招商局公路网络科技股份有限公司共同发起设立，于2002年3月在上海证券交易所上市。

公司主要从事对交通基础设施的投资运营以及高速公路产业链上下游相关行业等领域的股权投资。公司现有总部职能部室11个，临时机构2个，分别是济青高速改扩建和京台高速公路德齐段改扩建项目办。公司现有运营事业部1个，直接管理141个路桥基层单位；运管中心18个；路桥运营权属子公司6个；资本运营权属子公司7个，省外区域公司4个，参股公司12个。目前，公司运营管理路桥总里程2300公里，自有路桥资产里程1243公里，受托管理山东高速集团所属的路桥资产里程1057公里，是国内同行业运营里程最长的路桥上市公司。

多年来，公司积极践行以顾客为中心的管理理念，围绕畅通、安全、和谐、智慧的顾客关注焦点，持续改进创新服务手段，创树“畅安高速”“和谐高速”“智慧高速”三大独具山东高速特色的服务品牌。公司先后入选上证180指数、沪深300指数、上证公司治理指数和红利指数、最佳管理上市公司100强，荣获中国上市公司百强企业领袖奖、中国上市公司市值管理百佳奖；先后2次获得山东省质量奖，国内首家获得全国质量奖的路桥运营企业；保持和新获了6个国家级“青年文明号”、2个全国工人先锋号等荣誉称号。

一、建设快捷高效、安全畅通的路桥运营模式，打造畅安高速

（一）健全完善的保畅通应急管理体系

公司建立行业技术领先的调度指挥中心，构建完善的保畅通应急预案体系，实行全员全时保畅值班，实现从“51590”到“51560”的品牌提升，即“5分钟出警、15分钟到达现场、60分钟处理完毕”。同时，在全国同行业中率先与交警建立路警联勤联动工作机制，实现事故处置、清障救援一体化，最大限度缩短事故处置时间，事故平均处理时间行业最低。

（二）实行多样化保畅服务方式

1. 采取“三应急”收费方式，确保车辆快速通行

以“收费车道全部开通、内外广场全部贯通、过往车辆全部流通”为目标，采取客货车辆分道收费、ETC车道互转收费、小型客车便携式收费的“三应急”方式，确保通行车辆的安全驶入和快速驶离。

2. 错峰错位的施工方式

高速公路车流量随着时间变化，高峰时段车流量大，道路进行养护作业容易造成对驾乘人员通行的影响，为持续改善服务工作质量，降低养护作业对车辆正常通行的影响，根据交通量调查数据，采取错峰错位的方式灵活进行养护作业，避开车辆高峰时段。

3. 采取“线下＋线上”联合保畅机制

充分利用路管综合管理系统和全程监控系统对恶劣天气路段和事故现场加强监管，随时掌握突发

事件情况，确保第一时间进行事故处置及应急救援；利用季度检查、安全检查等手段对事故现场处置措施等进行现场稽查，通过线上与线下相结合，确保问题及时发现，隐患及时整改，提高事故处置与应急救援能力。

4. 实行服务热线首问负责制

服务热线实行首问负责制，确保第一时间处理顾客咨询、投诉，推行实施上岗誓词和服务态度差零容忍制，以“恪守标准、规范行为、卓越绩效、持续改进、一流服务”的管理理念，让出行者更经济、更省时、更舒畅，打造“看不见的窗口，听得到的微笑”的山东高速信息服务品牌。

二、实施标准化管理，打造和谐高速

实施标准化管理，打造标准化服务。多年来，公司积极做标准化管理的践行者，借助标准化管理手段，推进持续提升服务水平，实现了微笑服务标准化、96659热线服务标准化、收费管理标准化、安全质量标准化。

（一）率先实现微笑服务标准化

率先在同行业内构建微笑服务标准体系，2013年，主导制定的《高速公路收费人员微笑服务规范》成为全国首个地方性高速公路微笑服务标准，明确了高速公路收费人员微笑服务的基本要求、服务流程和质量要求及监督与考核，提高了高速公路文明服务质量，创树了山东高速微笑服务品牌。

（二）率先实现96659服务热线标准化

率先在全国同行业中建立热线服务标准化管理体系，公司被评为“山东省服务标准化示范单位”，并被列为国家级服务业标准化试点项目。2015年，主导制定的《高速公路公众出行热线服务规范》地方推荐性标准通过了山东省质监局批准，实现了公众出行热线服务质量目标化、服务方法规范化、服务过程程序化，为公众出行提供更好的路况信息、气象信息、收费信息、出行路线指引等服务。

（三）全面实现收费管理标准化

实施标准化收费站建设，将先进知识和经验转化为具体标准和规范，实现了站区服务标准化，收费管理处于国内领先水平。2017年，主导制定的《高速公路入口自助发卡操作和管理规范》作为国内首部高速公路入口发卡系统管理规定正式发布实施。该标准对高速公路入口自助发卡收费作业流程进行了优化，提高了入口自助发卡收费作业效率，有效推动了高速公路入口自动发卡收费作业的标准化，提高收费站服务水平。

（四）超前推行安全质量标准化

在国内较早实施职业健康安全管理体系，形成全业务链、全作业环节标准化，《以本质安全为目标的高速公路运营企业安全质量标准化管理》获国家管理创新成果二等奖。《高速公路安全质量标准化体系的构建与实施》对基础安全管理、设备安全管理、现场安全管理进行标准化规范，为全面规范安全管理行为，杜绝各类事故的发生起到了重要的保障效果。

三、加强信息化建设，打造智慧高速

（一）创新智慧通行系统，提升顾客出行体验

1. 率先开通全国首批高速公路全支付车道

全支付车道推出了无感支付概念产品和具有自主知识产权的远距离扫码设备。无感支付基于车牌识别的互联网支付产品 ITC，是传统 ETC 业务的升级产品，采用车牌识别 + 手机 App 的模式，实现用户在家自助绑定车牌和支付方式，出口车道无干预地完成通行费快速支付。远距离扫码终端，可兼容解决各种车型用户开窗高度不同的问题，能感应垂直 1.5 米、水平 1 平方米范围内的手机支付码，1 秒钟内完成扫码支付，快捷方便。公司应用复式收费系统与全支付收费和无感支付系统，极大提高了高速公路出入口的通行速度，最大限度方便公众出行。

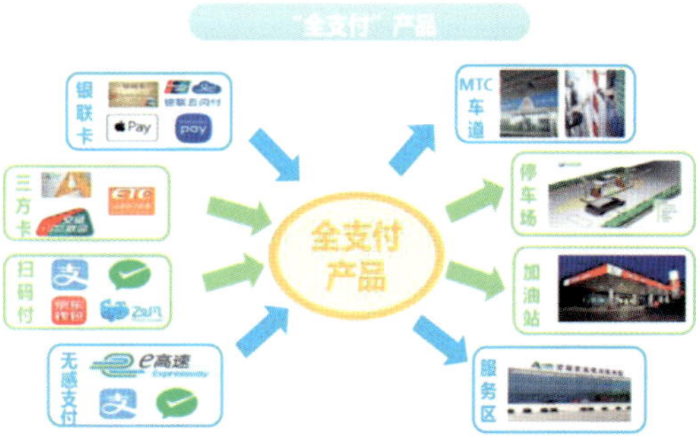

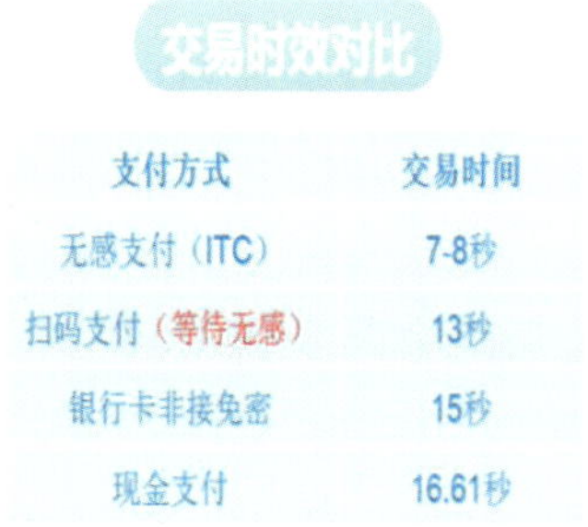
交易时效对比

支付方式	交易时间
无感支付（ITC）	7-8秒
扫码支付（等待无感）	13秒
银行卡非接免密	15秒
现金支付	16.61秒

2. 率先实现了“ETC 站站通”

省内所辖 97 个收费站 ETC 车道覆盖率达 95% 以上，收费站通行时间缩短 50%，通行效率提高 50%—70%。

3. 率先实现了“入口无人发卡、有人值守”的运营管理模式

省内所辖 97 个收费站建设了 200 条入口无人值守自动发卡车道，无人值守自动发卡机普及率达到全国同行业第一，并推广使用了发卡机自动吐卡、递卡，取卡更便利。

4. 率先建设应用了客货混用复式收费车道和自动发卡复式车道

率先建设应用了客货混用复式收费车道和自动发卡复式车道，有效解决恶劣天气、重大节假日或交通事故处理完毕恢复通行时出现的车流量剧增，缓解了收费站拥堵压力。

5. 实现 WIFI 全覆盖

为满足顾客适用性、可靠性、响应性、保证性等方面的要求，拓展多个营销渠道，引导顾客根据实际情况改变路线，形成顾客对公司的依赖，建成双千兆干线传输网络，实现了省内所辖收费站 WIFI 全覆盖，信息传输网络基本建成，确保顾客可以利用多种方式获得信息，提升顾客的综合体验。

6. 率先建立运行 96659 热线服务标准化管理体系

率先建立运行了 96659 热线服务标准化管理体系，通过 136 项服务标准覆盖热线服务全过程，为顾客提供标准、优质、快捷的信息服务。

（二）打造智慧管理系统，提升顾客数据分析能力

1. 实现收费系统智能化突破

在收费业务方面，建设了收费值机、收费稽核与票据管理系统，实现了在线收费稽查、票据管理无纸化、绿通车等特殊车辆信息化处理等功能。内外网安全隔离与信息交换关键技术的应用，实现收费系统、联网数据同步与收费数据稽查系统、值机系统三大系统的互联共享和四个方面的突破：车型判断由人工辨别到智能分析的突破；绿通业务由人工录入到智能填充的突破；特殊业务及免费车辆处理由依靠监控人员辅助到自助解决的突破；首次建立绿通信用体系，形成绿通车辆信誉黑白名单，实现绿通车辆分级管理新突破，有效提升了顾客数据分析能力。

2. 实现养护作业信息化管理

在养护业务方面，建设了养护决策支持系统，实现了养护巡查、小修保养、养护施工等工作的信息化管理，启动了全生命周期养护作业管理、决策平台建设，并试点引入了高德地图智慧锥桶。

3. 实现事故处置的可控信息化管理

在路政业务方面，建设了路政综合管理系统，实现了事故处置的全程可控管理以及与养护、热线系统的协同联动，大大提高事故处置效率。

4. 自主研发“温馨”智能机器人

在国内同行业率先应用智能语音交互技术，提供全天候人性化、智能化、贴身管家式出行服务，大幅改善话务高峰期热线难接入的问题。自主研发的“温馨”智能语音机器人话务，获中国高速公路 30 年创新技术奖、最佳产品奖和经典工程奖，目前有 50% 的咨询业务由智能机器人受理，有效提高了热线接通能力和热线服务水平。

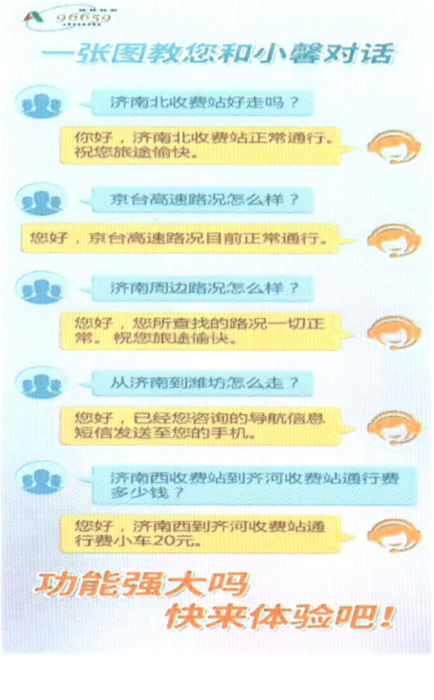

通过大力推行智慧高速建设，公司交通机电建设水平、出行服务水平继续保持国内同行业领先。公司荣获交通运输部路网中心发布的“全国公路出行服务产品综合影响力排名榜”第二名，3项成果获中国公路学会高速公路30年信息化奖，2项成果获山东公路学会科学技术二等奖，3项发明专利获得授权，验收国内领先课题1项，打响了“智慧高速”品牌。

公司将始终践行以顾客为中心的管理理念，并将这一理念贯穿于路桥运营服务全过程中，坚持过程改进，追求服务创新，在提升服务质量、追求管理卓越的道路上不断努力前行！

先行先试，智能服务提升效能

——中国移动通信集团广东有限公司汕头分公司

汕头移动于1999年正式挂牌成立，隶属于中国移动通信集团广东有限公司，设有6个区县分公司，员工人数超过1500人，是潮汕地区规模最大、实力最强的通信运营商。目前4G综合覆盖率已超过99%，现有服务网点2054个，服务移动通信客户超500万，是汕头主导通信运营企业。

多年来，汕头移动先后荣获全国文明单位、全国五一劳动奖状、全国实施卓越绩效模式先进企业、全国五一巾帼标兵岗、全国通信行业用户满意企业、广东省诚信守法示范企业等各级荣誉称号近900项，企业的软、硬两方面实力都得到了显著提升。

党的十九大提出，要推动互联网、大数据、人工智能和实体经济深度融合，建设网络强国、数字中国和智慧社会。围绕这一重大战略部署，2018年，中国移动通信集团内部在汕头移动设立人工智能（AI）能力应用支撑中心，作为中国移动内部唯一设立AI机构的省二级机构地市，汕头移动将AI技术率先应用于客户服务中，目前多项基于人工智能（AI）的应用已获得全国和全省应用推广。

打造全程智能化家宽服务

近年来，移动宽带业务运营基础逐步夯实，宽带用户普及率达82.3%，已超过部分发达国家，但宽带服务质量仍有待提升。

传统的家宽售后服务，主要依赖热线电话服务和装维人员上门服务，前者依赖于口头表达和理解能力，很难通过语言沟通引导客户排障；后者客户需等待装维人员上门。经统计，传统在线排障方式的故障识别准确率为46%，而故障解决率仅15%。通过热线电话排障后仍无法解决的家宽故障，还需要装维人员上门处理。在家宽服务过程中，超过20%的问题可通过客户对ONU（光猫）进行重启、电源线插拔、设备调整设置等即可自行解决。为解决客户快速解决问题的需求，需寻求新的方法来解决家宽排障难题。

对各类家宽网络故障原因进行分析后发现，客户可自行解决的ONU终端（ONU是将光以太信号转换为电信号的设备）异常投诉占比较高，但由于大部分客户对设备的工作原理不了解，只能依赖于装维人员的上门处理。为快速解决客户的家宽故障和热线客服人员在线沟通“说不清、道不明”的难

“汕头移动10086”公众号排障流程

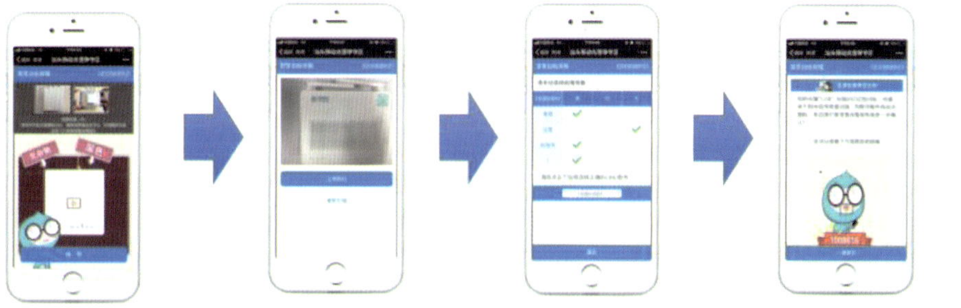

题，汕头移动在家宽排障服务中首次引入了人工智能识别技术。在广东移动10086App和微信公众号上，客户通过对光猫（ONU终端）“扫一扫”方式，将手机镜头对准光猫，即可智能识别ONU终端的亮灯组合，进而判断故障类型，匹配故障类型，为客户提供可视化的自助排障指引，“扫一扫”的智能排障模式，在系统响应时间仅为3—8秒，更高效帮助客户自行排除家庭组网部分的故障。

该项服务不仅改变了通信行业家宽的传统售后服务的模式，还填补了人工智能（AI）识别的市场技术空白。首次创新融入AR技术完成扫一扫，并采用AI技术完成ONU类型及故障场景的处理功能，对“一种基于深度学习识别自然场景下ONU故障并通过AR展示和引导修复的方法”已进行国家专利申报。对比传统的平面文字、图像识别，智能物体识别难度高，攻克了种种技术难关。此外，算法可扩展性强，具备广阔应用前景，可以快速应用在不同型号的光猫识别。

该项技术基于AI图像识别算法，由机器智能定位问题、处理问题，经过六层判断识别故障场景进行自助排障。其中，以神经网络和聚类算法识别出是否为ONU，再以颜色色谱检验、灰色度检验灯的状态，过滤背景色影响，重新做二值化图片，对指示灯的状态和组合进行识别，匹配故障类型。通过采集24款ONU、7个场景共4.4万张ONU样图，进行模型训练，提升自助解决率。

截至2018年，光猫“扫一扫”自助排障服务获得2017年中国移动服务管理最佳实验一等奖、广东省质量协会2018年“南粤之星”发表赛“金钻奖”。该项服务累计自助排障客户数29.4万，自助排障解决量21.5万，解决率均保持在70%以上，并已经在全国推广。光猫“扫一扫”排障服务功能，对提升客户自助排障能力意义重大，排障操作时长从238s降低到16s，故障解决率从15%提升到

经过六层判断识别故障场景

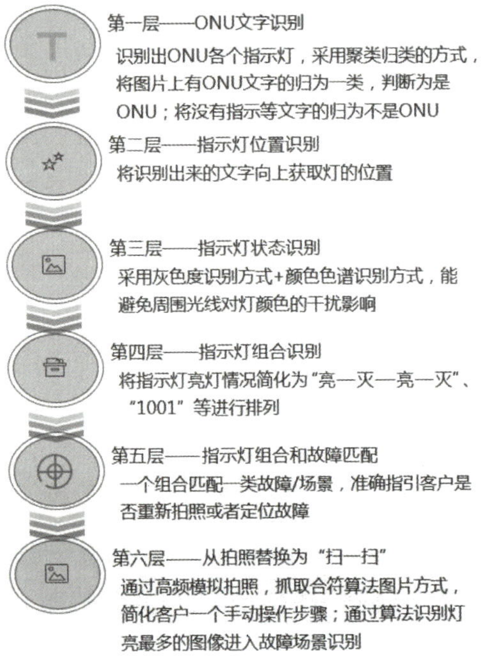

73.3%，极大地提升了排障效率，提升了用户体验。首次将人工智能和虚拟现实技术与家宽自助排障业务相结合，将行业平均故障解决率提升到73.3%，促进行业的智能化、自动化发展，充分体现公司的服务理念和创新理念，塑造了服务型、智能型、创新型的企业形象。

汕头移动基于4G覆盖广、用户多的优势，以“无线替代有线”的方式，率先针对家宽12类故障场景，主动修复批量故障感知。在突发批量故障发生时，客户通过移动10086App或微信公众号，将可自行获知故障发生情况及预计恢复时间。在故障处理过程中主动实施关怀政策，以赠送手机流量、使用手机上网暂时替代宽带上网、长时间无法修复故障提供一定的宽带免费使用时间等灵活的措施解决客户需求。在故障处理后，通过感知平台自动获取客户宽带的上网记录，确保客户恢复上网。

为进一步提高服务质量，打造一流服务品牌，给予客户更为到位的服务，汕头移动切实做到中台标准化管理。构建完整的装维规范服务体系，制定《服务/施工执行规范》，做到服务标准“有规可循”，客户评价和投诉等末端服务直接运用于装维服务管理和考核，做到质量管控“有理可据”；开发轻工具支撑一线人员效能提升，辅助新员工快速提升专业技能，试点前后台对接建立疑难问题协同解决机制，做到现场处理“有据可依”。

除了前端的智能化、中台的标准化之外，后台的集中化运营对于提升服务效率也是不可或缺的一环，汕头移动还多方实施网络系统化整治。一是自主开发工具以爬虫方式自动获取数据。一键式多维度分析，质差定位时长缩短2小时。该项成果在广东省内进行推广。在家宽业务质量指标端到端流程管控中，对指标的管控流程管控到天，对各个影响因素进行常态化监控，对每个环节的质差问题进行闭环处理。二是打通移动内部8个系统。率先构建家宽数据集市，实现数据自动获取和存储，自动化输出效能分析，支撑数据集中化展现，实现了人力解放，避免了人工统计错误，管理效能也因此大幅提升。三是是创新资源二维码管理。通过二维码管理关联智能化清查、自动化监测预警、智能化质差定位等技术支撑，实现故障预警，提升排障能力。

整套全程智能化家宽服务项目的实施，推动了汕头移动在服务质量、客户满意、市场优势等方面的提升。2017 年家宽满意度提升 6.35 PP，提升幅度广东省内第一，万客户投诉比同比下降 45.8%；自建宽带客户达到 48.9 万户，同比提升 46.8%；市场份额达 37.39%，同比提升 11.43PP。

打造智能化流量服务，实现业务服务双提升

随着智能手机的多功能化和 4G 的日益普及，4G 网络套餐的客户持续增长，客户的户均流量呈现爆发式增长，为了更好地满足客户需求，在推出多样的流量套餐基础上，汕头移动还通过技术优势，为客户计算合适的套餐使用时间、地点，个性化推荐给客户。

汕头移动充分利用智能化系统和大数据分析能力，基于大数据和机器自动学习模式，通过对用户消费行为的分析预判，改变过去统一服务提醒、统一推荐套餐的模式，提供差异化个性服务，以客户满意带动业务和收入持续增长。

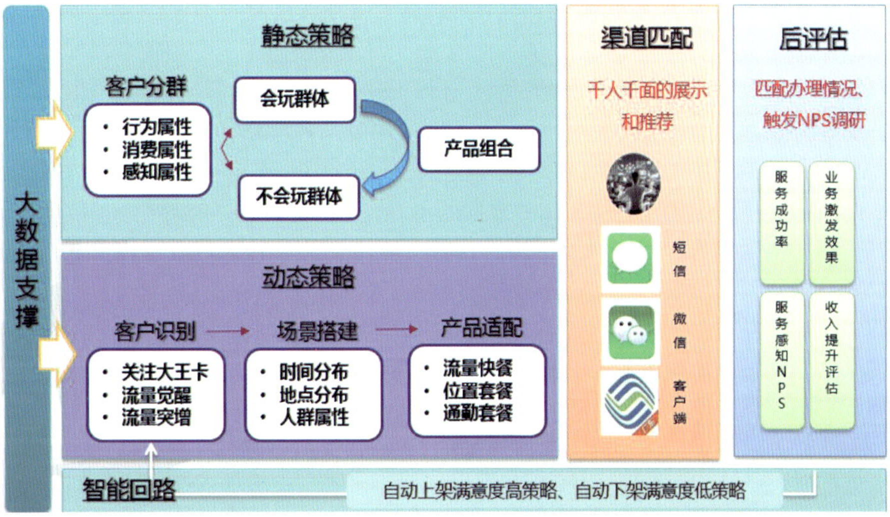

智能化流量服务项目主要由静态策略和动态策略两个模块驱动，静态策略关注客户长期的消费升级引导，动态策略负责响应客户实时爆发的流量需求。

首先，通过构建“感知 + 行为 + 消费”分群，实现“产品 + 时机”的动态服务模式，为双提升奠定基础。以客户感知和评价为主线，加入客户行为属性（是否超套、冗余度）、消费属性（是否订购）和感知属性（是否抑制），区分评价高 / 低客户，“会用”和“不会用”客户。其次，由传统的“卖家推荐”创新为“买家推荐”，参考互联网企业的产品推荐模式，设定最短路径法，把订购率高、评价高的产品在需求相近的客户群体间进行推荐，将满意客户的消费产品组合向不满意客户推荐，用满意客户的订购行为引导不满意客户，实现不同客户、不同推荐页面的个性化推荐。最后，构建智能化闭环管理体系，也就是搭建基于客户—产品的服务流量 BI，实现闭环管控。根据这个系统实时捕捉客户的流量需求，基于分群和产品推荐策略对客户实时触发。策略实施后及时进行服务感知的后评估，从客户感知提升和成功率两端量化策略的成功指数。系统自动按照策略的成功指数进行排序，将指数靠前的策略优先级提升，指数靠后的策略自动下架机制，实现系统自学习。

新时代·心服务

——国网江苏省电力有限公司

党的十九大坚持以人民为中心，将人民对美好生活的向往作为奋斗目标，对进一步提高供电品质、促进高水平用能提出新要求，国网江苏省电力有限公司（以下简称“国网江苏电力”）作为国家电网公司系统规模最大的省级电网公司之一，坚持以客户为中心，把满足人民美好生活需要作为工作的出发点和落脚点，构建以客户为中心的现代服务体系，不断提高服务质量和水平，提升客户满意度。

客户满意度取决于客户感知的服务质量与其所期望的服务质量之间的差别程度，基于 SERVQUAL 模型，国网江苏电力围绕客户需求与期望，对供电服务过程中的客户感知点进行全面梳理，总结提炼出 18 项 38 个感知点。

属性	属性含义	客户感知点
有形性	员工专业素养高、有现代化的服务设施	1. 员工（专业性、规范性、易于沟通） 2. 服务渠道（易于获取，环境友好、易于操作，功能或设施齐备，响应快速） 3. 供电设备与环境是否和谐（安全，美观，无噪声） 4. 品牌形象好（在同类型企业中具有一定的优势）
可靠性	可靠准确地履行服务承诺	5. 连续供电，少停电 6. 停电告知与恢复（及时告知停送电信息、准时停送电、减少停电影响，及时告知欠费停电信息、及时复电） 7. 电能质量好
响应性	及时处理客户诉求并为客户提供便捷服务	8. 抢修快速（抢修到达快、修复时间短，及时告知处理进程） 9. 诉求处理效率高 10. 诉求得到解决 11. 办电效率高（手续精简，办理速度快，信息公开）
保证性	让客户感觉放心、有保障	12. 主动提示客户办理相应业务（用电超容、临时用电到期等提示） 13. 电费信息便于获取（便于获取电价、电量信息，便于获取电费账单与发票，及时提醒交费） 14. 用电成本合理（办电费用合理、电费合理）
移情性	关心客户，为客户提供个性服务	15. 了解客户需求 16. 帮助客户降低用电成本 17. 协助客户处理紧急情况 18. 电力政策与常识宣传（安全用电、计量等政策与常识）

为在众多客户感知点中定位需求与关注重点，国网江苏电力通过 95598 诉求分析、微信在线调查问卷（10 万户）、大客户走访（750 户）、营业厅访谈（2600 户）、专家座谈等方式进行调查研究，

共计调查研究客户样本 18 万余户，形成了覆盖面较广、说服力较强的调查结论：客户感知重点集中在办电、诉求响应及处理、电费等服务的效率、费用和便利程度。

鉴于此，国网江苏电力转变传统服务方式，合理变革组织架构，有效优化业务流程，推动服务理念、服务内容、手段渠道等的创新，持续提升供电服务能力。一是提升服务理念，依据客户需求不断完善满意度评价体系。只有真正做到以客户为中心、高质量满足客户对供电服务的需求，才能赢得客户满意。新时代客户需求在不断变化，国网江苏电力不断完善满意度评价体系，把客户满意作为衡量服务成效的重要标准，并通过闭环控制补齐短板，不断提升客户服务水平，实现“始于客户需求、终于客户满意”。二是建立供电服务指挥中心，提升供电服务效率。建立供电服务指挥平台，对 95598、12398、12345、地方热线等渠道进行集中管控，实现“一口对外”受理和统一规范处理；建立营配整合的低压台区经理机制，整合配电、营销专业相关低压业务，以配变台区为单位推行“网格化”管理，打造全能型台区经理，为客户提供“零距离”“一站式”服务，实现“网格”内用电问题一揽子解决，电力服务更贴心。三是全面简化业务流程，缩短业扩报装时限。业扩报装实现“一证受理”，推行“异地业务受理”，优化新装（增容）、暂停（暂停恢复）等 8 类业务流程，合并或缩减环节 45 个，取消非重要单电源客户设计审查、中间检查环节，简化设计审查、中间检查和竣工验收内容。四是拓展电子服务渠道及功能，为客户提供便捷服务。利用微信公众号、支付宝生活号、“掌上电力”App、“电 e 宝”App、短信等，构建多渠道立体式“互联网 + 供电服务”体系，提供业务线上办、电量实时查、电费随时交、停电及时知和互动问与答等智能化、个性化服务，实现全业务线上办理，全环节互联互动，满足客户

全天候办电需求。五是建立客户画像机制，为客户提供精准服务。基于海量的业务数据和运营数据，深入挖掘数据价值，针对4000余万用电客户进行用电属性分析，建立客户属性标签库，累计形成各类属性标签200多项。基于属性标签，实施客户个体、群体画像，准确定位客户需求，制定相应的服务策略，实现差异化、精准化服务。

截至目前，国网江苏电力已全面实现零散居民报装“当日申请、次日装表”，将高、低压非居民业扩平均时长压减至70和20个工作日以内；“互联网+”服务渠道客户超过1700万，活跃度达30%，月均功能使用量超过1300万次，月均推送点对点消息1450万条，月交纳电费200万笔，交易额约20亿元；全省客户满意度达87.78%。国网江苏电力将始终坚持以客户需求为导向，用实际行动践行“人民电业为人民”的企业宗旨，为电力客户提供高品质服务。

始于真诚　止于满意——三级管理模式下的用户满意观

——甘肃第七建设集团股份有限公司

一、企业概述及战略管理目标

甘肃第七建设集团股份有限公司始建于1952年，是甘肃建投旗下一支精锐之师，助力甘肃建投连续七次荣膺“中国企业500强”，确立甘肃省建筑企业排头兵位置。集团公司秉承“忠实稳健”的企训，坚持诚信为本、开拓创新，善于学习、精诚团结，追求质量和信誉、精益求精，一体化经营，多元化发展，谋求互利共赢，真诚服务于客户，铸造精品。

现在册职工2600余人，完成年总产值100余亿元、竣工面积400余万m^2、商品混凝土生产1500万m^3、物业管理200万m^2、房地产开发40万m^2以上的能力。形成以建筑安装、房地产开发、市政道路为主业，预拌商品混凝土、建筑设计、装饰装修、建材生产销售、机械设备租赁、物业管理、投融资运营等为一体的多元化生产经营格局。为省内同行业中一级资质最多的施工企业，和全省唯一一家具备“一特双甲”资质，可独立承揽建筑行业中的建筑工程和人防工程设计。

二、独特的评审管理体系

公司实施“综合性三级施工监管管理模式”，该模式以集团、二级公司、项目部三级管控理念融合五个标准形成综合管理。通过全员、全过程三级综合管理，结合PDCA循环，进行主动的、迅速的、常态的持续纠偏活动。减少顾客投诉，以实现顾客满意进而追求顾客忠诚的目标。

三、实施用户满意度工程的具体管理办法

为进一步加强集团公司品牌建设，提升建设单位对项目部服务的满意度，减少对工程质量、安全文明施工、工期和环境等的反映及投诉，提升公司整体形象。公司创建顾客满意度调查机制，要

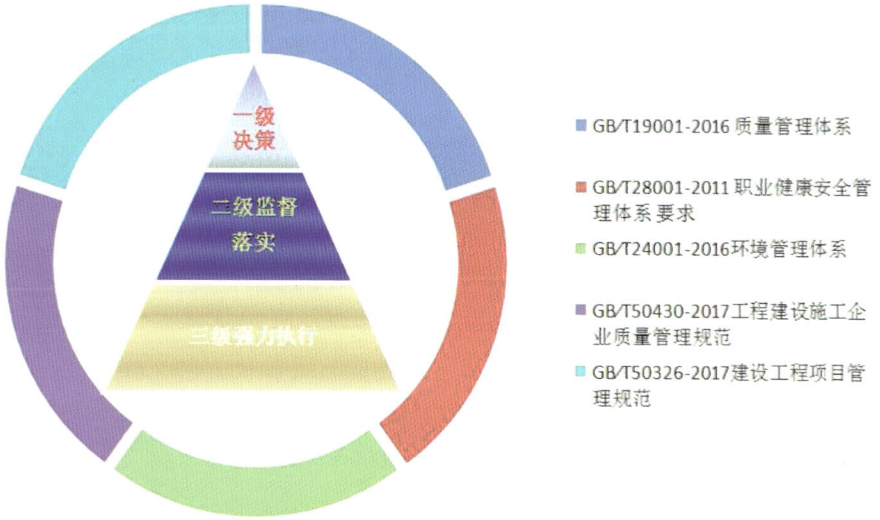

求建设单位每月填写顾客满意度调查表，并汇总统计；针对业主填写的建议和意见，项目部制定相应的纠正和预防措施，组织实施加以改进。

分公司主管领导和部门负责对满意度调查表中出现的不满意项及合同履约不到位情况进行原因分析和制定整改措施；负责跟踪项目部对出现问题的纠正和预防措施的实施；整改结果及时上报建设单位。

四、以顾客为关注焦点

公司严格贯彻执行“顾客至上，竭诚服务；精品意识，争创优质；质量第一，预防为主”的质量方针。坚守“质量为本，持续改进”的质量管理思想，始终做到“以顾客为关注焦点”，为实现可持续改进的效果，以顾客为中心。

一是施工过程中经常与顾客保持密切沟通，掌握顾客的需求，做到满足顾客要求，以及竣工移交后的质量保证，执行质量回访制度，做到“想顾客所想，急顾客所急”，时时处处都体现以顾客为中心的意念。不管是在工程质保期内，还是质保期后，都积极为用户着想，为用户迅速解决困难。积极主动地收集顾客满意程度的有关信息，了解顾客需求、分析顾客的感受，把顾客满意作为出发点和归宿点，即从顾客能接受的角度来服务顾客，以服务带动生产施工，较好地把建筑特级资质从勘察、设计、开发、施工、销售、物业管理一条龙的具体要求落到了实处。

二是沟通平台构建，设置官方网站、微信公众号、邮箱，汇集企业信息，提供信息收集渠道，帮助顾客自主、全方位了解企业信息。并且在项目实施的前期、过程中及交付产品后，从各方面确定沟通内容，提高顾客参与度。通过各种渠道对市场和顾客需求进行广泛调查，根据不同地域行业分布、客户需求条件等特点，结合国家宏观政策以及公司主要经营地域地方政府的政策导向。按照公司战略要求和市场环境、自身发展优势，选择确定客户群，准确定位市场，并以建立战略合作伙伴关系为目标，重点发展大客户。

三是以顾客为关注焦点，以市场为导向，秉承“对用户负责，让用户满意”的理念，建立了市场服务体系、顾客服务体系，在第一时间为用户提供优质的回访、保修服务。通过电话沟通、邀访等方式保持与关键顾客和供方的伙伴关系和沟通，随时掌握顾客的需求，通过这些渠道来识别用户、分析市场、占有市场。

通过广泛收集市场信息，对市场进行研究，细分、确定目标市场与顾客群。准确、及时地了解顾客的需求和期望，提供符合顾客需求的产品，及时调整经营生产策略，完善内部管理，改进工作方法，争取超越顾客期望。

五、加强组织管理，提升用户满意服务模式

针对建筑产品的特殊性，公司在工程交付使用前分阶段进行实体质量预验收、验收和档案资料的审查，确保一次校验合格率 100%。按照国家相关法律法规，在工程建设行业质量监督机构的监督下，由参建五方（建设、勘察、设计、监理、施工）共同签署验收合格文件，同时开具《工程质量保修书》。

（一）售后服务方面

1. 建立了新老顾客、准客户档案，收录顾客对公司及公司产品的反馈信息、顾客档案及客户调查清单。按照不同时期、不同工程区别进行回访。

2. 保持与业主和准业主的经常性的联系，同时免费提供各种项目建设的程序咨询和建设过程中的合理化建议，以获得业主的合作意向、支持和理解。

3. 与顾客建立和保持畅通的通信联络渠道，高效处理顾客投诉，确保顾客基本需要的满足。

4. 在每年年底针对当年建筑市场的特殊性和市场变化情况，组织对顾客的各种服务情况、顾客丢失情况（老顾客）、市场占有率等情况进行分析评审，作出符合实际情况的调整。

（二）投诉处理

为了更加有效地处理顾客投诉，公司制定了顾客投诉处理流程和投诉处理程序。

1. 顾客投诉处理流程

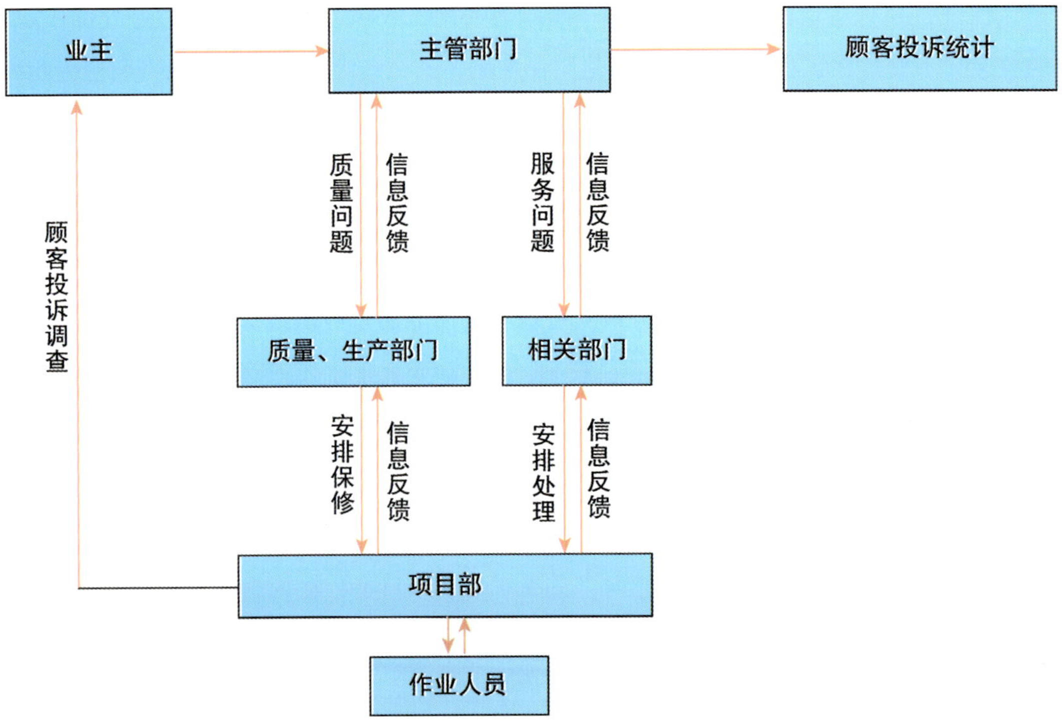

2. 顾客投诉处理程序

①受理。安全生产部为公司受理顾客投诉的责任部门，其他职能部门（人员）接到投诉，应在2个工作日内转交主管部门，由主管部门统一受理。

②主管部门负责人为受理投诉的责任人。其他人员接到投诉后，应在4小时内送达责任人。

③投诉的识别。有效投诉：指顾客对公司提供服务的内容、承诺及服务质量的投诉。无效投诉：指顾客对公司服务承诺范围以外的投诉。

④对有效投诉的处理。接诉人填写《顾客投诉处理登记表》，对需相关部门处理的投诉应填写《顾客投诉转交签认单》，由部门负责人在2个工作日内转交相关部门组织处理，将处理结果反馈给投诉人，并在处理完成后2个工作日内将处理结果反馈给主管部门；投诉需要2个以上部门共同处理时，由主管部门统一协调处理；对于严重有损于公司形象的重大投诉，由主管部门核定确认并提出处理意见，报公司总经理或总工程师审批。

⑤对无效投诉的处理。主管部门接到其他无效投诉，由接诉人填写《顾客投诉处理登记表》，并在3个工作日内向投诉人做好解释工作。

⑥顾客投诉回访。凡处理过的投诉，自投诉处理过程结束时起，由主管部门在3日内采取上门回访或电话回访的方式进行验证，并填写《顾客投诉处理回访记录表》。

⑦顾客投诉定期分析。主管部门对顾客投诉每季度进行一次汇总分析，做出每个顾客投诉处理率和满意率统计，并把投诉分析出来的数据作为年度管理评审内容。对反复出现的顾客投诉问题，主管部门应报管理者代表，由管理者代表组织有关部门召开会议进行分析解决，并提出改进意见，采取有效的纠正预防措施。

六、顾客期望的实现

公司通过多年的努力，对顾客的需求和期望都给予了较充分的满足，对顾客需求的了解方法是适用的、有效的，但为了适应公司进一步发展的方向，公司将与顾客的沟通方法进行改进，通过增加高层访问频次，以定期或不定期向顾客发放调查表，来提高沟通的有效性和了解顾客的要求，并和公司发展战略进行对照，与其保持一致，并及时进行修订充实。

1. 项目招投标过程中顾客期望的实现

顾客期望的合理中标价，公司通过分析，合理整合所需的自有供应链，体现价格和综合管理优势得以实现。

顾客对技术方案合理、可靠、安全的期望，依附于公司深厚的技术积累、丰富的施工经验、多方位的人员储备、强大的科技研发能力得以实现。

最短建设周期的期望，通过强有力的组织能力和高效的技术措施，合理调度、协调各类生产要素得以实现。安全、环境及质量管理目标的期望，完善的管理体系得以实现。

2. 生产过程中顾客期望的实现

公司所有项目均在生产计划、原材料质量、项目质量标准、工艺操作规程、安全等受控条件下，通过生产过程实现。

按照企业生产计划，遵循“市场、效益、能力、均衡”相结合的原则，编制公司各项目标和计划，当社会环境、自然环境等发生变化时，及时调整计划，确保公司生产系统有序运行。加强以现场工艺平稳为基础，以落实操作规程执行为主线，严格控制“人的不安全行为、物的不安全状态、质量管理缺陷和环境因素”等，以岗位责任制落实为手段的现场管理，及时解决现场存在的问题。

针对不同的顾客群体，选择不同的接触方式保持彼此间的沟通，确定顾客的需求和期望，从而在产品设计、开发、服务等方面加以体现，从而真正体现以客户为中心，满足顾客需求。

全心全意为用户服务，为客户创造价值

——广西柳工机械股份有限公司

服务是产品同质化形势下最具竞争力的利器，服务的好坏直接关乎企业的长久发展。全心全意为用户服务一直是柳工的服务宗旨，也是柳工永无止境的追求，更是为用户创造价值的最优保障。

企业概述

广西柳工机械股份有限公司（以下简称柳工）是中国制造业500强企业——柳工集团的核心企业。柳工拥有全球领先的产品线，涉及挖掘机械、铲土运输机械、起重机械、工业车辆、压实机械、路面施工与养护机械、桩工机械、工程机械配套件8大类产品品种，15种整机产品线。

柳工矢志于以一流技术开发产品、以一流产品和品质贴近顾客，为全球顾客提供高施工效率、高可靠性、高性价比的全系列工程机械产品 。功能繁多的柳工产品满足了不同行业的顾客需求，广泛用于交通运输、能源、矿山、农林水利、市政和现代化国防建设事业中。

柳工2017年实现销售收入110亿元，同比增加36%，整机销量36000台，其中挖掘机产销突破8000台，成为柳工第二大支柱产品；1966年中国第一台现代装载机Z435在柳工诞生，至今为止公司主营产品轮式装载机全球已累计销售突破35万台。

柳工是全球工程机械领域成长最快的企业之一。海外销售市场表现强劲，海外业务收入稳定增长，得益于柳工的全球布局，公司得以牢牢抓住国家“一带一路”倡议机遇。过去三年柳工产品出口海外市场保持了工程机械行业前列地位，2017年柳工出口占有率同比提升16%，销售增长26%，柳工在“一带一路”沿线国家的销量同比增长41%。

柳工是中国工程机械制造企业中拥有最完整、覆盖区域最广的全球经销网络的企业之一。遍布全球6大洲，100多个国家的300多家经销商，均由其遍布全球的12家子公司和战略性布局的9大配件中心提供便捷的本地化支持。公司强大的经销商网络、子公司以及客户导向的企业文化通过全球范围内7×24小时专业服务，形成了柳工独特的竞争优势。

客户导向的企业文化

柳工倾力打造具有独特内涵的企业文化，并使之成为驱动公司不断向前发展的原动力。柳工历经60年的发展，孕育了艰苦创业、居安思危、民族自强、自主创新、合作发展等优秀的文化基因，经过几任领导人的精心培育，逐渐形成了底蕴深厚、内涵丰富的柳工企业文化。

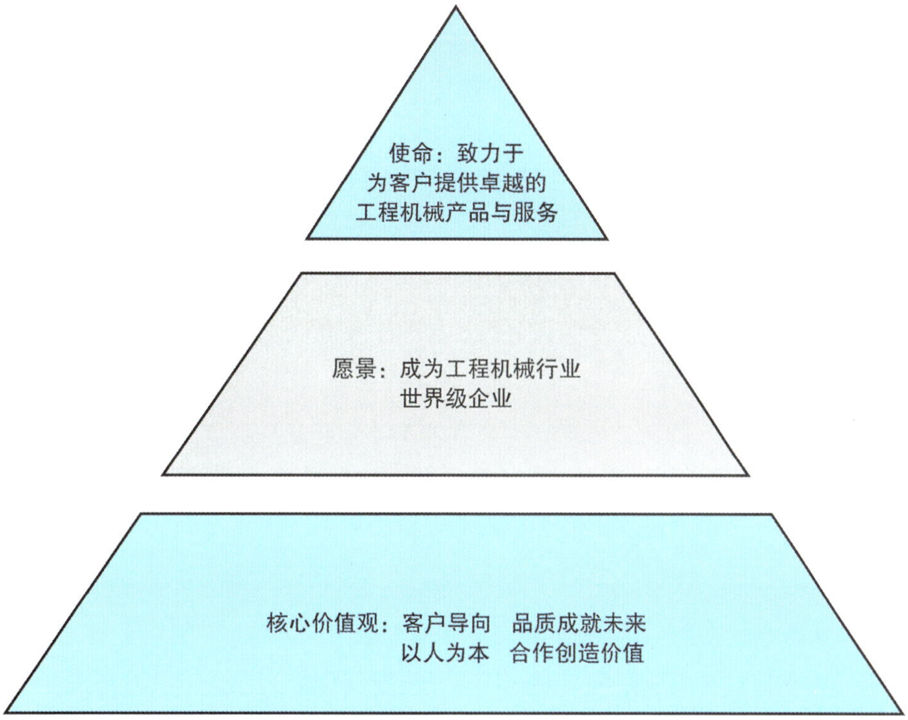

全体柳工人以“客户导向，品质成就未来，以人为本，合作创造价值”核心价值观为引导，致力于为客户提供卓越的工程机械产品和服务，立志成为工程机械行业世界级企业。

以用户需求导向的产品开发

柳工将国际先进的集成产品研发流程与柳工的实际情况相结合，汇聚全球创新资源，创立了基于全球市场需要的技术和产品研发流程（LDP 流程）实施产品研发过程标准化，LDP 流程更注重前期调研和策划，花费大量时间决定要做什么样的产品，将客户需求融入产品定义；同时，协调好市场、财务、生产制造等环节在产品研发过程中的作用，大大提高了研发效率。

2017 年，柳工产品开发流程 LDP 和功能模块开发持续推进。LDP 流程升级至 2.1 版本，引入用户试验机市场反馈跟踪机制，对新产品进行项目成功度测评，客观反馈研发投资回报率。实施产品开发平台化管理，同一产品族同时定义、设计、试验，改变以往单一的产品研发模式，缩短研发周期，提高零部件通用性。

打造反应敏捷、强大高效的供应链

公司确立了以“合作创造价值”为基础构建上下游产业链的发展模式，致力于“为客户及时提供总成本最优采购方案”。

公司将供应链管理上升到战略层面，从技术、质量、响应、交付、成本、环保、社会责任七个方

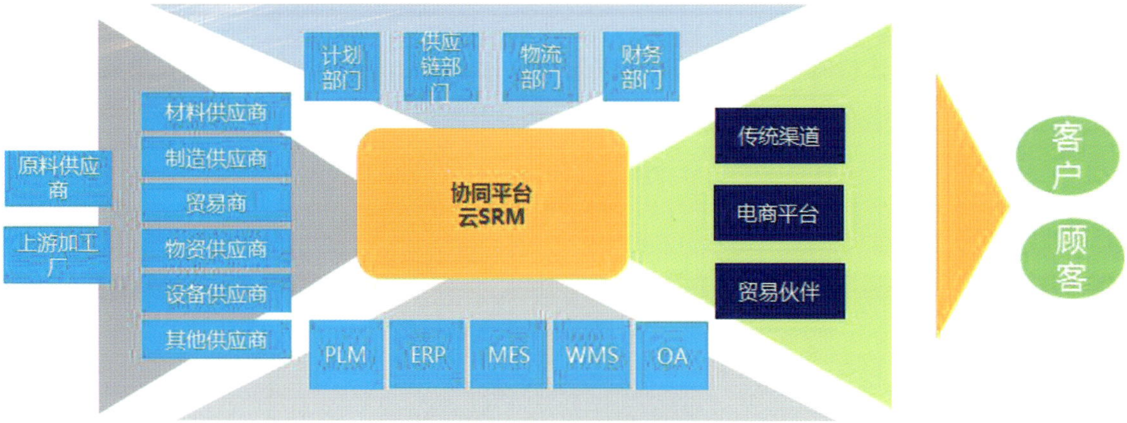

面与合作伙伴精诚合作，共建反应敏捷、适应性强、协同性好、共赢的供应链，提高系统功能及资源整体效率。

过程管理创新

公司始终秉承“致力于为客户提供卓越的工程机械产品和服务”的使命，建立了强大的研发、采购、制造和营销服务体系。识别出“研发、采购、制造、营销服务”四大过程为主要价值创造过程，公司通过不断优化自身管理过程，让各环节相互承接和配合，确保工作过程有效实施，为顾客创造价值，并实现公司的持续发展。

公司针对多品种小批量的离散型生产模式特点，不断优化生产方式，由原来机群式向流线化、自动化方向发展，推行智能制造。柳工制造智能化推进策划，通过将工厂各生产线按制造流程进行流线化生产，在关键工序和瓶颈工序进行智能化或自动化改造，并与 MES 系统进行联网，对整体产品生产过程进行控制和调度。

公司推进产品工艺一体化（PPI）流程，支持新产品开发（LDP）流程的实施，细化流程步骤，规范产品开发过程中工艺工作，提高工艺设计质量。同时通过优化 CAPP 工艺设计软件，推进 CAPP、工艺定额系统与 Windchill 系统集成，实现产品研发设计与工艺协同设计和管理，提高流程管控效率。集成系统强大的数据库为制造单元的产品质量改进、成本核算、产能分析、精益生产等提供有力的数据支持。

构建科学的、系统的、标准化的质量管理平台

公司确定了“以技术创新拓广发展空间，以品质成就柳工国际化事业，让客户满意是我们永续的追求”的质量方针；建立了以顾客导向、结果导向的质量 KPI；建立了以 ISO9001、GJB9001B 质量管理体系为基础，以卓越绩效模式为框架，以标杆管理为重点的科学化、系统化、标准化的质量管理平台，由质量管理体系、过程控制、持续改进三个模块组成了柳工质量管理平台的支柱。而人力资源、质量行为准则和员工的质量意识构成质量管理的基石，在这个平台上质量管理体系有效运行，确保制造出满足用户需求的机器和设备，达到公司追求的目标——顾客满意。

行业 & 客户分类管理，精确定位客户

基于外部市场变化与真实的客户因素以及柳工内部因素分析，为应对当前全球工程机械行业的发展，以行业客户导向为出发点，使柳工产品营销更符合行业发展与产品应用需求，在整个柳工体系形成统一的沟通交流语言，统一规则，给客户需求了解和研究工作提供便利和参考，柳工建立了基于柳工自身产品发展与适应性的行业分类标准。

柳工客户行业分类标准于 2016 年 4 月发布，标准规定了基于客户施工行业划分的柳工行业分类，适用于整个柳工公司，使 DMS 系统录入的客户信息，能更精确地定位客户、产品使用的行业和工况。

重塑行业价值理念，推行客户增值 4.0

为改变行业无序的价格竞争乱象，柳工的行业内首推“柳工客户增值 4.0”这一新的价值理念，从简单的价格竞争向价值营销竞争转型，并在行业内、外得到了广泛的好评和快速的客户认可。

客户增值 4.0 包含四大系统增值板块，分别是“客户增值 1.0”“客户增值 2.0”“客户增值 3.0”和“客户增值 4.0”。其中，“客户增值 1.0”即技术增值，是以全系列产品及关键零部件技术的进步，为客户创造价值；“客户增值 2.0”即绿色增值，是以节能减排产品、旧件保障体系实现客户低成本、高效益运营；“客户增值 3.0”即智能管理增值，是以智能化提升设备作业的管理效率；“客户增值 4.0”即全面解决方案增值，是为客户专门定制行业全面解决方案及全价值链增值方案。通过四大系统方案，柳工将为不同群体、不同领域、不同需求的用户，提供更有针对性、定制化的价值增值方案。

构建覆盖全球的营销服务网络

公司通过遍布国内的 100 多个销售渠道和 860 多个网点，以及海外 120 多个国家的 300 家经销商构成的销售、服务网络的高效运转，形成了完善的集销售、服务、配件及后市场、金融支持、传播“五位一体”的营销服务体系，从选型、使用、维护、维修以及融资租赁等环节为顾客创造价值，让顾客切实地感受柳工产品和服务的卓越品质。

践行全心全意为用户服务

全心全意为用户服务，一直是柳工追求和倡导的服务宗旨。为了更好地服务用户，柳工构建了以客户为中心，维修中心、驻外办事处、总部服务“三位一体”的多元化服务保障体系。

柳工推行“预防保养为主，故障维修为辅”的维护保养策略，通过重点实施产品“五到位”“八到位”主动上门服务，以用户为中心，为用户提供优质的、全方位、专业化、差异化、个性化和人性化的亲情服务。公司深入市场了解用户的需求和期望，在产品服务价值实施过程中设计了产品售前——为客户提供技术咨询、产品知识宣传、产品 PDI、PSI 检查与保养；售中——主动为产品维护保养、安全操作培训、维修知识培训等；售后——产品在保修期内的免费维修、维护保养、关键客户的合约保修期服务，以及响应客户需求的产品终身维修、再制造、残值处理等产品生命周期的服务全面解决方案。

为保证客户后市场业务需求，公司成立了全球后市场业务事业部，负责柳工服务管理、培训、配件供应、零部件再制造、二手机、大修手册、电子零件手册等后市场业务统筹运营。在国内设立了柳工全球配件中心，郑州、常州和蚌埠区域配件中转库，设立了南非、北美、欧洲等 8 个海外配件中心，快速满足顾客的需要；运行 OMS 外贸订单系统提高了订单执行和沟通的效率，加强了对订单数据的及时跟踪和管理。

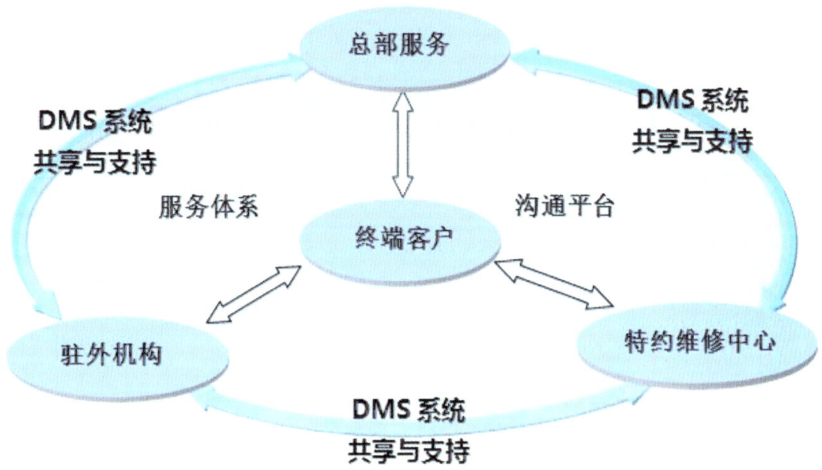

矢志不渝地追求用户满意

根据行业特点，公司采取自行调查测评或委托第三方调查测评两种方式。运用电话访问、问卷调查、现场随访、定期反馈表、座谈会等多种方式对顾客满意度进行信息收集与测量。测评由国内延展到海外。

通过不断测量跟踪用户满意度变化情况，洞悉产品主要质量问题和服务过程中的不足，结合柳工自身的信息对比分析，更加准确地判断问题，投入人力物力进行系统性改善。从设计源头抓起，关注配套产品的同步提升，加强制造过程质量控制，完善实验测试手段，以持续改进产品和服务，提高用户满意度。

近五年质量 & 用户满意荣誉

- 2014 年“全国质量奖”。
- 2016 年获得亚洲质量奖。
- 连续六届全国用户“三满意”企业。

持续改进

公司建立了基于数据与事实的绩效改进系统，将规划、实施和操作三层次的绩效分析结果作为改进的输入，确定改进的顺序、目标及方法，制订改进计划实施改进，运用数据统计方法对改进成果进行评价、奖励，输出的改进成果通过知识管理实现成果共享，促进公司内部和相关方绩效的提高。

公司建立了以客户、竞争、结果为导向的持续改进体系，强化从客户角度审视公司内部的流程，评价公司的改进能否为顾客增值、促进顾客满意；强化改进项目与战略实施结合，关注系统性改善，以支撑公司战略实施。

公司以质量、效率、成本、顾客满意等为目标聚焦改进，从目标、组织架构、体系流程、工具方法、人才培养四个方面构建柳工持续改进体系，强有力地推进组织和完整、系统的培训体系，严谨的项目管理流程，完善的持续改进管理制度，以 6sigma 项目、QC 小组、7STEPS、员工合理化建议的质量改进团队，确保了改进项目的成功实施。

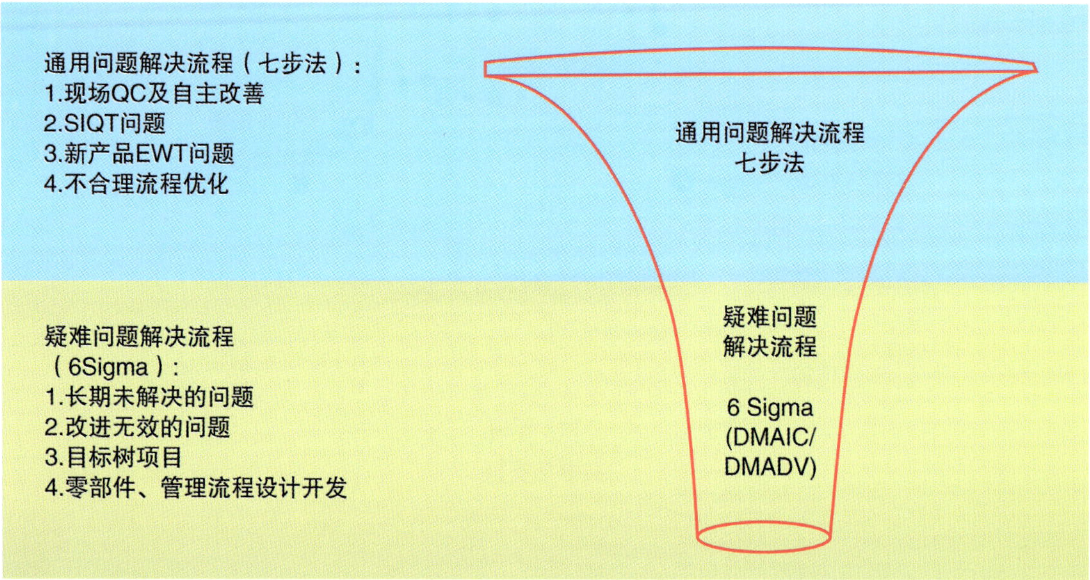

展望

2018年是柳工成立60周年，历经一甲子风雨沧桑，柳工从一个边远地区的国有企业，走出广西，走向全球。

60年来，柳工立足自身，不懈努力，深耕技术创新，遵循全面国际化、全面智能化、全面解决方案三大战略，创造了行业内多项第一，推动国内工程机械行业从小到大、从中国到全球的加速发展，引领中国装备制造业走向全球。

60年的沉淀与迸发，柳工从无到有，到产品线、地域，以及核心国家的拓展，成千上万台种类丰富的中国工程机械产品走出国门，服务于全球人民，柳工正以矫健、卓越的步伐一步步走向世界。

柳工60年激情与智慧的基因蕴藏在每一个有责任和担当的柳工人身上，展望下一个甲子，柳工正朝着工程机械的世界级企业奋进。

以客户需求为导向　创新与服务并举

——码捷（苏州）科技有限公司

“顾客不是想买一个1/4英寸的钻孔机，而是只想在墙上开一个1/4英寸的钻孔。”

这是哈佛大学著名的市场营销学教授提出的观点，也是霍尼韦尔安全与生产力解决方案苏州工厂（码捷科技）一直在坚持的方向——以客户需求为导向，创新与服务并举。

作为一个隶属于霍尼韦尔国际公司，研究、开发和生产世界一流的激光与影像条码扫描器、移动终端以及打印机，服务于零售、制造、医疗、交通物流和政府等领域的企业提供高性能影像及激光数据采集设备的顶尖制造商，码捷科技始终以顾客为导向，围绕细分顾客与市场以及新开发市场的需求、期望和偏好研发产品与提供服务，并以此不断改进生产、管理手段，以全力赢得顾客和市场的永久信赖。

那么码捷科技是如何以客户为导向，推动新产品创新进而提升顾客满意度的呢？ 2018 年和阿里巴巴合作的一个项目给出了很好的说明。

就在 2018 年 5 月，与阿里巴巴旗下盒马鲜生的一次技术交流，在码捷内部掀起了一股浪潮。盒马鲜生引领新零售，将要推出新一代自助设备，扫码枪是其中的关键部件之一。对于这一新兴行业的需求，之前从未有机会涉及，而客户紧急需求只有两个月的时间，这对码捷来说无疑是一场前所未有的挑战。要知道一个新产品从市场调研、需求分析到规格确定、产品实现到量产等，开发周期一般是 8—12 个月，两个月的开发周期是从未有过的神话。并且，这可能仅仅是顾客的一次意向对比，而我们需要投入的大量人力、物力与财力资源，最后也有可能因方案不被录用而失败，要知道竞争对手也是那么的优秀。但本着狭路相逢勇者胜的信心，码捷人员秉持着以客户为主的公司理念，评估了风险可控性之后，毅然接受这个挑战，也给自己赢取了这个打入市场的机会。

首先我们迅速接洽了直接客户——益逻触控集成商的研发人员，采用观察、询问、倾听、分析等方法，通过行业调研、走访，深入挖掘顾客的真正需求后定义了这个创新项目的范围。进而公司各部门展开紧密协作，通过精益六西格玛方法、DMAIC 分析等，花最短的时间探索最有效的实施方案。在综合评估过公司多个产品后，研讨决定用现有 Solaris 7980 产品进行创新和改造，来实现集成自助 POS 系统的需求。

创新，在继续。

因为要内嵌集成到自助设备里面，我们去掉了原有 7980 产品的前后壳，同时在两侧增加固定支架，并预留螺丝孔，便于集成安装。在指示灯方面我们也做了相应变化。考虑到我们的直接客户，即触控集成商的整机外壳设计，光学工程师评估决定将指示灯区域改到前端，提高可视度，且符合人机工程原理。真正做到将创新与具体实际应用相结合，不只是为客户着想，同时也方便客户的客户在真实应用场景中更快捷轻松地使用产品，为整个产业链解决后顾之忧，真正做到码捷以客户为导向的核心精神。

创新，仍在继续。

Solaris 作为独立产品， 采用蜂鸣器发声，音色单一，又因为内嵌，声音要比外置小，显然不适用于人流多、空间大的卖场等场所。而且自助设备需要更好的人机交互，声音的传递就无比重要。

产品调试

整机扫码提示音调试

最后我们通过跟触控集成商的紧密合作，利用系统扬声器发声来实现定制扫码提示音，以满足设备提示的多样化、舒适度、交互信息明确等需求。

创新，还没有停止。

在开发过程中，我们发现以往集成系统整机内部的电缆较多，电源和数据传输线通常是分开的，若对其整合，电源管理将更加方便。我们将两根线升级成一根线，并按实际需求缩短线距。为此，电子工程师经过不断的研究改进，实现了电源数据线的专门定制，给客户提供更简洁、更清晰的整机系统内部环境，也更易于客户后期对整机系统的维护管理。

为了支持产品上的种种创新，我们在生产线也相应作出了一些调整，修改了生产治具及测试夹具。另外，产品去外壳后，包装倒箱是个问题。我们设计了新的包材，并变更包装流程，从统一包装到即产即包，方便运输，降低损耗。顺利地完成了第一批的交付需求。

在项目的整个实现过程中，我们每位参与研发、验证及生产的工程师都表现出了高度的专业性及责任心。比如 Solaris 7980 产品本身具有景深参数较大的优势，50cm 外也能实现准确扫码，但我们的工程师在实际设计的过程中考虑到了终端用户的使用场景，发现这种远距离的扫码性能应用在超市自助 POS 机上反而存在弊端。当终端用户在该距离内拿起任意商品，都很有可能会被直接解码输出商品信息，容易造成自助付款结果的误差。因此，工程师们果断作出调整景深的决定，并进行多次测试以排除对扫码性能的影响，最终确定了最佳的景深规格。

当然，这次的创新项目并不是一帆风顺的，每一处改动的背后都存在着各种风险及需要解决的问题。记得在一次出货给客户之后，对方反馈对于 128 型功能条码输出有问题，无法扫码，这可急坏了我们的工程师们！明明产品研发阶段经过了严格的测试，生产阶段也是经过验证才会出货，怎么会不能扫码呢？经过专业的分析，软件工程师迅速定位了根本原因，由于不同的条码类型是通过配置实现码制切换的，这次发现的问题不在于 128 型功能条码，而是 GS1 128 型条码的配置在默认状态下是不开启的，也就是说只需要配置一下扫描设备就可以了。当得出这些结论，已是晚上十点多，但我们的软件工程师为了能让客户安心使用，连夜上传配置条码到手机上并发给了客户。果然，经过配置后，我们的扫码枪就可以按客户要求工作了。

除了内部研讨外，我们的研发团队还经常出差至集成商处，跟对方的研发人员紧密合作，奋斗在一起谋求最佳方案。此外，工程师们也曾多次前往实体门店，进行上层软件、中间集成、底层硬件的整体全面调试，快速响应客户的每一个疑问，确保终端用户的使用体验。为了发现自己产品的不足，更是群策群力体验多种自助设备，从中不断改进学习，扩大我们的优势。

这是一次新的突破，也是码捷急客户之所急最具代表性的精神体现。

目前，我们已收到大量订单，这是客户对我们的最大认可。盒马鲜生带动了新零售的趋势，而霍尼韦尔安全与生产力解决方案苏州工厂（码捷科技）在自助行业这一新领域也成功赢得了一席之地，这跟我们专业资深的研发团队能及时有力地提供支持密不可分。而生产及质量部门都在本地，也为我们能实现快速响应作出了很大贡献。

以客户为中心，码捷从未停止。

秉持着不断成长进步的精神，广泛采纳客户合理意见建议，虚心向客户学习，以客户需求为导向，创新与服务并举，为公司今后更好的发展而广纳意见，这是码捷企业精神，也是企业的责任。

顾客的需求是公司战略的主导因素，对顾客的需求与期望的了解是公司赖以生存的根本，深入挖掘顾客的真正需求后开发产品与服务，实现产品的不断升级、生产管理以及服务的持续改进，保持顾客的满意。

在应对客户需求研发创新方面，我们通过将顾客的各类信息作为公司研发生产和服务改进的重要输入，使市场响应速度大大提升，并与有影响力的顾客建立战略合作关系。定期现场观察倾听客户的声音，关注客户的痛点，找到对应的解决方案形成报告驱动创新。一个新品开发一般还会有五次不等的倾听客户声音的调研报告，以及建立市场需求档案用于产品设计。

从客户之声有效地转换为公司的洞察力，使客户需求和产品开发紧密联系，这点至关重要。通过 5 年的反复总结与实践，我们制定并建立了详细的操作方法和流程以便确立洞察力。每次 VOC、OVOC 前都会有详细的准备，设计计划书，带着问题开始，现场回来后会有书面报告总结，并有团队复审，提炼创新点融入后续产品开发。

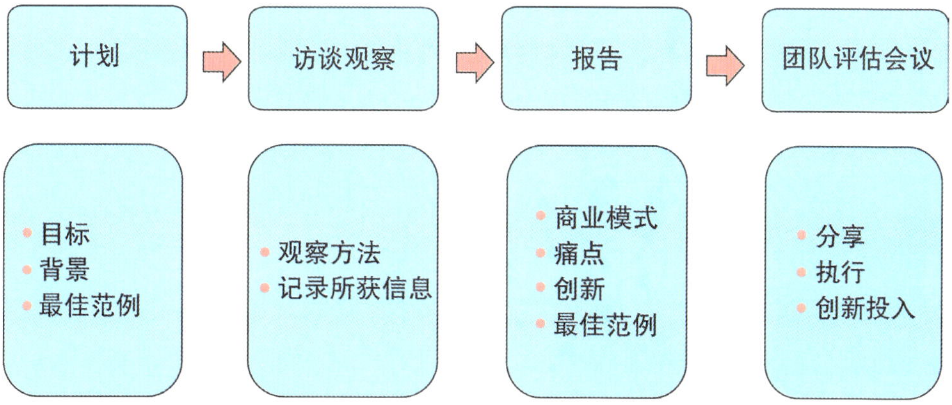

从客户之声到洞察力

在质量管理与过程控制方面，霍尼韦尔安全与生产力解决方案苏州工厂 (码捷科技) 强调以顾客为导向的经营价值观，提高产品质量和改善服务是顾客关系建立的基础。我们有完整的质量管理体系，并坚持以“顾客至上”经营理念和诚信友好互利原则处理好与顾客的关系，以“追求卓越，共享未来，回馈社会”为企业使命，以“霍尼韦尔的八个标准行为”为企业核心价值观，以“成为世界级的自动识别和数据采集方案提供商”为企业愿景，努力使公司成为全球移动与扫描的研发与生产制造基地。

公司的努力也获得了多方认可。2017 年 6 月，码捷（苏州）荣获霍尼韦尔集团“世界级工厂”称号，成为集团全球几百家工厂中首家获得该称号的工厂。截至 2018 年 10 月，获得该称号的工厂不超过 6 家。2018 年 3 月，码捷（苏州）荣获苏州市人民政府颁发的 2017 年度“苏州市质量管理优秀奖”。

“得时者昌，失时者亡”，企业应需而变，打造科技创新之“源”，以客户为中心，创新与服务并举，才会蒸蒸日上。未来，在物联网高速发展的时代下，如何能快速响应客户需求并谋求最佳实践会是企业发展的动力，而更好地实现客户定制也将是霍尼韦尔安全与生产力解决方案苏州工厂(码捷科技)不断追求的目标！

矢志奋斗，做儿童想象力的保卫者

——大连出版社

“想象力是人类能力的试金石，人类正是依靠想象力征服世界。”

随着“大白鲸计划”深入推进，“保卫想象力”被社会各界广泛认同，越来越多的人加入大连出版社“保卫想象力”的事业中，一路同行！

保卫儿童想象力：我们的使命

在所有人当中，儿童的想象力是最丰富的，但想象力并不是天生的。想象力必须依靠后天对事物的感知，儿童具有思维能力后独立进行加工改造才能完成。著名瑞士心理学家皮亚杰认为：2—7岁是激发儿童想象力的最好时期，因为这个阶段的儿童具有泛灵论、自我中心、思维不可逆等特征。直到青春期前，儿童会一直相信万物有灵。

想象力弥足珍贵，就像清晨的露珠，一不小心就消逝不见。中国当下的教育过多重视知识积累，忽视了孩子的想象力和创造力。随着年龄渐长、知识渐丰、阅历渐深，儿童的想象力却不断消退。“钱学森之问”实际上也是对当前人才培养过程中忽视了想象力创造力保护的警示。

爱因斯坦说：“想象力比知识更重要，因为知识是有限的，而想象力概括着世界的一切，推动着进步，并且是知识进化的源泉。”一个没有想象力的儿童，很难有创造力和创新力，一个没有想象力的民族一定是个落后的民族。

保卫儿童想象力，就是保卫了我们民族的未来，这是时代的召唤，是家长和老师的心声，是各界应承担的责任，是出版界应有的担当。因此，大连出版社在2012年初提出“保卫想象力”的核心使命，并把原创幻想儿童文学作为主攻方向，致力于打造中国原创幻想儿童文学产业链领导者品牌。

原创幻想儿童文学：保卫想象力的突破口

研究显示，阅读文学读物，特别是幻想类文学读物是保卫孩子想象力最好的途径。正如雨果奖、星云奖双桂冠得主南希·克雷斯所言，“没有任何文学像幻想文学那样，如此深远地拓展了我们的思想”。儿童在成长中也承受着很大的压力，而幻想文学独有的“幻想、恢复、逃避、慰藉”四要素，创造出一个“第二世界”，给儿童提供了诗意的栖居地和精神家园。

当下童书领域，引进版幻想文学风行，儿童在大量的引进版幻想文学中流连忘返。这，似乎是一种文化上的“贸易逆差”！长此以往，中国风格、中国气派的中国故事何处去寻？且引进版鱼龙混杂、泥沙俱下，翻译水准参差不齐。如此，独具魅力的汉语言，中国的孩子们又能品味到多少精妙？2012年初即发力原创幻想儿童文学，是大连出版社前瞻性的顶层设计，是为了儿童的情怀与担当，亦被现实证明是大势所趋。

大白鲸计划：大连出版社的长效机制建设

为保卫想象力，大连出版社策划发起了“大白鲸计划”。该计划是一个以儿童为目标受众，以“保卫想象力”为主旨，以原创内容为核心，以“大白鲸”为统一品牌，综合运用图书、动漫、影视、演艺、游戏、主题乐园等形式，宣扬海洋文化、海洋战略、大生态理念，通过资源共享、协同推进的全产业链发展模式，实现链上企业共赢、整体竞争力倍增的跨地区、跨行业的大型文化产业项目。

从“大白鲸计划”出发，大连出版社积极创新，实现优质资源的聚集。

一是创新作品征集机制。“大白鲸”原创幻想儿童文学、图画书优秀作品征集活动已成功举办五届，先后征集到来自亚洲、美洲、欧洲、澳洲近 20 个国家的 3000 多部中文作品，评选出百余部优秀作品。因倡导保卫想象力、专门奖励原创、全程匿名评审、充分尊重小读者意见等独特的评奖机制，赢得了中外儿童文学作家、画家的广泛支持和赞誉，越来越为业内人士和社会各界所关注、所重视。每篇获奖作品，都经过至少 5 名小读者评审，真正体现了对儿童审美的尊重。

二是创新队伍建设机制。一方面，建立了幻想儿童文学作家联盟、幻想儿童文学插画家联盟，还建立了一支高水准的专家顾问团队。另一方面，建立了作家工作室制度、签约作家战略合作机制。2018 年 8 月，大童话家朱奎工作室在大连出版社挂牌成立。我们积极吸纳文学素养高、创作实力强、创作潜力大的年轻作家，着力将他们培养成优秀骨干作家，为作家梯队建设不断注入新活力。比如，新锐作家王君心、马传思均成为大连出版社签约作家。

三是创新作家培养机制。每年一度的“大白鲸”原创幻想儿童文学年度盛典、中国原创幻想儿童文学高层论坛、童书营销创新与阅读推广高峰论坛、“幻想屋”儿童文学主题沙龙……南希·克雷斯，雨果奖得主刘慈欣，国际安徒生奖获得者曹文轩，著名儿童文学作家沈石溪、张之路、王晋康、汤素兰、杨鹏，著名评论家樊发稼、王泉根、吴岩、姚海军等，都曾作精彩分享，为广大创作者指引方向。

大白鲸“明日之星”作家培训班，已成功举办两期。雨果奖、星云奖双桂冠得主南希·克雷斯，国内唯一科幻文学博导吴岩，《科幻世界》主编姚海军，《儿童文学》原主编徐德霞，当代中国幻想文学的开创者彭懿，著名儿童文学评论家朱自强等，大咖导师亲临授课，为年轻作者们授业解惑。

2018“大白鲸”原创幻想儿童文学年度盛典“全家福”

四是创新版权运营机制。按照“一个项目多家合作、一项合作多方资源、一项资源多方利用、一个品牌多家共享”的思路，我们联手大白鲸世界、大连圣亚、八尾猫文化、河南超凡影视等战略合作伙伴成功打造了“大白鲸”“八尾猫”“快乐星球”等文化产业品牌，产品形态包括纸质书、有声书、电影、电视剧、舞台剧、动漫作品、主题公园、室内儿童乐园、海洋食品等。以“白鲸皮皮”为品牌形象打造的室内儿童主题乐园“大白鲸世界”，已在北京、上海、广州等28个城市开了37家门店，近200万家庭对白鲸皮皮耳熟能详。“大白鲸”品牌图书走出国门，走向世界，有60多种实现版权输出，有30多种实现实物产品输出。保卫想象力的事业，从图书出版延伸到不同文化产业，从国内走向国外。

五是创新阅读推广机制。2012年以来，我们持续开展“保卫想象力·百家千校品牌推广活动”“保卫想象力——阳光少年‘三个一’工程”和“保卫想象力——‘大白鲸’全国小学生阅读与创意活动”三项基于“保卫想象力”的品牌阅读推广活动，2018年又发起“保卫想象力在行动”。先后邀请朱奎、

品牌阅读推广活动展示

杨鹏、八路等知名作家走进校园开展品牌推广活动 500 多场；排演舞台剧 10 部，演出近 600 场。2016 年以来，来自全国各地的 64 万小学生参加了相关活动，“保卫想象力”理念深入人心，“大白鲸”成为知名品牌。

六是创新网络运营机制。积极发展网络出版，于 2015 年正式上线幻想儿童文学协同编纂系统，于 2017 年 3 月正式上线中国幻想儿童文学网——以“保卫想象力、激发创造力”为理念，以儿童、儿童文学创作者、家长、教师等用户为目标客户群，打造致力于儿童文学传播的垂直类幻想儿童文学运营平台。将于 2018 年底上线基于 ESLI 国家标准的数字出版升级改造工程，实现纸质书多媒体资源的嵌入。

硕果累累：保卫想象力在行动

保卫想象力，我们在努力。近年来，《拯救天才》《大熊的女儿》双双荣获第十届全国优秀儿童文学奖，被中国作家协会副主席高洪波誉为“创造了一个奇迹”。《寻找蓝色风》入选中宣部 2017 年“优秀儿童文学出版工程”（全国仅有 9 部）。《古蜀》《拯救天才》《冰冻星球》先后入选国家新闻出版广电总局向全国青少年推荐百种优秀出版物，《拯救天才》入选“大众喜爱的 50 种图书”，《冰冻星球》等多部作品连续获得全球华语科幻星云奖……

2016 年 6 月，大连出版社被辽宁省新闻出版广电局授予“辽宁幻想儿童文学出版基地”；2016 年、2017 年连续两年被评为“最受图书馆欢迎少儿出版机构”；2017 年 9 月，被中国出版协会授予“数字出版创新奖”；2017 年 12 月，被授予“辽宁省用户满意企业”；2018 年 4 月，“‘幻想屋’儿童文学数字出版升级改造工程”荣获“2017 年度中国十大数字阅读项目”。大连出版社社长兼总编辑刘明辉被评为“2016 年度中国十大出版人物”。

精于定制，匠心如一 ——多重角度下客户至诚服务

——海澜之家股份有限公司

“圣凯诺”创立于 20 世纪 90 年代，是海澜集团旗下品牌，其运营主体为圣凯诺服饰有限公司，是海澜之家股份有限公司的全资子公司。它定位于高端职业服定制，是我国大型服装生产企业之一。其产品涵盖西服、衬衫、制服、夹克、大衣、棉袄、尼克服、羊毛衫、T 恤等全品类。

职业服装的使命是什么？除了满足最基本的“代表企业形象，呈现统一的风采”外，近些年职业服装的消费者更加注重穿着的环保、舒适、合体。同时，也对服装时尚美学的期待更加高涨。

20 余年来，圣凯诺时刻关注着职业客户需求的嬗变，始终不遗余力为消费者提供最合体且时尚的服装而努力。

一、唯有重视客户，方能服务客户——圣凯诺对消费者需求的认知

企业要长期保持技术上的优势已越来越不容易，而通过服务及差异化提升客户满意度并建立市场优势已经成为企业的当务之急。企业能否生存和发展，不在于其能否生产出多少产品或提供多少服务，而是取决于产品或服务能否满足客户需求并达到客户期望的满意程度。圣凯诺的核心就是以客户满意为一切宗旨。

圣凯诺非常了解在服装市场的发展中，作为市场主体的企业和客户的关系历经了一个渐进的演变过程，在这一过程中，客户的地位不断加强，并最终成为企业竞争力的核心因素。从最初的企业向顾客提供无缺陷的产品阶段，到企业向顾客提供符合需要，定制化产品阶段，到最终的企业向顾客提供满意产品的阶段。在现阶段的市场竞争中，企业越来越重视顾客满意度，保证向顾客提供高满意度服装，而不仅仅停留在满足顾客需要的层面上，在实践中取得了良好的成效。

二、职业装消费者需求的层次化，不仅仅是服装本身

职业服装的消费者通常是以企业客户（单位）为主。而企业客户（单位）又是一个个员工，员工也是消费者。于是对于职业服装的需求，便有了超越服装本身的多样性体现。

例如从企业角度而言，统一着装体系的美学冲击，所有服装的质量情况，是否按时交货，是否能够方便发放是企业关心的重中之重；对于员工而言，是否合体，是否舒适，是否时尚是关注的重点。前者偏向于服装的交付与服务，后者期待服装本身的属性。

三、员工最关注的是合体，是时尚，是质量——圣凯诺全力打造量身定制

最好的西服不是商场中买的西服，而是量身定制的西服！圣凯诺提供免费上门量身服务，顾客足不出户，即可享受贵族感觉。

1. 合体最关键的是量身

圣凯诺在全国都有办事处，满足了客户随时随地量体的需求，一个电话，1 小时响应。公司有 200 多名受过专业量体培训且经验丰富的量体专家为圣凯诺优质的服务保驾护航。标准的服务流程，精湛的量体技艺，高科技的配备，量体过程利用专门开发的 IPAD 应用实现了量体数据全球传输。300 万份人体模型数据库超越欧美大型服装企业。并且公司还配备三维人体扫描仪（配合个性化定制需求，自动测量人体尺寸，测量速度更快、更精确，20 秒完成人体测量，获得精确尺寸，根据顾客的特点及需求，随意调节扫描仪设备相应参数，可采集多达 85 项人体各部位尺寸数据，高效、快捷、智能化的数据反馈系统，提高工作效率，对场地、光线无特殊要求），能在各个层面上满足客户的不同需求。

2. 既合体又舒适最关键的是“一人一版”

可能你也有过类似疑问：银幕里，红毯上，那些翩翩而来的明星名流们总是那么惹眼，一套原本没什么说道的西服穿到他们身上，要么合体得尽显风范，要么别致得令人惊艳，举手投足皆时尚。于是乎你暗暗将那套谁谁穿着的西服品牌牢记心中，然后四下寻觅想比着这标准找一套一模一样的，可怎料到花费不菲，甚至漂洋过海试遍国际一线大牌，却始终没有一套完全合你心意。

明明牌子和样子都对了，为什么西服还是不够合体、不够时尚？圣凯诺会告诉你：其实西服还是那个西服，只不过那些令明星名流无比时尚的西服绝非出自品牌成衣而是源于量身定制。换言之，在时尚背后，真正成全时尚的关键是定制。

批量生产出来的产品永远不及手工品那么珍贵，除却少了一份人手的温度，多了些许用心的成分之外，恐怕最大区别在于，一百件产品都是标准化一模一样的，而一百件手工艺品则没有任何两件是完全相同的。这个道理同样适用于职业装界，一百套相同的西装叫流行，而唯有那一件足以从一百中脱颖而出、夺人眼球、令众人艳羡的、不一样的西服才叫引领时尚。比如你看到某位明星出席某个首映式，身着一件窄驳领的西服，顿觉其与传统西服驳领不同，更时尚、更别致，这就是一点细微变化所带来的时尚元素。而这些小元素和小变化往往不是你在成衣店能轻易找到的，事实上只有手工定制可以为你提供高品质的细节需求。

“一人一版”成就百分百舒适，所谓真正的高端定制，必然是“一人一版”量身定制的。圣凯诺一直坚信，一套量身定制的合体西服是既能够出入正式商务场合，又能在闲暇时间穿着。

专业且富有经验的制版师队伍是圣凯诺服装优良品质的基石。圣凯诺制版采用电脑与手工相结合，既有电脑的精准，又兼具手工的匠心独运。根据各地域着装的差异细分南北两套版型——特别是女装，“前胸饱满、收腰贴身、瘦长袖型”彰显东方女性的妩媚！真正做到了“时尚性”与“职业范”的融合。

公司是拥有博士后科研工作流动站的服装企业，同时也是江苏的“省级服装工程研究中心、省级纺织技术研究中心”。普通的服装生产企业仅有一次裁剪，但圣凯诺为了让服装更合体、更精准，从创立初期就率先推行了电脑裁剪为基础，之后进行“二次裁剪”的工序——真正给予客户的实际量体数据做了修正及优化，既大大降低了返修率，也大幅地提升客户满意率。

3. 客户触手可及的全面质量管理

对质量的坚守，就是对客户最大的尊重。

服装是做出来的，只有对“做”充满坚持，贯彻匠心，才能将完美的作品呈现在客户手中。

圣凯诺的西服每一件都经历了四大工序，400 多道小工序，顶尖的技术设备交融复杂精准的生产工艺，非凡的品质都源于这点点滴滴、一针一线。

一般的厂家对于服装只有最后一道检验，而圣凯诺则有三道，从起初的裁剪，到缝制的中检，再到成衣的后检，三道铁闸铸就圣凯诺服装质量坚如磐石。

圣凯诺自诞生之时起，就全面实现“5S 管理”。

让每一件服装诞生于洁净的生产环境中，让每一道流程都清晰可见，从而从根本上保证圣凯诺优异的品质。

四、企业最关注的需求是企业客户着装的体系设计，是及时交货，是服装项目的可视、可控。圣凯诺全力打造快速化、信息化生产，个性化交付

1. 设计匠心独运

圣凯诺设计师皆毕业于国内外一流大学的服装设计专业，基础扎实，素质优秀，创新能力强，屡次斩获全国范围设计比赛大奖。经验丰富的老牌设计师及拥有海外留学、工作经验的年轻设计师，与客户直接交流，充分满足客户要求，既保证了其时尚性，又兼顾了各地区着装传统。

2. 生产管理信息化——满足客户质量与交期的需求

海澜集团是中国服装业中较早全面采用SAP先进信息化管理的企业。SAP是世界五百强企业，也是世界知名的企业管理解决方案软件的提供商。2012年公司采用SAP公司的软件，由全球500强企业IBM负责实施，三强联手，耗资三亿，让公司海量数据的处理能力更上一个台阶。圣凯诺在业界第一个引进全自动人体模具立体整烫流水线及服装自动悬挂生产线。

走进圣凯诺车间第一感觉就是非常整洁、自动化程度高，生产流程井然有序。这里的工人在自己的工位上忙碌，物料会通过吊挂系统自动传送过来，每件衣服的生产数据都会由设备自动识别并显示在工位前的电子显示屏幕上，也就是说每一件衣服都有属于它自己的“身份证”。

通过线上系统自主下单。后台进行智能化数据分析和信息整合，通过三种不同功能的智能系统生成“版型、工艺、物料、排单”四类生产资源信息。生成唯一编码，将这个编码导入RFID芯片。根据RFID个人服装身份证数据信息，所有原材料和辅料，通过智能制衣吊挂体系，传送到每个工人面前。相应信息在工人平板显示屏上出现，工人开始制作，确保一人一版、一衣一款。智能化生产系统可以让工人的效率提升30%左右，由于效率更高，满足了服装个性化定制的需求。

3. 破解大企业服装发放杂乱的难题——综合包装，个性化交付

大企业全国地域分布，人员数以万计，网点多，分公司子公司繁杂，人员调动复杂，如何有效快速发放？这一直是客户难以消除的问题。

在服装定制领域，圣凯诺是国内第一家提出综合包装概念，且是目前服装行业中最早运用自动化分拣系统来实现综合包装的企业。它通过网络将个人量体数据传输到分拣系统数据中，通过系统大

数据分析统计，选择最佳高效的分拣方式，将自动按单位、部门、个人逐级分拣，进入包装工位进行综合配套包装。

公司采用一人一袋的包装，通过最便利的全国性物流系统发送到每个网点，方便客户能够准确拿到自己的服装，且方便携带。

五、不忘初心，继续奋进

作为服装企业的佼佼者，圣凯诺非常明确地认知到企业及员工需求的不同，并一如既往地从多层次、多角度、全方位满足消费者需求。

未来的圣凯诺将持续推进制造业智能化，深度挖掘企业统一的工作服中的个性化元素，将个性的时尚与企业的统一面貌有机结合，点亮中国服装之美，从而更加切身实地地为消费者提供最优质的服务！

关心孩子、服务家庭——好孩子的服务经营之道

——好孩子集团有限公司

创立于 1989 年，公司总部位于江苏昆山的好孩子集团，即将迎来 30 周岁。从一家校办工厂发展成为全世界最大的儿童耐用品供应商和品牌经营商，也是中国最大的孕婴童全渠道零售平台和生活方案提供商。在以品牌为导向的销研产一条龙经营模式驱动下，好孩子构建了在中国昆山的总部功能和供应链管理中心、在德国的品牌经营中心和技术管理中心、在捷克布拉格的大数据管理中心、在香港的融资管理中心，在美洲、欧洲、亚洲的区域业务中心，拥有中国、美国和德国三大母市场，并进行销研产服一条龙的本土化运营。

随着国家“全面二孩”政策的放开及国家计划生育政策的调整，作为母婴行业的龙头企业好孩子是如何服务好中国市场的母婴消费者的呢?

一、 从售前、售中到售后全流程的服务体系

好孩子集团建有完善的服务体系，从售前导购讲解、售中付款交付配送，到售后安装调试及维修服务。

售前：好孩子销售人员经过严格的培训获得资格证才可上岗，服务人员除了根据消费者的需求准确为用户选择需求的育婴产品之外，还可以向顾客开展育婴知识的培训，帮助奶爸奶妈们提升他们的专业育儿知识。

售中：好孩子新零售从卖场的布置、现场体验、下单、产品的配送、安装、售后等各个节点提升服务质量，开展服务营销。在卖场，设有专门供宝宝玩耍的区域，有多种玩具供不同年龄段宝宝选择；对来逛店的孕妇设有休息点，供顾客坐下来慢慢看；还有造型可爱的 IP 形象和卡通式购物场景，如 HD 的恐龙造型，免费为宝宝拍照留念，让宝宝流连忘返。

售后：顾客购买产品如线下无法一次满足的情况下，顾客还可以在 App 上直接下单，由物流配送到家，解决了顾客搬运的烦恼；还可以提供上门安装调试。好孩子产品实行全国联保，客服统一的 4008280000 服务热线，全年无休；大件产品可享受免费送货上门、安装服务。

二、 VIP 与重点客户的尊享服务

细分顾客，开展会员服务，根据消费者的消费水平、消费频次，对顾客进行细分。对高端顾客开展 VIP 会员尊享服务。

凡是好孩子 VIP 会员可享受生日短信祝福或寄送带有 gb logo 的生日贺卡、私人定制化生日小礼品、超长的保修期、购物积分、产品体验网络分享专项积分、会员专享（折扣）等。

凡是会员用户、一次性购买好孩子 3 件以上产品的用户，每半年可免费享受一次免费保养清洗通检服务，为孩子安全使用免除后顾之忧。

三、 提升用户的满意度与忠诚度方面的举措

1. 服务流程及资源支持保障

为提升用户满意度，凡是好孩子公司销售的产品实行全国联保，不受购买渠道的限制，消费者只要拨打 4008280000 服务热线，即有专人负责跟进直至问题解决。

针对童车产品，好孩子公司还推出了免费的周转车服务。在人员配置上，总部设置了专业的技术人员为一线售后人员提供技术及配件等资源支持。在昆山总部的好孩子公司物流库，好孩子集团建有先进的备件仓储立体库，从市场配件订单的申请到发放全流程可视化，可实现当日订单单日配发，快速满足市场用户的需求。

2. 用户投诉快速处理机制

消费者通过服务热线或微信、微博等渠道进行投诉，公司售后服务中心会及时响应，根据用户诉求进行快速补救。服务时效作为用户投诉处理的评判标准，全国 34 个分公司售后人员 24 小时响应用户的需求，全年无休，快速响应用户的服务需求。总部为各分公司售后提供资源及技术保障支持。

3. 回报老用户活动

好孩子集团值成立 30 周年之际，好孩子第一代消费者已经结婚生子成为新一代爸爸妈妈，开展“我与好孩子共成长”“童车故事会”“寻找老用户”的纪念活动，用户只要提供与好孩子共同成长的照片、故事、珍藏的第一代好孩子童车均可享受好孩子的精美礼品，同时会颁发用户成就奖，成为好孩子的终身会员。

四、客户体验方面的做法

喜欢玩是孩子的天性，如何通过玩让孩子及家长对品牌产生情感上的链接和依赖，好孩子集团针对不同的产品及顾客使用场景，增强用户体验，拉近用户与好孩子公司的感情。

1. 组织童车现场拆装娱乐体验

童车出厂时是半成品，需要组装后才能使用。对于宝宝要乘坐的爱车要是由宝宝同家人一起组

装，让宝宝对自己的爱车了解其结构，像宝宝搭积木一样拼装完成，无疑是增加了宝宝的好奇心，同时又增加了一份快乐。通过开展童车组装 PK 大赛体验活动，让宝妈宝爸宝宝边玩边体验产品的乐趣，让宝宝开心爱上车。

在卖场组织奶爸同宝宝一起组装童车，按组装时间的长短进行排序，让孩子体验比赛的乐趣。在比赛过程中，宝爸和宝宝一起分工合作，完全参与到童车的组装比赛中，让宝宝看到宝爸的能力，也让宝宝增强自己动手的能力。通过童车组装，让宝宝亲自动手和宝爸宝妈一起参与组装自己的爱车，体验合作的力量，体验组装的愉悦感和比赛胜利的快乐。这样，既增进宝宝与家人的感情，又让家人熟练了一门技术。与其说这是一场技能竞赛，更不如说是一场大家庭聚会。

2. 耐克少儿跑运动比赛体验

宝宝从小就喜欢运动，多运动对于宝宝的成长大有好处。好孩子针对宝宝喜欢运动的消费者组建的少儿运动俱乐部，定期联合品牌方组织拓展活动，通过活动增加好孩子同用户的感情链接。公司 NIKE KIDS 组织的耐克少儿跑体育比赛就是其中之一。宝宝参加 NIKE 少儿跑运动比赛，留下运动的精美照片，对参与者及获奖者颁发比赛纪念品，记录宝宝的成长历史；宝爸宝妈也可以对宝宝参与的活动进行拍照或录像，作为日后成长美好的回忆。通过宝宝参加运动比赛，感受运动的快乐，结识爱运动的小伙伴，拓展朋友圈，也同时增加了宝爸宝妈的朋友圈，拓展了人脉。

3. 一站式成套母婴解决方案体验

新生奶爸奶妈由于缺乏育儿经验，遇到问题往往手忙脚乱。好孩子集团从一站式孕婴童产品购物中心到专业的育儿顾问，满足消费者硬件需求及软件需求。

（1）一站式购物体验

作为奶爸奶妈在购物时需要买啥是很头疼的事，好孩子为新生儿设计开发的新生儿成套育儿产品，从居家纺品、童装、哺育 & 洗护、童车汽车座，让客户享受一步到位的服务，免去购物的烦恼。

好孩子在卖场设置儿童娱乐区、化妆梳妆台，变卖产品为体验，留住顾客。如好孩子 LC 通过在卖场设置梳妆台、创意涂色纸、护甲护理等项目，让宝宝驻留体验化妆之美。

（2）好孩子育儿顾问专家

好孩子门店都有专业的育婴师，现场为爸妈提供各类育儿咨询服务。同时每个月还会邀请知名育儿专家，举行不同主题、大小不一的育儿课堂！服务内容包含：

孕期辅导：孕期饮食保健知识，胎儿发育，孕期安全。

哺育辅导：产后护理，营养配餐、科学喂养、辅食制作。

育婴师：新生儿护理、疾病预防，婴儿大动作、精细动作的训练。

早期启蒙：婴儿认知能力、语言能力的开发和训练。

产品选购：根据宝宝自身特点，帮助妈妈选择性价比高的母婴产品。

4. 场景化体验

通过不同的场景，让消费者留下深刻的体验。好孩子机场母婴室的建立和儿童时装秀，让妈妈带娃不尴尬，让宝宝体验时尚之美。

（1）机场母婴室，妈妈带娃不尴尬

妈妈带宝宝出行的痛点，除了随身行李多且重之外，更多时候是宝宝需要喝奶或是换尿布，如果没有专门的母婴室或配套用品，就会造成不少麻烦或尴尬。

自 2017 年 10 月起，好孩子独家入驻广州白云国际机场、武汉天河国际机场共 50 多间母婴室，免费提供好孩子口袋车、餐椅、婴儿床及床上用品、好孩子奶瓶、海洋湿巾、纸尿裤、电子奶瓶消毒器、电子温奶器、免洗洗手液、清洁棉棒、护臀膏、隔尿垫、防溢乳垫等 40 多种母婴必需品，供有需要的母婴人群免费使用，让走进母婴室的每一位宝妈和宝宝都能享受到好孩子无微不至的贴心关怀。小小护理台凝聚满满的爱，好孩子比宝妈想得更周到；齐全的母婴必需品比宝妈想得更周到，帮助每一位带娃候机的宝妈从容应对尴尬时刻，让宝妈带娃候机零负担。引发诸多宝妈为好孩子手动打 call，无形中提升好孩子品牌及产品在目标母婴群体中的好感度和信任度。

“关心孩子，服务家庭”，是好孩子始终坚持的企业使命，入驻机场母婴室是好孩子为众多宝妈和小宝宝提供贴心关怀的方式之一。

（2）从品质到品位的时尚体验

每年的上海 CBME 母婴展或是 CKE 婴童展会上，gb 铂金线产品在国内发布上市，育儿产品不仅可以讲究安全、品质，还可以讲究颜值、品位；育儿生活不再是苦累傻丑，而是可以很时尚，很轻松。用乐趣点缀设计，用美好愉悦生活，一个时装周，一次“潮”论坛，见识一个不一样的好孩子。让妈妈感受好孩子的时尚之美，让宝宝感受 T 台的时尚魅力，这对于宝宝后期的成长和阅历非常有帮助，让宝宝从此爱上美。

好孩子成立至今，一直秉持着“改善儿童生存环境，提高儿童生活品质”的理念，用持续创新，为儿童提供安全健康育儿解决方案，赢得了消费群体的普遍认可和高度好评，同时也带领行业走上了一个又一个新高度。公司倡导以用户为中心的服务理念，让全世界的孩子都能拥有好孩子，人人为用户服务，人人为用户创造价值是好孩子人永远不断的追求。

用户满意服务明星班组事迹

服务连接城际，温馨相伴起航

——交运集团青岛温馨巴士有限公司 617 路服务班组

用户满意是服务行业企业的根本要求，关乎企业的信誉与形象。为提升用户满意度，交运集团青岛温馨巴士有限公司 617 路服务班组（以下简称“班组”）切实践行“以人为本、以诚为基、以情为魂、以变为法”的核心价值观，结合城际公交特色及沿途乘客需求，不断提升服务质量，打造青岛公共交通事业的亮丽名片。自开线之日起，独具特色的线路、特别定制的 18 米铰链式大通道公交车便成了展现岛城公交风采的移动窗口，全线员工致力于不断提升服务环境、服务理念、服务标准和服务意识等各方面服务水平，为岛城市民和外省游客提供了全方位品牌服务，更因其独有的特色服务成为公交线路中的佼佼者。

建立科学管理体系，营造团结工作氛围

617 路服务班组设置路队长 1 名，全面负责班组内事务；质检员 5 名，负责公交服务质量的监察、质量问题受理、车辆卫生的巡查、车辆的日常检查及爱车例保等工作。班组成员在工作中时刻本着“热情服务、认真讲解、细致售票、计算准确”的原则，在工作中团结友爱、互帮互助、配合默契，致力于为用户提供最优质的服务。

617 路为城际公交线路，为了让用户有更加舒适、安全的乘车体验，营造温馨、便利的乘车环境，班组经过现场科学勘察，发现很多乘客携带行李乘车，讨论后决定在车厢门口处设置摆放行李的平台，以方便游客妥善安置大件行李。同时，车厢内也增设了许多便民设施，如爱心纸巾盒、爱心报袋、爱

心雨衣、爱心雨伞等，并专设零币兑换盒和应急药箱，不仅为乘客提供零币兑换服务，还专门为老年人准备了花镜及降压药、救心丸等急救药品。

617路服务班组注重提升团队凝聚力，是一支充满朝气和活力的青年集体。班组自成立以来，注重以“青年文明号”标准严格要求，始终把创建活动作为凝聚青年、团结青年、带领青年建功立业的有效形式，加强员工职业素养提升工作，提供诚信服务。此外，班组还创新了现场管理方式，加强对驾驶员的情绪管理，执行班前血压酒精检测，实时监控车辆运营动态。

提升员工服务意识，塑造整体优良作风

为了培养路队员工主动服务、切实关心乘客的意识，班组不断推动以活动促增强意识，以优质服务为载体，开展争当“文明服务标兵”“星级驾驶员”，争创“青年文明号”等活动，将温馨巴士企业文化通过车厢传递给每名乘客；同时以培训、宣传、开展教育活动等形式推广并深化用户至上、贴心服务的意识，在广大驾驶员、导乘员中形成了相互监督、赶学帮超的良好氛围。通过开展具有意义的志愿者活动，进一步深化服务意识、提升形象。比如：在车厢内开展“诚信服务、礼貌待人”活动，宣传诚信服务理念和礼貌待人美德，获得了乘客的积极响应与互动；组织开展志愿者服务活动，由驾乘人员组成馨飞扬爱心支援服务队进行爱心义剪、爱心义卖、零币兑换，宣传、推广企业文化，在岛城市民心中树立了良好的形象。

不断细化服务标准，建立健全服务机制

为确保服务质量始终保持高水平，班组利用公司服务热线，随时接受市民咨询，受理各类意见和建议，拓宽与乘客的沟通渠道；建立服务档案，详细记录驾、乘人员的基本情况、服务质量等，根据服务质量档案对驾、乘人员的服务质量进行月度考核，对服务质量好的驾、乘人员进行鼓励和奖励，对服务质量较差或有重大违规、违纪的驾乘人员按考核规定进行处罚，性质严重的重新培训或取消其上岗资格；深化拓展“三服务、三承诺”（即真情服务、周到服务、温馨服务，不抛站、不夹人、不吵架），让乘客真正体验到安全感、舒适感、温馨感。为了不断细化服务标准，路队采取开放式管理，将服务标准向员工、乘客开放意见征求渠道并定期进行收集整理，集思广益，不断提升服务水平。对服务标准的规范，让员工进一步明确了工作标准，乘客的出行体验更舒心、更放心。

开拓创新，提供个性化特色服务

结合日常工作，班组不断拓展思路，在线路设计、站点设置及购票方式等方面不断创新。例如，在 617 线路途经的重点学区、商务中心、旅游景点，班组相应提供针对性的特色服务；根据途经十几个民俗自然村的特点，在集节时段为乘客提供海鲜箱和便民袋，在保障乘客享受便捷服务的同时保持车厢的干净、整洁。

617 路服务班组将自身培训体系总结提炼形成了“馨飞扬学堂”。随着内培师业务水平的不断提高，“馨飞扬学堂”所培训的内容以及对应的群体也逐步升级，现已与公司研学游项目对接，面向青岛市区、周边县市中小学生，转型成为对内可提高改进、对外能推广宣传的社会公交车公益课堂，如安全逃生演练、公交盲区展示、模拟醉驾演练等都是其中的特色培训项目。

落实用户满意服务工作，赢得用户一致好评

班组始终践行“比顾客的需求做得更好”的质量理念，向社会公开了“零责任投诉”的质量目标，将为乘客提供“安全、方便、准时、快捷、温馨”的优质服务作为己任。定期开展乘客满意度调查的自评与第三方测试，并结合测评结果对各项工作进行科学改进提升。在全体成员的不断努力下，班组的乘客满意度和忠诚度呈逐年上升趋势，先后获得了青岛“十百千”环境友好车队、青岛市质量信得过班组、全国交通行业质量信得过班组、青岛市群众性质量信得过班组成果发表奖、青岛市“敬老文明号”、全国交通行业五星级现场等多项荣誉。

山区里的阳光服务

——国网浙江丽水市莲都区供电有限公司大港头供电所

国网浙江丽水市莲都区供电有限公司大港头供电所（以下简称“大港头供电所”）成立于1993年，现有员工21名，其中所长1名、班组长4名、普通员工16名，主要负责辖区范围内10千伏及以下电力线路和台区运维、可靠供电、故障抢修、业务受理及低压业务全流程服务等工作。大港头供电所供电范围为大港头镇、峰源乡共18个行政村126个自然村，供电面积274平方公里，90%的村庄分散在崇山峻岭之间，最远的村庄距离供电所70多公里，最高的村庄海拔1389米，是一个典型的山区供电所。供区范围内现有10千伏线路12条，线路长度184.079千米，低压线路97.63千米；公变、综合变变压器112台，容量共计16935千伏安；并网小水电32座共计15950千瓦。目前，供电所客户总数为8165户，其中高压用户54户、低压非居民用户883户、低压居民用户7282户；2017年全年售电量1356.71万千瓦时。

多年来，大港头供电所秉着“一流工作日常化、日常工作一流化”的管理理念和“你用电、我用心”的服务理念，不断推进用户满意服务建设，从安全生产、电网建设、日常管理和优质服务等方面着手，夯实服务基础、提升服务水平，全面提升客户满意度，赢得了山区百姓的认可与赞誉。

严抓严管，不断夯实管理基础

供电所将标准化作为提升管理的基础。结合供电所管理提升工程和同业对标，不断夯实管理基础，规范业务流程，强化岗位监督，注重管理细节，努力做到“凡事有负责、凡事有监督、凡事有考核”；积极开展“全能型”供电所建设，强化抢修营配末端融合，全面实施低压综合抢修；积极运用乡镇供电所监控平台，准确把握辖区内电力设备的运行状态，增强对设备的管控力度。

同时，供电所将信息化作为提升管理的支撑。充分利用班组PMS系统、国网营销系统、中低压GIS系统、智能公变终端系统、用电采集系统、智能总保系统等，实现供电所管理信息化、智能化；分片部署了农电智能台区管理终端，通过远程实时监控构筑农村用电安全防线，采用短信告警、过负荷策略、轮流警示跳闸三级方案与客户互动应对农村高峰负荷，借助过流保护、快速保护相配合模式确保变压器安全。

此外，将农村电气化作为提升管理的动力。供电所立足乡镇、服务农村，全力实现三个“全覆盖”——积极改善农村供电条件，实现了新农村电气化村建设的全覆盖；不断提升农村电网的智能化水平，实现了智能总保的全覆盖；以邻里亲情延伸阳光服务，实现了便民服务中心的全覆盖。三个“全覆盖”的实现巩固了农村电网，在大幅提升农村现代化水平的同时拓展了服务网络，夯实了阳光服务的基础。

真诚高效，确保提升工作业绩

一是确保安全局面稳定。供电所始终坚持“安全第一、预防为主、综合治理”方针，实行三级目标控制，层层签订安全责任状和“无违章”承诺书；认真开展安全性评价工作，规范生产周例会，加强危险点分析与预控，不断夯实安全基础；借助农电生产系统，强化安全生产全过程督查与考核，确保农电安全生产可控、能控、在控，实现了大港头连续多年无人身伤亡事故、无设备事故、无火灾事故、无人员触电伤亡事故的安全好成绩。

二是确保经营业绩优秀。供电所严格规范业扩报装流程，夯实管理基础，以同工种竞赛、精品台区创建、线损效能监察工作为契机，开展台区专项整治，建立营业普查与反窃电常态机制，整治供用电秩序和台区线损管理粗放现象，消灭了线损率12%以上的高损台区；扎实开展“营销服务反违章”工作，通过印发稽查通报，规范营销服务工作，强化队伍管理，进一步提升经营效益。同时，供电所积极开展农网用电信息采集系统改造，实现了节约人力资源、提高工作效率、缓解电费回收压力的工作目标。

三是推行“个性化”服务需求。为满足不同群体服务需求，供电所不断提升服务质量，推出一系列“个性化”服务项目。引入POS机、电费充值卡、网上缴费和电e宝业务，为用户缴费提供便利；设立业务咨询部，为优化用电方案、开展用电安全咨询等提供用电业务技术咨询；开展“内训师”培训，使营业厅所有客服人员成为合格的优质服务督导员，参与电力同行服务窗口各项服务技能的督导和教学活动。

凝心聚力，深耕农电队伍建设

在队伍建设方面，供电所用以人为本的措施锤炼农电队伍。利用每月例行培训与现场作业，重点开展规程规范和岗位技能培训，组织安全规范现场培训讲评、反事故演习、消防演练、屏箱装置技术讲座、漏电保护器故障排查等一系列培训演练工作，确保“人人能动手、个个可过关”，达到员工素质提升、岗位工作规范的目的；积极参加员工技能竞赛，通过现场培训竞赛提升农电员工精神风貌与业务技术水平的效用愈发凸显。

在队伍保障方面，供电所营造了凝心聚力的团队氛围。全方位、多领域开展争当“优秀员工”队伍建设，以工作业绩、服务技能、客户满意度为条件进行“优秀员工”评定，先后有6名员工通过了“正美公司优秀员工”考核认定，赢得了荣耀和待遇；加强对农电员工的人文关怀，充分发挥党团组织的重要作用。尊重、爱护农电员工，增强农电员工主人翁意识、责任意识和“美好家园”家的归属感，用和谐的企业文化引领、感染农电员工，使得农电员工队伍的凝聚力和战斗力不断加强。

因地制宜，打造阳光服务品牌

大港头当地大多属丘陵地带，90%的客户属农电范畴，服务三农特别是确保农忙时节农户的安全用电成了供电所工作的重中之重。在“双抢”期间，供电所大力开展“双抢”安全宣传整治工作，通过召开全镇农村安全用电动员大会、出动宣传车以及在各乡镇村主要路段悬挂标语横幅等形式广泛普及安全用电常识，每年印发安全用电宣传资料2万余份，确保了大港头连续16年未发生触电人身伤亡事故。

同时，供电所积极配合古堰画乡景区建设，落实景区配套的供配电设施新建、改造和迁移工作，为景区用户表后线路改造提供技术指导和帮助。制作发放“电力安全提示卡”，宣传安全用电常识；全力支持美丽乡村建设，保障美丽乡村现场会、处州白莲节、国际摄影节、全国农博会等重大活动的有序供电，得到了景区管委会的好评。

此外，供电所注重以客户需求为导向，认真分析服务过程中收集的客户诉求信息，通过完善客户故障报修制度，全面提高抢修效率与抢修质量。在制订改造计划时，优先安排客户诉求集中区域，加强施工质量和施工队伍监管，加强与当地政府联系沟通，切实做好低电压整治工作；践行雷锋精神，成立“大港头共产党员服务队”，开展用电宣传、服务上农家、到田间等特色服务项目。近年来，供电所多次被丽水广播电视台等多家媒体给予宣传报道，树立了“阳光服务”的国家电网品牌形象。

大港头镇、峰源乡是莲都区茶叶、香菇生产加工基地之一。为保障用电，供电所投资 330 多万元为 46 个村（自然村）进行低压电力设施改造，并先后投资 50 余万元为 4 个茶叶、香菇基地架设线路安装变压器；在每年采茶前对茶叶生产加工基地的用电情况进行检查摸底，组织党员服务队义务为茶农巡查修理表后线路，确保产茶季节的生产用电，被茶农们亲切地称为“电保姆”。

供电所所在山区交通困难，多树木毛竹，在冰灾来临时容易发生故障。为解决山区电力服务难题，

开展业务技术考核评定工作

积极实施新农村电气化改造工程

鏖战冰雪，只为早一刻送达光明

供电所员工在峰源乡政府所在地设立抢修联络室，并和村委会建立“村电联合巡线”机制，在冬季村委会组织村民义务巡线，不仅加强了线路巡视的频率，也巩固了电力和村民的关系。

效率优先，不断提高服务效率

一是优化故障抢修管理模式。供电所明确抢修工作界面、工作职责和执行权限，专门设立“抢修服务队”，全面实现10千伏及以下配电设施故障一体化抢修模式；合理配置抢修力量，完善抢修备品备件管理，强化抢修营配末端融合，全面实施低压综合抢修，实现“一张工单、一支队伍、一次修复”，不断提升故障抢修效率和质量；落实故障抢修“三个电话”，减少客户抱怨；推行配网主动抢修，全面实现快速响应、快速修复、快速送电；优化现场勘查管理模式。为提高供电方案编审效率，对低压客户实行勘查、装表“一岗制”快响作业模式，客户经理按照配电网客户接入技术标准、业扩报装管理规则等规定，独立勘查、独立确定供电方案，且供电方案实行直接开放、集中会审，缩短方案答复周期。

二是优化业扩流程管理模式。进一步精简业扩申请资料，全面推行营业厅“一证受理”，低压居民用电申请实行免填单。积极完善智能档案系统检索功能，简化客户工程查验流程，实行设计、竣工报验资料一次性提交，取消普通客户设计审查和中间检查等环节；简化竣工报验资料、竣工检验内容，编制竣工检验作业一本通，提高竣工检验质量。

三是优化配套工程建设管理模式。重点优化项目计划和物资供应流程，加快业扩电网配套工程建设，确保与客户工程同步实施、同步投运；对于低压业扩电网配套工程，按照抢修领料模式管理；规范低压业扩电网配套工程物资领料管理流程，对业扩电网配套工程、技改项目和基建项目实行打捆管理，编入年度综合计划，对所需物资实行协议库存管理。

四是优化停送电计划管理模式。供电所合理安排检修、施工、业扩停电计划，最大限度减少计划停电次数。认真落实停电计划“5个零时差”精细化管理，缩小停电、送电的时间偏差度；优化施工方案，提高施工效率，减少停电范围和时长；大力推广带电作业，不断提高带电作业应用范围，尽可能减少停电时户数。

共同成长 甘心为您

——华夏银行股份有限公司深圳前海分行

华夏银行深圳前海分行（以下简称“前海分行”）成立于2014年10月16日，是在国家提高对外开放水平、推进金融改革创新的背景下，由华夏银行总行与深圳分行针对前海开发和打造金融创新高地战略定位，于深圳前海自贸区设立的二级分行。3年来，在各级政府、监管部门和总分行的领导下，前海分行围绕前海“双区叠加”的产业布局，始终秉持“一心为您”的服务理念和“中小企业金融服务商”的发展定位，积极推进普惠金融、科技金融和跨境金融等特色服务，经营业绩屡创佳绩，综合服务能力得到持续提升。前海分行在前海及周边区域设立了 5 个营业网点，组建了一支年轻化、专业化、高素质的员工队伍，构建了规范、创新、高效的服务体系，以“工匠精神”精雕细琢每一项产品，以真诚的情怀和专业的“匠心”服务，成为前海“金融生态圈”创新服务的中坚力量，与客户同舟共济、共同成长。

完善服务体系，提升服务质效

前海分行抓住前海自贸区特殊政策，夯实基础业务服务能力，将熟悉企业会计财务、前海自贸区政策以及银行业务的员工组成业务团队，为自贸区企业提供前海政策咨询、工商注册协办和银行账户开通的“企业通”一站式服务。截至目前，共开立对公结算账户 150 余户，为自贸区企业成长发展提供了全流程的贴心服务。

同时，创新“银税”“银政”合作，优化营业网点功能。作为全国首批“电子税务局走进银行”的 3 家示范网点之一，前海分行营业部与前海国税、地税部门联合在营业网点建立国内首个“电子税务局”，通过“进一家门办两家事”的新型服务模式，为纳税人提供更便利的涉税服务体验；与石岩税务局联合举行银税业务推广，依托财政专项资金监管银行和卫计委补贴资金监管银行等资格，切实为客户提供多元化的综合服务。

前海分行依托社区、特色营销活动，丰富客户服务感受，定期组织全辖网点开展企业园区金融周营销、科技园区专人理财销售宣传、软件产业基地直销银行推广、住宅区硬币兑换等一系列社区活动，有效提升了个人客户群体的服务体验；通过组织排球比赛、“绿色环保行”快走日、摩拜单车“绿色出行、助力高考”等活动，将绿色、环保、健康融入 VIP 客户活动中，在增强与客户情感交流的同时积极践行社会责任。

此外，前海分行注重 “因才分组”“因户施策”，按照业务素质、工作能力和特点对员工进行整合分组，组成公司业务、创新业务、小微业务、国际业务等服务小团队，为客户提供差异化、定制化、专业化的服务，通过分类逐户进行需求分析，形成一户一策、一户多策的产品服务方案。

探索创新业务，拓展服务广度

前海分行作为系统内“创新业务引领行”，始终牢记创新业务的发展使命，努力开展创新金融服务。

一是根据前海政策优势特点，联动上级行，研发跨境贷、跨境银租通、跨境股权投资及跨境人民币资金池等多个特色产品并相应制定了产品制度和营销手册，与人行跨境办、前海管理局等跨境业务主管部门建立起沟通机制，与工银亚洲、中银香港和永隆银行等7家境外金融机构建立了业务合作关系，搭建跨境特色业务平台。凭借境外融资成本低的优势，前海分行相继开发了一批大型优质客户，为国际业务重点企业完成8.8亿元跨境人民币贷款额度的审批备案。

二是大力发展智慧金融服务。前海分行牵头与腾讯公司签署总对总战略合作协议，在大数据金融、反欺诈、智能服务、互联网金融、线上融资、线上发卡等领域积极开展合作，在网上支付、微信支付、扫码支付和转账提现等方面为全国华夏卡客户提供了便捷的支付渠道和良好的用卡体验，并成为国内首个“零钱通”货币基金快速赎回业务的合作银行；通过与深圳清华大学研究院、联合产权交易所签署战略合作协议，实现了国有资产交易保证金存款业务合作的新突破，为华夏银行更好地服务客户奠定了坚实的基础。

三是着力推进投行业务发展。在传统的银行信贷业务基础上，前海分行与同业金融机构创新合作，运用银租通、融贷通、票贷通、保理等产品和市场化业务渠道，为企业客户特别是前海注册较多的融资租赁公司和商业保理公司，提供多元化的融资解决方案。同时，分行抓住债券市场加速发展的机遇，积极开展债券承销和中介业务，先后为海南交投、中证信用等一批企业客户提供了债券承销服务，进一步扩宽了企业融资渠道。

重视人才培养，强化大服务理念

在深圳这个年轻的城市，前海分行作为一个年轻的团队，朝气蓬勃、意气风发。目前全行74人，平均年龄32岁，52人在35岁以下，干部占比30%；35岁以下青年干部占比40%。辖属网点高新支行2015年被总行评为“青年文明号”，更加凸显了网点员工的综合素质和能力。

前海分行始终将企业文化和团队建设作为核心工作，通过新老行员组团队、师带徒、结对子等形式为年轻员工提供学习、锻炼、提升、成长的机会，在团队内部形成良好的“熟带新”的工作机制，为新入行员工“开小灶”，有针对性地开展产品培训、流程梳理、经验分享，使新职工尽快融入工作环境；同时，积极创造支行间的沟通、学习机会，通过支行之间精诚协作、以熟带新、跟岗交流等方式，不断提升员工的综合素质。

此外，按照上级行“标杆网点建设”项目服务导入培训的标准要求，前海分行从每一名青年员工抓起，坚持从提升员工服务意识、规范服务行为和强化客户服务能力3个方面持续推进客户服务管理；由各支行成立服务工作小组，明确支行行长为服务管理第一责任人，分管服务运营副行长为服务管理直接责任人并兼任首席大堂经理，与营业室经理、大堂经理形成服务管理架构的“铁三角”，全面落实网点服务培训、监督和考核等管理职责。通过各业务条线、各业务岗位一系列的相互支撑、联动服务举措，“大服务”理念已在前海分行逐步形成。

“九层之台，起于垒土；合抱之木，生于毫末。”华夏银行深圳前海分行将始终以“客户至上”

为宗旨坚守匠心，致力于做到客户需求的每一个细节，并始终如一地将文明优质服务持续下去。客户的满意和认可，就是华夏银行深圳分行前海分行永远努力的方向。这既是一种力量，更是一种担当！

敢于创新 追求卓越

——中国移动通信集团安徽有限公司安庆分公司菱湖北路营业厅

中国移动通信集团安徽有限公司安庆分公司菱湖北路营业厅是安庆分公司 A 类自办营业厅，是承担安庆分公司营销、服务、体验和形象宣传等多职能展现的综合载体。营业厅现有员工 17 人，平均年龄 29 岁，其中本科以上学历占 70%，中共党员 4 名，是一支综合素质高、服务能力强、富有朝气与活力的年轻队伍。近年来，营业厅秉持“客户为根、服务为本”理念，从提高员工的综合营销与服务能力入手，以树立行业新风为目标，以“创一流服务团队、展移动精英风采”活动为中心，不断创新优质服务，以娴熟的业务技巧和优质的服务获得了广大客户的支持与信赖。班组全员上下一心，加强学习、提升素质、勇于奉献，顺利完成了公司交办的各项营销任务，树立菱湖北路营业厅团队在全区服务行业的新形象。

打造业务熟练的学习型服务班组

班组利用每月 5 日晚上的固定月会学习时间，集中开展业务服务知识培训，使员工熟悉各类业务资费标准，通晓新业务的办理流程，提高营销技能；鼓励员工利用业余时间自学，建立营业厅班组成员微信群，分享营销案例，从而营造浓厚的学习氛围。

通过学习，班组员工的技能和素质均得到大幅提升，在历次上级及相关部门组织的考评中获得多项好成绩。2017 年，班组获得了中国移动通信集团公司安徽公司“满意 100”服务班组的荣誉称号，并作为安徽移动公司安庆分公司参与安庆市第五届全国文明城市创建报送的主要窗口单位，为公司获得市级文明创建“先进单位”作出了重要贡献。

组建营销能力强的服务班组

在强化客户关系管理方面，班组发挥敢于拼搏、勇于创新的精神，及时了解竞争动态，搜集并分析市场竞争信息，完善客户信息维系，积极采取零距离贴近客户的服务措施，建立紧密、融洽的“老朋友”关系；利用毗邻政府、企业及商业写字楼的地理位置优势，与集团客户经理联合开展“移动服务进集团”活动，现场受理客户咨询和各项业务办理，“差异化”的服务赢得了集团单位的一致好评。同时，营业厅常态化开展客户生日及重大节假日短信问候，通过比服务、比细节、比维系，赢得客户的信任和好感。

设立意识强、理念新的服务班组

针对月初、月末业务办理高峰的特点，班组在这些时间段安排动态排班，设立流动服务咨询岗、值班经理咨询台，最大限度地减少用户等候时间，提高业务办理效率。为了让用户在办理业务时不受时间限制，营业厅积极推广手机营业厅和 PC 端网上营业厅，打通业务办理绿色通道，实现高峰期用户分流；设置专门的自助缴费机以及网上营业厅体验电脑、宽带和互联网电视体验区，用户点击电脑桌面上的快捷方式，便可快速查询话费、余额、流量、套餐使用量、历史账单等服务，办理、退订套餐和代收费；针对特殊用户，营业厅设置无障碍通道、爱心座椅、爱心专席，并提供业务办理绿色通道，使用户在获得便捷体验的同时感受到了浓浓的关怀与温暖。

培养综合素质过硬的服务班组

营业厅设立“咨询投诉受理专区”，严格落实“首问负责制”，兑现“收费误差双倍返还”承诺，开展投诉处理能力培训，积极提升一线人员客户投诉处理能力，提升客户感知度和满意度。

班组充分结合文明单位创建等活动，秉持“客户为根、服务为本”理念，凝聚全员力量投身于“心连接、诚相伴”服务活动，不断提升营业厅整体服务水平；组织开展“微笑服务在身边”活动，通过服务标准宣贯、一对一微笑训练，提升一线员工服务水平，改善客户感知。

树立威海供电新形象

——山东电力集团公司威海供电公司营销部大客户经理班

威海供电公司营销部大客户经理班成立于2007年6月，现有员工9人，其中党员2人，是一支热情服务、尽职尽责活跃在营销一线的年轻队伍。班组主要负责威海辖区内用电客户高压新装、增容、装表临时用电的业扩报装全过程管理及配套小区资料受理和收费核算，是公司服务社会、服务电力客户的一个重要窗口。

多措并举塑造一流团队

高素质的员工队伍，是优质、高效完成各项工作的保证。在公司党委开展“三抓三创”队伍建设活动以来，班组多措并举加强管理，塑造一流团队。

大客户经理班班组大讲堂

班组采取“集中培训分散学习”“每月一考”等方式不断加强成员专业知识和业务技能；强化业扩工程档案管理，严格按照《国家电网公司业扩报装管理规则》要求进行整理，确保纸质资料和电子文档的统一。对在途和已归档的档案资料采用金属标签予以明确标注，形成管控目录、营销系统、工程档案“三位一体”的标准化管理体系，进一步加强业扩档案标准化和规范化；参照《山东电力集团公司班组建设评分表》细化班组分工，明确绩效标准，做到责权明晰，深挖指标“短板”背后存在的问题；参照公司专业指标考核办法，根据班组各项指标分别由不同员工负责的特点，重新修订班组绩效考核办法，并通过有效的激励加强班组同业对标工作的管理与执行力度。

亲情化服务擦亮彩虹服务品牌

2017年9月19日，大客户经理班受理北郊镇、界石镇、羊亭镇三处威海热电集团供暖“煤改电”工程。事实上，自2017年以来，环保压力不断增大，政府部门要求全面关停20蒸吨以下燃煤锅炉，造成热电集团3个集中供暖燃煤锅炉亟待改造，改造方案采用电能驱动空气源热泵替代传统燃煤小锅炉，消纳富余电力，保障居民采暖，减少大气污染排放，推进城乡供热能源结构调整和技术进步，近

超前对接省市重点项目

期规划 4600 千伏安（kVA）、远期规划 6600kVA。可是，距离供暖季的到来只剩两个月时间。对此，班组积极响应各级政府和省公司号召，坚持服务政府工作大局、服务惠民利民工程，急企业和居民之所急，组织公司各有关部室进行现场勘查，现场制订合理方案，充分利用“两个项目包”将投资界面延伸至客户红线，降低客户投资，积极服务“煤改电”项目工作，保障民生项目按时送电。

公司积极构建以客户需求为导向的大服务体系，进一步精简业扩报装手续、简化业扩报装流程，实施方便、快捷、高效的“两免三一”业扩报装服务新模式。

一是实行居民客户“免填单”。低压居民客户办理用电申请由营业人员协助客户录入申请信息，由电力营销应用系统直接打印申请表单，客户签字确认。

二是实行非重要客户免除设计审查和中间检查。简化客户业扩工程查验流程，设计单位资质、施工图纸与竣工资料合并报验。

三是实行“一次性告知”制度。业务咨询和受理阶段，履行“一次性告知”义务，发放《业务办理一次性告知书》，书面告知业务办理流程和注意事项，维护客户对业务办理的知情权和自主选择权，减少客户临柜次数。

四是实行营业厅“一证办理”。收到客户用电主体资格证明，与客户签署“承诺书”，当日受理用电申请，竣工报验前完成资料收集。改变原来资料不齐不予受理做法，早日为客户业扩工程建设和送电提上日程。

五是实行低压非居民客户“一岗制”作业。合并低压客户现场勘查和装表接电环节，具备直接装表条件的，勘查确定供电方案后当场装表接电。

管理新举措树立差异化选择新形象

为全力服务蓝色经济，班组以“打造具有威海供电特色的为民服务项目”为着眼点，突出促发展、惠民生。大客户经理班推陈出新，在集政府部门“电力高参”、大客户“项目顾问”、中小企业“点子管家”、居民“社区经理”于一体的全方位、立体化供电服务新模式这一基础上，提出了“差异化选择服务”的新思路——为每人量身定做含个人魅力、业务专长、人生格言的特色桌牌，详细描述各客户经理工作上的特点，摒弃原来客户经理“分片管理”规定，改由客户自主选择，实施交叉管理，从而符合“三集五大”新体系下以客户为中心、市场为导向的总体部署，凸显差异化服务、市场拓展功能，成功实现由“业务导向”向“客户导向”的转变。

定期走访政府关心的重点项目

拓展新兴业务，服务光伏发电新项目

班组按照“四个统一”“便捷高效”和“一口对外”的基本原则，严格执行《国家电网公司分布式光伏发电项目并网服务管理规范（暂行）》以及《山东电力集团公司分布式光伏发电项目并网服务管理实施细则（暂行）》等相关规定，提高分布式光伏发电项目服务水平，加快分布式光伏发电项目并网速度。例如，李方山光伏项目从申请到送电仅用 18 天，受到了省市级媒体的广泛宣传报道；由财政部补贴的“金太阳”工程中玻 5.85 兆瓦分布式光伏项目如期并网发电，客户给予高度赞扬并予以锦旗致谢。又如，2014 年 1 月 6 日，张村镇居民刘晓鹏家中的光伏电站通过验收，成为公司受理并通过验收的首个以自然人身份申请的居民光伏电站。

分布式光伏并网项目现场勘察

互联式服务体系推动业扩工程提速、提质

在工作中，班组本着“便民、利民、惠民”的服务原则，探索推行了由“串联—并联—互联”的

流程再造，变链条式服务为扁平式、交互式服务模式，对原有“串联”“并联”流程中比较突出的审核、审批、检查职能进行弱化，加强了与电力客户、专业部门和委托单位之间的互动沟通、横向协同，最大限度地减少客户提交的资料，取消冗余环节。同时，班组编制、修订了《国网威海供电公司业扩报装“互联”管理办法》《国网威海供电公司客户报装接电管理工作实施细则》等管理办法，明确协作部门相关职责；开发了业扩管控系统，将在途业扩工程纳入系统管控，健全跨部门协同机制、日通报和周会商制度，实现内外流程融合，客户需求、配电网资源等信息共享，由此形成“一口对外、流程精简、智能互动、协同高效、全程管控”的客户报装精益化管理新模式，进一步提高了客户报装服务效率和工作质量。通过实施客户报装“互联”流程，高压客户提交资料由原来的20种减少到9种，业扩流程由11个“并联”流程缩减到7个，客户报装工程平均接电时间由47天减少至29天。

为平凡的工作注入情感与感动

——山东航空股份有限公司客户服务中心鲁音客服队

作为山东航空公司客服中心95369的一员，鲁音客服队坚持正面、积极乐观的精神导向，以标杆的力量倡导岗位责任感和奉献精神，班组内部和谐融洽、团结互助，形成了“比、学、赶、帮、超”的良好氛围，旨在塑造学习型班组。同时，班组致力于为客户提供更优质的服务，最大限度地满足客户需求，不断提高客户满意度和忠诚度。

“厚道”服务，让旅客感受山航优质服务

“为平凡的工作注入情感和感动”是鲁音客服队的努力方向。作为客服中心的一部分，班组通过一个小小的耳麦与旅客沟通，旅客看不到她们热情的微笑，也看不到她们诚恳的眼神，但一句句贴心的话语、微笑上扬的语气，带给旅客的感受是真实的。班组服务范围包括国内机票销售、改期，常旅客会员、大客户专线等业务。在旅客需要帮助时，尤其是对弱势旅客群体，她们会给旅客一次真诚的帮助、一句温馨的提醒。换位思考，主动服务，可以让旅客感受到山航人的“厚道”。

秉承“一心二力三式”服务理念，提升高端服务

鲁音客服队秉承“一心二力三式”服务理念，坚持客户导向、需求导向，服务对象围绕普通旅客、常旅客、大客户、国际两岸旅客，注重全流程服务，结合鲁雁管家为高端客户提供精致、贴心的服务，致力于充分发挥公司空中、地面、网络化的独特优势，从客户实际需求出发，不断提升高端旅客的服务水平。在服务旅客、收获旅客好评和表扬的同时，也提升了班组的凝聚力、向心力。

例如，一位乘客和他的朋友预订了国庆期间新疆乌鲁木齐—杭州的客票，但9月30日接到单位通知“国庆期间新疆维吾尔自治区公职人员需要在岗值守，不能休假”，情急之下致电山航客服中心

寻求帮助。班组成员赵晗了解情况后，告知乘客：“凡是新疆的公职人员旅行日期从 10 月 1 日到 10 月 10 日的山东航空的客票，可以办理免费改期一次或办理非自愿全额退款。”在得知乘客与代理人沟通退票过程中遇到问题后，赵晗主动联系代理人，并告知相关退票材料和申请流程，督促代理人尽快为乘客办理。随后又安抚乘客耐心等待代理人的退款，告知如果后续遇到任何问题都可以再次致电 95369。事后，乘客再次拨打了客服热线，对 1095 号客服员能够多次主动联系、积极耐心帮助办理退改业务提出了表扬。作为客服中心的标杆，赵晗始终保持着“一心二力三式”的服务，像对待自己家人一样，细心、主动、耐心地解决旅客每一个问题。

重视班组建设，加强学习与交流，追求卓越

为打造标杆班组，鲁音客服队注重细节，从点滴做起，充分利用每天的班前班后会，做好新文件、新知识的学习答疑，注重每周、每月日常问题的收集反馈。班组内部分工明确、权责清晰，形成了完善的班组台账。

班组管理情感管理、民主管理、人才管理、文化管理侧重 4 个维度，强调公开、公平、公正，注重班组成员自觉性、主动性和创造性的发挥；班组管理实行分层管理，推行小组长制度，随着工作的不断扩展，适时进行人员调整，优化人员配置，不仅激发了组员的工作积极性与创造性，还确保了工作任务的有效落实；同时加强与部门内部其他班组、外部门其他单元班组之间的学习、交流，实现知识互补，共同成长，以班组“小和谐”带动整体“大和谐”。

编者话

成绩的取得已成为过往。鲁音客服队将继续围绕“厚道山航”，以山航“十三五”发展为契机，时刻保持工作激情，坚持从旅客实际需求出发，为旅客提供最优质的服务，不断提升顾客感受的同时做到用真情对待旅客、用真诚帮助旅客，努力在平常细小的服务工作中为旅客创造饱含真情的每一份感动。每天的工作任务有始有终，“厚道”服务却永远没有止境。

服务“新”连“心”，让旅客体验更美好

——中国铁路上海局集团有限公司上海站上南客运车间“心尚”服务工班

铁路上海南站是上海集团有限公司的一个下属单位，隶属上海直属站管理。上海南站位于上海市徐汇区西南部，是一个与轨交、公交、市郊、长途汽车等相连的综合性的交通枢纽，日均到发旅客达到 10 万人左右，是上海对外联系的陆上“南大门”。上海站上南客运“心尚”服务工班原名“5499”青年服务工班，2015 年更名为上南客运“心尚”服务工班，取意把旅客放在心上，做到用心服务、崇尚细节。

“心尚”服务工班由 8 名平均年龄 30 岁左右的青年骨干、技术能手组成，其中半数以上都是党员，学历均在大专以上。班组始终坚持“一切为了旅客满意”的核心价值观，经过多年服务积累和拓展创新推出的“四心、五化、六声”服务法，受到了广大旅客的充分肯定。其中，“四心”是指接待旅客热心、解答问题耐心、接受意见虚心、工作认真细心；“五化”包括人性化、细微化、一体化、现代化、社会化；“六声”是指来有迎候声、问有解答声、谈有欢笑声、帮有安抚声、送有道别声、别有回访声。成立 11 年来，班组共接待服务旅客 2023709 余人次、服务重点旅客 120712 多次，收到锦旗 651 面、表扬信 770 余封，媒体重点表扬 13 次；并先后荣获全国青年文明号、上海市工人先锋号、上海市用户满意服务明星班组、上海市文明服务示范窗口等荣誉称号。

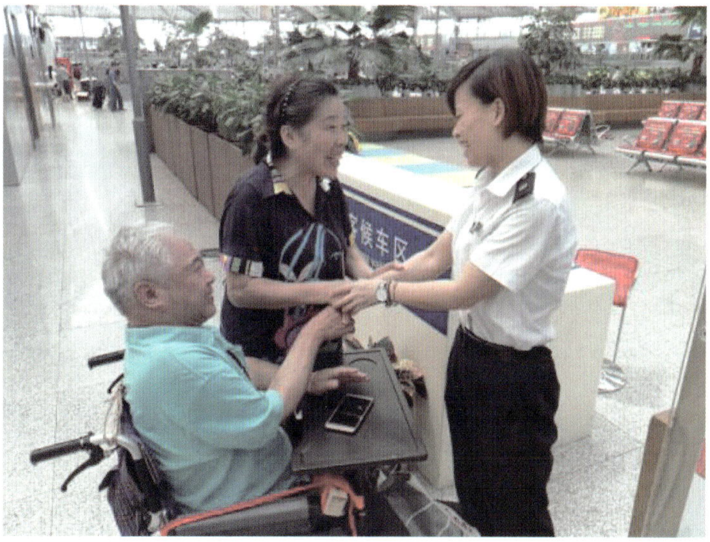

提炼服务精粹，体验美好旅途

为了能让旅客享受到更优质、温馨、便捷的服务，班组始终坚持“用心服务、崇尚细节”的服务理念，将服务导向机制推向“极致”，以旅客满意作为衡量工作业绩的唯一标准，进而推进服务举措的创新与完善。在日常的服务工作中，从遇到旅客的第一句问候到最后的挥手道别，从简单的问询服务到专业、重点服务中的一言一行，他们时刻关注、收集旅客的感受反馈，并根据旅客的不同需求制定了人性化的服务举措。例如，在服务残疾旅客、盲人或单独出现的老人旅客时，班组不仅做好常规的开启绿色快速购票、安检、候车、上车服务，还会协助送站并提前联系接站服务；对于通过 12306、官微等渠

道预约的重点旅客，班组会提前询问情况，必要时联系大众出租车队或轨交爱心服务台，帮助提供护送，然后在约定地点带好轮椅等备品迎接旅客；服务孕妇旅客时开启专用的母婴室和哺乳室，遇到举家出行的旅客则将其引导至专用候车区，并开放儿童娱乐区。通过多年来的服务积累，班组先后与上海市多个服务品牌开展了服务共建活动，并以铁路南站为中心向周边辐射，分别与轨交 1、3 号线上海南站“4U 服务团队”、长途汽车南站“阳光岛”服务台建立起了“铁三角”服务联盟，为需要帮助的旅客提供一体化联动服务，极大方便了旅客的出行。

“服务只有起点，满意没有终点”，是上南客运“心尚”服务工班每名成员的座右铭。每天，到服务站咨询的旅客数以千计，高峰时段平均每 20 秒就要回答一个旅客的提问，有些问题甚至反复回答上百遍；尽管如此，团队成员始终面带微笑、耐心以答。遇到节假日、客流高峰及晚点等突发情况时，他们更是冲在服务第一线，只为让每位旅客都能得到及时帮助。

强基础立长远，培育一流团队

上南客运“心尚”服务工班成立以来，始终高度注重团队成员综合素质的培养，不断选拔服务意识强、业务技能优、工作认真勤恳、综合素质高的青年骨干充实团队。在日常管理中，班组坚持强基础、立长远的中心目标。为了能更好地为旅客提供服务，班组每周会利用休息时间组织青年员工，围绕新时期铁路服务质量标准、铁路客运业务规章、服务礼仪技巧、旅客心理学等内容结合案例开展集中辅导，并积极鼓励员工参加各类技能竞赛，从中找差距、补短板，营造了良好的环境氛围和学习机制。几年间，服务台培养的青年员工全部都成了车站的业务骨干，还被路局授予了全局技术能手称号或“五一劳动奖章”。同时，班组积极与高校进行互访交流，建立志愿服务体系，每逢双休和节假日运输，就会有高校大学生志愿者到车站开展志愿服务；高校志愿服务老师也会定期到车站进行常用英语口语辅导，帮助团队员工提升英语会话能力，从而实现服务外籍旅客无障碍沟通。

志愿公益传承，真情回馈社会

为弘扬雷锋精神，班组在做好日常工作的同时，还积极投身到社会公益活动，大力倡导社会主义文明新风，近年来先后参与了由市文明办、团市委组织的“儿童、健康、梦、百名患儿圆梦”，区文明办组织的“国际志愿者”日，漕河泾街道的“雷锋精神，文明同行”为社区敬老送关怀等公益活动，切切实实地送上了关爱和温暖。

日常工作中，班组成员也会悉心观察，留意一些经常乘坐火车、有特殊困难的旅客并进行长期结对帮扶服务。例如，64 岁的旅客张海良行动不便，平日出行代步需要乘坐轮椅。自 2010 年结识以来，每次张海良夫妇乘坐火车到浙江诸暨探亲，心尚雷锋服务站工作人员都会主动联系、约定地点接送，帮着推轮椅、提行李，开通绿色通道，安排旅客休息，提前护送上车，与列车长办理交接以及联系接站，实现暖心畅行全过程服务。在 2016 年 10 月的定期访问中，班组得知张老夫妇需要临时搬家，便组织员工利用休息时间帮忙打包搬运。2017 年 4 月，班组成员在走访中得知张老夫妇搬回新宅，在恭贺乔迁之余主动询问困难，再次组织力量帮助搬运，将一箱箱承载着爱的纸箱小心翼翼地摆放到位，再帮着将新家打扫干净。逢年过节，团队还会主动到张老夫妇家里一起打扫卫生，一起包饺子、煮汤团，其乐融融，胜似亲人。

创新服务项目，提升服务品质

随着社会高速的发展，民众对美好生活的需求不断提升。班组在服务中坚持“旅客要想的我要先替他想好，旅客要问的我先替他答好，旅客要办的我一定要替他办好”的工作理念。例如，在上海南站开站之初，由于车站为圆形火车站，旅客在站内容易迷失方向。班组积极征求旅客意见，潜心研究车站结构，向车站提交了合理化建议，在站房内的 18 根支柱上标上数字，方便了旅客辨别方向和位置。

又如，服务站工作人员经常碰到旅客迟到错过发车的情况，如果再值节假日等高峰客流，在售票处排队改签的客流量增加，必然会使旅客出行的心情大打折扣。为此，班组在心尚服务站特别增设了一个应急售改签专窗，为没能赶上车或临时有事急需改签的旅客提供快速改签服务，既方便了旅客的出行，又照顾了旅客的心情。

此外，班组还引入全新的互联网 + 云服务，充分运用心尚服务站电子显示屏、车站微博、微信公众号等宣传资源，推出“心尚服务云”，将重点旅客预约、服务信息等纳入“数据云”，在主要场所张贴服务二维码。旅客只要通过手机扫一扫，就能方便预约重点服务，获取乘车信息。同时，班组还在心尚重点旅客候车区专门设置了 “心尚故事”系列展板墙，将团队做的好人好事通过展板形式，向广大旅客更直观地展示班组所提供的各类服务项目。

不驰于空想，不骛于虚事。心尚团队秉承凡事都脚踏实地去做，用赤热的心服务旅客、回馈社会、志愿公益、默默奉献，贯彻“一切为了旅客满意”的核心价值观，坚持创新，不断优化，一步一个脚印，立足一线，努力用自己的真诚为旅客送上旅途的温馨。

微笑是我们的声音，满意是我们的信念

——中国移动通信集团江苏有限公司徐州分公司投诉处理监控中心

中国移动通信集团江苏有限公司徐州分公司投诉处理监控中心（以下简称“中心”）成立于 2004 年 4 月，共有成员 36 人，对外主要负责搭建与客户沟通的桥梁、为客户答疑解惑；对内提供部门间的业务服务支撑，追根溯源完善流程缺陷。中心以“立足本职、服务客户、奉献社会”为总体工作思路，以追求客户满意为服务宗旨，在注重服务客户的同时，紧抓班组团队建设，通过创新转型、细化流程、自我完善等举措，全方位提升客户投诉满意度。

一、创新转型，提高客户服务感知

（一）创四步工作法，提高工作效率

中心围绕投诉处理集中化工作思路，改变原有投诉处理模式，采取投诉“心集捷”四步工作法，

减少工单流转，提升投诉处理质量，从而提高一次解决率与客户满意度。

第一步：分组分工，专业人做专业事。根据客户聚焦问题方向，结合公司客户服务重点指标，将全量工单分为4G业务及资费理财、家庭集团客户服务、重大风险预防处理三大类，分别成立资费理财组、基础服务组、风险防控组；并根据投诉处理技能与个人满意度为投诉处理人员定级定位，划分到组，最大程度地发挥个人业务特长与主观能动性，各组分工以提升各类问题响应及时性。

第二步：弹性排班，个性化提供优服务。分组梳理不同类别客户的个性化服务需求习惯，分析把控客户服务需求闲忙时间点进行弹性化排班，将服务时间分为早高峰、中休闲、下空暇、晚高峰 4 个时间段，分别对应安排各组投诉处理人员班次，针对性地响应客户咨询、投诉问题，提高一次接通率与客户服务感知。

第三步：开放权限，在线灵活办理业务。重新划分客户投诉咨询问题解决分类，针对业务办理、营销活动咨询及网络基站查询等可直接由投诉处理人员解决的问题，为其增加在线业务办理、电子工单查询等一线业务权限，联系客户维护后直接在线办理客户业务需求，减少工单下派，缩短服务时间，提高工作效率。

第四步：集结专家，组建虚拟支撑团队。针对特殊业务办理、网络覆盖、家庭业务故障维护等需要协查问题，集结业务部门对应责任人，一方面在线指导解决客户疑难问题，另一方面协同制定最优解决方案、编制流程操作手册，投诉处理员按照优化重组后的业务办理操作流程联系业务部门协查，结合支撑反馈结果妥善联系回复客户并结单，从而减少工单流转、提升一次解决率。

（二）深入投诉分析，建立溯源机制

结合全区反馈收集的焦点、难点问题，依托全区服务质量分析会平台，投诉处理监控中心定期组织业务支撑部门共同对服务过程中存在普遍性、深层次问题发起溯源分析，深度挖掘问题根源，跟踪落实项目，掌握进度，系统性解决焦点、难点问题。通过多部门协同共同追溯深挖发起的溯源分析，如来电提醒无法使用、黑莓（BLACKBARRY）手机上网、预配卡开通免费短信包、欠费及有效期到期不停机流程漏洞等共性投诉溯源案例，得到省公司认可。并发起全省范围内的分批核实，统一处理，取得良好效果，在第一时间有效控制重大客户投诉风险。

（三）优化工作流程，提升服务质量

工作流程是否顺畅，决定了工作效率的高低。班组使用 PDCA 循环法则，持续进行投诉处理流程的改进与完善，加强对投诉处理中间环节的检查和监管，完善投诉处理的闭环管理，整体提升投诉处理质量。

1. 优化工单处理及分配流程。由专人负责投诉处理流程跟踪，第一时间进行投诉工单筛选下派，通过完善追踪、核查、回复、解决等投诉处理各环节的具体流程，确保对“处理时限较长、客户对回复结果不满”的复杂疑难投诉问题的持续性处理和关注，维护客户满意度。

2. 全程跟踪做好满意度修复。将结单、质检、回访、投诉补救工作融合，专人统一处理，对问题未解决、未联系客户处理、客户提出合理意见等情况，详细记录客户不满意原因以及进一步处理需求后，由回访人员生成“投诉补救”类型的新工单进行跟进处理，做好满意度修复。

3. 建立投诉预警机制与应急流程，将投诉控制点前移。提升预警响应及时性，确保批量投诉或突发事件早发现、早查证、早解决，避免事态继续扩大带来不良影响。

二、细化管理，提高人员业务能力

（一）多样化培训，提升员工技能

“工欲善其事，必先利其器。”为了激发班组成员学习的积极性与学习热情，班组采取多样化培训，提升员工综合能力。

1. 每日班后会，及时了解新动态。中心充分利用每天下班后 30 分钟的时间，由班组长带领，学习当天及近期下发的业务知识和营销活动内容，做到新业务人人知晓，一个都不落下；同时，针对当天的投诉热点及难点进行分析，制定或完善统一解释口径，做到解释到位、声音一致。

2. 每周录音质检会，大家来找茬。为提升学习效率，培训人员找到一种新的学习培训模式，通过 6.0 系统提取投诉处理中的录音实例，将疑难问题进行现场点评，帮助班组成员发现问题并提出改进意见。

3. 每月业务大练兵，提升专业知识水平。学习效果如何、掌握情况怎么样，月度大练兵通过笔试、情景模拟、打字等方面的测试，能真实、客观地检测出成员的业务技能水平。

4. “专业知识请进来”，开展专项培训工作。除定期开展的培训活动外，中心针对当期业务发展需要及相关法律知识补充，邀请市消费者协会相关负责人给予现场法律专业知识辅导，以及疑难问题解答。

（二）强化班组管理，提升团队能力

1. 团队管理。结合员工业务水平、投诉处理技巧及服务质量等多方面因素，实行“人员分组管理、小组竞争评优”的管理模式，激发团队协作的能力；发挥班组业务骨干、服务明星的“传、帮、带”引导作用，采取“以老带新、以强带弱”方法，全面提升投诉人员处理投诉、解决问题的能力。

2. 绩效管理。打破以往个人绩效考核体系，在原有个人业务能力、行为规范和组织纪律的考核项目外，增加“月度自评 + 他评 + 领导评分”的考核项目，通过全面的员工互评及领导综合打分，充分体现全员参与公平、公正的原则。

3. 激励管理。帮助投诉处理人员有效缓解、释放工作压力，提升工作效率与工作质量，定期树立模范标兵；结合实际工作需求，设置服务之星、速度之星、超越之星、探索之星、质量标兵、帮扶能手 6 个荣誉称号，调动发挥先进员工的主动性及模范带头作用，帮扶其他成员共同提升、进步。

4. 情绪管理。为帮助员工解压，中心定期组织员工进行心理疏导、健身郊游、亲子活动及家属答谢会等活动，有效释放工作压力、提升团队凝聚力，同时构建和谐大家庭，体现浓厚“家文化”氛围。

（三）注重质量管理，追求精益求精

中心坚持长期开展 QC 创新活动，先后在降低客户重复投诉率、提升客户满意度、缩短投诉处理时长等方面开展 QC 课题研究，有效提高了客户满意度，降低了客户投诉量及投诉风险。中心取得的创新成果发布后多次在省市公司 QC 课题评选中获奖，得到了领导、同事的认可。

班组员工积极运用 PDCA 持续循环过程，自主管理、自我教育，互相启发、共同提高，充分发挥组员的聪明才智和创造性，有效提升了业务技能，完善了投诉处理流程，在优化投诉管理全过程的同时赢得了客户的满意，创造了较好的社会效益。

三、完善自我，树立优秀服务形象

（一）发展友好客户，搭建友谊桥梁

针对疑难、重大风险投诉问题，中心主动邀约客户面谈，倾听客户建议，彻底帮助客户解决问题，从而提升客户感知。同时，将投诉钉子户、敏感客户转化为友好客户，根据他们的合理建议优化投诉服务工作。

（二）开展绿色活动，树立企业形象

中心积极组建绿色行动小组，多年来开展多种生活、出行、饮食等绿色健康活动。例如，“营业厅禁烟日”活动主动引导客户自觉遵守厅内禁烟要求绿色生活；“健康快步走”活动告知他人绿色出行为城市健康贡献个人的力量；“彩色烘焙”活动大家齐动手自制蛋糕、披萨等烘焙糕点。大家在工作生活中从自我做起，倡导绿色健康，进一步树立了企业的文明形象。

（三）资助贫困儿童，彰显社会责任

2010 年 4 月，中心主动联系徐州慈善总会，认养了一名铜山茅村孤儿。6 年来，中心员工以集体名义每年捐款 2000 余元，并不定期赠送学习用品、生活用品。每逢六一、中秋、国庆等节日，中心员工积极组织慰问团，让孩子能在集体的关心和爱护下茁壮成长。

千里之行，始于足下。江苏移动徐州分公司品管部投诉处理中心以战略性、全景性、长效性的思维进行科学规划、高效执行，力求班组内部标准化、标杆化、创新化管理，不断提升人员综合技能，从客户角度出发，以客户满意为目标，为客户提供优质满意的售后服务。

机器在您手中　服务刻我心中

——广西玉柴机器股份有限公司呼叫中心

一、企业概貌

广西玉柴机器股份有限公司始建于1951年，1992年由国有企业改制为股份制企业。1994年，玉柴国际股票在美国纽约主板上市，是国内该行业首家赴境外上市的公司。公司总部设在广西玉林市，下辖9家子公司，生产基地布局广西、江苏、安徽、山东等地。是中国最大的独立柴油发动机制造商，产品型谱齐全的内燃机生产基地，年销售收入超200亿元，发动机年生产能力达70万台。

“专业铸就品牌，服务创造价值。”公司设有35个国内办事处、14个国外办事处、12个通机经理部、12个船电大区、148家海外服务代理商、2900多个服务站、5000多家配件销售网点，建立了包括产品销售、应用开发、售后服务、配件专卖于一体的营销管理体系，拥有行业内网络规模最大、服务网点最多、服务半径最小、三包里程最长、响应时间最短的服务网络，依托市场营销、技术营销、服务创新，持续为客户创造更大价值，向海内外用户提供满意的“捷・诚”服务。

二、玉柴呼叫中心简介

广西玉柴机器股份有限公司销售公司客户服务中心呼叫中心成立于2004年9月，是中国机械行业第二家成立呼叫中心的企业，获得工信部批准使用热线服务短号95098，是国内制造业中首家、也是唯一一家获准使用5位短号的企业，成为行业学习标杆。95098号码24小时畅通无阻接收客户请求服务、投诉、咨询等业务。

玉柴呼叫中心班组是一个年轻化、专业化、充满活力的青年集体。历经十余年的磨砺，每年话务量从最初不到7万迅速发展到目前的80多万，已成为千万用户联系玉柴的重要桥梁。班组全员团结一心，互帮互助、积极进取，把“爱岗敬业、勤于奉献”默默体现在平时的工作中，取得了优异的成绩，也得到了广大客户的信赖，获得广西优秀质量管理小组、玉林市青年文明号标兵、广西区青年文明号、玉柴“巾帼文明示范岗－优秀示范岗”等多项荣誉称号。

三、主要业绩

1. 先进的服务文化

1986年，玉柴首次提出了“倾我所有、尽我所能，竭诚用户、诚信天下”的服务宗旨，成为行业最早提出服务宗旨的企业。2005年，玉柴再次提出了“机器在您手中，服务在我心中”等服务理念和“首问负责制”等服务工作准则。玉柴的服务文化始终践行于每位服务人员工作当中。

服务宗旨	倾我所有、尽我所能，竭诚用户、诚信天下
标志用语	玉柴服务，主动至真，竭力至诚
服务理念	▪机器在您手中，服务刻我心中 ▪说到必做，做则必优 ▪服务站是主机厂的根系、经销商的战友、最终用户的贴心人 ▪每次服务，始于主动，寓于真诚，终于满意
服务工作准则	▪首先尽责制：不问责任，首先服务 ▪首问负责制：谁受理，谁落实 ▪维修负责制：谁服务，谁跟踪
服务热线	公司本部、各地分公司、服务站 24 小时开通
服务响应时间	12 小时到位服务
	▪站内服务：1 小时内安排处理，并将安排情况及时向客户反馈 ▪外出服务：客户报修后 1 小时内完成派工，并将安排情况及时向客户反馈；市内 3 小时，200 公里内 6 小时，200 公里外 12 小时到位服务
配件到位时间	24 小时
完工时间	走保不超 3 小时，一般故障不超 8 小时，严重故障不超 72 小时
服务跟踪	3 天内回访跟踪
技术支持	大客户提供上门技术培训和技术咨询

2. 严格的管理制度和完善的技能培训

玉柴呼叫中心班组有着比同行更加严格和完善的服务规范、培训制度、现场管理制度和奖惩机制，多次接待同行企业对标学习，被戏称为“近似苛刻”，班组成员始终以非常严格的标准要求自己来做到最好。呼叫中心班组每天组织召开班务会，将前一天发生的特殊、疑难业务问题在班会上提出，更新在呼叫中心特有的“知识树”上，以便客服在应答处理时能更迅速解释客户的咨询。

呼叫中心同时设置质检岗位、数据岗位，对客服代表的服务质量进行监控，包括语音、语调、应答规范、处理流程、填单等各个方面进行把关，力求以最好的状态为客户排忧解难。

在提升服务能力上，班组自行制订了系统的培训计划，实行学分制。结合车间实践培训、开展岗位技能比赛、知识竞赛等多种形式增强培训效果，形成浓厚的学习氛围。同时呼叫中心班组会定期邀请资深老师开展“如何管控情绪”“阳光心态如何养成？”等课程，从各个方面多个角度提升服务技能。

不管用户以焦急、抱怨、急躁等何种心态拨打 95098 时，呼叫中心班组都能以阳光平和的心态，急用户之所急，迅速理清思路，为用户排忧解难。对于不能及时解决的问题，启用快速反馈机制，保证业务无缝衔接，高效落实。玉柴呼叫中心热线业务坚守 100% 闭环的要求，为每位客户提供最优质的服务。

2017 年 3 月的一天夜里，一位四川客户的发动机突发故障，车辆无法行驶，车上装有鲜货，情况紧急，用户致电玉柴服务热线 95098 寻求帮助，因为用户非常着急，电话刚接通，情绪很激动，抱怨声不断，在描述过程中，言语表述混乱，方言重，但客服代表凭着良好的职业素养，耐心安抚用户情绪，抽丝剥茧，快速缕清客户的诉求后，第一时间安排服务站与客户联系落实处理，并跟踪到服务站到达故障现场。一个多小时后，车辆的故障解决了，客户再次致电 95098 真诚表示歉意，表明刚才因为心里着急，说话太重，不好听，请客服代表原谅。能获得用户的肯定是客服代表工作的最大动力源泉。

3. 多样的客户关怀手段

（1）开创玉柴特色互联网 + 服务模式

“微信”已成为一种生活方式，超过 9 亿人在使用，众多企业通过微信向客户推广服务政策，宣传服务形象，玉柴要怎么做？难道只是填鸭式为用户提供资讯吗？当然是“不”。呼叫中心班组在吸取同行经验的基础上，大胆创新。呼叫中心班组的设想，玉柴的微信公众号不仅要实现服务宣传，而且要实现用户通过微信接入服务系统 YCCS，接入呼叫系统 YCCC，直接到达企业“心脏”。这在当时不敢深入想的功能，规划难度很大，涉及的系统和业务流程非常多。困难并未让呼叫班组退步，大家一步步梳理，团结一致，最终拨开乌云见天日。玉柴微 + 服务成功上线，由于功能考虑周全，一经上线，玉柴互联网服务就走在同行的前列。

呼叫中心班组是玉柴微 + 服务平台的后台和枢纽，对平台的每个环节响应进行监控，站在了微 +

服务的最前沿。一键即可呼叫 95098，让用户以最快的速度联系上玉柴，让玉柴快速处理用户每个业务诉求。

（2）电话、短信、IVR 语音多渠道获取用户评价

呼叫中心班组非常重视客户的评价，客户的评价是检验工作是否到位的重要标准。玉柴开展内部、外部双向调查来了解用户需求。每年会展开一次外部第三方中国质量协会顾客满意度调查，每月开展内部顾客满意度调查。

顾客满意度调查采用传统的电话回访耗时耗力，获取的样本量有限，关爱用户范围偏小。为能获取更多的用户评价，了解玉柴服务的不足，呼叫中心班组从 2017 年开始着手打造智能呼叫系统。系统采用 IVR 智能语音、定制短信回访、微信评价等多个渠道，将受访客户率从 15% 提升到 95%，更多的用户体验到玉柴的真情回访。

中国质量协会玉柴满意度调查连续 6 年超 80 分以上，2017 年达到 82.96 分，得到越来越多用户的认可。

（3）开展全程跟踪，加速服务响应

为进一步提升服务质量，急用户之所急，呼叫中心班组提出全程跟踪模式，对客户问题进行分级分类管理，制定《全程跟踪规范及要求》。在跟踪过程中，多方协调资源和全方位沟通，推动故障快速处理，避免问题积压、升级反馈滞后等，再依托智能呼叫系统服务功能，解放更多劳动力，将全程跟踪进行得更加深入和细致。实现客服随时介入服务过程、系统智能落实派工，加速服务响应。实现系统自动督促服务进度及单证处理及时性。让用户的车辆问题在最短的时间，采用最有效的方案快速处理。

玉柴呼叫中心作为客户联系企业的重要平台，未来将继续开展顾客满意度工程，继续完善内部管理，提升服务技能，为全球的用户带来更快捷更满意的服务体验。

心系客户　真诚服务

——国网湖南省电力有限公司长沙供电分公司客户服务中心市场及大客户服务室

国网湖南省电力有限公司长沙供电分公司客户服务中心市场及大客户服务室（以下简称“班组”）以服务明星班组创建为契机，深入贯彻“自律促进行业发展、匠心赢得用户满意”主题，规范服务行为，强化内部管理，提升员工服务技能和服务水平，更好地服务客户、服务社会发展，努力打造技术过硬、客户满意、社会认可的服务明星班组。

遵章守纪、爱岗敬业，切实履行职责

敬业是社会主义核心价值观的构成之一，是社会普遍需求的工作品质。对供电公司而言，敬业是服务好广大电力客户的关键。班组在不断提高员工能力的同时，长期致力于敬业精神的培养，尤其注重帮助员工养成良好的工作观念、态度和习惯。

注重细节，树立服务形象。班组成员在作业中始终保持工作台面、地面整洁。窗明几净的工作环境不仅能提高工作效率，更能给客户带来一种舒适愉悦的感受。员工自觉严格遵守工作纪律，坚持每日打卡考勤，未出现一例无故迟到、早退和缺勤事件；工作期间统一着工装、佩戴工号牌，定期利用早会和周会进行廉政提醒，按照国家电网公司“员工服务十个不准”规定严格管理自己的行为。与客户接触的一线工作人员，培养了良好的工作作风，树立了良好服务形象。截至目前，未出现过一起关于行风廉政的举报事件。多次荣获湖南省电力公司“营销服务无违章集体”、长沙供电公司“文明集体”称号。

读书生活分享会

信守承诺，承担社会责任。加强员工主动服务意识的培养，全面履行供电公司对社会的“十项承诺”和业扩报装的业务时限要求；员工切实履行社会责任，更好地服务于党和国家工作大局，服务于经济社会发展和广大电力客户；积极服务社会，2017 年全年组织电力科普进社区 15 次，电力安全知识进学校 12 次，3·15 消费者活动日 3 次，雷锋共产党员队抗洪抢险 6 次，看望孤寡老人 48 人次，捐资助学 12 学人/次。活动的开展提升了员工的思想境界，让大家在履行岗位职责的同时勇担服务社会责任，班组也因此多次荣获长沙市政府“创建文明城市先进集体”、长沙市总工会“工人先锋号”等荣誉。

合法经营，明礼诚信，深化优质服务

优质服务是供电企业的生命线。班组以“诚信对待每位客户”作为服务的基本标准，提倡换位思考，通过不断规范供电窗口服务、优化工业园区服务、细化住宅小区服务，脚踏实地践行着“始于客户所需、终于客户满意”的服务宗旨，赢得了广大客户的满意以及社会的认可。

强化管理，规范供电窗口服务。供电营业窗口严格按照国网公司 VI 标识设置功能分区规划。营业厅设立业务办理区、自助服务区、客户接待和休息区，配置了包括医药箱、咖啡机等在内的便民服务用品，营造出规范化、人性化的服务氛围；办公卫生管理以“6S”管理为标准，遵循“四净四无”（地面净、桌面净、墙面净、门面净，无灰尘、无纸屑、无杂物、无异味）原则，时刻保持工作场地干净整洁；严格履行国家电网公司《供电服务“十项承诺”》和《员工服务行为“十个不准”》，严格执行价格主管部门制定的电价和收费政策，并在营业厅内对当前电价、收费标准和服务流程予以公示。工作开展期间实行补位机制，员工因开会、出差、休假或其他原因离开岗位一天以上的，离岗前向分管领导告知离岗事由、时间、去向、需要交代的事项，由分管领导指定补位人员，并与代为行使职责的工作

人员做好交接手续，补位人员认真履行替代岗位职责。机制建立以后，未发生过一起工作缺位的情况。在业扩服务过程中，认真履行首问负责制、限时办结制、一次性告知义务，从而减少客户临柜次数、提升客户办电体验。2016 年至今，班组共办理业扩报装业务 2400 余起，接待咨询业务 5000 余起，解决供电问题 2300 多个；曾在业务竞赛中获得湖南省电力公司“业扩报装第三名”，长沙供电公司客户服务专业业扩查勘“团队第一名”，并多次获得湖南省“依法办事示范窗口单位”、国家电网公司“供电营业规范示范窗口”、湖南省电力公司“营销服务先进班组”等荣誉。

提前介入，优化供电园区服务。供电园区客户具有供电容量大、服务需求高的特点。近年来，随着沃尔玛、中铁轨道、宜家集团、中国联通、恒达集团等世界 500 强企业的入驻，对供电服务的要求日益与国际接轨。为了进一步满足园区客户的供电服务需求，班组通过成立园区服务小分队、开辟园区服务绿色通道方式，推进供电服务进园区活动，真正做到“优质、便捷、规范、真诚”。班组成立的 4 个园区服务小组定期对各自责任范围内的工业园区进行走访，每年召开客户代表座谈会认真听取客户意见和服务反馈，查找工作中的不足，结合平时走访园区收集到的客户用电需求和建议，及时调整工作方法，不断提升服务质量。在开辟园区服务绿色通道的同时，班组还在提升园区用户办电速度的前提下降低园区办电门槛和用电成本，强化园区配套设施建设管理，将园区电网建设延伸至红线旁，实现“零距离”接入，满足客户用电需求；对省、市重点客户实行“走出去、请进来”的服务策略，采用提前介入方式主动邀请其了解公司电网发展的部署，通过现场办公和深入交流提前了解客户用电需求，破解“瓶颈”，统筹协调供电电源选址及项目周边电力规划建设等主要事项，从而着力保障重点招商引资项目的稳步推进。

业扩报装专业现场培训竞赛

主动对接，加强社区楼盘服务。社区服务及小区楼盘服务一直是供电服务的重点、难点和焦点问题。为构建和谐社区、缓解社会矛盾、提升居民生活幸福指数，班组全力配合长沙市委、市政府提出的“专改公”和“三供一业”工作，助力试点和改造工作全面开展，多次荣获长沙供电公司“最佳为人民服务队”称号。例如，班组牵头组织项目中心、设计公司、计量室召开“三供一业”省直机关单位试点小区供电分离启动会，对省地税局、省财政厅、省审计厅 3 个单位 6 个试点小区开展上门服务，明确设计要求和时限，随后进行现场查勘并交流意见，以确保设计工作的顺利完成；积极配合小区“专改公”流程推进，结合改造进度完成了 45 个小区的专变销户流程，帮助企业减轻负担。

科学管理，严抓严管，提高工作效率

提质增效、转型升级是新常态下创新企业管理的中心任务，而精益管理则是企业提质增效最有效的管理方式之一。班组将精益管理和日常工作紧密结合，通过严格细密的管理措施和考核细则，使工作效率更高、工作质量更优、工作业绩更好。

细化区分，明晰工作界限。所有现场工作固定出发时间，杜绝迟到或不到现象。各部门参与人员需正确着装并携带标准化资料前往，做到“由项目经理统一组织，工作人员统一乘车、统一作业、统一返回”，不得擅自扩充参加人员和扩展工作范围。工作界面严格按照产权分界点进行区分，配电运检室参加现场工作人员只对客户产权分界点之前的电网设备负责，用电检查人员只对客户产权分界点之后客户产权设备负责，计量人员只对计量装置负责；出现越界操作现象时，现场组织人员有权制止。

统一标准，规范工作流程。业扩现场统一使用业扩报装现场作业卡，由项目经理汇总现场缺陷，在工作结束后统一答复客户结果（必须注明“合格”或“不合格”），并详细填写业扩现场作业中的缺陷内容，交由客户签字认可。客户申请复验后，项目经理组织人员携带作业卡工作结论、缺陷内容清单，分工检查缺陷整改情况。

落实责任，确保安全生产。现场工作前进行“四交”站队：交代作业任务（工作内容、人员分工），交代现场安全措施及带电部位，交代风险辨识及控制措施，交代廉政注意事项。各部门自行明确存在缺陷或威胁人身、电网运行安全等影响验收结果的必要条件，竣工验收现场存在重大缺陷的定性不合格经复验合格后方可接电；非必要条件的其他隐患可先行接电，限期整改。现场工作全过程严格落实责任，确保现场工作安全、规范、高效进行。

勇于实践、开拓创新，锻造一流团队

市场及大客户服务室是一个充满朝气的年轻班组，29 名成员中有高级工程师 3 名、高级技师 1 名、工程师 11 名、技师 9 名，中级以上职称占全员 83%，人才当量在公司 130 多个班组中排名靠前；5 人为研究生学历，班组的创新意识和思维在工作的各个环节得到了充分体现。

善于总结，建立行业标准。近几年社会分布式电源并网业务逐渐兴起，班组结合工作经验对分布式能源发展趋势进行总结，建立了一系列标准和细则，从优化并网流程、简化并网手续、提升服务效率着手，切实提高分布式电网并网的服务水平。在此期间，班组编写的《基于规范保障的分布式电源并网服务管理》获得 2017 年度全国企业管理创新成果二等奖，《分布式电源并网服务标准化体系建设》获得 2017 年度湖南省企业管理现代化创新成果一等奖。

大胆创新，改革工作模式。2016 年，为适应电力体制改革、突出客户导向和市场导向，班组以精益管理思维和“互联网 +”思维为指导、业扩全流程管控为主线、部门高效协同为突破，将新一代信息技术与精益管理紧密结合。通过组建线上报装平台、精简方案审批流程、建立全过程管控机制、强化停电作业精细管理 4 个主要做法，实现了全业务数据量化、全过程智能互动和全流程精益管控，以“安全高效、标准规范、服务优质”的管理促进了业扩报装工作主动服务、快速办结，实现“保存量、争增量、优服务、强管理”的工作要求。其间，班组编写的《地市供电企业业扩报装全流程精益化管理模式构建》获得国家电网公司管理创新二等奖。同时，为确保创新工作不断推进，班组重视对创新储备库的建设，

截至目前共收集创新课题 7 个、合理化建议 5 条。

奉献社会，用户至上，助力经济发展

秉承“奉献社会，用户至上”的服务理念，班组的业扩服务实现了由业务导向型向客户导向型的转变，拓展了业扩报装的内涵和方法，让业扩报装速度明显加快、流程更加顺畅、质量全面受控、体验显著提升，以规范的服务、快速的响应、灵活的策略有效改善了广大电力客户的办电体验，助力社会经济发展。

“电雷锋”共产党员服务队为留守儿童献爱心

到社会福利院看望孩子

前置服务，加速服务响应。提前获取园区转型升级、新增产业园区、省市重点项目等潜在增量配售电市场用电需求信息，按照“三定”原则按需设立相应的供电服务机构、配置相应的大客户经理。主动对接政府部门，及时掌握潜在市场供电需求，主动抢占增量配售电市场，从“坐等客户”向“上门营销”转变，优化业扩报装全流程服务模式，有效提升了服务响应能力；组建以党员为骨干、全员参与的雷锋共产党员服务队，将服务关口前移，主动服务广大电力客户，大力开展供电服务进企业、进园区活动，有效解决了服务“最后一公里”问题。

互动服务，改善客户体验。接待客户时不推诿、不搪塞、不怠慢，遇到需要协调处理的客户需求及时流转、跟踪闭环，工作出现差错敢于承担责任并积极改进，实现“一站式服务”，履行一次性告知义务，对于客户需求做到了全程跟踪、督办、反馈、闭环；业扩服务实现“互联网 +”模式，前端线上受理和后端现场服务的无缝对接，支撑线上业务高效运作，建立了线上受理、集约派工、过程管控、能力调度的四位一体工作机制，同时在业务办理过程中及时为客户共享每个环节的业务办理信息，加强线上办电全过程与客户的互动。

个性服务，满足差异需求。针对不同客户群体开展差异化服务，对客户诉求做到有求必应、有问必答，真诚接待每一位客户；同时，根据送电服务需求特殊的客户，开展“凌晨送光明”工作。例如，湖南省微波通信局是班组管辖范围内的重要客户，考虑到其供电可靠性需求高、风险大，班组主动要求安排在周一的凌晨开展，将停电影响范围控制到了最小、停电的时间控制到了最少，这样主动换位思考的行为得到了客户的认可和赞扬。

明确目标，自律奋进，争当服务明星

近年来，班组在创建服务明星班组的道路上努力奋进，目标更加明确、步伐更加坚定。全体员工通过热情工作和努力学习，行为越来越自律、技能越来越过硬、业绩越来越优异；领导成员致力于积

极创新服务载体，围绕客户需求，用心感知客户、尽心服务客户，努力打造服务明星班组。

明确目标，凝聚班组合力。在日常工作中，班组加强对契约精神的培养，树立员工的规则意识，使大家深刻认识到只有遵守规则才能享有权利，站在企业的角度考虑问题，在做好自己工作的同时与团队成员合作互助。契约精神的建立为企业带来了效益，也成就了员工的成才。现阶段，班组全体成员工作积极主动，相互提醒、主动补位，服务意识明显提高。大家从细节上着手，打造“家”的服务氛围，在迎来送往上下功夫，一杯热茶、一声再见，让客户有宾至如归的感觉。工作中实行“一站式”服务，树立了“流程上一环节对下一环节负责”的内部服务机制，确保工作稳步推进，同时也使班员间的默契度得到提升。

强化培训，提升服务技能。通过建设学习型班组，逐步改善员工和班组的心智模型，逐步培养系统、动态、本质思考问题的能力，进一步形成与新的形势、环境以及与省公司发展战略相适应的观念、理念体系和思维方式。在明确企业目标、班组目标和管理理念的基础上，融合员工个人目标及愿望，树立班组的共同愿景，使工作有方向、员工有理想，共同为企业发展和员工自身发展而奋斗。促进团队学习，使员工在团队中取得更高层次的共识并共同创造、发挥集体智商的效果。围绕企业共同愿景和班组目标团结协作，培育新的团队精神。在班组内部营造“人人学习、处处学习”的氛围，增强员工的政治素质、业务素质，提高工作能力，并不断挖掘自身潜力，实现员工个人与企业、部门的共同发展进步。先进的培训机制获得了显著的成效和单位的认可，班组现有“双师型”人才4名、内训师3名，谈玉成个人还获得了国网技术学院优秀兼职培训师。

延伸半径，增值服务体验。服务社会、服务民生，将服务半径延伸至客户身边，将服务范围延伸到客户前端，不断增强员工的先锋意识和服务意识，在对外联系、服务用户、协同工作、指导下级的过程中充分发挥带头作用。通过征集“微笑”照片、记录“微笑”故事，展现员工良好职业素养，让“你用电、我用心”理念在员工心中扎根、在服务实践中落地。班组每年均借助“3·15”消费者活动日、全国安全活动日、节能宣传周等系列用电宣传活动，认真倾听客户需求，耐心解释客户关心的焦点问题，增加了客户对供电企业的了解，消除了很多误解。积极搭建服务大平台，联合生产抢修、电费、计量等多部门，全面建成以客户为导向、服务一体化、专业协同的服务协同体系。以项目经理为关口统一答复客户的问题，缩短客户需求受理解决的服务链条、提升跨专业服务协同能力，做到有问必答、有求必应。积极配合政府开展居民住宅小区、重要客户的供电安全隐患排查，每年迎风度夏期间协同政府职能部门开展高危用户安全用电检查，主动为部分客户制定了安全用电应急预案，有效落实“告知、服务、督导、整改”的工作要求。

创建活动的开展，使每位员工深刻领悟到了“工匠精神”的内涵，感受到了共产党员服务岗的影响力，让坚持不懈、精益求精成为自觉动力；逐步形成了人人爱学习、钻业务、练技能的浓厚氛围，促进了业务素质的全面提升。员工在服务客户的同时也成功释放了自身价值，感受到了自身岗位的光荣，进一步激发了自豪感、成就感、荣誉感，全面提升了为民服务的思想境界。荣誉只代表过去，站在一个又一个新起点上，班组将以更昂扬的斗志奋力奔跑，用更加优秀的业绩、更加紧迫的社会责任感，为客户提供更加优质的服务。

用户满意服务明星事迹

用真情服务让乘客满意，用大爱精神让城市升温

——上海地铁第四运营有限公司车站　徐紫茜

徐紫茜，2008 年入职上海地铁，是地铁 6 号线儿童医学中心站的一名 90 后站务员，团支部书记。自参加工作以来，她始终本着“真心每一刻，满意每一客”的服务理念，在平凡的岗位上兢兢业业、踏实工作。别看她长着一张娃娃脸，可爱率真的模样下却有着一颗细致、真诚、专注和助人为乐的心，善于站在乘客的角度发现问题，竭尽全力完善服务，以温暖的笑容和热情的服务为上海地铁打造“有温度”的城市第二空间无私奉献。

服务创新，从无到有

徐紫茜所在的车站邻近沪上知名的上海儿童医学中心，该站作为上海轨道交通路网中唯一一个以医院名称直接命名的地铁车站，每天全国各地慕名而至的就医患儿和家属络绎不绝。当医院达到饱和状态时，车站站厅往往从“候乘区”变成了医院附属的“候诊区”，等待就诊的乘客或站或靠，有些甚至席地而坐。久而久之，抱着孩子前来“避暑、驱寒”的乘客把车站当成了“驿站”，还经常拉着车站工作人员询问“有没有地方换尿布？有没有热水冲奶粉？有没有房间哺乳？”作为直面这些问题的站务员，徐紫茜总是一遍又一遍，耐心地尽可能地给予帮助，并细心记录常见的问题，想要通过自己的努力做些改变。

起初，她只能利用休息时间亲手为站厅休息座椅制作卡通椅套和凉席坐垫，提前准备冲奶粉的热水瓶，看见有需要哺乳的母亲及时带至女员工更衣室提供方便，等等。但慢慢她发现这些力所能及的小小帮助远远满足不了着急等待问诊的患儿和家属的需求。想要给予更好服务的小小的心愿由此在她心里埋下了种子。直到有一次，在与班组其他成员共同探讨时，心里的种子萌发了芽儿——是否能在车站站厅开辟一块地方，建立母婴特色服务专区，既能为候诊乘客提供应急需的基础设施和休息场所，又能不影响其他乘客的顺畅通行。

在公司的大力支持下，2012 年“六一”儿童节当天，以徐紫茜名字命名的“小茜童乐园”正式建成开放，这也是沪上首个“地铁站内的儿童乐园”。“小茜童乐园”主要由“宝宝专列”小屋和半开放活动区域组成，配有哺乳室、书画桌、篮球架、照片墙、鞋架、玩具等基础设施，可谓“应有尽有”、功能齐全。园区开放至今已有 5 年，为无数需要帮助的家

庭提供了方便，为他们提供了舒适放松的私密空间，并多次被新闻综合频道、东方卫视、《文汇报》《新闻晚报》《劳动报》等主流媒体采访报道，深受乘客认同和大众点赞。

不断完善，携手共进

硬件到位了，软件更要跟上。徐紫茜作为“小茜童乐园”里的小园长，这些年她与童乐园一同成长，在各方面不断成熟。根据车站的特殊情况和服务对象的特殊性，她不断创新服务举措，提高服务质量，力求：人无我有、人有我优、人优我强。为了更专业地提供服务，她不仅自我加压，主动学习儿童急救护理基础，更带领团员青年轮值服务于童乐园的日常管理，细心制定园区开放时间、消毒时间、入园须知等服务规范；根据每年的儿童节、春节等特殊节庆日布置园区环境；向站内员工募集儿童玩具和图书。

同时，徐紫茜带头策划活动，邀请上海儿童医学中心、《娃娃画报》、东方卫视等多家单位参与共建，共同开展关爱儿童的公益活动和志愿服务。由儿童医院开展的儿童急救护理知识讲座、由《娃娃画报》志愿者提供的讲故事服务、由东方卫视开展的绿色出行等活动，让这个小小的童乐园充满活力和正能量，也让患儿和家属在紧张疲劳之余多了一份安心和温暖，更让上海地铁的大爱精神在此传承和绽放。

真情付出，用心服务

每天清晨都一如既往看见徐紫茜在“小茜童乐园”里辛勤劳动，为孩子们营造干净整洁的环境。她忙碌，时而安抚哭闹的宝宝，时而倾听家长们吐露心声，在这里时刻都上演着一幕幕感人的小故事。

一对年轻的夫妻从昆山赶到儿童医学中心看病，挂完号已是下午两点了，看到病估计要到四点以后，于是妈妈便带着宝宝在“小茜童乐园”里休息，爸爸则继续在医院排队。可突如其来的变故打破了原本的宁静，让这位年轻妈妈顿时有点措手不及：小朋友拉稀了，拉得妈妈身上都是。徐紫茜看见了这一情况，马上打水过来帮着妈妈擦拭，一起清理宝宝的排泄物。这一系列自然的举动被急忙赶来的爸爸看见了，顿时略带哽咽，对着徐紫茜说谢谢。

事后，这位父亲寄来了一封表扬信，感谢上海地铁培养出了一位天使小茜，信里说道：“平心而论，素昧平生，这个上海女孩的行为打动了我。我能感受到她所做的一切都是发自内心，没有做作，没有扭捏。她用自己的行动为我们心中照进了一缕阳光。”

小茜童乐园，就如它的名字一样，带给大家许多的欢乐。徐紫茜在小茜童乐园这个平台里用青春谱写明天的灿烂与辉煌，把想法变成现实，把不可能变成可能，让每一个乘客感受她的光和热，让每一个乘客感受到上海地铁海纳百川的胸怀。

牢记三到，设身处地

徐紫茜在地铁一线岗位工作已有十个年头了，每天迎来送往来自五湖四海的乘客。在这份工作中，她倾注了大量的爱，并将这份爱付诸行动。在岗位上她善于倾听，倾听乘客所需；善于发现，发现乘客所急；善于思考，思考乘客所想。她将这些总结为三到：听得到，看得到，感受得到。所以，她总是能先人一步，发现身边有需要帮助的乘客，这主要源于设身处地地站在乘客的角度去思考问题。

有一次，徐紫茜在巡视的过程中发现一个6岁左右的小男孩独自一人坐在乘客休息座椅上，低着头不知道在想些什么。徐紫茜主动上前蹲下身子询问，没想到小男孩一看到徐紫茜就哭了起来，嘴里模糊地喊着“妈妈…不见了……”徐紫茜见状，立刻联系了车站内的驻站民警，并询问孩子是否记得父母的电话。可是小男孩此时哭得话都说不清，更别提背出父母的电话号码了。徐紫茜立刻意识到先要让孩子冷静下来才可以，于是，带着孩子来到小茜童乐园处休息。在童乐园轻松愉快的氛围里和徐紫茜循序渐进的开导下，小男孩很快就忘记了恐慌，记起了父母的电话。在与小男孩一同等待父母到来的半小时里，她陪伴小男孩讲故事、做手工、玩游戏，让小男孩喜欢上了地铁站里的小乐园，也让小男孩彻底喜欢上了地铁里的小茜姐姐，到最后爸爸妈妈来接他的时候，他都不愿意离开，还想多待一会。

徐紫茜把车站当成了她第二个家，她热爱这份工作，珍惜这份工作所带给她的快乐。她将每一位乘客视为前来做客的朋友，每天能接触到形形色色的乘客。随着时间的积累，让她在遇到各类问题时都能够沉着冷静，游刃有余地把工作做得更好。她把在工作中积累的经验都看作这份工作带给她不可多得的宝贵财富。

愿做火烛，点亮身边

共青团员作为共产党的后备军，有着不可替代的作用。作为6号线客运第二团支部书记，她严格要求自己，认真学习、踏实工作、甘心付出，不仅是孩子心里的“小茜姐姐”，更是车站员工心里的“知心姐姐”。他关心身边同事，带头组织活动，用自己积极正面的力量带动青年员工爱岗位、爱车站、爱乘客、爱上海地铁。2015 年，徐紫茜所在团支部荣获了“上海市五四红旗团支部”的光荣称号，她也获评 2016 年度“优秀共青团干部”。

你用电　我用心

——国网山东省电力公司滨州市滨城区供电公司营销部　张涛

张涛，中共党员，国网山东省电力公司滨州市滨城区供电公司营销部主任、支部书记。工作以来，他用实际行为诠释着“诚信、责任、创新、奉献”的核心价值观，带领营销部全体人员全面促进营销服务创先争优，将优质服务不断推向新的台阶。

在不断强化服务意识、创新服务机制、提升服务质量、更好地服务于客户的同时，张涛先后多次获得市公司竞赛一等奖、滨州市科技进步三等奖、集团公司“青年岗位能手”、省电力公司“专利工作先进个人”……在外人看来，他是地地道道的“获奖专业户”。对这些，张涛本人却看得很淡：“荣誉，是对自己的认可，但只能代表过去；对服务工作发自内心的热爱和与客户之间真挚、朴实的情感，才是促使我不断前行的不竭动力！”

忘我投身一线　源自内心热爱

在外人看来，张涛对电力工作有着特殊的情感，甚至是一种痴迷。从大学毕业进入滨城区供电公司的第一天起，他就投入到忘我工作中——上班，他比别人先到；下班，他比别人晚走。这种工作习惯，一直延续至今。

“很多人不明白我与供电的感情，我感觉这好像与生俱来的。”张涛半开玩笑道。张涛的父亲是一名电力一线值班员，从张涛出生到上学之前的这段时光，张涛都是在 35 千伏滨城变电站（现 110 千伏凤凰站）度过的。在张涛的印象里，从记事起，身边的叔叔、阿姨都是电力职工，他看得最多的是电力设备、听得最多的是电力术语。耳濡目染中，他对电力事业积蕴了深厚感情，“电力人，就等于亲人；电力公司，就是有亲人的地方”。高考填报志愿时，他毫不犹豫地选择了上海电力学院；大学毕业后，他实现了理想，成为一名供电人。工作后，曾有人问张涛："从事电力服务这几年，最大的感受是什么？"是啊，这个问题他也问过自己无数次、想过无数次。"在服务中成长、在服务中改变，累并快乐着。"这就是他最大的感触。

当前，民众对供电质量和可靠性提出了越来越高的要求，供电服务人员肩上的责任与压力也随之增加。无论是在基层供电所还是滨城区营销部，张涛认为都是供电服务的一线；而自从投身一线，按时回家就成了一种奢侈。每逢节假日，当大家团圆团聚、万家灯火点亮之时，便是电力员工最紧张待命之际。

结婚 5 年以来，每个除夕夜张涛都坚守岗位，回家过年更是一种期盼。2013 年 2 月 10 日是农历大年初一，当天上午，张涛在供电所稳妥交接班后，才匆匆赶回家，而此时，待产的妻子已经被送到医院。第二天一早，孩子出生了。在看到孩子安安静静地躺在妻子身边的那一刻，张涛心里满是愧意。"没办法，谁让咱喜欢并从事这份工作呢。时间长了，家人也都慢慢了解和支持我了，这也成为我工作和奉献的动力！"张涛说。

持续不懈付出　收获丰硕回报

有一句话，张涛经常挂在嘴边：没有正能量，怎能干电力。他身上的这种正能量，不但鼓舞着自己，更激励着身边的每一个人。张涛的身上，有种昂扬锐气；用他自己的话说，就是："面对事业，一定要勇于进取，不断创新，百折不挠。"

在供电所工作期间，正逢滨州市高新区大规模建设，各项建设任务重、服务压力大。为满足企业落户所急盼的电力需求，张涛的做法是：现场勘查比客户先到，占地协调比户主先到，去工地比施工队先到，工程验收比部室先到。

话说起来容易，真正做起来，个中艰辛自不待言。对汇丰薄板、金毅设备等重点项目，张涛和团队专门学习研究了它们的工艺流程及用电负荷特点，并考取了电力工程造价和维修电工技师证书，从而为客户提供更好的服务。恶劣天气来临时，张涛总在第一时间赶赴供电所，做好应急抢修准备。手机，他从来没有关过。每当深夜电话响起，往往意味着线路跳闸、突发故障、客户特殊要求或是其他难以处理的困难。"越是这个时候，越需要我们！"张涛说。在抗击"达维"台风的过程中，他和同事 30 个小时奋战在一线，及时恢复了高低压供电，成为全公司首个全部恢复高低压客户供电的供电所。

持续不懈的付出收获了丰硕回报。2011 年，张涛所带领的青田供电所组织现场施工共 32 项，年内供电所区域内客户配电总容量增长 110%，超过了过去几十年的总和，当年用电量增长 31%。供电所被评为“滨州市群众满意基层所站”和“招商安商先进单位”，并荣获了当年度的“集团公司先进集体”。

“拼命三郎”的劲头 还有颗“智多星”的心

同事眼中的张涛不仅工作拼命，更有一股“钻劲儿”和“巧劲儿”——再棘手的任务，他都能迎刃而解。在工作中，张涛还特别善于创新，无论是技术还是管理，他总能比别人多想几个“为什么”，被同事笑称“拼命三郎”的他也因此成了公认的“智多星”。

在张涛看来，工作中通过不断研究，总能收获很多心得，为了能让这些心得传承下去、让相同岗位上的同事们少走弯路，最好的方式就是形成制度、写成规范并融入新的设备和工具。“看到基层的老师傅们，为了堵塞管理上的漏洞，往往需要付出加倍的努力。我敬佩他们的敬业精神，更想减轻他们的负担，因此我义无反顾投入到创新工作中。”张涛说，“一项技术革新的背后，可能会消除一项重大的安全隐患；一条科学的管理创新背后，可能省去师傅们几百次的重复劳动。”

创新的过程是艰苦的。每天在完成工作之余，张涛还加班熬夜，查阅资料，修改模具，反复现场调试。他研制的“空气断路器操作机构”“油田专用组合防窃电计量箱”“木质结构建筑专用配电箱”均获得国家专利；他主持 QC 课题“提高远程自动化超标核算比率”获得 2014 年度市公司 QC 成果优秀奖；他撰写《客户用电需求预警机制浅析》等多篇专业著作在国家级核心刊物发表。此外，他所在的班组，在全市率先完成用电信息采集系统建设，覆盖率达到 100%；他参与研制的“油田专用组合防窃电计量箱”，通过滨州市科技成果鉴定，达到国内领先水平，并荣获滨州市科技进步三等奖。

虽然已经在供电系统摸爬滚打了 9 年，但张涛还自认为是一名新兵，并时刻提醒和督促自己继续前行。“相比较老一辈的供电人，我们做得还远远不够。作为年青一代，为了供电事业发展，我们重任在肩。”张涛如是说。

丹心用尽为服务　丽质生成方是金

——中国电信股份有限公司淮北分公司　李金丽

我是李金丽，现任中国电信淮北分公司南区营业部主任。作为中国电信最基层的工作人员，能够获得如此高的荣誉，要感谢单位和组织的培养，感谢我的团队以及所有支持、关心和帮助我的各界人士，一路走来的陪伴与鼓励，让我不断地进取与成长。

丹心用尽为服务　丽质生成方是金

我的团队——中国电信淮北分公司南区营业部，共有28人，平均年龄不到30岁。这是一支充满活力的年轻队伍！团队自成立以来，秉承“外树形象，内练素质，打造城市服务标杆”的理念，以“提升客户满意度、装维服务满意度”为抓手，通过服务制度上墙、服务满意度量化显化等举措，会聚全员力量，逐步迈上新台阶。

对用户“热心”，让用户对电信服务更放心

自进入中国电信的那一天起，我就告诫自己，把中国电信“用户至上、用心服务”理念，铭记在心，为客户提供热情周到的服务。

2007年在我担任营业员期间，冬天的一个早晨，我与往常一样早早地来到营业厅，不到8点，一个老人弯着腰来到营业厅，手里拿着一个皱褶的纸条，上面歪七斜八地写着一个固话号码。老人说：“姑娘能给我交个话费吗？顺便帮我给外矿的儿子打个电话。儿子每个星期都给我打电话，这两个礼拜都没打电话，是不是出啥事了？我都几个晚上没有睡好了。”说到这儿，老人眼睛红红的。我从小生活在矿区，深知该电话对老人意味着什么，考虑到老人的焦急心情，为了安抚老人，我微笑着对老人说：“爷爷，您先坐。我先给您儿子打电话，再给您交费。”老人对儿子的电话号码熟记在心，当电话那头传来“喂”的时候，老人立马喊叫儿子的名字，接电话的儿子也很着急地说：“爸，是您吗？”看到这场景，我深知一条电话线联系着父子情。从他们的谈话中，我了解了老人的情况，把老人家的固话号码记在了自己的本子上，每隔几天我就会给他打个电话问候几句，老人也每周都会来营业厅看我。时间长了，他跟我成了“亲人”。我对每一位客户都是用情用心地服务，12年间，我的工作记录本换了几十本，上面记录着一些“特殊”的客户，我急用户所急，想用户所想。无论在哪个岗位上我都是尽心尽责干好每一件事，让用户对电信服务更加信赖。

和店长“交心”，促进电信服务与用户更贴心

担任渠道经理期间，管辖烈山营业部大大小小11家门店，店长加店员一共20多人。刚上任，为了摸清11家门店经营服务情况，我把巡店当成工作第一步，巡店时我都会和店长、店员就门店经营与服务进行探讨。

如何使门店干好、干活，更贴近市场、更贴近客户，是我工作的主要任务。经过摸索发现 11 家店中有 2 家店经营比较困难，我坚持每周 4 个半天扎在这两家店里，摸透到底出了什么问题——是店长服务不用心，还是店面客观因素？经过 2 周的驻点，我发现 1 家门店是因为店长夫妻感情闹矛盾，所以无心去做经营和服务工作，造成经营乏力、客户疏离。我主动找店长小姜谈心，通过交心，小姜把最近受到的委屈与抱怨都哭诉出来。我了解到小姜任性，她老公偏执，夫妻俩针尖对麦芒，互不相让，相互猜疑导致矛盾的升级。我利用下班时间把小姜叫到自己家里吃饭，对小姜进行劝导，教小姜学会信任，学会替对方考虑问题。同时又给小姜的老公打电话，告知小姜每天上班很辛苦，有时受了用户的气，到家唠叨唠叨，希望能够互相理解。在我的劝说下，两人坐下来一起好好谈谈，和好如初。家庭是事业的基石，家庭和睦了，对待客户也有了笑脸，工作干起来得心应手。以后的工作中，小姜对我这位贴心的大姐很是敬重，我安排的工作都是保质保量地去完成。家庭和睦了，服务用心了，客户来办理业务的也多了，继而她的生意也蒸蒸日上。

怀一颗“匠心”，钻研业务提升技能更用心

要搞好服务工作，只是微笑和热心还是不够的，这就要求自己要有过硬的业务技能和服务本领。特别是对日新月异的电信业务和新产品，我严格要求自己要尽快地掌握，对培训内容熟练掌握不过夜。无数个夜晚，当别人都已进入梦乡，我还在反复学习产品特点、业务政策、办理流程，力求第二天当客户和其他营业员问起时，我能够详细讲解并答疑解惑。

2017 年下半年，我走上南区营业部主任岗位，当时非常担心自己干不好“一把手”。俗话说，打铁还需自身硬，而作为兵头将尾，不仅要自己努力干，成为行家里手，还要带领这个团队迅速提高业务水平和服务能力，让用户得到我们更加优质的服务。

初到营业部，明显感觉困难重重。所辖渠道门店销售服务能力不足，人员流动性较大。装维包区经理因收入较少，主动服务积极性不高，继而因服务不到位，导致客户流失、个人收入下降，陷入恶性循环，他们甚至抱团抵触分派的任务。

为了“破局”，我每天利用晚上时间参加网上大学学习，学习“如何当好营业部主任”相关教程，

并虚心向有工作经验的老营业部主任们学习请教，并找员工谈心，分析存在的问题。以提升服务质量为抓手，带动业务量的增长。当时营业部仅有一个装维包区经理（也是装维班班长）和他老婆开的营业门店，该包区经理由于孩子较小老父年迈，老婆也在兼职做保险，加之他对“以店包区”有抵触情绪，所以门店便经常关门，用户办理业务，咨询服务问题，经常找不到人，久而久之，失去用户信任导致关门。我下定决心以此为突破口，打破僵局。我先找他谈心，了解他的实际困难。我把其他营业部以店包区好的案例讲给他听，连续三个晚上的倾心长谈，让他由一开始的抵触，变成“我试一试”。于是我趁热打铁，带着他去了 2 家以店包区干得好的营业部去实地学习，与其他夫妻店交流，使他坚定了干好的信心。接下来装修、培训、开业，我都全程指导并参与。他的门店服务上去了，客户也越来越多，门店的收入也逐步提升，从第一个月的只拿 1650 元，到现在的 12000 元以上，他们夫妻两个人月收入在 20000 元以上，老婆也不需要去跑保险了，优质服务让他尝到了甜头。在他的感染下，我们的营业部包区店从“独此一家，别无分店”，到现在的 11 个包区有 9 个包区全有店，内部形成你赶我超的良好氛围，服务质量节节攀升。我们的南区营业部综合业绩年度评比在全公司领先，装维满意度位居全市第一。

此外，我还参加了淮北电信“正能量创新工作室”QC 小组攻坚活动，并取得显著成绩，参与研究的课题“提高社会渠道网点存活率”“降低渠道营业厅咨询投诉工单量”2015—2016 年两次荣获通信行业优秀 QC 成果奖；“提高营业厅综合服务满意度”“降低城市渠道万投比”先后两次荣获“安徽省 QC 成果一等奖”和“全国优秀 QC 成果奖”，小组也先后 4 次被命名为“通信行业优秀质量管理小组”和全国优秀质量管理小组。个人也荣获小组荣誉证书。2017 年牵头组织开展“降低实体渠道低效网点占比”QC 课题荣获安徽省“一等技术成果”。

以上的点点滴滴，虽然让我忙碌，但累并快乐着，也让我感觉到充实和有意义。2017—2018 年公司所有的奖项激励被我们团队包揽，我还有幸出席了安徽电信劳模先进代表表彰会，受到省公司领导的接见和鼓励。

成绩只能代表过去，未来的道路还很漫长，但我愿始终做个敢于担当、乐于助人，有爱心、有责任、好心态的电信人，不忘初心、继续前行！

丹心用尽为服务，丽质生成方是金！

扎根乡土　诚信行医

——湖北省荆州克权医院　李克权

“有钱没钱都给病人看病”是李克权的从医原则，更是他诚信办院行医的承诺。从医 20 多年来，他始终视病患为亲人，对每一位患者都恪守诚信、精心医治，以精湛的医术、高尚的医德和无私奉献精神，赢得了患者的认可与信赖。

大医精诚，名倾荆楚内外

作为医生，要为一方百姓解除病痛，首先要有精湛的医术。李克权的父亲李达清是当地远近闻名的老中医，在李克权年幼时，父亲每次出诊他都跟着，常随父亲跋山涉水采中草药，耳濡目染，对李克权的从医埋下了伏笔。

李克权作为农家子弟，父亲也希望自己的儿子早点“接班”当乡医帮家里分忧，于是把他送进了卫校。但不甘平淡的他考入华中科技大学同济医学院。学成归来，李克权没有好高骛远，曾多次放弃大城市工作的机会，回松滋老家当起了乡医，坚持服务乡邻。

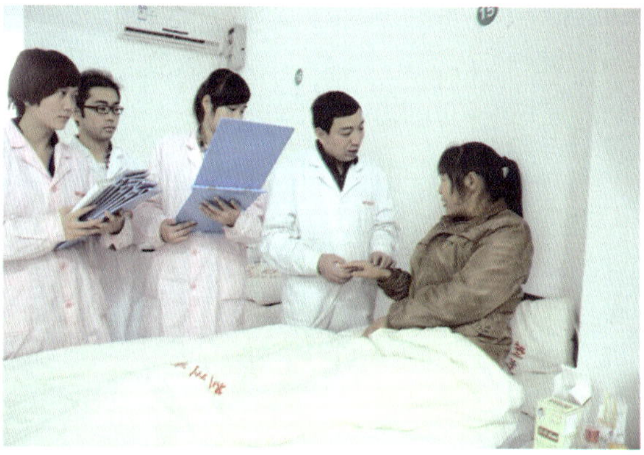

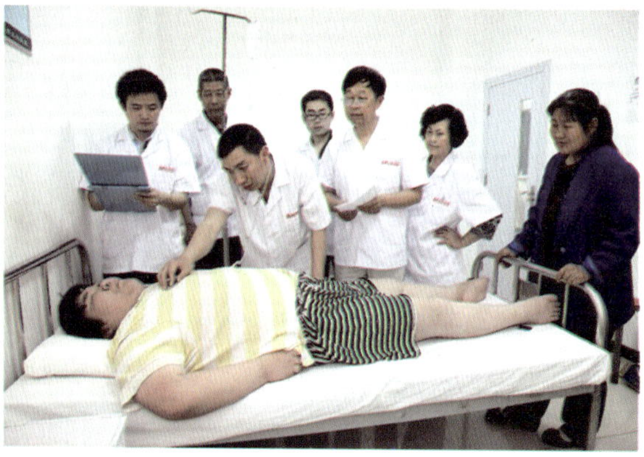

为了减轻政府投资建医疗机构的负担，完善乡村医疗卫生服务功能，李克权“以服务病人为中心，以回报家乡为己任”，在松滋市万家乡翠林山村卫生室基础上创办了全省首家村级医院——松滋翠林山医院。2014 年 10 月 27 日，荆州市委书记李新华专程前往调研松滋翠林山医院，并对他大加赞赏：“一个小小的村级卫生室能够逐步发展成为一家综合性医院，不仅承担本地居民的预防保健、血防及医疗服务，而且还吸引大量外地风湿病患者慕名前来就医，真是了不起！”

风湿病是医界多年来一直在积极研究和解决的问题。李克权多次拜师学医，潜心研究风湿病。在继承家传秘方的基础上，不断创新，并结合现代医学技术，独创了一整套完善的“李氏疗法”，在风湿骨病研究和治疗领域独树一帜，成为全国治疗风湿性疾病的权威专家之一。他创办了湖北省首家地市级风湿病研究院——荆州市克痹通风湿病研究院，研制出“克痹通”制剂，先后获得 4 项国家发明专利和省政府技术发明奖。为了更好方便患者就医，在荆州城区开办了荆州克权医院。

医者仁心，立志诚信行医

一个好的医生，不仅要有精湛的医术，还要有仁爱的情怀。在现实社会中，医患关系很紧张，有些医务人员，利益至上，金钱第一，犹如商品交易，一手交钱，一手交货。目前，李克权所创办的医院没有在电视上、报纸上等新媒体上投入过一分钱的广告，他是这样想的：投入过多的广告费用，还不如把这每一分钱投给需要帮助的人们。

古人说“医者父母心”。以德服人，是对医者职责最好的诠释。李克权所在的医院老人多，农村病人更多，为了使病人花最少的钱，得到最有效的治疗，李克权始终恪守职业道德，针对每个患者的病情，慎重制订治疗方案，用什么药、用多少药、用多长时间，都如实准确告知病人，从不另立名目、虚高收费，以真诚取信于病人，让患者就医住院放得下心。

监利县程集镇的张秋佴谈起李克权，感激之情溢于言表。原来，她患类风湿、腰椎间盘突出30余年，下肢瘫痪，大小便失禁，“生不如死”。曾在多家医院医治花去医疗费3万余元，考虑手术治疗时，因费用昂贵只好放弃。听人介绍找到李克权，当时哭着说：“这病折磨了我这么多年，这次治不好再也不治了，也治不起了，只有自尽了。”李克权听后心情十分沉重，当即答应给她减免费用，通过一周精心医治，张秋佴疼痛有所好转，慢慢能站起来了，逢人便说：“李医生医术精，态度好，不仅救了我，也救了我全家。”

黄冈市浠水县的周海阳，13年前因患腰椎间盘突出而瘫痪在床，曾辗转多地治疗，钱花了不少，效果甚微。后来找到李克权，住院治疗一周后，病情逐渐好转。考虑到患者家庭经济状况，李克权建议他回家服药休养。周海阳出院时尚欠药费370元，当时，李克权让他先回家养病，等以后有钱了再汇过来。13年后，周海阳专程到松滋感谢恩人偿还医药费，其乐融融的医患关系折射出李克权的大爱仁心。

扶危济困，演绎人间真情

与李克权精湛医术和重大发明齐名的是他良好的医风医德和扶危济困的高尚情操。李克权常言，“病人把最宝贵的生命交给了我们，是托付更是信任，我们没有理由不尽心为他们服务。病人的康复就是我们最大的快乐！”他把病人的事看得比天还大，只要病人找到他，不管病人家里有多困难，他都以仁者之心对待。

松滋市老城镇芦尾村的黄海东，自幼丧父，全靠母亲种的几亩薄田把他拉扯大，18 岁患上类风湿，继而瘫痪，让这个本就贫穷的家庭陷入绝境，母子俩整日以泪洗面。一日，黄海东的母亲杜明月听同村的乡亲说，李克权医生专治风湿病，还可以减免医药费，抱着试一试的心态，拨打了这家民办医院的电话。李克权闻讯后，专程用救护车将他接到医院医治。两年后，黄海东奇迹般康复，李克权不仅免去医药费、住宿费等，还为母子俩在医院提供了就业岗位。

家住重庆市石柱县的杨巍，10 岁便患上强直性脊柱炎，北京、重庆等地都留下了他的求医足迹，昂贵的医药费让这个原本贫困的山区家庭雪上加霜。后来经人介绍来到荆州，李克权热心接待并免费为他医治。治病期间，杨巍的好学感动了李克权，病情稳定后，又资助推荐杨巍到湖北中医药高等专科学校药剂专业读书，保证杨巍学习、治病两不误。

近 20 年来，李克权还与患者结对帮扶，先后资助 10 多名患者子女读书、就业。

情系桑梓，热衷社会公益

“为了帮助乡亲们做点实事或善事，为了乡亲们的健康与幸福，愿意付出自己的一切！”这是李克权写给自己的人生格言。

李克权是一位无私帮助病患，以关爱困难群体、助人为乐为己任的医者。行医二十载，参加过由荆州市卫计委、市民政局、市残联、市扶贫办、市科协等部门组织开展的公益活动数百次，每年亲诊人数达 3 万人次，为社会困难群体医治 1.9 万人次，减免治疗和药费及社会捐资达 270 多万元，获得社会各界的广泛赞誉。

李克权自 2007 年加入荆州民建以来，每年重阳节都会为民建老人提供健康知识讲座或免费体检，面对一个个民建老会员投来的赞许目光，他感慨地说：“尊老、敬老是中华民族几千年来的传统美德，作为一名医务工作者，有责任和义务积极参加这些活动！”

李克权结合当前精准扶贫工作重点，先后随荆州市卫计委到扶贫点石首市东升镇庄家铺村、江陵县检察院扶贫点资市镇先进村等地开展健康扶贫活动数十次，把医院搬到村民的家门口，让村民得到实惠。

由荆州市政协、民建荆州市委、荆州市民政局、荆州日报传媒集团主办的关爱留守儿童、孤寡老人、空巢家庭“健康社区行”活动于 2014 年 3 月 8 日在沙市区王板桥社区拉开序幕，李克权一直参与其中，活动所到之处均受到老百姓的欢迎。李克权为患者建立 4000 余份健康档案，为居民赠送药品近 80 万元，为困难群众提供帮扶和救助，他要将这一公益活动一直坚持开展下去。

回报家乡一直是李克权的梦想。2014 年年初，他为家乡松滋市翠林山村筹资修建通村公路 7 公里，让这座小山村村民的出行难得到彻底解决。

2014 年 2 月，为推动松滋杂文发展，打造中国“杂文之乡”，李克权出资设立“克权杯”杂文奖，目前已成功举办两届。同年 5 月，为了支持加快小城镇建设，李克权再次带头筹措资金 60 多万元，对万家乡翠林山集镇路灯、排污、路面等设施进行美化、亮化、绿化、净化，让这座小山村里的村民也能够像城里人那样生活在生态文明、灯火灿烂的环境里。

虽然在公益事业的投入上李克权从不吝啬，但作为松滋翠林山医院院长、荆州克权医院院长、荆州市克痹通风湿病研究院院长，他自己依然过着清贫的生活，至今还挤住在不足60平方米的公租房里，为了实现自己的远大梦想日夜奔波，用爱心传递着真情，在默默奉献中实现着自己的人生价值。

李克权的爱心、善行，赢得了病人的赞誉，也引起社会各界的关注，先后获得“全国优秀乡村医生”“民建全国优秀会员”“湖北省劳动模范”“湖北省荆楚楷模”“荆州市十佳政协委员”“荆州市十佳最美社会扶贫人”等殊荣。这一项项颇具分量的荣誉，见证了李克权扎根乡土20载的无私奉献和执着坚守。

传承工匠精神　优质服务蓝天

——上海航空有限公司　陈秋玲

陈秋玲，女，1983年10月出生，中共党员，2002年加入上海航空有限公司，现任客舱服务部乘务一部客舱经理。在16年的飞行生涯中，陈秋玲保持着“安全、服务零差错，旅客零投诉”的优异纪录，并一如既往地带着一份对飞行的热爱活跃在蓝天客舱，用真诚的微笑和优质服务迎接每位旅客。

陈秋玲曾多次执行要客包机和首航任务，先后获得“中国东方航空股份有限公司百名优秀乘务长”“中国技能大赛第二届民航乘务员职业技能竞赛三等奖”“东航凌燕达人”“上海市用户满意服务明星”“中国东方航空股份有限公司服务明星”等荣誉称号；2017年更在东上航统一运行机组CRM验证中表现优异，获得了民航局领导的认可和表扬。

心怀大局　勇担责任

“想旅客所想，急旅客所急”，是陈秋玲一贯的服务理念。作为一名共产党员，她始终牢记要以身作则，起到党员的先进模范作用。“一个人的价值，应当看他贡献什么，而不应当看他取得什么。”这是陈秋玲的人生格言。

在一次上海—张家界的飞行过程中，待旅客登机完毕后航班因流控延误，陈秋玲便带领组员开展客舱服务。期间，陈秋玲接到了母亲的来电，称父亲病危，正在医院抢救，情况不容乐观。在航班延误的情况下得到这样的消息，让她整个人都蒙了。飞机究竟什么时候能起飞？陈秋玲问了机长，但机长给予回复“不确定”。当飞机在等待了2个小时仍未起飞时，旅客的情绪开始激动了。此时，陈秋玲心里百感交集：150名旅客需要她，同组乘务员更需要她这个坚强的后盾！于是她强忍着焦虑，依旧带着微笑踏入客舱，安抚旅客，耐心聆听旅客的倾诉和抱怨，照顾那些需要帮助的特殊旅客，鼓励、安慰组员，合理安排好乘务组工作，确保了整个客舱秩序的井然有序；同时，没有让一个人发现自己的异样。航班在延误2小时30分钟后终于起飞了，到达上海已是深夜。在送别最后一位旅客下机后，全机组人员都已疲惫不堪，在机组车上打起瞌睡。为免打扰大家，陈秋玲轻声和母亲通了电话，却得到了父亲过世的噩耗。想到没能见到父亲最后一面，她泣不成声。这时，组员们才知道发生了什么事，才意识到之前她是顶着多大的压力在客舱里微笑着为旅客提供服务，给组员加油打气。

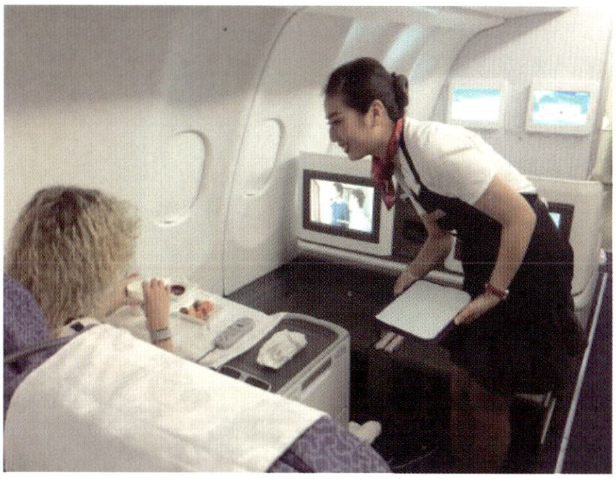

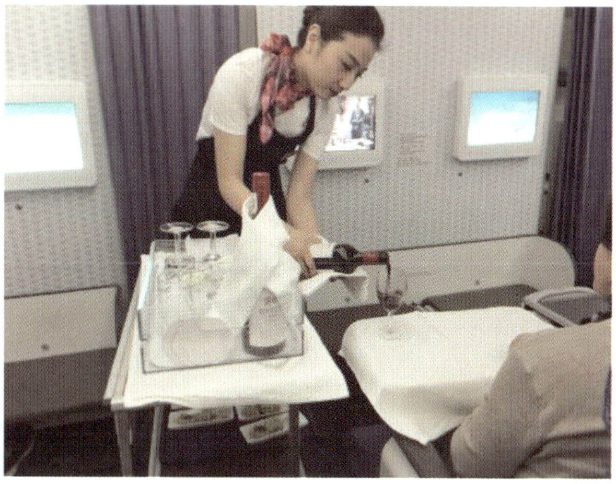

用心用爱　全力起航

对乘务员而言，航班因流量控制发生延误，早是家常便饭；但在有些旅客看来，却对航班延误非常不能理解。每当这时，陈秋玲都会运用自己所掌握的服务沟通技巧，及时化解旅客不满，获得旅客理解。

在一次广州到上海的航程中，机长在地面等待期间广播道："女士们，先生们：目前由于广州至上海的航路依旧没有开放，因此我们仍未获得确切的起飞时间。请您在座位上休息等候……"考虑到旅客已经等待了1个小时，又正值用餐时间，陈秋玲决定先为旅客提供餐食。当她把餐车推至客舱倒数第二排，刚想为旁边的旅客介绍机上餐食时，这名旅客生气地质问道："飞机什么时候起飞？"陈秋玲面带微笑，耐心地作出了解释。但对方还是很激动，开始不停地踢她的脚，并大声叫道："我不想吃也不想喝。是你们让我等了那么长的时间，我会让你们多跑几次的！"他的过激举动引起了周边旅客的不满，大家开始指责这位旅客行为不当，但陈秋玲仍然微笑地回答："好的，先生，等下我们再为您提供服务。"然后就和组员将餐车推回了厨房。凭借多年的服务经验，陈秋玲判断这位旅客一定是遇到了什么事才会如此生气。于是她拿了一瓶矿泉水，再次来到旅客身边，蹲下身来就航班延误表示歉意，并表示愿意倾听旅客抱怨。这时，旅客彻底爆发了："我老婆在医院难产，我却不能在她身边，被你们关在这个飞机里已经两个多小时了！"听到这儿，陈秋玲明白了旅客激动的原因，她有意提高了音量："哇——那恭喜你要做爸爸了！"旅客不好意思地回了句"谢谢。"陈秋玲表示会向机长报告，请示是否可以优先放行。随后，陈秋玲来到前舱，将情况告诉机长。机长也告诉陈秋玲，航班已经得到放行许可，飞机几分钟后即可准备起飞。陈秋玲赶回经济舱，将这一消息告诉了旅客："先生，今天托您的福，我们刚刚得到放行许可，飞机很快就能起飞了，您的太太和宝宝一定会非常平安的。"周边的旅客也纷纷表达了祝福。起飞后，这名旅客找到了陈秋玲，为自己之前的过激行为向她道歉。陈秋玲不仅对此表示了理解，还向他介绍了婴儿和产妇的护理注意事项。

模范带头　独特管理

秉着严管厚爱的原则，陈秋玲用心对待每一名乘务学员，工作上严格要求、生活上热心帮助，宽容又不失严谨。

随着东上航机组的统一运行，越来越多的乘务员加入上航客舱服务工作当中。尽管服务标准一致，

但乘务组在工作习惯上仍稍有差异，在磨合过程中给客舱管控带来不小压力。在一次飞行过程中，乘务组两位来自不同公司的组员为谁该向旅客提供婴儿安全带而发生了冲突，一名乘务员坚持区域责任制，只肯服务自己区域内的婴儿旅客；另一名乘务员则坚持“分工不分家”，认为对方应该在抄录婴儿旅客名单时一并将婴儿安全带予以发放。陈秋玲得知此事后，第一时间将两名乘务员隔开，避免矛盾升级。随后，她分别找两位组员谈心，引导组员从客观角度思考服务。当两位组员都平静下来后，陈秋玲让她们互相表扬对方的优点。在每人说到对方第5个优点时，现场的氛围缓和了很多。两人都发现其实对方的工作表现都很好，且出发点都是想为旅客提供更好的服务，只不过在处理过程中双方缺少有效沟通。在陈秋玲的沟通调解下，两名乘务员掌握了自我情绪控制和化解矛盾的方法，也重新建立了信任，配合也比之前更为默契了。

这样的案例还有很多。多年来，陈秋玲凭借自己的专业知识和丰富的服务经验成功处理了多次突发事件。在一次执行昆明—上海的航班任务时，飞机起飞后5分钟，就座于50排的旅客突然按响呼唤铃，原来是50K的小朋友突发疾病，神志不清并全身抽搐。陈秋玲得知情况后第一时间报告机长，通过机上广播寻找医生未果。在看到小旅客的症状后，陈秋玲根据经验，判断疑为癫痫发作。几分钟后，小旅客开始口吐白沫。陈秋玲及时往其嘴里塞入小毛巾，保持头部侧位并采取吸氧措施。考虑到航程较长，而小旅客又一直神志不清，陈秋玲立即建议机长尽快备降，确保小旅客能够尽快得到医治。机长知晓情况后，即刻决定返航。当航班抵达昆明机场后，早已准备就绪的医护人员第一时间进入机舱，将小旅客接下飞机。陈秋玲带领组员及时救助患病儿童的行为，不仅确保了患病旅客的人身安全，也得到了周边旅客的好评和肯定。

做新时代的“服务先锋”

——国网湖南省电力有限公司郴州供电分公司鲁塘供电所　马良才

“服务客户需要心的交流，彰显责任需要爱的传递。”这是国网郴州供电分公司鲁塘供电所所长马良才长期扎根营销服务第一线的心声。身为所长，他严格遵守党章党纪，扎扎实实学业务、兢兢业业铸品格，在平凡的岗位上干出了不平凡的事迹，带领团队谱写出一幕幕真情服务的动人篇章。

自参加工作以来，马良才持续保持服务“零投诉”纪录，从事过抄表催费、电费核算、营销稽查、

电费电价、供电所管理等岗位，先后荣获湖南省“五一劳动奖章”、湖南省技术能手、国家电网公司“服务之星”、国网湖南省电力有限公司“最佳”服务之星等称号。荣誉的取得从未让他自满，而是更加激励他以“服务先锋”的姿态在“始于客户所需、终于客户满意”的新时代服务战线上越战越勇、一路远航。

筑梦基层，自强不息，争做社会责任的传递者

贫寒学子成长为“励志青年”。马良才，来自新疆维吾尔自治区鄯善县的一个农民家庭，母亲常年患病、父亲种地为生。家境贫寒并没有让他失去斗志，而是让他更加坚强，充满了对生活的乐观和感恩。在他16年的求学生涯中，他凭借着优异的成绩获得校内奖学金和国家助学金才顺利完成了学业，实现了父母省吃俭用供他上学的心愿。正是这份艰辛与不易，在马良才心中深深印刻了“感动与感恩”。大学毕业后，他毅然决然来到湖南这片对口支援家乡的热土，成为一名普通而光荣的电力工人。

扶贫大潮中涌现的“爱心人士”。做好自己的同时，马良才力所能及地带动身边的人。熟悉他的人都知道，马良才不仅是一名兢兢业业的国网好员工，还是一位地地道道的爱心志愿者。在他的抽屉里尽是摞得满满当当的小本子，翻开都是他随手记录的用电客户中特殊人群：人民西路的王阿姨卧病在床每月上门收电费，下湄桥的李奶奶是聋哑人需要特别照顾，杉山岭的张大爷是退伍残疾老兵可以享受低保政策……一行行密密麻麻的文字就是他点滴积累、服务万千客户最好的印证。他带领团队开展的“关爱老人·与爱同行”“金秋助学·大兵义演”“高考爱心送水”“情系烟农保供电”等扶贫助困的爱心义举，更是得到了人民网、新华网、湖南民生在线等多家媒体的重点报道。

作风优良，敢干担当，争做爱岗敬业的表率者

平凡岗位历练出“服务先锋”。凡是与郴州供电公司打过交道的人都知道那里有个性格爽快、办事细心的小马所长。因为他有一项“绝技”——无论多么“刁钻”的客户，都能被他的言行感化，保准“怒气冲冲而来，心服口服而去”。

一次，华安塑胶厂的老板气冲冲地来到办公室，质问为什么自己的厂子停了好几条生产线，但电费依旧居高不下。客户情绪非常激动，当场把电费清单撕得粉碎，还扬言要到物价局举报供电公司乱收费。马良才递上一杯热茶，安抚道：“先生，您来供电公司反映情况，为的就是解决问题，如果您

信任我，我一定给您一个满意的答复。”经系统核实，原来该用户减产期间力调电费平均占总电费的46%，最高达63%！经过一番解释，客户情绪逐渐平复。为进一步打消客户疑虑，马良才当即随客户一同前往厂房。经过检查，果然是客户的无功补偿装置长期未巡检，不少电容器已烧坏，导致无功消耗异常高。了解到这些之后，客户连声向他道歉，他却笑着摆摆手说：“解决您的诉求就是我们最大的安慰，今后有任何用电方面的问题，请随时跟我联系！”事后，同事们都竖起大拇指说：“想不到这个西北汉子不卑不亢、粗中有细，真是做服务工作的一把好手！”

这仅仅是马良才日常工作中的一个小缩影。在工作中，他始终认真对待客户的每一次咨询，尽心处理每一次故障，真心实意地了解客户诉求，力争给予合理的答复，从未发生客户诉求处理不满意的情况，实现了真正的“零差评”。他常说：“用户满意的微笑，是我工作最大的动力。”从事服务工作6年以来，马良才从一个服务专业的“新兵蛋子”逐渐成长为同事认可、客户点赞的“服务先锋”，累计完成抄表数据7万余笔、接待客户来电来访9000余次、经手核算电费达数亿元之多，更是在郴州供电公司的历史上创造了“抄表零差错、核算零误差、服务零投诉、稽查零违章、抢修零超时”的“5个零”纪录，并保持至今。

用心交流，让爱传递，争做优质服务的践行者

反窃查违中触发的“帮困心经”。在2014年冬天的一次夜查中，马良才发现一户人家搭火窃电。他迅速取证后敲开了客户的房门，眼前的场景让他呆住了：一位老人挂着一台吸氧机卧病在床，家里冷得直打哆嗦。经询问，老人身患重病需要靠吸氧机维持生命，儿女都在外打工，老人为了节省电费不得已做出了窃电的行为。老人一边抹着眼泪道歉，一边苦苦哀求他们不要处罚，因为家里仅有的经济来源就是依靠养的几只土鸡、土鸭拿到集市上卖点钱。得知这一情况，马良才连夜报告公司领导，并考虑老人生活上的困难对其不予处罚。而这件事也成了压在马良才心里的一块大石头。第二天一大早，他就带着买来的油和米来到老人家里，还联系单位食堂定期采购老人家养的鸡鸭。在那之后，马良才向公司领导汇报，对特困户进行了摸底建档，逢年过节组织供电所的员工上门免费为他们更换灯泡、检查线路。借助“互联网＋精准扶贫”，他还在微信朋友圈为困难家庭提供土鸡、土鸭的销售渠道。

集思广益，团队协作，争做创新实践的引领者

工作难题铸就“创新达人”。马良才参加工作后，正赶上公司推广智能电表，就是将客户原来的

IC卡表换装成具有远程抄表功能的智能表。但在实际工作中，常常遇到客户不在家的情况，他和同事们就将拆下的旧表止码，通过电话或留存小卡片的方式告知客户；即使这样，仍有不少客户放不下心而到供电公司要求复查。面对客户蜂拥而来的服务诉求，队员们很是为难——拆旧表计全部堆放在库房，要从上千块表计中找到上门客户的那块，无异于大海捞针！马良才看在眼里，急在心上，一连几天不断在心里琢磨，召集创新小组展开技术攻关。终于，功夫不负有心人！他们用了3天的时间设计出一套“拆旧表计拍照查询系统”，由专人将拆回来的旧表批量拍照，再上传至自助查询系统，客户上门复核时，只要输入用户编号或者用户名称就可以立马调取旧表的止码照片。这样一来，既解决了客户的服务诉求，也减轻了他们到库房“大海捞针”的巨额工作量。

这个不起眼的小发明，使北湖供电公司成为湖南省唯一智能电表改造工程零投诉的单位。自那以后，同事们对马良才称赞有加，“创新就是力量，小马同志用三天就解决了我们半年时间上门服务的压力！”

顾客认可，百姓点赞，争做电力行业的奉献者

日常服务推行“4321法”。带着一份真情与责任，在短短几年的服务岗位上，马良才总结了一套“4321”服务法：“4”即对客户关爱多一点、理解多一点、抱怨少一点、借口少一点；“3”即不分事情大小、不分身份高低、不分分内分外；“2”即做到对老弱病残尽心尽力、对急难困扰尽职尽责；“1”即一心为客户提供优质服务。这一工作法在鲁塘供电所推广应用以来，得到了用户的一致点赞，更是保持了鲁塘供电所自2007年建所以来累计11年“零投诉”的纪录。2017年7月，鲁塘供电所高分通过专家组验收，被国家电网公司授予“四星级”供电所。

马良才坚持以客户为中心，作为直接面对客户、服务客户的带头人，他以严谨细致的工作态度、坚持不懈的工作作风和用心服务的精神，温暖着广大客户的心，也影响着、感染着身边的每一名员工。在他的带领下，所在班组屡获殊荣：2012年湖南省电力公司营销工作“先进集体”，2013年湖南省电力公司安全生产“先进班组”，2014年国网郴州供电公司“芙蓉电力标兵岗”，2015年被郴州市政府评为“消费者满意单位”。

承载移动人风华蔚蓝梦

——中国移动通信集团江苏有限公司盐城分公司　王俊

王俊，女，中共党员，中国移动通信盐城分公司副总经理。长期以来，她以科学发展观为指导，无论岗位如何变动，她锐意改革、开拓进取的精神始终激励着自己所在的团队不断创新。她一直践行“十分满意”的服务标准，带领盐城移动获得多项荣誉称号。

用心服务——做客户知音

热爱美好的人生，才能写出美好的诗；热爱火热的生活，才能谱出情深的曲。王俊热爱自己的事业，

热爱广大移动用户，用自己的真诚和专业谱写了移动服务品质的一曲曲动人篇章。

为了让客户放心消费，王俊将每一个客户接触点作为提升移动服务品质的起点，开展常态化的流程穿越活动，以客户咨询和投诉为切入点，及时发现问题、分析溯源，制订改善方案，全年累计整理出一线流程建议500多条，其中有105条被省公司采纳。她的成绩不仅得到了上级公司的认可，也给客户留下了“最美移动人”的佳话。

一次，她代表公司领导到大庆路沟通100店现场接受客户咨询，走进营业厅时正赶上营业员被几名用户“围攻”。用户你一言我一语抱怨着，在场的服务人员也是满脸的尴尬与为难。王俊上前询问情况，并一一说出了用户的姓名、住址及投诉问题。刚才还满腹牢骚的用户露出了惊喜的表情。一名客户问道：“你是谁，你怎么知道我们反映的问题？”待她将客户投诉的解决情况一一解释后，客户纷纷表示理解，并称赞道：“移动公司有你这样的领导，我们就放心了！”

在管理客户服务时，王俊牢记的理念是“客户的问题永远是我们最重要的”。“客户并不依靠我们，我们却依赖于客户，客户的每一个问题都是在为我们提供服务的机会。客户把他们发现的问题告诉我们，我们的工作就是帮他们解决问题，只有这样才能实现双赢。”她说：“我们只有牢记重要、重复投诉用户基本情况，让客户感觉到被重视，才能与这些客户真正做朋友而不是交易。”

这之后，王俊再走进营业大厅的接待席时，都有客户竖起大拇指：“你们移动的服务真好，你们的领导和员工都是我们最好的朋友！”消息传出，大家都为公司感到自豪，也纷纷暗下决心，“一定要把我们的服务做得更好！”在王俊的带领下，盐城移动连续10年荣获“全国用户服务满意单位”殊荣。

精确营销拓市场——做组织的撒网者

对事业永远有着强烈激情的王俊，也始终被奉献的热情鼓舞着、推动着一直向前，永不满足。她不断研究市场，服务新需求，钻研新技术，研发新业务。

管理者虽然不会天天接触客户，但必须真正了解客户。近年来，随着公司管理理念发生的革命性转型，公司内部流传着“让听得到炮声的人去指挥管理”。王俊就是这样一位能够及时听到并善于听懂炮声的一线管理者，她特有的细腻、耐心及自身的智慧为她分管的工作超值服务。在她的带领下，盐城移动精确营销已成体系化。通过群内话务、长途漫游话务、忙闲时话务、品牌内涵等一系列精确营销活动的开展，使大众市场MOU有效提升。

在提升客户满意度方面，她带领下属认真讨论、逐个分析，制订了以精确营销为抓手、系统监控、前台宣传等作为辅助的一系列为民服务方案。通过10086自动语音台对欠费或低余额用户进行外呼，及时告知客户缴纳话费，避免了部分用户因未查看低余额提醒短信遗忘缴费而被停机，有效提升了客户对于充值缴费的感知；她主持研发了 E-MAIL 电子账单，并通过短信渠道宣传有效提升了客户对资费的满意度；她带领团队探索不同市场的发展规律，通过“一个品牌一个策略、一类客户一种方式”，有的放矢地采用不同策略开展精确营销；她坚持依靠创新提高客户的服务感受，通过实施“目标用户精准性”“业务开通便利性”“业务使用提醒到位”“客户资费敏感性”和“营销导向性”等“六位一体”式推动；她指导下属充分利用系统客户画像功能，构建最优活动甄选模型及时优化闭环。

在她的带领下，盐城移动 2017 年精确营销项目达 125 项，年增收达 800 万元。

创新精细管理——做登攀队的领路者

进步的最大动力在于创新。在日常工作中，创新就是解决管理中的各种问题，就是帮助客户解决大大小小的需求。创新的路从来不会一帆风顺，创新的成功总是属于敢于、善于登攀者。王俊总是围绕为解决公司的热点、难点问题，组织技术、业务骨干攻坚克难。随着公司的不断发展，代理商管理成为公司的头等难题。对此，她组织支撑中心骨干研究确立“养卡甄别模型”，有效定位代理商养卡行为，为公司渠道管理提供了科学依据。2012 年，她作为负责人的创新课题“智慧劳教”荣获中国信息港论坛管理创新金奖；她带队研发“欠费溯源挖掘模型”，建立余额管控体系，有效规避一线人员操作风险，获省公司数据挖掘案例评选二等奖。

2012 年 5 月，盐城分公司首次成功利用“欠费溯源挖掘模型”及时发现代理商恶意欠款 11 余万元。从此，新增市场百元以上欠费从 1724 户降至 101 户，欠费从 31.4 万元降至 2.1 万元；存量市场百元以上欠费从 6572 户降至 1798 户，欠费从 123.37 万元降至 33.2 万元，每年为公司减少损失 1400 余万元。

在她的带领和鼓励下，一线员工多项创新成果取得新突破。其中，“多技术协同力

促乡情网发展”“构建业务发展 360 度健康考核模型”“数据库任务调度流程优化”被评为省优秀实践案例；“小区宽带管理易”获公司创新三等奖；“家庭融合之水电易”成为集团二类推广项目。

奉献是收获的源泉，奉献是品格的磨炼。透过王俊的每份收获，不难构想出这样的一幕幕场景：办公室内，她专注盯着电脑屏幕，一丝不苟地思考着；夜幕降临，她还在为即将实施的营销服务方案，同员工们一起紧张地忙碌着。历经时间的磨炼，她把自己锻造成一名能打攻坚战的移动铁军。近几年，她管理的市场部支撑中心、大庆路沟通 100 店等分别荣获“全国工人先锋号”和“全国巾帼示范岗”等殊荣。

优质服务展形象　爱岗敬业展风采

——江苏宁沪高速公路股份有限公司苏州管理处　张敏

张敏，男，1982 年出生，苏州收费站收费员，自 2002 年进单位以来，以勤勤恳恳的工作态度、任劳任怨的奉献精神赢得同事及驾乘人员的一片赞誉，也赢得了上级领导的一致认可。尤其在“畅行高速路，温馨在沪宁”系列活动的开展中，作为苏州站青年员工中的佼佼者，他以实际行动诠释了一名优秀青年员工所具备的各项素质，充分展示了沪宁公司良好的企业形象。

狠抓业务促服务，优质服务展形象

在业务学习上，为了更好地把窗口优质服务工作做细、做实，张敏将公司和管理处下发的文明优质服务规范、流程及要求与自身在工作中的实践结合起来，逐条比对，细心体会，在学习中不断寻找自身差距，并及时进行改进。通过刻苦的钻研学习，他的业务能力得到了极大提升。

在业务基本功方面，张敏更是花费了大量精力。为了使自己的服务更标准、微笑更温馨、姿势更优美、动作更规范，他对着镜子反复练习，不断进行纠正，练就了一套标准的动作，为开展好窗口优质服务打下了扎实的基础。

为做好温馨服务、提升驾乘人员的满意度，他为自己制定了“向温馨服务明星学习”的工作目标，并经常一个人不断揣摩窗口服务动作要领、学习优质服务理念。他重新审视自己的每一次收费操作，对温馨的微笑、响亮的唱收唱付重新定义；注重自己递卡找零时的手势以及问好的手势语等方面，确保每个细节都符合公司的标准规范，甚至更好。他一丝不苟地按照规范动作认真做好服务流程，真正做到了“领导在与不在一个样，白天黑夜一个样，认识和不认识一个样”。在他的人生信条中，“用心”两个字始终不离嘴边，不管是微笑、服务、语言还是与同事相处，他都会用心去交流，交流成习惯，习惯成自然，通过一个简单的微笑，让所有司机感受到来自宁沪人的热情。

作为一名普普通通的收费员，他凭着自己坚强的意志和诚恳的态度，立足本职岗位，充满自信地迎接八方来客。作为班组中的年轻人，他总是以积极的态度、温馨的服务示人，以优质的服务、高度的责任感投身于保畅工作，充分展示了先锋模范带头作用。在流量巨大的苏州站，每当高峰流量来临，他总是奋斗在第一线，配合班组做好保畅准备，如增开移动收费亭、指挥广场车辆、及时处理特情等。

查逃堵漏显身手，爱岗敬业展风采

张敏特别擅长抓逃堵漏。在工作中，他注重积累抓逃经验，有不懂的问题就利用下班时间询问高速交警或上网查询。通过多年丰富的经验，他在车道内练就了火眼金睛。一次，他在对一辆张挂皖A牌照的货车查处换卡逃费事实后，根据司机驾驶证里的发票信息又推算出其曾用同样的方式在其他收费站逃费的事实。就这样，他不仅追缴了该车辆本次的逃费金额，还追缴了司机上一次偷逃的费用。在逃费相对隐蔽的查处液压装置上，张敏更是公认的“专家”。他将液压装置的逃费形式、装置种类一一分类整理，并协助站区编写了“逃费手册”，从而帮助更多收费员及时掌握液压车的逃费方式，提升抓逃技能。对于查处假证，张敏有着自己独特的方法。他能够牢记车辆行驶证中车辆代码的全部含义，根据这些代码和实际车辆比对而轻松地辨别出车辆行驶证的真伪。

为了充分推广他在查逃堵漏工作中的先进经验，苏州管理处编制了以张敏姓名命名的“张敏查比追防”工作法，并开通“张敏微课堂”向管理处的全体收费员分享查逃堵漏技能，使“张敏查比追防”工作法成为全体收费人员都熟练掌握的操作技能，在管理处形成了一股“人人学查堵、人人会查堵、查堵人人会”的良好氛围。经通过一年多的试运行，该工作法在查逃堵漏工作中发挥了明显作用，打逃成果与之前相比有了大幅提升，吸引了系统内多家兄弟单位前来学习；就连江苏省高速公路联网中心遇到疑难案例时，也会请张敏前去协助追查。现在的他，已经成为江苏省交通控股系统内公认的堵逃“专家”。

用心沟通化矛盾，换位思考获肯定

在与驾乘人员的沟通中，他善于换位思考、用心沟通，捕捉客户的情态变化，随时调整自己的方式和表述内容。例如，遇到山东等地的绿优车争议时，张敏充分利用山东人豪爽的特点，采用朋友式“聊天”沟通，先表明自己对驾驶员辛苦的理解，在获得驾驶员的认同后再宣传收费政策，表明：“站在个人角度完全理解驾驶员，但作为工作人员，我们必须坚持我们的政策，我们的工作要求有我们的要求。”适当的时候“请求”驾驶员配合工作，将自己置身于“弱者”的位置，每当这时，驾驶员多会豪爽地表示理解，缴纳通行费。这种策略，既保证了通行费的足额征收，又让司乘感受到了收费站工作人员温馨的服务态度。通过每次特情处理，他不断积累沟通技巧，做到在特情处置前 10 秒内明白驾乘诉求、明确沟通方式，努力营造良好的沟通氛围。正是由于张敏细心、认真的总结，在十多年的工作中未出现一起因为征收政策而引发的矛盾。

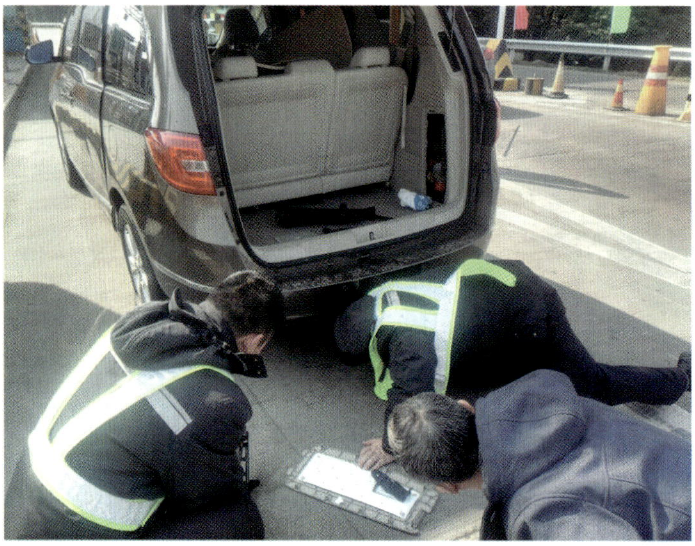

延伸服务暖人心，细致周到获赞许

张敏在工作中多次为司机排忧解难，好人好事举不胜举。其中有为缺钱缴费司机垫付通行费而受到顾客表扬的，也有为旅客倒开水、为驾驶员推车顾客表示感谢的。遇到有困难的司机，张敏总是尽其所能提供帮助。2016 年 6 月的一天，一辆鲁 Q 开头运送冷冻肉品的车辆停在收费站旁，当时已是晚上 10 点多了。由于车辆故障后失去了制冷功能，影响整车肉品的质量，司机焦急万分！当时正在上班的张敏知道后，马上一边安排其他同志帮忙看守车上的货物，一边带着司机冒雨寻找维修师傅，最终奔波了 2 公里后才在 312 国道旁找到一名维修师傅。因为担心司机又遇到其他问题，张敏下班后一直陪在司机旁边，直到 12 点多车完全修好后，车厢制冷效果恢复，他才放心离开。道别时司机连声道谢，而张敏只是笑笑：“这是我们应该做的。”

十几年来，张敏用日复一日的收费工作为南来北往的驾乘人员提供了热情周到的服务，急其所急、想其所想。每当遇到发动机轰鸣声很大的车子时，他总会自觉地提高声音向驾驶员问好，并且连讲好几遍，驾驶员听清后都连声道谢。一次次真诚的问候、一次次热情的关心，深深打动了无数途经宁沪高速苏州收费站的驾乘人员。

凭着一颗强烈的事业心、一种勇于开拓进取的精神，不论是严寒的冬天还是酷暑的盛夏，不管是白天还是黑夜、车流高峰还是稀少间隙，他都真诚地对待每一辆车，尽职尽责。为了验证着“为您服务是我的职责、让您满意是我的追求”这一目标，他在平凡的收费岗位上默默地奉献着，抒写着宁沪人美丽的篇章。

作为收费员，他兢兢业业、以身作则，认真规范地完成着每一个步骤，在三尺收费岗亭上努力钻研查逃技能。他像一把号角，让平淡的工作充满热情。他更似二月春风，吹暖了每一位过往的驾乘人员，贴切地展现了宁沪人的服务理念和刻苦钻研的精神。如他自己所说，“将用一颗不变的心对待工作，积极响应上级号召与要求，争取更加不凡的成绩。”

始于需求　终于满意

——甘肃中石油昆仑燃气有限公司兰州高新分公司　张国柱

张国柱，甘肃中石油昆仑燃气兰州高新分公司管线所改线班班长、检修工，负责辖区东至东岗立交桥、西至平凉路、南至陇海铁路以北、北至黄河以南22万燃气用户户内燃气设施的改线与补装任务。自2005年到甘肃中石油昆仑燃气有限公司工作以来，他以脚踏实地的工作作风、锲而不舍的奋斗精神，从一名学徒工逐渐成长为管道维修骨干，凭借娴熟的技术和热情的服务，赢得了广大员工与用户的赞许。近三年来，在他的带领和参与下实现改线16960户、补装1640户、点火50442户。2016年，张国柱继2014年之后再次被甘肃中石油昆仑燃气有限公司评为优秀共产党员，并获得了“甘肃省用户满意服务明星”荣誉称号。

十几年来，张国柱先后从事过户内维修、燃气设施补装、改线等多项工作。不管工作岗位如何变，他都保持着满腔激情的服务状态，以队为家、以苦为乐，无私奉献的精神始终不减。

学有所用　学以致用

张国柱好学上进，经常利用休息时间学习户内燃气设施走线图纸的识别，熟悉管件尺寸、型号、材质、用途及各型号的标示以及IC卡燃气表的构造、原理和故障处理等与工作有关的知识。在工作之余，他收集各型号管材，结合各种户型、不同环境的改线场景进行模拟改线；与同事交流特殊线路改线环节的好经验，对在改线、维修中碰到的疑点和难点问题，虚心请教，为维修工作奠定了坚实的基础。

微笑服务　用心沟通

改线班作为公司的一个服务窗口，每项工作都直接面对用户。在多年的工作中，张国柱坚持“始于用户需求、终于用户满意”的服务理念，时刻注重言行举止、服务规范以及用语文明。在改线工作中，他能把握重点、尽职尽责，埋头苦干、全心投入。多年来，他坚持用实际行动践行公司优质服务理念，为客户提供优质、便捷、周到、高效的服务；服务过程中做到操作标准、服务规范、用语礼貌、举止得体，得到了广大用户的一致好评，在广大干部员工中起到了带头示范作用。

2017 年，张国柱担任兰州高新分公司改线班班长，参与改线 614 户、补装 14 户、协助点火 8000 户。在此期间，他始终立足用户，自觉提高服务质量。盛夏的一天，他与同事到大砂坪监狱家属院 10 号楼 1904 室进行改线作业。到达现场后发现高层电梯正在维修，2 小时后才能使用，但用户已在家中等候。张国柱毫不犹豫地拿起工具，徒步爬楼进行现场勘测。由于该小区有很多信号“盲区”，在无法与楼下配料同事取得联系的情况下，他再次步行下楼配材料。张国柱不惧炎热往返 19 楼，并按时、顺利地完成了改装任务，得到用户高度肯定。

面对用户个性化、多样性的需求，张国柱总能耐心对待与处理。一次，他和同事按照约定的时间到飞天家园 5 号楼 2 单元 202 室进行燃气管道改装。经与当时在家的女主人商议，他们按照用户要求确定的改装方案对管道进行了改装。就在改线完成要复压时，刚回到家的男主人看到已改装的管道后认为妻子未说清改装意图，并提出了重新改装的要求。当时已近下午下班时间，重新改装就意味着重新花费大量时间，而面对用户多样化的需求，张国柱毫不犹豫地答应了。

身先士卒　精益求精

对待工作，他一丝不苟；对待技术，他精益求精。在为用户改线服务的工作中，张国柱总是急用户之所急、想用户之所想，高质量地完成任务，发挥了一名共产党员应有的榜样力量。为保证改线质量、切实满足用户需求，他始终坚持落实改线回访要求，常常就工作人员在施工中的服务态度、服务质量、收费等方面的问题与用户交流、沟通，对用户提出的问题总能及时反馈纠正；多年来，改线回访率均达到了 100%。

与人为善　甘于奉献

“水善利万物而不争”，张国柱就有着这种品格。在工作、生活的方方面面，他都能勇于奉献、乐于助人，不求回报，在做好自己工作的同时积极配合其他人。当同事遇到困难时，他主动伸出援手，并将这视为自己应该做的。他常说：“我们改线班出来干活，主要是以安全、优质地完成作业任务为主，别的不用太计较。”

在与同事的相处中，他总以“与人为善”的心态对待每一个人，在得知改线班同事家属患重大疾病后，他积极带头捐款。在参加组织活动时，他用实际行动将温暖传输给周围的每位同事。

头雁领飞，为优质服务代言

——国网吉林省电力有限公司蛟河检修分公司　张姝柳

张姝柳，女，29岁，中共党员，2012年毕业于东北电力大学。国网吉林供电公司蛟河检修分公司营业业务班班长，先后获得国家电网技术学院“优秀学员”“优秀学员干部”，蛟河市“微笑服务明星”，吉林市“青年文明优质服务标兵”，国网吉林省电力有限公司“优秀班组长”“先进工作者”等荣誉称号。

从窗口新人到业务“百事通”

“小张你给算算，我们厂子供热，用电和烧煤能差多少钱？”“小张，我要办增容，你看变压器容量多大合适？”“小张，听说现在新建小区可以安装地源热泵供暖，有什么政策优惠？”……用户口中的“小张”就是张姝柳——蛟河检修分公司营业窗口有名的“百事通”。从光伏发电政策到电价执行标准，张姝柳总能第一时间给用户解答。在大家眼中，她业务好、懂得多。只有她自己知道这丰厚的知识储备背后，是不为人知的艰辛学习历程。

窗口业务杂、涉及部门多。为了尽快提升业务水平，张姝柳坚持每天第一个到岗，早早打扫完卫生后就开始翻看电价政策、各类规章文件。30多个用电类别所对应的逾60个电压等级电价执行标准，她能脱口而出。工作中，她手勤、嘴勤，在用户向其他同事咨询业务时，她主动送上一杯热水，并默默把用户咨询的问题记在本上；别人下班休息了，她就自己在单位查阅各项制度，逐个问题寻找最标准的解答。不仅如此，她还对问题进行分类，标注解答依据，对每一个问题建立跟踪档案，到下一个流程时及时催办，并第一时间给用户反馈结果。时间久了，同事都知道她有一本“百科全书”，遇到棘手问题都向她借阅。于是，她对平时记录的案例和网上搜索的典型案例进行系统整理，编写了《客户咨询案例集》，并作为常规业务解答范本，在全公司所有窗口单位推广，供所有窗口人员参考。

从“服务之星”到三尺讲台

“接一顾二招呼三”，是张姝柳日常工作的写照。不管业务多么繁忙，她的脸上始终带着微笑。正是凭借服务态度好、业务全面，她接连被评为蛟河市“微笑服务明星”、吉林市“青年文明竞赛优质服务标兵”等。在工作中，她勤于学习、善于思考。特别是担任营业班班长后，更尤其注重班组成员优质服务水平的提升。在张姝柳看来，“快速解答用户咨询固然重要，但提高用户满意率，更主要的是不断提高客户的细节感受和温馨体验，真正想用户之所想、急用户之所急，把用户当成家人。”基于此，她打破以往量化培训方式的约束，创新地提出了自我管理、时间管理、目标管理的培训方式，邀请礼仪老师和手语老师对班组成员进行培训，开创班组“微讲堂”，营造“人人上讲台、个个是专家”的学习氛围。通过经验总结与提炼，她创新提出“三心”服务法，即接待客户热心、服务客户耐心、办理业务细心，组织班组成员通过情景剧进行生动讲解，并录制视频在公司范围内推广。这之后，她代表公司参加国网吉林省电力有限公司举办的“班组大讲堂”竞赛，将多年总结的优质服务培训方法和理念分享至全省，更在众多选手中脱颖而出应邀成为国网吉林省电力有限公司的兼职培训师，担当起全省窗口人员业务培训的重任。“你的态度决定了用户的态度。”在讲台上她语重心长地和轮训员工分享自己的工作历程，“唯有热爱自己的事业，方能一路前行。”

头雁领飞，将优质服务进行到底

作为一名基层党支部书记，张姝柳始终牢记自己的党员使命，用实际行动在平凡岗位上为党的先进性注入亮丽色彩。在她的建议下，蛟河检修分公司实施了“头雁领飞”工程，在营业窗口设立“党员先锋岗”和“团员先锋岗”，先进党员、团员自觉接受群众监督。自从智能用电进万家活动开展以来，张姝柳多次带领公司青年志愿者到蛟河市各大广场、商业街、学校、小区等人流密集地区进行活动宣讲，并同蛟河市 17 个社区签订了长期宣讲协议，利用周末休息时间开展“优质服务进社区活动”，现场向客户演示智能缴费流程和操作方法，让客户更直观地体验智能缴费带来的便利与便捷。从软件下载、注册到使用，每一步她都为用户细心指导、耐心讲解；很多年纪大的用户接受比较慢，她就把电话留给客户，便于客户随时咨询。

2017 年冬季的一天，张姝柳偶然在朋友圈看到一位行动不便的客户发出了一条类似临终遗言的信息，这让她心中一惊，马上联系客户，但发出的消息犹如石沉大海，迟迟没有回复。没有犹豫，张姝柳马上到公安局报警，并及时提供了客户的用电地址。呼啸的寒风中，她跟着警察走在蛟河市大街小巷，一起寻找客户，警察几次让她回去都被她拒绝了。在她心里，每名客户都是家人，家人有事她不能不管！终于，2 个小时后他们找到了已经跳河的客户。幸好由于抢救及时，客户脱离了生命危险，一个濒临破碎的家庭得以挽回。寒冷和激动让张姝柳久久说不出话，只有眼泪止不住地流。

图书在版编目（CIP）数据

满意中国—用户视角下的质量与品牌.2018／中国质量协会编著.—北京：中国社会出版社，2018

ISBN 978－7－5087－6075－9

Ⅰ.①满…　Ⅱ.①中…　Ⅲ.①质量管理—研究—中国

Ⅳ.①F279.23

中国版本图书馆 CIP 数据核字（2018）第 272517 号

书　　名：满意中国——用户视角下的质量与品牌·2018
编　　著：中国质量协会

出 版 人：浦善新
终 审 人：李　浩
责任编辑：朱永玲

出版发行：中国社会出版社　邮政编码：100032
通联方法：北京市西城区二龙路甲 33 号
电　　话：编辑室：（010）58124828
　　　　　邮购部：（010）58124828
　　　　　销售部：（010）58124845
　　　　　传　真：（010）58124826
网　　址：www.shcbs.com.cn
　　　　　shcbs.mca.gov.cn
经　　销：各地新华书店

中国社会出版社天猫旗舰店

印刷装订：保定彩虹印刷有限公司
开　　本：210mm×296mm　1/16
印　　张：15.25
字　　数：360 千字
版　　次：2018 年 12 月第 1 版
印　　次：2018 年 12 月第 1 次印刷
定　　价：158.00 元

中国社会出版社微信公众号